犯 / 罪 / 学 / 名 / 著 / 译 / 丛

吴宗宪◎主编

犯罪的一般理论

【美】迈克尔·戈特弗里德森
【美】特拉维斯·赫希 著

吴宗宪 苏明月 译

A General Theory of Crime

CPPSU 中国人民公安大学出版社

北京市版权局著作权合同登记号:图字 01 - 2007 - 3707 号

图书在版编目(CIP)数据

犯罪的一般理论/(美)戈特弗里,(美)赫希著;吴宗宪,苏明月译.—北京:中国人民公安大学出版社,2009.9

(犯罪学名著译丛)

ISBN 978 - 7 - 81139 - 630 - 0

Ⅰ.犯… Ⅱ.①戈…②赫…③吴…④苏… Ⅲ.犯罪学 Ⅳ.D917

中国版本图书馆 CIP 数据核字(2009)第 122217 号

犯罪的一般理论

A General Theory of Crime

[美]迈克尔·戈特弗里德森
[美]特拉维斯·赫希 著

吴宗宪 苏明月 译

出版发行:中国人民公安大学出版社
地　　址:北京市西城区木樨地南里
邮政编码:100038
经　　销:新华书店
印　　刷:北京蓝空印刷厂

版　　次:2009 年 9 月第 1 版
印　　次:2009 年 9 月第 1 次
印　　张:21
开　　本:787 毫米 ×1092 毫米 1/16
字　　数:355 千字

书　　号:ISBN 978 - 7 - 81139 - 630 - 0/D · 538
定　　价:60.00 元

网　　址:www.cppsup.com.cn www.porclub.com.cn
电子邮箱:cpep@public.bta.net.cn zbs@cppsu.edu.cn

营销中心电话（批销）:（010）83903254
警官读者俱乐部电话（邮购）:（010）83903253
读者服务部电话（书店）:（010）83903257
教材分社电话:（010）83903259
公安图书分社电话:（010）83905672
法律图书分社电话:（010）83905637
公安文艺分社电话:（010）83903973
杂志分社电话:（010）83903239
电子音像分社电话:（010）83905727

A General Theory of Crime

By Michael R. Gottfredson & Travis Hirschi

Stanford, California: Stanford University Press, 1990

总　　序

吴宗宪*

人类知识积累的过程和学术发展的轨迹,有两个明显的特点:一是继承性,即任何知识的积累和学术的发展,都是在继承前人经验的基础上进行的;只有站在前人的肩膀上,才能看得更远,想得更深。二是国际性,即知识的积累和学术的发展不能固守某个国家和地区的界限,既不能认为只有自己的才是最好的,也不能用很大精力低水平重复别人已经做过的事情。只有吸收全人类文明发展的精华,才能推动学术事业的进步。《犯罪学名著译丛》就发端于这样的基本理念。

犯罪学(criminology)是一门在国外产生的重要学科。自产生以来,这门学科不仅自身得到很大的发展,出版了一大批优秀的著作,而且对于人们科学认识犯罪和有效应对犯罪,也发挥了重要作用。虽然早在20世纪20年代,就有学者翻译了国外的犯罪学书籍,也有国人自己从事过犯罪学研究,但是,毫无疑问,犯罪学研究的重镇一直在国外,特别是在西方发达国家。学术研究是一项薪火相传、前后相继的事业,中国的犯罪学研究要想得到很大的发展,必须很好地吸收全人类犯罪学研究的精粹。为此,大约从20世纪80年代初开始,笔者就致力于西方犯罪学历史的研究,经过8年之久的努力,撰写了《西方犯罪学史》①一书,对西方犯罪学的发展进行了一个初步的梳理。在从事这项研究的过程中,阅读了一些重要的西方犯罪学书籍,深深感到很有必要将它们翻译出来,供我国犯罪学研究者参考。而且,美国等其他国家犯罪学发展的成功历史也表明,翻译国外的重要犯罪学书籍,是发展本国犯罪学研究、提升本国犯罪学水准的重要途径。

基于这种想法,在以后的出国考察和访问研究等活动中,注意收集重要的犯罪学书籍,多方了解它们的出版等情况,为翻译它们做准备。同时,也在国内寻找适合的出版单位,希望出版一套有价值的犯罪学翻译丛书。《犯罪学名著译

---

* 法学博士、北京师范大学刑事法律科学研究院教授、犯罪与矫正研究所所长、博士生导师。

① 吴宗宪:《西方犯罪学史》,警官教育出版社 1997 年版。

丛》就是在这样的情况下产生的,是笔者与中国人民公安大学出版社长期磋商的结果,也是该社致力于发展中国犯罪学事业的重要举措。

我们希望将国外犯罪学领域中有代表性的优秀的"名著"翻译过来,介绍给广大读者。收入本《译丛》的名著,主要是根据下列标准来衡量的:(1)在犯罪学史上产生过重大的影响;(2)获得过重要的学术奖项(专业学术组织和团体评定的学术奖项,是衡量犯罪学书籍的价值的重要指标);(3)统计研究表明被广泛引用(随着科学研究的发展,专业文献被引用率方面的研究日趋活跃与完善,这给评价犯罪学论著的价值提供了一种有效的参照;被广为引用的论著,往往是有价值的论著);(4)与中国犯罪学的发展关系密切(本《译丛》主要是给使用汉语的读者,特别是中国读者使用的,那些仅仅研究某个国家或者某些地区特有的犯罪现象而与中国关系不大的犯罪学书籍,不拟收入本《译丛》)。

本《译丛》是一套开放的丛书,它为广大有志于犯罪学译介事业的人士提供一个良好的平台,诚邀海内外犯罪学界同仁共襄此举,积极物色、推荐和翻译各个语种的犯罪学名著。希望通过大家较长时间的潜心努力,把尽可能多的犯罪学名著翻译过来,不断累积,蔚为大观,成为了解国外犯罪学研究的重要桥梁,为中国乃至整个华人世界犯罪学事业的发展,为恰当认识、有效预防和科学处置犯罪与犯罪人,作出我们的贡献。

翻译学术著作是一项"费力不讨好"的工作。高水平地翻译一本好书所产生的积极效果,要比自己写几本低水平的书籍大得多。然而,学术界和管理部门并没有达成这样的共识,严肃认真的翻译工作还没有得到应有的认可。同时,翻译中遇到的困难和付出的辛劳,也非局外人所能体验。因此,翻译学术书籍仍然是一项需要奉献精神的工作。那些兢兢业业、认认真真致力于译介工作的同仁和朋友,应受嘉许,值得褒奖。

尽管我们以严谨细致的态度从事译校工作,力求提供忠实原著含义、符合汉语规范的译文,但是,其中的不当甚至错误之处,肯定在所难免,在此也恳请海内外有识之士和广大读者不吝赐教,以便进一步完善译文。如此,则幸甚。

2008年3月6日于北京

目　录

犯罪的一般理论述评
(中文版序)

吴宗宪*

目　　录

由美国当代著名犯罪学家迈克尔・戈特弗雷德森(Michael R. Gottfredson,

* 法学博士,曾任司法部预防犯罪研究所监狱学研究室主任,现任北京师范大学刑事法律科学研究院教授、博士生导师,犯罪与矫正研究所所长、社区矫正研究中心主任。长期从事犯罪学、监狱学、社区矫正、法律心理学等方面的研究,著有《西方犯罪学史》、《西方犯罪学》、《当代西方监狱学》、《罪犯改造论》等。

1935 -)①和特拉维斯·赫希(Travis Hirschi,1935 -)在合写《犯罪的一般理论》一书中所阐述的"犯罪的一般理论"(a general theory of crime),②是20世纪后半期产生的重要犯罪学理论之一,已经成为当代西方犯罪学中的基本理论之一。在此,对两位作者及他们的犯罪学研究等问题加以介绍,以帮助读者更好地理解本书的内容。

一、作者的生平与犯罪学研究情况

本书的两位作者是当代著名的美国犯罪学家,完全可以列入当代西方国家最著名的犯罪学家行列。

迈克尔·戈特弗雷德森(Michael R. Gottfredson),1935年生,其父是以研究刑事司法决策,特别是加州的假释问题而出名的美国著名犯罪学家唐·戈特弗雷德森(Don Gottfredson)。迈克尔·戈特弗雷德森于1973年在加州大学戴维斯分校(University of California, Davis)获文学学士(AB)学位;分别于1974年和1976年在纽约州立大学奥尔巴尼分校(State University of New York at Albany)获得文科硕士(MA)和哲学博士(Ph. D)学位。1977~1979年,在纽约州立大学奥尔巴尼分校任访问助理教授(Visiting Assistant Professor),1979~1981年,在该校刑事司法研究生院(Graduate School of Criminal Justice)任助理教授。1981~1983年,在厄巴纳的伊利诺伊大学(University of Illinois, Urbana)任社会学副教授。1983~1985年,在加利福尼亚州克莱蒙特研究生院(The Claremont Graduate School)任副教授。1985~2000年,任亚利桑那大学(University of Arizona)管理与政策、法律、社会学和心理学方面的副教授和教授。2000年以后,任加州大学欧文分校(University of California, Irvine)的犯罪学、法律与社会教授和社会学教授。

同时,迈克尔·戈特弗雷德森还担任有关的行政职务。1988~1994年,任亚利桑那大学管理与政策系的系主任。1994~1996年,任亚利桑那大学负责本科生教育的副教务长(Vice Provost)。1996~2000年,任亚利桑那大学负责本科生教育的副校长(Vice President)。从2000年起,任加州大学欧文分校的行政副校长(Executive Vice Chancellor),从2005年起,任教务长(provost)。

迈克尔·戈特弗雷德森的研究领域包括犯罪与少年犯罪、刑事司法等多个

① "Gottfredson"又译为"戈特弗里德森"。

② 也有人翻译为"一般化犯罪理论"、"犯罪的一般化理论"或者"犯罪的共通性理论"等。参见许春金:《犯罪学》,台湾三民书局2000年版,第325页。

领域。他出版了多部有关犯罪原因和犯罪政策(crime policy)的书籍,发表了这些方面的大量论文。其中,主要的书籍包括:与切斯特·布里特(Chester L. Britt)合编的《犯罪和少年犯罪的控制理论》(Control theories of crime and delinquency,2003,第二编者);与约翰·戈德坎普(John Goldkamp)、彼得·琼斯(Peter Jones)和韦兰(Doris Weiland)合著的《个人自由与社区安全:刑事法庭的审前释放》(Personal Liberty and Community Safety: Pretrial Release in the Criminal Courts,1995,第二作者);与特拉维斯·赫希合编的《越轨的普遍性》(The Generality of Deviance,1994,第二编者);与唐·戈特弗雷德森(Don Gottfredson)合著的《刑事司法中的决策:关于自由裁量权的理性使用》(Decision-making in Criminal Justice: Toward the Rational Exercise of Discretion,1988);与特拉维斯·赫希合编的《实证犯罪学》(Positive criminology,1987);与约翰·戈德坎普合著的《保释政策指南:法庭改革实验》(Policy Guidelines for Bail: An Experiment in Court Reform,1985,第二作者);与特拉维斯·赫希合编的《理解犯罪》(Understanding crime,1980,第二编者);与迈克尔·欣德朗(Michael Hindelang)和詹姆斯·加罗法洛(James Garofalo)合著的《人身犯罪的被害人:人身被害理论的经验基础》(Victims of Personal Crime: An Empirical Foundation for a Theory of Personal Victimization,1978,第二作者),等等。

迈克尔·戈特弗雷德森不仅从事学术研究和教学,也经常就刑事司法政策问题向有关政府部门提供咨询。他曾担任设在纽约的私营非营利机构——刑事司法研究中心(the Criminal Justice Research Center)的主任(1976-1979)等职。

由于迈克尔·戈特弗雷德森作出的多方面的贡献,他在学术界得到多方面的肯定。例如,曾任美国犯罪学协会(American Society of Criminology)副主席(1989-1990)、会员(Fellow)称号(1992),还获得了其他一些学术奖项。同时,他在一些犯罪学评价研究中,也有较好的排名。例如,在一项对1986~1990年英语世界中最有影响的5种犯罪学刊物中文献引用情况的调查中,戈特弗雷德森排名第9。[①] 在1989~1993年犯罪学教科书中被引用最多的47名最有影响的犯罪学家中,戈特弗雷德森排名第9。[②] 根据对国际上最有影响的20种英语

① Ellen G. Cohn & David P. Farrington, "Who are the most influential criminologists in the English-speaking world?" *British Journal of Criminology*, 34(1994, No. 2):217.

② Ellen G. Cohn, David P. Farrington & Richard A. Wright, *Evaluating criminology and criminal justice* (Westport, CT: Greenwood Press, 1998), p. 109.

犯罪学专业期刊1990年引用情况的调查,在40名被引用最多的犯罪学家中,戈特弗雷德森排名第13;①在对所有10种美国专业期刊1990年引用情况的调查中,戈特弗雷德森排名第4。②

相比较而言,本书的第二作者特拉维斯·赫希(Travis Hirschi)在犯罪学领域中的学术影响更大。特拉维斯·赫希于1935年4月15日生于犹他州的罗克维勒(Rockville)。1952~1955年,在南犹他学院(College of Southern Utah)学习。1955年,进入犹他大学(College of Southern Utah),1957年,获得社会学和历史专业的学士学位,1958年,获得社会学和教育心理学硕士学位。1960年,进入加州大学伯克利分校(University of California, Berkeley)学习,1968年,获得哲学博士学位(社会学方向)。1964~1966年,任加州大学伯克利分校调查研究中心里奇蒙青少年计划(Richmond Youth Project)副主任;1966~1970年,在该校任教。1967~1971年,曾任华盛顿大学(University of Washington)社会学系访问助理教授和访问副教授。1971~1977年,任加州大学戴维斯分校(University of California, Davis)社会学系教授;1972~1974年,任系主任。1977~1981年,任纽约州立大学奥尔巴尼分校刑事司法学院教授。1981年起在亚利桑那大学任教,先后任公共政策、计划与行政管理教授(1981-1983),社会学系教授(1983),管理与政策教授(1986),心理学教授(1987)等。1997年,赫希以里根茨讲座教授(Regents Professor)的身份退休。

赫希曾担任《犯罪学》(Criminology)等多家犯罪学、心理学、社会学权威性刊物的副主编、编委、顾问等。曾担任美国国立精神健康研究所犯罪与少年犯罪评论委员会主席(1976-1979),美国社会学协会(American Sociological Association)犯罪学分会主席(1984),美国犯罪学协会(American Society of Criminology, ASC)主席(1982-1983)。

赫希曾以杰出的犯罪学研究而获得多项学术奖励和荣誉。曾因1967年出版的《少年犯罪研究:对分析方法的评价》[Delinquency research: An appraisal of analytic methods,与塞尔文(Hans C. Selvin)合著]而获社会问题研究协会(Society for the Study of Social Problems)的怀特·米尔斯奖(C. Wright Mills Award,

① Ellen G. Cohn, David P. Farrington & Richard A. Wright, *Evaluating criminology and criminal justice* (Westport, CT: Greenwood Press, 1998), p.78.

② Ellen G. Cohn, David P. Farrington & Richard A. Wright, *Evaluating criminology and criminal justice* (Westport, CT: Greenwood Press, 1998), p.76.

1968);1986 年获得美国犯罪学协会(ASC)颁发的埃德温·萨瑟兰奖(Edwin H. Sutherland Award)。

赫希出版了很多犯罪学方面的论著,其中最重要的著作可能是 1969 年出版的《少年犯罪的原因》(Causes of delinquency)①一书,这部著作给赫希在犯罪学理论研究方面带来了巨大的声誉。他的其他重要著作还包括:《测定少年犯罪》[Measuring delinquency, 1981,与欣德朗(Michael J. Hindelang)、约瑟夫·韦斯(Joseph Weis)合著,第二作者];《犯罪的一般理论》(A general theory of crime, 1989,合著,第二作者)。赫希还与人合编了《理解犯罪》(Understanding crime, 1980);《实证犯罪学》(Positive criminology, 1987,第二编者);《犯罪与司法中的争论问题》[Controversial issues in crime and criminal justice, 1988,与斯科特(Joseph E. Scott)合编,第二编者];《越轨的普遍性》(The Generality of Deviance, 1994),等等。此外,赫希撰写了大量有影响的论文,犯罪学家约翰·劳布(John Laub)②将其中的一部分编为一部论文集。③

赫希的研究范围很广,除了少年犯罪的原因理论等上述著作所涉及的方面之外,还涉及职业妓女(1962),少年犯罪研究中关于因果关系的虚假标准(1966),社会阶级与犯罪(1972),程序规则与越轨行为研究(1973),智力与少年犯罪(1977),犯罪与家庭(1983)等。

由于赫希在犯罪学领域的杰出贡献,在多种关于引用率的统计研究中,都有很好的排名。例如,在一项对 1986~1990 年英语世界中最有影响的 5 种犯罪学刊物中文献引用情况的调查中,赫希排名第五。④ 在 1989~1993 年犯罪学教科书中被引用最多的 47 名最有影响的犯罪学家中,赫希排名第一。⑤ 在1989~1993 年出版的23 本犯罪学教科书中被引用最多因而也最有影响的 100 名犯罪

---

① 吴宗宪、程振强、吴艳兰翻译的本书中译本,由中国国际广播出版社在 1997 年 9 月出版,书名为《少年犯罪原因探讨》。

② 约翰·劳布(John Laub)是美国当代犯罪学家,1994 年和 2004 年两度与罗伯特·桑普森(Robert Sampson)一起获美国犯罪学协会(ASC)颁发的迈克尔·欣德朗奖(Michael J. Hindelang Award),2003 年任该协会主席,2005 年获该协会颁发的埃德温·萨瑟兰奖(Edwin H. Sutherland Award)。

③ John Laub (ed.), *The craft of criminology: Selected papers of Travis Hirschi* (New Brunswick, NJ: Transaction Publishers, 2002).

④ Ellen G. Cohn & David P. Farrington, "Who are the most influential criminologists in the English-speaking world?" *British Journal of Criminology*, 34(1994, No.2):217.

⑤ Ellen G. Cohn, David P. Farrington & Richard A. Wright, *Evaluating criminology and criminal justice* (Westport, CT: Greenwood Press, 1998), p.109.

学家中，赫希排名第二。① 根据对国际上最有影响的20种英语犯罪学专业期刊1990年引用情况的调查，在40名被引用最多的犯罪学家中，赫希排名第二；②在对10种美国专业期刊1990年引用情况的调查中，赫希排名第三。③

迈克尔·戈特弗雷德森和特拉维斯·赫希两人关系十分密切。首先，他们是师生关系，赫希是老师，戈特弗雷德森是学生。当赫希在加州大学戴维斯分校任教的时候，戈特弗雷德森是那里的学生，学习过赫希开设的少年犯罪课程，当时，戈特弗雷德森在上大课的过程中表现良好，赫希因此而知道了这个学生。④其次，他们有长期的同事与合作关系。他们两人是纽约州立大学奥尔巴尼分校刑事司法学院和亚利桑那大学的同事，并且在纽约州立大学奥尔巴尼分校刑事司法学院共事期间，开始了犯罪学研究方面的长期合作，合编过多部书籍，合写过多篇文章。因此，他们合写专著，共同发展一种理论，是有深厚的学术基础的。

二、犯罪的一般理论的主要内容

（一）概述

国外的犯罪学界普遍认为，本书所阐述的犯罪的一般理论，是在修正和完善赫希早年在《少年犯罪的原因》（1969）一书中提出来的社会控制理论的基础上发展而来的。在发展犯罪的一般理论的过程中，戈特弗雷德森和赫希将控制的概念与生物社会理论、心理学理论、日常活动理论和理性选择理论的有关概念进行了整合，并且修改和重新界定了社会控制理论的一些原理。⑤

戈特弗雷德森和赫希在几篇论文和本书中，论述了他们所说的犯罪的一般理论。这些重要论文是赫希和戈特弗雷德森的《犯罪与犯罪性的区别》、⑥《关于

---

① Ellen G. Cohn, David P. Farrington & Richard A. Wright, *Evaluating criminology and criminal justice* (Westport, CT: Greenwood Press, 1998), p. 108.

② Ellen G. Cohn, David P. Farrington & Richard A. Wright, *Evaluating criminology and criminal justice* (Westport, CT: Greenwood Press, 1998), p. 78.

③ Ellen G. Cohn, David P. Farrington & Richard A. Wright, *Evaluating criminology and criminal justice* (Westport, CT: Greenwood Press, 1998), p. 76.

④ John Laub, "Introduction: The life and work of Travis Hirschi," in John Laub (ed.), *The craft of criminology: Selected papers of Travis Hirschi* (New Brunswick, NJ: Transaction Publishers, 2002), note 23, p. xiv.

⑤ Larry J. Siegel, *Criminology: Theories, patterns, and typologies*, 8th ed. (Belmont, CA: Wadsworth/Thomson Learning, 2004) p. 302.

⑥ Travis Hirschi, "The Distinction between Crime and Criminality," in T. F. Hartnagel & R. Silverman (eds.), in *Critique and Explanation: Essays in Honor of Gwynne Nettler* (New Jersey: Transaction Publishers, 1986), pp. 55-69.

犯罪的一般理论》、[1]《跨国犯罪学的犯罪的一般理论》;[2]戈特弗雷德森和赫希写的《犯罪的倾向—事件理论》;[3]赫希和戈特弗雷德森写的《自我控制理论》;[4]戈特弗雷德森和赫希写的《自我控制与机会》[5]等。

由于戈特弗雷德森和赫希的犯罪的一般理论的主要内容是区分了犯罪(crime)和犯罪性(criminality),而他们又认为犯罪是一种事件(event),犯罪性是一种倾向(propensity),因此,这一理论又被称为"倾向—事件理论"(propensity-event theory)。同时,又因为他们认为犯罪性的实质是自我控制低,所以又有人将他们的理论称为"低的自我控制理论"(low self-control theory)。[6] 在本书的两位作者后来撰写的文章中,他们将自己的理论称之为"自我控制理论"(self-control theory)。[7] 这一理论的基本观点认为,犯罪是犯罪性的表现,而犯罪性的实质就是自我控制低,因此,自我控制低是犯罪和其他类似行为的根本原因。

美国犯罪学家富兰克林·P·威廉斯第三(Franklin P. Williams III)和玛丽琳·D·麦克沙恩(Marilyn D. McShane)将犯罪的一般理论的要点归纳如下:[8]

(1)人类生来就是为自己的利益而行动的。

(2)为了限制自私自利和培养自我控制,必须进行社会化和训练。

(3)不恰当的或不适当的儿童养育活动,会导致促使个人形成低

① Travis Hirschi, "Toward a General Theory of Crime," in W. Buikhuisen and S. A. Mednick (eds.), *Explaining Criminal Behaviour* (Leiden: E. J. Brill, 1988), pp. 8-26.

② Travis Hirschi and Michael R. Gottfredson, "A General Theory of Crime for CrossNational Criminology," in *Proceedings of the Fifth Asian-Pacific Conference on Juvenile Delinquency* (Taipei, Taiwan, 1988), pp. 44-53.

③ Travis Hirschi, 1988. "A Propensity Event Theory of Crime," in William S. Laufer and Freda Adler (eds.), *Advances in Criminological Theory* (New Brunswick: Transaction Publishers, 1988), pp. 57-67.

④ Travis Hirschi and Michael R. Gottfredson, "Self-control theory," in Raymond Paternoster & Ronet Bachman (eds.), *Explaining criminals and crime: Essays in contemporary criminological theory* (Los Angeles, CA: Roxbury Publishing Company, 2001), pp. 81-96.

⑤ Michael R. Gottfredson and Travis Hirschi, "Self-control and opportunity," in Chester L. Britt & Michael R. Gottfredson (eds.), *Control theories of crime and delinquency* (New Brunswick, NJ: Transaction Publishers, 2003), pp. 5-19.

⑥ Franklin P. Williams III & Marilyn D. McShane, *Criminological theory*, 2nd ed. (Englewood Cliffs, New Jersey: Prentice-Hall, 1994), p. 227.

⑦ Travis Hirschi and Michael R. Gottfredson, "Self-control theory," in Raymond Paternoster & Ronet Bachman (eds.), *Explaining criminals and crime: Essays in contemporary criminological theory* (Los Angeles, CA: Roxbury Publishing Company, 2001), pp. 81-96.

⑧ Franklin P. Williams III & Marilyn D. McShane, *Criminological theory*, 2nd ed. (Englewood Cliffs, New Jersey: Prentice-Hall, 1994), p. 229.

水平自我控制的特质(trait)。

(4)低水平的自我控制会使个人很有可能进行短期的、追求快乐的行为。

(5)犯罪是多种多样的自私自利行为中的一类。

(6)增加自我控制,可以降低进行犯罪以及其他类似行为的可能性。

马特·德利希(Matt DeLisi)这样概括了犯罪的一般理论的要点:①

不幸的父母养育活动阻碍了成功的儿童社会化。结果,处在这样的环境中的儿童的自我控制就低。自我控制低的人:(1)更愿意直接满足欲望;(2)追求简单的任务,而不追求需要毅力的活动;(3)看重身体体验,而不重视口头体验或者认知体验;(4)喜欢获得快速回报,而不喜欢长期投入,如婚姻、职业生涯或者教育生涯;(5)从事不太需要技能的职业,而不从事学术性职业;(6)自我中心,对于他人的感情缺乏感受性。

这样的人自然而然很容易进行犯罪和其他越轨行为。

美国犯罪学家约翰·劳布(John Laub)认为,犯罪的一般理论有几个基本观点,这些基本观点将犯罪的一般理论与早期的控制理论区别开来。这几个基本观点是:②

(1)年龄与犯罪的关系恒定不变;

(2)区分犯罪与犯罪性是很重要的;

(3)实施犯罪的倾向方面的个别差异可能在于个人的自我控制水平的差异;

(4)自我控制的差异不仅可以解释所有类型的犯罪行为,而且也可以解释不构成犯罪的类似行为,如吸烟、饮酒和赌博;

---

① Matt DeLisi, "It's all in the record: Assessing self-control theory with an offender sample," *Criminal Justice Review* 26(2001):1.

② John Laub, "Introduction: The life and work of Travis Hirschi," in John Laub (ed.), *The craft of criminology: Selected papers of Travis Hirschi* (New Brunswick, NJ: Transaction Publishers, 2002), pp. xxix – xxx.

(5)自我控制的差异的来源,大部分可以在儿童养育活动中找到;

(6)犯罪与越轨行为并不会随着时间的流逝而发生变化;

(7)犯罪会随着年龄的增加而减少。

还有一些犯罪学家尝试用图表简洁、形象地表示犯罪的一般理论的主要内容。例如,美国当代犯罪学家克莱门斯·巴特勒斯(Clemens Bartollas)用图表示了犯罪的一般理论(参见图1)。

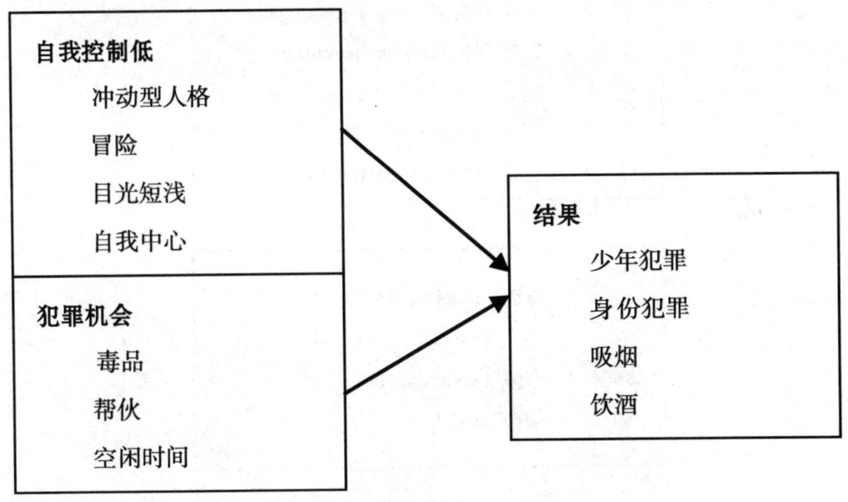

图1:犯罪的一般理论示意图①

美国犯罪学家拉里·西格尔(Larry J. Siegel)也用稍微复杂一些的图表,更加详细地显示了犯罪的一般理论的理论模式(参见图2)。

① Clemens Bartollas, *Juvenile delinquency*, 6th ed. (Boston, MA: Allyn and Bacon, 2003), p. 145.

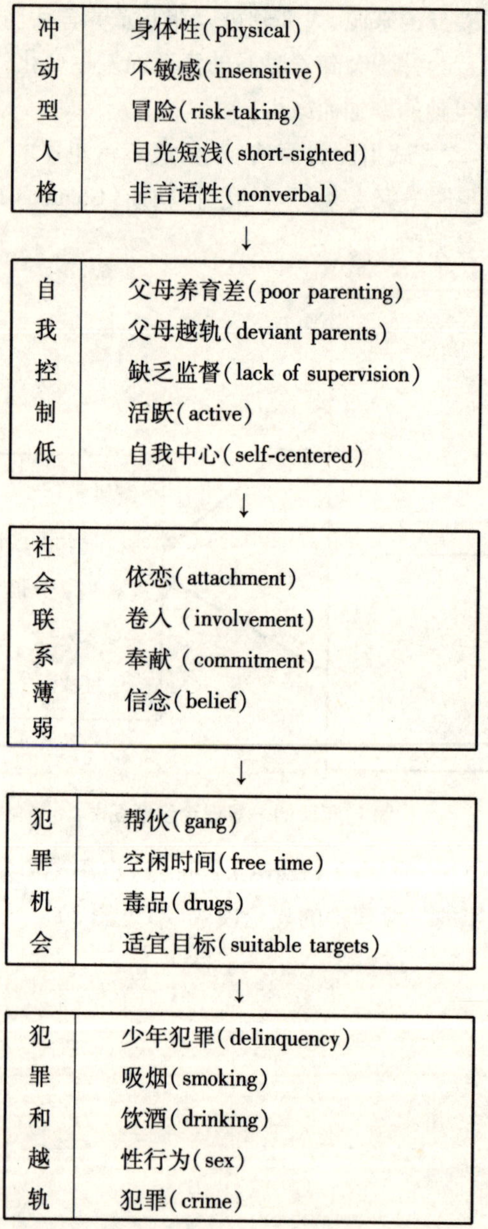

冲动型人格	身体性(physical) 不敏感(insensitive) 冒险(risk-taking) 目光短浅(short-sighted) 非言语性(nonverbal)

↓

自我控制低	父母养育差(poor parenting) 父母越轨(deviant parents) 缺乏监督(lack of supervision) 活跃(active) 自我中心(self-centered)

↓

社会联系薄弱	依恋(attachment) 卷入 (involvement) 奉献 (commitment) 信念(belief)

↓

犯罪机会	帮伙(gang) 空闲时间(free time) 毒品(drugs) 适宜目标(suitable targets)

↓

犯罪和越轨	少年犯罪(delinquency) 吸烟(smoking) 饮酒(drinking) 性行为(sex) 犯罪(crime)

图2:犯罪的一般理论示意图①

① Larry J. Siegel, *Criminology: Theories, patterns, and typologies*, 8th ed. (Belmont, CA: Wadsworth/Thomson Learning, 2004) p. 304.

(二)犯罪性与犯罪的区别

犯罪的一般理论的核心内容之一,就是区分了犯罪性和犯罪这两个概念。①

根据作者的论述,**犯罪性**(criminality)是个人从事犯罪行为的倾向(propensity),②其特征是:

(1)犯罪性是一种个人的倾向,这种倾向中既有心理的成分,也有生理的成分;

(2)犯罪性的核心是自我控制低;

(3)犯罪性是犯罪的原因或基础,犯罪是犯罪性的表现。

犯罪(crime)是为了追求个人利益而进行的暴力或欺骗行为。③ 犯罪的实质是不顾法律的规定和道德的要求去追求个人利益,其特点是:

(1)犯罪是一种行为(act)或事件(event);

(2)犯罪通常采用这两种方式,即暴力(force)和欺骗(fraud);

(3)犯罪的目的是追求个人利益,包括物质利益、心理满足感等。

戈特弗雷德森和赫希认为,区分犯罪性与犯罪是重要的。有关犯罪性的理论应当告诉人们,为什么一些人比另一些人更容易实施犯罪;而有关犯罪的理论则应当告诉人们,犯罪倾向(criminal propensity)可能或者不可能导致犯罪的条件。如果有关犯罪性的理论没有明确地考虑倾向与行动之间的滑动(slippage),那么,有关犯罪性的理论可能是不完善的;同样,如果有关犯罪的理论不能适当地估计"犯罪人"在这种活动中的作用,那么,这种理论就是不完善的。

换言之,犯罪与犯罪性之间的差别提醒我们,犯罪仅仅是犯罪性的多种可能的表现方式中的一种。作为一种个人倾向,犯罪性可能导致犯罪行为的实施,也可能导致高速驾车与事故、抽烟、酗酒、吸毒、在学校或工作中拖拉、懒惰、文身或男女乱交行为,还可能导致赌博、驾车兜风和滑雪运动。尽管整个犯罪学理论都承认,在实施犯罪的倾向与犯罪的发生之间,可能存在一对一的一致性的假设,但是,戈特弗雷德森和赫希认为,这种假设是错误的,某种潜在的倾向会引起多种相关的行为;而在那些由犯罪性引起的犯罪行为、使用毒品、吸烟、引起事故和

① 在很多英语犯罪学文献中,直到目前为止,往往还是将两种混用。

② Michael R. Gottfredson & Travis Hirschi, *A general theory of crime* (Stanford, CA: Stanford University Press, 1990), p. 85.

③ Michael R. Gottfredson & Travis Hirschi, *A general theory of crime* (Stanford, CA: Stanford University Press, 1990), p. 15.

赌博等行为之间，存在着很高的相关性。

根据犯罪的一般理论，犯罪性是人们在实施犯罪（或者类似）行为方面的稳定的差异；犯罪则是短期的、被明确界定的事件，这种事件是由一系列特别的必要条件决定的，如活动、机会、对手、被害人、利益。

（三）犯罪性的理论

戈特弗雷德森和赫希认为，犯罪性的实质或核心是自我控制水平低或者自我控制能力差。自我控制水平低的人具有这样一些特征：①

（1）追求欲望的直接满足。自我控制水平低的犯罪人，容易对直接环境中的有形刺激或物质刺激作出反应，有一种“此时此地”定向（“here and now” orientation）或冲动性。相反，自我控制水平高的人则会延迟满足。

（2）用容易的或简单的方式追求欲望满足。犯罪人用犯罪行为这种容易的或简单的方式去满足欲望，希望不用工作就可以获得金钱、不求婚就进行性行为、不经过法庭审判就进行报复。缺乏自我控制的人也可能缺乏勤勉、顽强或行动过程中的坚持精神。

（3）追求刺激、冒险或紧张。自我控制差的人喜欢进行秘密行动、冒险、快速驾车、灵活机敏、玩弄诡计或者权术。因此，他们容易实施冒险行为、好动和使用体力。相反，自我控制水平高的人则往往表现得谨慎、愿意思考和使用语言。

（4）不考虑长远利益。犯罪并不等同于工作或职业，相反，犯罪会妨碍长期从事工作，妨害婚姻、家庭或朋友。所以，自我控制水平低的人往往婚姻不稳定、缺少朋友、工作经历差。他们对长期的工作不感兴趣，也不愿为长远的职业做准备。

（5）缺乏技能或计划性。从事大多数犯罪都不需要很高的技能或计划性。缺乏自我控制的人既缺乏认知或学习技能，也不重视这方面的技能。由于大多数犯罪对手艺（manual skill）的要求很低，所以，缺乏自我控制能力的人不想拜师学手艺，不愿进行手工技能方面的训练。

（6）不考虑别人的痛苦或烦恼。缺乏自我控制能力的人，往往是一些以自我为中心，不关心别人的痛苦和需要的人，他们会侵犯别人的财产、身体、隐私和声誉。不过，缺乏自我控制能力的人通常并不一定是刻薄和反社会的；相反，他们可能是充满魅力和慷慨大方的，并且因此会轻易地获得奖赏。

---

① Michael R. Gottfredson & Travis Hirschi, *A general theory of crime* (Stanford, CA: Stanford University Press, 1990), pp. 89 - 90.

总之,缺乏自我控制能力的人可能会是冲动性的、感觉迟钝的、喜欢使用体力(而不是善于思考)、追求冒险、目光短浅和不善言谈的,因此,他们容易从事犯罪和类似的行为。由于这些特质可以在个人达到刑事责任年龄之前就可以识别出来,由于这些特质往往容易使同样的一些人聚集在一起,并且也由于这些特质会终生存在,所以可以把它们看成是一种可以很好地解释犯罪的稳定结构。

戈特弗雷德森和赫希认为,上述特质并不会必然地导致犯罪。这些特质本身常常会影响个人的环境和发展,如它们会影响个人受教育的程度,影响个人的工作、婚姻,影响个人生活的地区和城市。因此,它们会间接地影响个人的发展和犯罪。

从犯罪性的产生来看,它是不适当的儿童养育活动(child-rearing practice)的一种结果。尽管一些与犯罪性有关的特质,有其生物学的及社会的基础,但是研究表明,生物学因素对犯罪性的影响没有儿童养育活动那样大。这是因为,“生物学特质比社会性原因变量更加具有普遍性,因此,与犯罪性的关系也更加具有中性性(neutral)。”①在社会中产生的特质与犯罪的关系,比纯生物学因素更加密切。

不适当的儿童养育活动可能导致犯罪性的事实说明,犯罪性或多或少是与生俱来的,需要通过社会化过程来控制犯罪性。根据推测,较具有生物基础的特质,更不容易受社会化的影响。具有攻击性、好动性、冒险性的儿童更难以社会化,他们显然更需要得到父母的关注和照料。但是,由于父母可能具有与儿童同样的特质,他们就不可能完成所要求的社会化任务。此外,即使有些父母有能力担当起对儿童进行教育的任务,但是在儿童最需要社会化的时候却不一定在子女身边。

当具有很高的犯罪倾向的儿童进入学校时,他们就已经具有与学校的要求相对立的特质。学校的教师和其他人员原则上可能做父母没有做的事情,他们要求学生进行竞争、专心、自我否定、注意、服从和尊重别人。如果儿童不能满足这些要求,最终会被学校排斥,使学校不能继续承担社会化的责任。在这种情况下,犯罪性可能会达到最严重的程度。

戈特弗雷德森和赫希充分肯定了犯罪性的核心——自我控制低的作用。他们指出:“自我控制是能够预测犯罪行为和相关行为的唯一具有持久性的个人

① Travis Hirschi, 1988. “A Propensity-event theory of crime,” in William S. Laufer and Freda Adler (eds.), *Advances in Criminological Theory* (New Brunswick: Transaction Publishers, 1988), p.60.

特征。没有发展起强烈自我控制能力的人,不管他们的其他人格维度如何,都很有可能实施犯罪行为。”①

(四)犯罪的理论

犯罪是在特定的时间和地点发生的事件。对于犯罪的发生来讲,存在着一系列必要条件,其中之一就是潜在犯罪人(potential offender),这些人具有高度的犯罪性。同时,犯罪能够满足潜在犯罪人的物质和精神需要,对潜在犯罪人有吸引力。人们不是为了犯罪而犯罪,而是因为犯罪所产生的快乐与构成犯罪性的特质相一致。例如,扒窃钱包引起兴奋,并且至少可能会获得一些钱,这两者都会使这种犯罪对那些有可能实施这种犯罪的人来说具有“价值”。此外,实施犯罪行为需要一定的力量和速度,这也是犯罪事件发生的必要条件之一。

实施犯罪所必需的一些条件是外部环境方面的,这些环境条件在很大程度上不依赖于潜在犯罪人的特征。这些条件主要包括三类:(1)犯罪的适宜目标(suitable target),即存在着能够被盗窃、贪污、损害或燃烧的财物;(2)被害人,即存在着能够被伤害或被欺骗的人;(3)对犯罪人所期望的不受惩罚感(sense of immunity)有影响的因素,如黑暗、匿名性、被害人的易受侵害性。

其他一些条件很难被划分为是内部的条件或者是外部的条件,因为这些条件同时涉及潜在被害人的特征和外部环境。例如,体型就与犯罪的实施有关,无论是犯罪人的体型,还是被害人的体型,都会影响犯罪的实施:当大而壮的犯罪人遇到小而瘦的被害人时,犯罪行为就可能发生;反之,当小而瘦的犯罪人遇到大而壮的被害人时,犯罪行为就不可能发生。同样,是否参与帮伙也对犯罪行为的实施有影响,帮伙成员更有可能实施某些犯罪行为,至少部分是因为帮伙给其成员提供了一些实施犯罪的有利条件。

此外,潜在犯罪人的其他一些特征也可能与犯罪有关,因为这些特征会对犯罪性和犯罪都有影响。例如,饮酒会影响潜在犯罪人的情绪、不受惩罚感、运动控制等,进而影响到犯罪事件是否发生。又如,个人在学校中的失败也会给个人提供无人监督的时间,使其在这段无人监督的时间内进行犯罪。

戈特弗雷德森和赫希认为,他们的理论主要适合于普通犯罪,包括盗窃、夜盗、抢劫、杀人、盗窃汽车、强奸、贪污、吸毒和酗酒、过失事故等,但是不包括白领犯罪,因为白领犯罪没有被大多数现有的理论以及刑事司法人员所正式承认。

---

① Michael R. Gottfredson & Travis Hirschi, *A general theory of crime* (Stanford, CA: Stanford University Press, 1990), p. 111.

(五)对刑事政策的意义

在本书中,戈特弗雷德森和赫希用一半以上的篇幅(在全书12章中,有7章论述这方面的内容)论述了犯罪的一般理论的实际应用和对刑事政策的实际价值。

犯罪的一般理论提出一系列对制定具体的刑事政策有重要价值的建议。这种理论把犯罪原因分为两类:

(1)影响犯罪性的因素,这些因素对人们是否实施犯罪的那种倾向的形成及其强烈程度有影响;

(2)影响犯罪行为的因素,这些因素是指那些可能会助长犯罪事件发生的环境条件。

犯罪的一般理论对犯罪原因的这种区分,有助于增加制定刑事政策的针对性,使刑事政策的制定者可以通过不同的刑事政策,干预不同的犯罪原因,从而控制和减少犯罪的发生。以控制少年犯罪的刑事政策为例,在制定刑事政策时,决策者应当看到家庭养育活动对儿童和少年的消极影响,了解对儿童和少年犯罪性的形成有助长作用的养育活动类型,提倡改变这类养育活动,开展对父母和儿童训练有帮助的早期干预,这样,就可以控制犯罪性的形成。同时,应当看到具体影响少年犯罪行为发生的因素,制定政策干预这些因素,加强父母对儿童的直接监督,让社会机构督促、吸引儿童和少年进行更多的合法活动,这样就能减少少年犯罪行为的发生。

犯罪的一般理论对于教育政策也有重要意义,并且会影响刑事政策。例如,19世纪末20世纪初,一些西方学者认为传统的班级教学没有考虑学生的个别差异,因而提出能力分组(ability tracking)教学方法,根据学生的不同能力进行分组,对不同能力的学生进行不同的教育。对于这种做法与犯罪的关系问题,人们看法不同。那些反对能力分组的人提出,能力分组方法引起了犯罪;而那些赞成能力分组的人则认为,不同能力群体在犯罪活动方面的差异,来源于进行能力分组之前就已存在的差异。戈特弗雷德森和赫希认为,犯罪性的衡量标准能够解决这一问题。更重要的是,学校组织或惩戒活动中的差异对犯罪的不同影响,只有在不把这种个人倾向与学校的组织相混淆时,才能直接加以评定。例如,如果大的学校比小的学校犯罪更多的话,我们就可以问,这究竟是由于学生在犯罪性方面的差异造成的?还是由于具有高度犯罪潜能的学生的大量聚集方面的差异造成的?或者是由于小的学校与大的学校在犯罪控制方面的差异造成的?如果大的学校由于学生在犯罪性方面的不同而有更多的犯罪时,我们有理由相信,缩小学校规模就可以减少犯罪。

犯罪的一般理论对传统的少年司法制度中区分少年犯罪人和"身份犯罪人"(status offender)的做法是否合适的争议,也有重要意义。身份犯罪(status offense),是指在一些情况下对儿童不适宜但对成年人适宜的行为。少年法庭传统上认为,这种行为是少年犯罪倾向的早期征兆,是少年儿童具有导致不道德生活的危险的证据。少年法庭的目的之一就是在这些倾向通过犯罪行为表现出来之前进行干预。这样的一种政策被认为对儿童和社会都是最有利的,因为它可以使儿童"悬崖勒马",不成为犯罪人;它可以使社会免受更严重的犯罪行为的侵害。与此相反,标定理论和有关的社会结构理论则认为,身份犯罪不是某种模式或倾向的表征,因此,这种干预是不正当的。甚至有人认为,少年法庭的干预会把事情弄得更糟,它增加了以后进行犯罪活动的可能性。戈特弗雷德森和赫希则认为,应当注意改善家庭对有不良行为的儿童和少年的教育活动,加强家庭和学校等机构对有不良行为的儿童和少年的监督,应当减轻少年法庭的活动与裁决对儿童和少年的消极影响。

戈特弗雷德森和赫希认为,传统的古典学派和实证学派的主张,都把控制犯罪的责任放在国家的身上,使国家成为控制犯罪的主要力量,这些观点是不正确的;由这些观点派生出的一系列由国家机构实施的控制犯罪计划也是无效的。因此,为了减少自由社会中的犯罪,作者提出了另外一种犯罪控制观点,根据这种观点,国家既不是犯罪的原因,也不承担控制犯罪的任务。他们指出:①

> 按照我们的观点,自我控制低的犯罪性的根源,应当在生命的最初6年或7年期间发现。在此期间,儿童处在家庭或家庭设置②的控制和监督之下。除了增加通过具体的犯罪行为获取利益的困难性之外,旨在提高家庭设置使儿童社会化的能力的政策,是唯一能够大幅度减少犯罪的现实的长期国策。

在后来撰写的文章中,两位作者进一步阐述了根据犯罪的一般理论得出的

---

① Larry J. Siegel, Criminology: *Theories, patterns, and typologies*, 8th ed. (Belmont, CA: Wadsworth/Thomson Learning, 2004) pp. 72 - 73.

② 家庭设置(familial institution),是指能够发挥家庭功能的其他社会机构,如社会福利机构、孤儿院等——引者注。

控制犯罪的政策建议:①

(1)不要试图通过监禁成年人来控制犯罪。在决定监禁犯罪人的过程中考虑的主要因素是他们以前犯罪的数量,这样做的结果是成年人比青少年更有可能被监禁。大多数人都同意应当考虑以前的记录,但是,犯罪的年龄分布表明,将成年人投入监狱是无效的,因为这已经太迟了,他们的年龄太大了。被监禁者的平均年龄是20多岁,这已经高于犯罪高峰年龄10多年。

(2)不要试图通过改造犯罪人来控制犯罪。一方面,这已经太迟了;另一方面,由于年龄很大,对于他们的矫治是没有效果的。

(3)不要试图通过改变刑事司法系统可以使用的刑罚来控制犯罪。由于犯罪人并不考虑刑罚,因此,法律规定的刑罚是无效果的。增加刑罚的必然性和严厉性虽然会使公民和决策者对司法制度产生好感,但是这对犯罪人的决策的影响是极其有限的。

(4)限制青少年的无人监督的活动。犯罪的发生需要有机会和没有约束的人。如果限制青少年接触枪支、汽车、酒类、无人监视的墙壁、无人居住的房屋以及相互接触,是很有益处的。20世纪最后20多年最成功的事例之一,就是在提高允许饮酒的年龄之后产生的汽车事故数量的下降。宵禁令、预防逃学计划、穿校服、限制发放执照等,都是很有效的。

(5)限制积极主动型警务(proactive policing),包括警察扫荡(police sweeps)、警察圈套(police sting)、特别逮捕计划(intensive arrest program)和进攻型反毒计划(aggressive drug policy)。

(6)质疑刑事司法系统的人员归纳的犯罪特征,也质疑新闻媒体不加批判地重复这些特征。证据表明,犯罪人并不是具有献身精神的、具有创造力的和聪明狡猾的专业人员,但是,执法部门和新闻媒体却使犯罪人变成了这样的人。

(7)支持那些旨在提供早期教育和有效的儿童照料的各种计划。

(8)支持那些促进双亲家庭、增加儿童保育员(caregiver)数量的政策。

三、对犯罪的一般理论的反应

可以毫不夸张地说,本书所阐述的犯罪的一般理论,在发表之后引起了广泛

① Travis Hirschi and Michael R. Gottfredson, "Self - control theory," in Raymond Paternoster & Ronet Bachman (eds.), *Explaining criminals and crime: Essays in contemporary criminological theory* (Los Angeles, CA: Roxbury Publishing Company, 2001), pp. 93 - 94.

的关注和巨大的反响。[①] 下面介绍一下犯罪学界对于这种理论的不同反应。

(一)肯定性评价

犯罪的一般理论,是在综合了犯罪学研究中发展起来的社会学理论、心理(生物)学理论和经济学理论的基础上,提出的一种博采众长、可以适用于各种普通刑事犯罪的一般犯罪理论。因此,在《犯罪的一般理论》一书出版后,受到广泛的重视和肯定,被看做是“近年来对犯罪学的最重要的贡献之一”。[②] 著名犯罪学家罗纳德·艾克斯(Ronald L. Akers)认为,本书阐述的理论具有“逻辑协调、简明扼要、范围广泛”的特点。[③] 罗伯特·温斯洛(Robert W. Winslow)和谢尔登·张(Sheldon X. Zhang)认为,“自我控制理论受到了很多的赞扬。人们已经发展了一些量表来测量自我控制的变量,人们进行了大量研究来验证作为该理论基础的假设。”[④]

可以说,本书已经成为犯罪学领域的最重要著作或者基本著作之一,凡是论述犯罪学理论的书籍和论文,差不多都要提到本书所阐述的理论,一些研究证明了这一点。例如,科恩(E. G. Cohn)和法林顿(D. P. Farrington)在1998年发表的一项有关主要的犯罪学和刑事司法刊物中引用情况的统计研究表明,在20世纪90年代出版的所有英语犯罪学著作中,本书是被引用排名第二的英语犯罪学书籍。[⑤] 特拉维斯·普拉特(Travis C. Pratt)和弗朗西斯·卡伦(Francis T. Cullen)在2000年发表的论文中也谈到,在20世纪90年代出版的所有犯罪和刑

---

① 2008年4月,笔者在德国弗赖堡的马克斯·普朗克外国与国际刑法研究所(Max - Planck - Institute for Foreign and International Criminal Law)从事访问研究时,看到了两本专门论述这一理论的博士论文:一本是1999年在俄亥俄州立大学(Ohio State University)由莉萨·科恩(Leesa J. Kern)完成的博士论文,题目是《戈特弗雷德森和赫希的犯罪的一般理论:验证这个完整模式》(Gottfredson and Hirschi's general theory of crime: Testing the complete model);另一本是2001年在宾夕法尼亚州印第安纳大学(Indiana University of Pennsylvania)由乔治·希金斯(George E. Higgins)完成的博士论文,题目是《戈特弗雷德森和赫希的犯罪的一般理论:一种结构平衡型示范理论》(Gottfredson and Hirschi's general theory of crime: A structural equation modeling approach)。

② 约翰·哈根(John Hagan)的评价。参见该书平装本封四。

③ Ronald L. Akers, *Criminological theories: Introduction, evaluation, and application*, 3rd ed. (Los Angeles, CA: Roxbury Publishing Company, 2000), p.115.

④ Robert W. Winslow & Sheldon X. Zhang, *Criminology: A global perspective* (Upper Saddle River, New Jersey: Pearson Education, Inc., 2008), p.150.

⑤ Mark M. Lanier & Stuart Henry, *Essential criminology*, 2nd ed. (Boulder, CO: Westview Press, 2004), p.186.

事司法书籍中,本书的被引用数量居第二位。①

具体而言,犯罪的一般理论的优点可以概括如下:

(1)本理论的理论来源多样。犯罪的一般理论的多学科性(multidisciplinary)是很明显的。这种理论吸收了许多学科的研究成果,但是又不属于其中的任何学科。这种理论并不把犯罪的原因完全归结于环境,因此,它可以不受拘束地接受有关个别差异的不同研究,从中吸收大量有用的东西。同时,犯罪的一般理论也不把犯罪看成是完全由个人因素造成的现象,因此,它可以不受拘束地接受有关环境差异的不同研究,从中吸收了大量有价值的观点。犯罪性的概念很容易和基于某一学科的理论和方法而提出的犯罪理论中的概念、假设一致起来。例如,社会学和心理学中的社会控制理论、经济学中的理性选择理论、心理学中的一些学习观点,都与犯罪性的基本观点相一致。但是,犯罪的一般理论并没有试图把所有的犯罪理论和观点都整合到它自己的体系之中。许多犯罪理论和观点与犯罪的一般理论是不一致的。例如,社会标定理论、紧张理论、文化越轨理论、冲突理论的主要部分,以及某些强调习得的犯罪性和人有从犯罪中获得快乐的需要的学习理论、某些认为犯罪可以通过某种方式直接遗传的生物学理论,严格说来都是与戈特弗雷德森和赫希所说的“犯罪性”概念不一致的。

(2)本理论的适用范围广泛。根据作者的论述,本理论可以用来解释几乎所有的犯罪行为以及类似行为。甚至有的犯罪学家指出,“戈特弗雷德森和赫希提出,犯罪的一般理论是一种无所不包的理论,不仅可以解释所有类型的犯罪,而且可以解释许多其他类型的越轨行为。”②以往的犯罪理论往往只解释有限的一些犯罪类型(特别是刑法规定的犯罪中的一些犯罪),而不能解释所有犯罪(犯罪学意义上的犯罪),更不能解释有关的越轨行为,因此,这些理论的适用范围是很有限的。

(3)本理论具有可操作性。犯罪的一般理论明确区分犯罪与犯罪性,这为制定切实可行的刑事政策提供了重要的基础,使得在这种理论的基础上制定切实可行的刑事政策成为可能。根据这种理论,控制犯罪的有效刑事政策的核心应当是:第一,减少犯罪行为对个人的吸引力;第二,提高家庭或类似机构正确教

① Clemens Bartollas, *Juvenile delinquency*, 6th ed. (Boston, MA: Allyn and Bacon, 2003), p.146.

② Imogene L. Moyer, *Criminological theories: Traditional and nontraditional voices and theme* (Thousand Oaks: Sage Publications, 2000), p.151.

育儿童和少年,防止他们产生犯罪性的能力。这种观点将对犯罪研究和刑事政策的制定,起到重要的指导作用。

(4)本理论具有明显的犯罪学特性。犯罪学是一门与刑法规范有关但是又不完全受刑法规范约束的学科,这是犯罪学与刑法学的重要区别。以往的很多犯罪学书籍往往带有浓厚的刑法学色彩,这不仅表现在所研究的对象方面(所研究的犯罪往往是刑法规定的犯罪),也表现在给犯罪所下的定义方面(把犯罪看成是刑法规定的或者违反刑法的行为)。犯罪的一般理论在这些方面,都进行明显具有犯罪学特性的探讨。例如,这一理论所解释的对象,不仅包括所有的犯罪行为,也包括一些越轨行为,这些越轨行为往往就是犯罪学所说的犯罪行为(即严重危害社会的行为,其核心特点是严重危害社会,而不一定违反刑法)。又如,本理论所下的犯罪定义,完全摆脱了刑法的束缚,作者认为,“犯罪是为了追求个人利益而进行的暴力或者欺骗行为。”①

(5)本理论具有高度的概括性。犯罪的一般理论对犯罪原因进行了高度的概括,将犯罪原因最终归结为自我控制低。这样高度的概括性,是以往的犯罪原因理论中少见的。正如有的学者指出的,“戈特弗雷德森和赫希理论的主要优点,是它的简单性,这也是它最容易受到批评的地方。用某个单一概念解释所有犯罪行为的观点,是很有吸引力的,许多犯罪学家都热情地探讨这种可能性。但是,其他犯罪学家认为,犯罪行为极其复杂,以至于很难用某种单一理论来解释,更难用某种简单理论来解释。”②同时,在对犯罪特征的描述、犯罪预防措施等方面,也表现出高度的概括性。

(二)支持性验证结果

在犯罪的一般理论发表之后,不仅有一般性的支持性评论,也引起了很多验证性研究。根据1997年的一篇论文中报告的资料,在这一理论发表之后的不长时间中,已经进行了20多项关于这个理论的研究,其中的绝大多数研究都是支持这一理论的。③ 这些为了验证犯罪的一般理论而进行的研究,既有美国学者进行的,也有其他国家学者进行的。其中,很多的验证性研究发现了支持犯罪的

---

① Michael R. Gottfredson & Travis Hirschi, *A general theory of crime* (Stanford, CA: Stanford University Press, 1990), p. 15.

② George B. Vold, Thomas J. Bernard & Jeffrey B. Snipes, *Theoretical criminology*, 5th ed. (New York: Oxford University Press, 2002), p. 194.

③ Clemens Bartollas, *Juvenile delinquency*, 6th ed. (Boston, MA: Allyn and Bacon, 2003), p. 145.

一般理论的结果。根据犯罪学家拉里·西格尔(Larry J. Siegel)的概括,这类支持性的研究结果主要如下:①

(1)新犯罪人(novice offender)由于缺乏自我控制,实施多种不同的犯罪行为。

(2)比较成熟的和有经验的犯罪人开始实施自己选择的更加专门化的犯罪,如抢劫、夜盗和贩毒。

(3)男性和女性驾车者是冲动性的人,表现出了低的自我控制。

(4)重复型暴力犯罪人(repeat violent offender)比暴力性较小的重复性犯罪人更加冲动。

(5)被监禁青年喜欢从事冒险行为,并且具有预示着冲动性的价值观和态度。

(6)吸毒和犯罪的青少年是冲动性的,他们乐于从事冒险行为。

(7)可以利用自我控制这个指标,预测从青少年到50岁成年人的各个年龄群中的越轨行为和反社会行为。

(8)实施白领犯罪和工作场所犯罪(workplace crime)的人,自我控制程度要比守法者低。

(9)帮伙成员的自我控制程度要比一般人低;帮伙成员报告说,他们的父母对他们的管理较差,这一因素与低的自我控制有联系。

(10)低的自我控制增加了对犯罪机会的认识,从而也增加了决定实施犯罪的条件。

(11)缺乏自我控制的人会在未来实施犯罪。

(12)在幼年生活发生问题的青少年,最有可能抗拒在治疗和改造计划中发生的转变。

(13)自我控制方面的性别差异,影响犯罪率的差异。缺乏自我控制的女性,其犯罪倾向和具有类似人格的男性一样大。

(14)管理自己孩子的行为的父母,也能够增加孩子的自我控制,而这会有助于减少孩子的少年犯罪活动。

(15)父母(或者养父母)能够控制行为的话,可以减少实施犯罪的

---

① Larry J. Siegel, *Criminology*: *Theories*, *patterns*, *and typologies*, 8th ed. (Belmont, CA: Wadsworth/Thomson Learning, 2004) p. 306.

机会。

(16)被害人的自我控制比非被害人(nonvictim)更低。冲动性既可以预测个人从事犯罪行为的可能性,也可以预测个人变成犯罪被害人的可能性。

(17)暴力犯罪人和非暴力犯罪人的背景特征几乎没有差异。由于不存在犯罪专门化的倾向,因此,对于所有的犯罪人和犯罪来说,犯罪的根源(自我控制低)都可能是相同的。

(三)批评性评价

尽管犯罪的一般理论有很多的优点,但是,人们也提出了一些质疑和批评。根据犯罪学家拉里·西格尔的概括,这些质疑和批评主要体现在下列方面:①

(1)同义反复(tautological)。一些批评者认为,这种理论同义反复或者进行循环推理:怎样才能知道人们在什么时候是冲动性的?只有在人们实施犯罪的时候,才能知道他们是冲动性的。所有的犯罪人都是冲动性的吗?当然,要不然他们就不会打破这个定律。

(2)犯罪人的不同类型。人们对于犯罪人及其犯罪行为的研究发现,犯罪人有不同的犯罪道路或者犯罪轨迹,他们以不同的速度实施不同的犯罪,而且其犯罪受不同的外部力量的影响。这些研究结果和犯罪的一般理论的结论相矛盾。犯罪的一般理论认为,某种单一的因素就可以引起犯罪,也仅仅存在着一种类型的犯罪人。

(3)生态学差异和个别差异。这一理论没有论述犯罪率中的个人模式和生态学模式。如果一个地方的犯罪率高于另一个地方,那么,是否可以认为一个地方居民的冲动性要低于另一个地方呢?但是,几乎没有证据显示冲动性和自我控制有地区差异。

(4)种族差异和性别差异。尽管在犯罪率中存在明显的性别差异,但是,几乎没有证据证实男性比女性更加冲动(当然,男性和女性在许多其他的人格特质上是有差别的)。同样,尽管戈特弗雷德森和赫希解释了犯罪率的种族差异,认为这是美国黑人社区中儿童养育活动失败的结果,但是,他们的这种解释忽略

① Larry J. Siegel, *Criminology: Theories, patterns, and typologies*, 8th ed. (Belmont, CA: Wadsworth/Thomson Learning, 2004) pp. 307 - 308.

了制度性种族主义(institutional racism)、贫穷和相对剥夺,而它们对犯罪率差异有重要的影响。

(5)道德信念(moral belief)。犯罪的一般理论也忽视了道德是非观念或者道德信念,而这是赫希早期的社会联系理论的一个基石。

(6)同伴影响(peer influence)。一些研究发现,同伴关系的质量会增加或者控制犯罪行为,而且,这类影响会因为时间的流逝而有所不同。随着儿童的成熟,同伴影响继续增加。研究表明,缺乏自我控制的青少年也难以维持和守法同伴的关系;他们或者选择(或被迫)寻找具有类似特征的朋友。与自我控制低的人结交朋友,会增加卷入犯罪行为的可能性。这些研究结果与犯罪的一般理论相矛盾。犯罪的一般理论则认为,朋友的影响是稳定的和不变的;在以后的生活中建立的某种关系,不会影响犯罪倾向。

(7)人们的变化(people change)。针对犯罪的一般理论提出的最重要的问题之一,就是针对它的"犯罪倾向不会变化"的假设而提出的。人格和行为模式终生不会变化吗?研究表明,变化着的生活境遇,如上学和离开学校、吸毒、建立和结束人际关系等,都会影响犯罪行为的频率。随着人们的成熟,他们也能够更好地控制冲动行为和减少犯罪活动。这些研究结果与犯罪的一般理论相矛盾。犯罪的一般理论认为,像父母养育、上学等外部因素之所以能降低犯罪,是因为这些外部因素限制了进行非法活动的机会的结果。戈特弗雷德森和赫希认为,青少年的犯罪倾向是稳定不变的,如果这些外部支持削弱或者消失,青少年就会仍然具有实施犯罪行为的危险性。

(8)有限的联系(modest relationship)。一些研究结果支持这样的观点,即自我控制是犯罪和其他越轨行为的一种原因因素,但是这种因果联系充其量也是有限的。这意味着其他力量也会影响犯罪行为,仅仅用自我控制低无法预测是否会开始犯罪生涯或者越轨生涯。犯罪的一般理论则认为,仅仅利用自我控制低就可以预测犯罪行为和越轨行为。

(9)跨文化差异(cross-cultural differences)。有一些证据表明,其他国家的犯罪人并不缺乏自我控制,这意味着,犯罪的一般理论可能有文化局限性。例如,有人发现,尼日利亚犯罪人的自我控制水平与非犯罪人相等甚至更高。还有人认为,在一种文化中被看成是鲁莽的行为,在另一种文化中可能是被社会所接受的行为,从而不会被看成是"缺乏自我控制"。

(10)误读人性(misreads human nature)。一些学者认为,犯罪的一般理论提出的人性假设是有缺陷的。犯罪的一般理论认为,人在本质上是自私自利、自我服务和追求享乐的,因此,必须对人进行控制,以免他们为了满足自己的欲望而牺牲别人的利益。但是,一种似乎更有理的观点却认为,人生来就是慷慨而善良的,自私自利的享乐者仅仅是少见的例外。

(11)许多原因中的一种(one of many causes)。研究表明,尽管缺乏自我控制是犯罪的一种先决条件,而其他的社会因素、神经心理学因素和生理因素也是犯罪的先决条件。人们发现,社会文化因素对于犯罪行为模式具有重要的作用。在将犯罪人与一般人区分开来的许多心理特征中,就包括了缺乏自我指导(self-direction)的特征;犯罪人的行为具有追求眼前利益的倾向,而不会考虑长远利益。违法者表现出较低的静止心率(resting heart rate),并且对于激发起认知活动的任务表现较差。

(12)多种类型的冲动性(more than one kind of impulsivity)。迈克尔·戈特弗雷德森和特拉维斯·赫希认为,冲动性是一种特异概念(singular construct),也就是说,人们要么是冲动性的,要么不是冲动性的。不过,也可能存在着一种以上的冲动型人格。例如,一些人之所以具有冲动性,是因为他们属于敏感的探求者,不停地寻求新奇的体验;其他人则缺乏事先思考,很少周密地思考问题。当人们感到心烦意乱时,一些人可能早早就放弃了,而另一些人则会不经思考就采取行动。①

本书作者迈克尔·戈特弗雷德森和特拉维斯·赫希将人们对于这一理论的批评,主要归纳为三个方面:(1)因变量——犯罪和越轨行为的定义;(2)本理论的逻辑结构;(3)本理论适用于特定犯罪的能力。② 同时,也在2001年的论文中,对这三种批评进行了答辩。③

四、关于本书的翻译和阅读

(一)表达的微调

在翻译的过程中,为了使正文的结构符合中国读者的习惯,在翻译中做了两

① (11)和(12),参见Larry J. Siegel, *Criminology: Theories, patterns, and typologies*, 9th ed. ? (Belmont, CA: Wadsworth/Thomson Learning, 2007), p. 305.

② Travis Hirschi and Michael R. Gottfredson, "Self-control theory," in Raymond Paternoster & Ronet Bachman (eds.), *Explaining criminals and crime: Essays in contemporary criminological theory* (Los Angeles, CA: Roxbury Publishing Company, 2001), p. 94.

③ Travis Hirschi and Michael R. Gottfredson, "Self-control theory," in Raymond Paternoster & Ronet Bachman (eds.), *Explaining criminals and crime: Essays in contemporary criminological theory* (Los Angeles, CA: Roxbury Publishing Company, 2001), pp. 94 – 95.

方面的微调。第一,增加了"章"和"节"的标题。在原书中,仅仅明确表明了"部分"(part),每章的标题前面仅用数字"1、2、3……"表明,而没有明确写明"章";每章内的结构仅用不同字号的标题来表明,而没有明确写明"节"。为了照顾中国读者的习惯,明确了每章的标题,同时,根据章内标题的字号的不同,将不同层次的标题用"节","一、二……"(黑体字),"(一)、(二)……"(楷体字),"1、2……"等表示。第二,在一些章和节内增加了"概述"一类的标题。在原文中,有的"章"或者"节"内先论述一大段,然后仅仅使用一个标题来强调。为了平衡章或者节内的标题结构,在翻译或者校对的过程中根据情况增加了"概述"一类的标题,并且用"译注"或者"校注"的方式注明。例如,在第十章里,增加了第一节"概述"的标题;在第一章第一节内,增加了"概述"的标题。

此外,在表示所引用的文献的页码方面,也进行了调整。在原文中,在所引用的文献有多页而用起止页码表示时,终止页码的第一位数字外文省略不写。例如,"第134~136页"往往写为"134-36",原文中的这种写法不符合中文表达习惯,因此,在校对译文时都补齐了所缺少的页码数字。

(二)术语的保留

翻译的主要功能就是将原文中尽可能多的信息传递出来,帮助读者准确了解原文的信息。为此,在翻译过程中,在译文后面的圆括号中保留了很多术语,包括专业术语、机构名称、文献名称、作者或者研究者姓名等,以便读者更好地了解原文信息。同时,还通过"译注"或者"校注"的方式,保留了很多标题的原文,以便读者在英汉对照的基础上更好地了解标题的确切含义。

(三)注释的保留与增加

在翻译的过程中,为了帮助读者更好地理解原文的内容,通过注释的方式提供了一些背景资料等信息。同时,还完整保留了原作者的注释的内容。因此,在译文中,有三类注释:(1)原注,即原作者的注释。(2)译注,即翻译者增加的注释。(3)校注,即校对者增加的注释。

(四)阅读方法

本书是一部严肃的犯罪学教科书,用自己的注释方式提示了丰富的文献资料。读者掌握了这些内容,就可以进一步获取有关问题的文献资料信息。一般而言,用"作者姓名或者姓氏+文献发表年代+页码"的方式注明了文献资料的出处。例如,在第一章中,有"Bentham 1970(1789):11"的字样。在这条注释中,根据"Bentham 1970(1789)",查阅正文之后的"文献索引",就可以知道Bentham

在1970年发表的是：An Introduction to the Principles of Morals and Legislation. London：The Athlone Press。这些信息表明，这是一本书，书名为《道德与立法原理导论》，这本书是由伦敦的Athlone出版社出版的；“1970”是作者引用的这本书的版本的出版年代，而括号中的年代“1789”则是这本书最初出版的年代，冒号后面的“11”表明是“第11页”，依此类推。

同样，在正文中，除了少数情况之外，在大多数情况下，仅仅提到了研究者或者文献作者的“姓氏”，如果想要了解该人的姓名全称，也可以通过上述方法了解。例如，根据上述第一章中的注释信息查阅“文献索引”可知，符合“Bentham”+“1970(1789)”这两个条件的作者就是Bentham，Jeremy，由此可知，这则文献的作者的全名就是Jeremy Bentham，即著名法学家和犯罪学家杰里米·边沁(Jeremy Bentham)。

如果同一文献是由多人合作完成的，那么，在正文的注释中一般只注明第一作者的姓名或者姓氏，其余作者用“et al.”(等)来代替。要想知道这则文献的所有作者，也可以使用同样的方法从“文献索引”中查出。例如，在第二章中，有“Mayhew et al. 1976”的字样，查“文献索引”可知，符合“Mayhew”+“1976”这两个条件的注释信息是：Mayhew，Pat M.，Ronald V. Clarke，A. Sturman，and J. M. Hou. 1976. Crime as Opportunity. Home Office Research Study no. 34. London：HMSO。由此可知，这份文献是在伦敦出版的《作为机会的犯罪》(Crime as Opportunity)，作者有4个人。

鸣　谢

约翰·哈根(John Hagan)和约翰·卡普兰(John Kaplan)阅读了本书的手稿,并且提出了有价值的建议以及鼓励。我们感谢他们的努力,同时要赶紧加上这样的话:他们可能不同意我们关于犯罪的所有观点。

亚利桑那大学(University of Arizona)的学生和同事们阅读了我们手稿的不同版本,并对它们作出了反馈,也提出了有价值的建议。他们包括加里·詹森(Gary Jensen)、戴维·罗(David Rowe)、切斯特·布里特(Chester Britt)、勒诺雷·西蒙(Lenore Simon)、杰弗里·克洛茨(Jeffrey Klotz)、玛丽·安·扎格(Mary Ann Zager)、西伦·奎斯特(Theron Quist)、戴维·索伦森(David Sorenson)、卡罗林·尤尔莱恩(Carolyn Uihlein)、琳达·马科维茨(Linda Markowitz)和巴巴拉·科斯特洛(Barbara Costello)。

本书的读者很快就会发现,我们的思考还受到很多并非总在本书中注明的那些人的启发。除了在脚注和引用文献中可以发现的感谢之外,我们一直受到下列人士的论著的影响:罗纳德·艾克斯(Ronald Akers)、李·罗宾斯(Lcc Robins)、戴维·马茨阿(David Matza)、马库斯·费尔森(Marcus Felson)、劳伦斯·科恩(Lawrence Cohen)、罗纳德·克拉克(Ronald Clarke)、杰克逊·托比(Jackson Toby)、约翰·哈根(John Hagan)、唐纳德·克雷西(Donald Cressey)、洋代次·森田(Yohji Morita)、杰拉德·帕特森(Gerald Patterson)、约翰·劳布(John Laub)、罗伯特·桑普森(Robert Sampson)、罗伯特·伯吉斯(Robert Burgess)、蒂莫西·霍普(Timothy Hope)、许春金(Chuen-Jim Sheu)、帕特·梅休(Pat Mayhew)、欧内斯特·范登哈格(Ernest van den Haag)、格温·内特勒(Gwynn Nettler)、丹尼尔·格拉泽(Daniel Glaser)、戴维·鲍杜阿(David Bordua)、罗德尼·斯塔克(Rodney Stark)、卡尔·克洛卡斯(Carl Klockars)、马丁·基利阿斯(Martin Killias)、肯尼斯·兰德(Kenneth Land)、约翰·洛夫兰(John Lofland)、欧文·皮利温(Irving Piliavin)、拉马尔·埃姆佩(LaMar Empey)和沃尔特·戈夫(Walter Gove)。我们不会说,所列举的这些人会同意我们的观点;我们要说的是,我们努力认真地对待了他们的观点。

如果不提及我们曾经从我们的几位同事那里得到的经常性鼓励,我们就是不负责任。这些同事包括纽约州立大学奥尔巴尼分校的迈克尔·欣德朗(Michael Hindelang)和亚利桑那大学的梅纳德·埃里克森(Maynard Erickson)。

在斯坦福大学出版社,格兰特·巴恩斯(Grant Barnes)对我们的手稿表现出极大的热情,也提出了批评,这些都是幸运的作者才能遇到的,我们感激他在我们的书上花费的精力。朱莉娅·约翰逊·扎佛拉诺(Julia Johnson Zafferano)热情地给我们提供了编辑方面的积极帮助,使我们深受感动。因此,本书比过去有很大的改进。

本书中的一些章节是根据在其他地方发表的材料重写的。我们感激原出版者允许我们在本书中使用这些材料。我们特别感激芝加哥大学出版社允许我们使用《年龄与犯罪解释》("Age and the explanation of crime", American Journal of Sociology 89:552 - 584)。我们感激美国犯罪学协会(American Society of Criminology)允许我们使用论文《拉姆达的真正值似乎是零》("The true value of Lambda would appear to be Zero",1986, 24:213 - 234)、《对犯罪进行纵向研究的适当方法论》("The methodological adequacy of longitudinal research on crime",1987, 25:581 - 614)、《科学、公共政策与生涯范式》("Science, public policy, and the career paradigm",1988, 26:37 - 55)和《白领犯罪的原因》("Causes of white collar crime",1987, 25:949 - 974)。我们感激 ICS 出版社(ICS Press)允许我们使用《犯罪与家庭》(Crime and the family),该文收入詹姆斯·威尔逊(James Q. Wilson)编辑的《犯罪与公共政策》(Crime and public policy,1983,第53 ~68 页)。我们感激 Transaction 出版社允许我们使用《犯罪与犯罪性的区别》(The distinction between crime and criminality),该文收入哈特纳格尔(T. F. Hartnagel)和西尔弗曼(R. Silverman)合编的《批评与解释:格温·内特勒纪念文集》(Critique and explanation: Essays in honor of Gwynne Nettler, 1986);允许我们使用《犯罪的倾向—事件理论》(A propensityevent theory of crime),该文收入威廉·劳弗(William Laufer)和弗雷达·艾德勒(Freda Adler)合编的《犯罪学理论的进展》(Advances in Criminological Theory, 1988)。我们感激亚太地区文化与社会中心(the Cultural and Social Centre for the Asian and Pacific Region)允许我们使用《跨国犯罪学的犯罪的一般理论》(A general theory of crime for crossnational criminology),该文收入《第五届亚太少年犯罪会议公报》(Proceedings of the Fifth Asian Pacific

Conference on Juvenile Delinquency, 1988,第 44 ~ 53 页)。最后,我们感激 Sage 出版社允许我们使用《生涯犯罪人与选择性剥夺犯罪能力》(Career criminals and selective incapacitation),该文收入斯科特(J. E. Scott)和赫希(T. Hirschi)合编的《犯罪与司法中的争议问题》(Controversial issues in crime and justice,1988)。

迈克尔·戈特弗雷德森

特拉维斯·赫希

前　言

一段时间以来,我们对于理论犯罪学在提供对于犯罪行为(criminal behavior)的可信解释方面的能力感到并不满意。很多学科都已经对犯罪进行了研究,每门学科最终对犯罪的论述,几乎都与对其他任何事物的论述相类似。似乎没有一种与某门学科的观点相一致的解释是接近真理的。公共政策几乎已经用尽了能够使用刑事司法制度与犯罪作斗争的各种可能性,包括从改造(rehabilitation)、威慑到剥夺犯罪能力(incapacitation)。决策者徒劳地寻求使一种解决方法比另一种解决方法更加合理的观念,结果,他们对于人们提出的各种建议莫衷一是,这些建议很多,如从增加警力到减少毒品,从增加职业犯罪人计划到减少罪犯暂时离监,从警察诱捕犯罪人到邻里守望(neighborhood watch)等。

我们也对目前的"多学科整合型"(interdisciplinary)解决方法不满意。在大学中,犯罪学总是被描述为典型的分支学科(subdiscipline),被描述为一种通过接受其母学科(parent discipline)的观点才有希望获取真理和地位的派生研究领域。实际上,犯罪学表明,多学科整合型关注(interdisciplinary attention)只会把理论和实践引向朦胧、模糊的方向。

我们发现这种情形是荒谬的。一些话题比社会和政治秩序的基础更加重要,比人性问题更加有趣,甚至比理解盗窃和暴力更加实用。学生们似乎同意这样的观点,一些课程吸引更多的学生到课堂上。为什么那些对犯罪感兴趣的人们要把这门学科看成是某个基本不感兴趣的学科的分支学科呢?

我们尝试写一本不受学科约束,但是有助于描绘出合理的犯罪方面的公共政策轮廓的书籍。我们也尝试写一本与优秀研究的结果相一致的书籍,而不管这种研究结果是由什么学科产生的,也不管这种研究结果如何论述我们控制犯罪能力的局限性。

为了撰写这样一本书,我们再次审视了这些学科产生之前流行的犯罪观点,审视了把犯罪看成是人类那种不受约束的求乐避苦倾向的自然后果的观点。在犯罪学领域中,这类观点被称为古典传统(classical tradition);在犯罪学领域之外,这类观点被称为理性选择模式(the rational-choice model)。犯罪学家们在很久以前就放弃了这类观点,以便迎合包含在这些学科中的那种科学的观点。这种科学观点被称为实证主义(positivism),它在整个20世纪一直支配着犯罪学。实证主义强调因果联系和决定论,否认体现在古典学派中的人性的追逐私利模式(self-seeking model)。

通过考察,我们发现,我们不能简单地重新把古典模式作为解决犯罪学中的理论和实践问题的方法。尽管存在很多问题,但是,现代实证主义已经收集了很多事实,这些事实难以与对古典理论的某种不合格解释结合起来。例如,尽管古典理论往往很关注犯罪的法律代价(legal costs),但是,许多研究表明,刑事司法制度的运行对于犯罪率几乎没有效果。古典理论往往也忽视家庭在犯罪因果关系中的作用,这是一种未被研究证明为正确的态度。

同时,关于人性的古典看法,关于犯罪行为的古典概念,似乎要比任何实证主义理论都能够更好地适合这样的研究结论。例如,犯罪仅仅是范围更广的越轨行为(deviant act)中的一部分,越轨行为包括意外事件(accident)、被害(victimization)、离家出走、逃学、逃避工作、滥用药物、家庭问题和疾病。我们也已经知道,大量的犯罪都是由青年人实施的,人们在犯罪倾向方面的差异是相当稳定的。

这些学科通常都是以询问"什么引起犯罪"的问题开始的。毫不奇怪,每门学科都通过表明本学科的核心概念来回答这个问题。因此,社会学关注社会阶级、文化和组织;心理学关注人格;生物学关注遗传;经济学关注就业或者工作。我们在本书第一章和第二章中以一个不同的问题开始论述"什么是犯罪?"因此,与几乎所有以前的著作不同,我们以探讨犯罪本身开始,在试图解释犯罪之前,探讨犯罪的实质(essential nature)。这已经被证明是一种有益的策略。关于犯罪的社会科学概念和流行概念,具有误导性质。犯罪并不依赖剥夺(deprivation)、同伴影响(peer influence)或者帮伙(gang);犯罪也几乎与个人的生物遗传无关,犯罪与工作毫无相似之处。犯罪不需要进行事先计划,也不需要技能;犯罪方面的"生涯"不会有结果,只能会越来越差。几乎所有的犯罪都是一些平凡的、简单的、琐碎的和容易进行的行为,它们都是为了满足当时的欲望,就像许多其他几乎不被刑法所关注的行为一样。这有助于我们理解这样的现象:为什么那样多的社会问题和越轨行为都集中在同样的一些人身上。实际上,犯罪与有关学科提供的解释几乎没有类似之处,或者说,犯罪与媒体中流行的解释和执法宣传中的流行解释,几乎没有类似之处。

因此,要将古典犯罪学和实证犯罪学整合到一起的任务,被证明是一项比我们的预期更加困难的任务。我们考察的这些学科的经验性主张越坚定,它们的效度(validity)就越不能肯定。第三章和第四章叙述了我们对这些学科的犯罪观点的评价,其中既有目前流行的认为犯罪在一定程度上是通过基因遗传而来的观点,也有较老但是得到更多认可的观点,这种观点认为,可以用一种被称为“攻击性”(aggression)的心理特质(psychological trait)来解释犯罪。这两章也考察了把犯罪看成是一种工作的经济学观点、把犯罪看成是正常习得行为或者受挫志向(frustrated aspiration)的一种表达的社会学观点。总之,我们认为,这样一些观点是与犯罪的性质相违背的,而且很有趣的是,这些观点也是与这些学科自己获得的数据资料相背离的。我们认为,这些解释对于那些学科自身的价值,超过了它们在解释犯罪行为方面的价值。

在第五章中,我们推导出了一个与犯罪的性质相一致的有关犯罪人的观点。这类犯罪人既不是警察和媒体中经常描述的那种魔鬼式的天才,也不是实证主义者们往往描述的那种雄心勃勃的“美国梦”的追求者。相反,犯罪人似乎是对自己的欲望缺乏控制力的人。当这样的欲望和长远利益发生冲突时,那些缺乏自我控制(self-control)的人就会选择满足当时的欲望,而那些有较强自我控制的人,则会受到一些约束因素的抑制,这些约束因素是由自己行为的后果产生的,因为这类行为不仅会使家庭和朋友不快乐,也会违反法律。第五章探讨了这类自我控制的性质和来源,明确这类自我控制在很大程度上来源于家庭的儿童养育活动,并且把自我控制当作犯罪的一般理论的基础。

在第六章至第十章中,我们将自己的理论和我们对文献的批判性考察中发现的事实,应用于犯罪学中的那些已经进行了长期探讨的问题。男人、青少年和少数种族成员为什么比其他人更有可能实施犯罪?学校在少年犯罪的因果联系中起什么作用?通过提供有意义的工作能够在多大程度上降低犯罪?儿童究竟在多大程度上是受其朋友的吸引而进行少年犯罪的?为什么一些社会的犯罪率要大大低于另一些社会?白领犯罪需要自己的理论吗?是否存在有组织犯罪?总之,我们的理论提供了一些答案,这些答案与学者们和刑事司法实务工作者的传统观点是相冲突的。

最后两章探讨了我们的理论在研究和控制犯罪方面的含意。当代犯罪学在如何研究犯罪、采取什么政策措施降低犯罪率方面,提供了混乱不清的观点。在这方面，我们的结论再次与学术界内外的流行观点发生矛盾。我们看到，通过改造刑事司法制度的途径来显著减少犯罪，几乎是没有希望的。我们认识到，那些降低国家的作用，把控制犯罪的责任转到普通市民身上的政策，倒是很有希望的。

第一章　古典理论与犯罪观念[①]

犯罪学家们往往抱怨,他们不能控制自己的因变量(dependent variable);[②]犯罪的定义是由政治—法律行为决定的,而不是通过科学程序确定的,是国家而不是科学家决定犯罪的性质或者定义。在表达了这种抱怨之后,现代犯罪学家们接着把犯罪(crime)确定为“违反法律的行为”,并研究由别人界定的这种现象。本书摒弃这种消极服从的传统,尝试确立一种犯罪的定义,这种定义不仅与这种现象自身相一致,而且也与现有的最好的犯罪行为理论相一致。在这样做的过程中,对古典传统[③]和实证传统[④]采取了基本信任的态度,古典传统集中关注犯罪行为(criminal behavior)或者犯罪,而实证传统集中关注行为人(actor)或者犯罪人(criminal)的特征(参见 Matza 1964;Gottfredson and Hirschi 1978a:第一章)。

古典传统是以关于人类行为的某种一般理论开始的,然后很快将自己的关注点集中到政府的犯罪控制政策。在将其注意力集中到“犯罪”的过程中,古典传统最终忽略了很多与犯罪类似的行为方式;这些行为与犯罪的类似之处在于,不仅对这些行为的社会反应与对犯罪行为的社会反应相类似,而且这些行为的因果联系也与犯罪的因果联系相同。实证传统从某种一般的研究方法开始,但是没有一种能够确定其因变量的行为理论,因此,它最初是接受有关犯罪的古典观点的。随着实证主义的发展,它最终采用了“越轨行为”(deviance)这个术语,其中包含了许多被古典传统所遗忘的行为。不过,由于缺乏行为方面的经典理论,实证主义者不能处理属于越轨行为和犯罪的许多行为之间的联系。结果,它们往往发展起一些关于特定行为的理论,把越轨行为和犯罪之间的关系看成是

① 原文是“Classical Theory and the Idea of Crime”。——译注

② 因变量(dependent variable),是指受其他变量的影响而发生变化的变量。换言之,因变量就是研究者想要解释的变量。在因果关系中,原因就是自变量,结果就是因变量。——译注

③ 古典传统(classical tradition)应当是指古典犯罪学的观点和研究方法等。——译注

④ 实证传统(positivist tradition)应当是指实证主义犯罪学的观点和研究方法等。——译注

原因和结果的关系,而没有看成是某一种单一原因的不同表现。本书的目的之一,就是用一种一般的行为理论将越轨行为和犯罪重新整合起来。

为此,有必要重新解释古典传统,有必要强调它的解释力。本章和下一章将尝试进行这样的解释。显然,我们并不否认目前对于古典观点的解释,特别是在经济学方面流行的那种解释,这种解释着重关注政府界定的和政府制裁的行为。在本书论述的理论中,我们也不否认当代对于古典传统和实证传统的区分。我们认为,一种恰当表述的古典观点,完全和现代实证主义的假设相一致,也完全和研究中发现的事实相一致。

第一节　古典犯罪观念的一种现代解释①

一、概述②

暴力(force)和欺骗(fraud)可能会始终存在于人类生活中。否认这种事实,会导致那些误导政策的犯罪理论,而认识到这种事实,则有可能发展起一种与研究相一致的、能够导致正确的公共政策的犯罪理论。这涉及如何解释犯罪本身,涉及应当如何衡量犯罪,涉及有可能从事犯罪活动的人群,涉及控制犯罪的制度环境,还涉及研究犯罪的最常用方式。本书的目的之一,就是促进这样的犯罪观点。

人们在使用暴力和欺骗(犯罪性)的倾向方面,是有差别的。这一事实涉及衡量犯罪的方式,涉及所发生的犯罪的类型,涉及对犯罪与诸如事故和疾病等社会问题之间的关系的理解,涉及恰当的研究设计,还涉及有用的公共政策的创立。本书的另一个目的,就是促使人们更加清楚地认识犯罪倾向与犯罪行为的实施之间的区别。

关于犯罪和犯罪性(criminality)的这些观点,已经产生了很长时间,并且多次出现在纯理论犯罪学(academic criminology)中。不过,在今天,这些观点是与犯罪学领域中的主流观点相反的,在主流观点中,把"犯罪"(crime)看成是异常行为(aberrant behavior),而把"犯罪性"(criminality)看成是早期思维模式的不良后果。在我们看来,关于犯罪和犯罪性的这些观点产生后又消失的原因在于,没有充分而系统地发展它们和为它们进行辩护。作为进行这种系统化发展和辩

① 原文是"A Modern Version of the Classical Conception of Crime"。——译注

② 这个标题是译者根据原文的论述内容并考虑译文的结构平衡而增加的。——译注

护的第一步,我们打算追溯有关犯罪和犯罪性的这些观点的发展历史。

本章论述犯罪的概念。这种概念的起源,可以在古典传统中发现,不过,在现代犯罪学思想中,古典传统中的见解被严重忽略了。

有关犯罪的某种概念中,隐含着某种有关人性的观点。在以托马斯·霍布斯(Thomas Hobbes)①、杰里米·边沁(Jeremy Bentham)②和切萨雷·贝卡里亚(Cesare Beccaria)③为代表的古典传统中,对于人性的描述是很简单的:"自然将人类置于两个至高无上的主宰——痛苦和快乐——的统治之下。"[Bentham 1970(1789):11]根据这种观点,可以把所有的人类行为都理解为是满足个人利益的求乐避苦的行为。因此,根据定义,犯罪也仅仅是意图满足这些基本倾向的行为。犯罪行为是人类基本倾向的一种表现的这种观点,具有明确而深刻的含义。它告诉我们,犯罪并不仅仅与其企图满足的动机或者欲望有关。它告诉我们,犯罪并不以特殊的技能或者能力为前提,即使不经过专门学习的任何人,都可以进行犯罪。它告诉我们,所有犯罪都是满足普通的和普遍的欲望的行为。它告诉我们,人们在实施犯罪和不实施犯罪的时候,都是有理性的。它告诉我们,人们自由地选择自己的行为过程,不论其行为是合法的还是非法的,都是如此。它还告诉我们,人们首先是为了自己而思考和行动的,他们自然而然地不会使自己的利益服从于别人的利益。

二、制裁体系④

由于在实施犯罪的时候,如果犯罪可能带来的快乐超过了犯罪所伴随的痛苦,人们就会实施犯罪,因此,快乐和痛苦后果的组合可能会引起犯罪,也可能会阻止犯罪。在最初的古典表述中,对于犯罪行为的"制裁"(sanction)有许多来源或者种类。⑤ 在边沁的著名论述中,他描述了快乐和痛苦或者制裁体系的四种一般来源:身体的、政治的、道德的和宗教的。正如已经指出的那样,快乐和痛

① 托马斯·霍布斯(Thomas Hobbes,1588－1679)是英国政治哲学家、法学家、犯罪学研究者。——译注

② 杰里米·边沁(Jeremy Bentham,1748－1832)是英国哲学家、犯罪学家。——译注

③ 切萨雷·贝卡里亚(Cesare Beccaria,1738－1794)是意大利犯罪学家、经济学家。——译注

④ 原文是"Sanction Systems"。——译注

⑤ 边沁将"制裁"这个词的起源追溯到拉丁文"sanctio","用来指'进行约束的行为'(act of binding),并且根据一般的语法转换,用来指'约束人的任何事物'(anything which serves to bind a man),即用来指遵循这样的行为或者遵循这样的行为方式"(Bentham 1970:34)。在现代用法中,制裁意味着奖赏和惩罚,特别是指由国家或者一些其他的公认机构进行的惩罚。这种过程转变遵循了古典理论从一般行为理论向有关国家惩罚对犯罪率的效果的特别理论进行转变的路径。——原注

苦的来源也是犯罪的来源。因此,边沁在1789年论述的犯罪的一般理论,就包括了这四种制裁成分。

(一)身体制裁①

与当时的知识传统相协调,边沁区分了两类人类行为的原因:一类是来源于有目的干预(purposeful intervention)的人类行为,另一类是既无人类帮助也无圣灵帮助,而是本能地产生的人类行为。因此,身体制裁是在行为之后自动产生的行为后果,而不要求别人的主动干预。已经证明,许多犯罪行为或者越轨行为是相当危险的,或者本来就是很难处理的,因此,至少在一定范围内,它们自然而然地要受到限制。许多人似乎自己就具有通过自己的"犯罪行为"(perpetrator)而招致长期痛苦的倾向。这样的过程往往会阻止人们实施这样的行为。例如,静脉注射毒品显然能够产生很大的快乐,但是这种行为也会大大增加发生意外事故、感染、永久性生理损害和死亡的危险。混乱的性活动显然能够产生很大的快乐,但是它也会增加疾病、意外怀孕和死亡的危险。通过身体攻击行为满足自己愿望(如使用钝刀威胁别人),有时候可能会达到所希望的后果,不过,这也会增加身体受伤甚至死亡的危险(所有使用暴力的犯罪,都包含着被害人进行反击或者防卫的危险。提出非法要求涉及这些要求会遇到身体暴力的危险,提出非法要求的人会十分清楚这种危险,因为他们往往通过使用武器或者在人数上超过被害人而降低这种危险)。

甚至普通的财产犯罪,也在一定程度上受到自然"制裁"的控制:小电器比冰箱更有可能被盗;直升机和飞机很少被那些不知道如何驾驶它们的人偷盗;年轻人步行无法到达的住所很少遭受盗窃。

因此,在古典观点中,犯罪在一定程度上会受到自然条件的遏制。尽管对犯罪的自然控制一般不同于那些对其他人能够产生快乐的活动所进行的控制,但是与对于守法行为的控制相比,对犯罪的自然控制似乎更强有力,数量也更多,如果我们把被害人的反应看成是自然控制的话,更是如此。实际上,这种不对称就是社会契约背后的动机:在一种原始状态中,伴随着暴力的身体制裁和欺骗都会使生命变得低贱、残忍而短促。在社会中,伴随合法行为的身体制裁常常能够被谨小慎微的人所接受。

身体控制和生理控制最终也会限制对合法快乐的追求。在一定范围内,食

① 原文是"Physical sanction"。——译注

物和饮料是令人快乐的,但是超过了这个范围的话,对于食物和饮料的消费就会自动受到控制。无论是对于合法活动,还是对于非法活动,情况都是如此。人们不可能无限制地从事某种活动,不可能使身体反复遭受痛苦,或者说身体需要休息和恢复(有关这种自然限制发挥作用的知识,似乎是一种犯罪理论的良好起点:如果没有别的限制的话,会发生多少犯罪)。

(二)宗教制裁①

在18世纪的著作中,边沁认为,人类行为在某种程度上是受宗教信念和顾虑的约束的。这种约束与其他制裁的关联程度,过去并没有人加以论述,现在也很难知道边沁所说的宗教制裁的影响力究竟有多大("我们可以从这样的痛苦和快乐中获得的最好观念,其品质如何,完全没有人探讨过。"Bentham 1976:36-37)。在古典传统中通常注意到的是,由于在今生和来世都可以进行宗教制裁,所以宗教制裁对于行为的影响力可能是很大的。②

(三)道德制裁③

在边沁时代,对于社会制裁(social sanction)和法律制裁(legal sanction)的区分并不是很清楚,因此,他提到了"民众制裁"(popular sanction)的力量,把民众制裁作为对行为的一种奖赏或者惩罚。边沁的《道德和立法原理导论》(An Introduction to the Principles of Morals and Legislation)一书的中心目的就是概括论述政治制裁的一种基础,所以他并没有详细阐述其他制裁。不过,很明显,边沁把邻里和社区的行动看成是个人的快乐和痛苦的最重要来源(Bentham 1970:11)。与古典传统有直接联系的现代犯罪学家们,特别是从事犯罪学研究的经济学家们(Becker 1974),往往忽略了道德制裁,或者把道德制裁的重要性降到最低限度(也可以参见 Wilson 1975)。相反,社会学中的社会控制和社会解组(social disorganization)观点,则把道德制裁对于犯罪的影响作用置于政治制裁之上

---

① 原文是"Religious sanction"。——译注

② 在热衷于区分科学犯罪学与前科学思想或者古典思想的过程中,实证主义者避开了宗教对于行为的影响。因此,承认宗教对于行为至少有一定潜在效果的古典倾向,迄今为止没有得到实证主义思想的重视(Hirschi and Stark 1969)。——原注

③ 原文是"Moral sanction"。——译注

(Hirschi 1969;Kornhauser 1978)。[①]

(四)政治制裁[②]

正如已经指出的,边沁的《道德和立法原理导论》一书是作为一种刑法改革的基础而写成的。边沁希望利用功利原理(principles of utility,关于人类行为的快乐和痛苦理论)使国家对个人行为的制裁合理化,并且利用功利原理描述这些制裁怎样才能产生最佳效果。因此,边沁的观点代表了古典学派把其一般行为理论作为一种犯罪理论,并且也作为公共控制政策的一种指导的倾向。由于这种倾向,在将这种理论应用于犯罪时,政治制裁发挥着一种核心的作用。

边沁论述了不同制裁在转变行为的能力方面的特征。他论述的一些特征沿用至今,今天的许多研究就是评价刑罚在威慑犯罪方面的肯定性(certainty)、严厉性(severity,即持续时间和强度)和快速性(celerity)。已经证明,边沁论述的其他特征对于社会政策和犯罪理论是用处不大的,如派生性(fecundity)和纯粹度(purity),并且也不再有人加以关注。正如最初论述的那样,这些特征适用于各种制裁,不管是身体制裁、政治制裁,还是道德制裁或者宗教制裁,都是如此。相当有趣的是,人们已经发现,这些特征是今天关于犯罪行为的一般学习理论中的因素(例如,Burgess and Akers 1966;Sutherland and Cressey 1978。需要回想起的是,制裁是快乐和痛苦的综合体,不管其来源如何都是如此。目前的一些理论往往认为快乐或者奖赏在控制行为方面比痛苦或者惩罚更为有效,因此,许多理论都赞同使用奖赏。不清楚的是,究竟那种关注快乐和痛苦两种特征的理论可以证明这种结论是有道理的,还是正如将要论述的那样,通过研究就可以证明这种结论是有道理的)。

最后,边沁集中论述了政治制裁,他的著作以及整个古典学派的著作是政治科学而不是行为科学的先驱,是一种有关政府的理论而不是有关犯罪原因的理论的先驱。[③] 正如我们将要看到的,这种认为边沁和古典学派主要涉及政治制

---

① 正如我们将要论述的那样,这种古典理论并不依赖于对边沁所说的“制裁”的任何现成分类。它并不对人们的快乐和痛苦预先作出判断,而是把它们作为进行观察的对象。其他理论则认为,一些快乐和痛苦比另一些快乐和痛苦更加重要。在一些社会理论中更是如此,这些理论往往选择某种特别的快乐,如金钱,作为犯罪行为的目标。其他理论则根据一些含糊但是强有力的观点对制裁作出预先判断,这些观点认为,对于国家而言,只有一些行为是可以接受的或者适当的,这样一种选择标准甚至不如社会科学家所使用的选择标准那样令人信服。——原注

② 原文是“Political sanction”。——译注

③ 这样认识古典学派的合理性,或许在贝卡里亚的《论犯罪与刑罚》(1764)中最为清楚。在这本书中,往往排他地使用功利主义观点限制国家的权威,而不是用来描述行为的来源。——原注

裁的狭窄解释,一直是犯罪学的不幸后果。

三、犯罪、越轨、罪过和鲁莽[①]

如果我们继续注意边沁的完整理论,我们就会得出一种犯罪观点,这种观点并不拘泥于某一类型的制裁。在最一般的水平上,边沁的理论并没有区别"犯罪的"和"非犯罪的"(noncriminal)[②]行为。行为是受快乐和痛苦支配的,不管是犯罪行为,还是非犯罪行为,都是如此。在这种水平上,这种理论也不区分犯罪(crime)与罪过(sin),[③]不区分不道德(immorality)和事故(accident),不区分坏的方式(bad manners)和坏的判断(bad judgment)。在论述具体的制裁体系时,自然而然地区分不同类型的行为。如果制裁是政治性质的,那么,我们就要区分犯罪和非犯罪(noncrime)。如果制裁是社会制度,这种理论就区分遵从(conformity)和越轨(deviation)。如果制裁是宗教性质的,这种理论就区分罪过(sin)和正直(rectitude)。如果制裁是身体性质的,这种理论就区分谨慎的(prudent)行为和不谨慎的(imprudent)行为或者区分谨慎的(careful)行为和鲁莽的(reckless)行为。

只有在论述所讨论的行为的特征时,制裁体系才是重要的。在讨论引起行为的原因机制时,制裁体系并不重要。这种罪过理论也是一种有关犯罪、不道德和事故的理论。换言之,制裁体系决定行为究竟是犯罪行为还是非犯罪行为,是道德行为还是不道德行为,而且这仅仅是一种描述或者制度标准,而不是一种因果关系。[④] 如果制裁体系把行为界定为犯罪行为、不道德行为或者罪过行为,那么,这些控制人类的制裁体系就有可能增加这些行为的代价,即相应地增加这些行为的痛苦(或者所给予的痛苦足以将行为的发生频率降低到可以接受的水平。这些可能性的强度,是通过制裁体系评价这种行为的严重性或者价值的一种衡量标准。显然,这也是对制裁体系的价值的描述,而不必然是对严重行为和

---

① 原文是"Crime,Deviance, Sin,and Recklessness"。——译注

② "noncriminal"这个词是由"non"(非、否、不)+"criminal"(犯罪的)组成的,意思是"非犯罪的",换言之,就是"守法的"。但是,由于这个词往往是与"犯罪的"相对而言的,因此,在大多数情况下,翻译为"非犯罪的"。每当提到"非犯罪的"这个词语时,往往就会想到这是与"犯罪的"相比较而言的。与此有关的另一对词语也是如此:犯罪(crime)和非犯罪(noncrime);这对词语是"criminal"和"noncriminal"的名词形式。——译注

③ "sin"一般是指宗教或者道德领域的过错;而"crime"则是指法律或者日常生活领域中的过错。——译注

④ 实际上,不同的制裁体系可能会按照同样的方向运行,即它们往往奖赏和惩罚同样类型的行为。特别是所有的制裁体系都是反对使用暴力和欺骗的。——原注

轻微行为所独有的原因过程的提示)。如果有关的制裁体系把行为确定为非犯罪行为、道德行为或者正确行为,那么,在正常情况下,都不会要求采取行动来维持这种行为。因为任何一种行为的存在都是初步证据(prima facie evidence),[①]证明它的收益超过了它的成本,这个假设是与这种理论相一致的。德行(virtue)就是它的奖赏(这种不对称可以解释在能够用来惩罚犯罪的资源与能够用来奖赏德行的资源之间存在的那种十分常见的不平衡现象,如其他人已经发现了一种令人困惑的现象,即在监狱中服刑一年花费的代价与在哈佛大学中读书一年花费的代价一样多)。[②]

那么,在这种理论最一般的水平上,犯罪并不是一种截然不同的或者独特的行为。与非犯罪行为一样,犯罪也是满足普遍的人类需要的行为。从因果关系来看,不能把犯罪与所有其他行为区分开来。最终将犯罪与其他行为方式区分开来的方法,就是引入政治制裁的概念:由国家操纵的快乐和痛苦。通过引入国家制裁(state sanction)并且集中关注国家制裁,早期的古典学者们识别了那类最终变成犯罪学研究对象的行为。

通过引入群体制裁(group sanction)或者社会控制(social control)的概念,即由舆论操纵的快乐和痛苦,将越轨行为与其他行为区别开来。通过引入群体制裁,早期的古典学者们识别了那类最终变成社会学研究对象的行为。

通过引入宗教制裁的概念,即由超自然力量控制的快乐和痛苦,将罪过行为(sinful behavior)与其他行为区别开来。由于在实证主义思想中并不存在超自然力量,所以罪过行为并没有变成实证主义学科的关注焦点。

通过引入自然伤害(natural harm)或者身体制裁的概念,将鲁莽行为或者不谨慎行为与其他行为区别开来。这一大类行为并没有系统地融入任何现代学科中,而是成为多个学科的问题取向研究者们(problem-oriented researchers)关注的一部分内容。例如,有关事故、伤害和疾病原因的研究工作,有关某些食品、药物和活动模式的身体后果的研究工作,都是由多个学科的研究者们进行的,这些研究者们对于这些现象中的共同成分并没有什么认识。

在我们看来,犯罪、越轨行为、罪过和事故中的共同成分是极其明显的,以至于可以说,那种把它们看成是由不同原因引起的不同现象的倾向,是实证主义思

① 初步证据(prima facie evidence),是指如果对方反证驳不倒即证明事实为真实的证据。——译注

② 这种不对称也有助于解释那种难点(difficulty),即行为心理学家们发现那些以对合意行为的正强化为基础的治疗计划的积极效果中存在的难点。——原注

想的重大知识错误之一，是根据不同知识学科划分知识问题的倾向的重大代价之一。在后面的章节中，我们将识别和阐明这类共同成分。

在主要学科中，社会学是最遵循古典学派的学说的。如果我们按照边沁阐述的逻辑进行分析，那么，就很容易把社会学看成是关注道德制裁而不是政治制裁的现代学科。按照古典学派的逻辑，社会学已经使用一般的“幸福计算”（hedonic calculus）原理，发展了广泛的越轨行为理论（这些理论包括犯罪、罪过和鲁莽行为的理论）。在社会学中，重要的制裁者就是个人所属的社会群体。换言之，在社会学根据古典学派的逻辑发展起来的社会控制理论中，把犯罪和其他越轨行为区别开来的标准，仅仅是国家在群体水平上使用制裁的兴趣。但是，社会学在赞同那种认为人们生来就具有社会性，因此他们肯定是在自己无法控制的力量的强制下进行越轨行为或者犯罪行为的观点时，往往抛弃幸福计算的观点。所以，社会学并没有利用它很自然地偏爱的立场来使用古典学派的逻辑，没有考虑那些控制行为的制裁的特别来源。

这样一种有限的继承，并不是社会学所独有的；这是实证主义参照框架中固有的现象。在实证主义思想中，对于某种现象的界定，不同于对这种现象的解释，也不同于这种现象的原因。实施犯罪行为的动机或者欲望，可能不同于那些实施不道德行为或者身体伤害行为的人们的动机或者欲望。所以，根据实证主义思想，不同行为之间唯一可能相同的成分，就是它们都是由同样的原因引起的结果。

根据古典学派的传统，行为的特征包含在行为的原因之中。因此，行为要么是有趣的、有价值的、令人快乐的、容易进行的和有刺激性的，要么是痛苦的、令人厌倦的和难以进行的。古典原因理论将自己对于行为的解释和自己对于行为性质的观点结合了起来。所以，在某种理论所解释的一些行为之间，比对它们的解释之间，有更多的共同之处，这种理论本身并不包含区别不同行为的意义。

在自己的因果学说中不涉及多种行为的一些理论，往往最终忘记了它们最初结合到一起的原因，特别是当多种行为看起来很不相同，需要对不同的行为提出不同的解释时，更是如此。在人们已经区分犯罪定义和犯罪原因的情况下，实证主义者们除了看到所有犯罪行为都违反法律这一点之外，看不到犯罪行为之间的其他相似性。实证主义观点中的这种缺陷，最终导致了激进经验主义（radical empiricism），这种学说试图发现不同类型犯罪行为的不同种类的原因。也就是说，激进经验主义试图找到同质犯罪群（homogeneous offense cluster）、犯罪事件的意义顺序(meaningful sequence),并且从原因方面明确区分“严重”犯罪和“轻微”犯罪。显然,在古典学派的观点中,恰恰没有描述这些值得关注的问题。

由于古典学派的观点中包含了犯罪的实质定义,我们可以直接参考对于犯罪行为的解释来描述犯罪行为。应该注意的是,在古典学派的观点中,犯罪首先是令人快乐的。这种观点本身几乎没有限制行为人可以进行的选择,也几乎没有考虑行为的方式。毕竟,在这种理论中,非犯罪行为也是令人快乐的。但是,要注意的是,在古典理论中,行为人是在犯罪行为和非犯罪行为之间进行选择的。这种选择的基础是什么呢?显然,行为人是根据犯罪行为和非犯罪行为可以产生的快乐进行选择的。这意味着,一些行为可以产生比其他行为更多的快乐,那些可以产生快乐的行为的特征,是可以描述的。

在描述有效的法律制裁的特征,即肯定性、严厉性和快速性之前,首先论述有助于增加快乐的行为的一般特征。显然,这些一般特征适用于所有制裁,不管它们的来源如何,都是如此。

因此,尽管在其他方面是同样的,但是,能够产生直接后果的那些行为,往往比那些延迟产生后果的行为更能够增加快乐。例如,放学后吸食大麻的行为,就能够产生直接的好处,它比做家庭作业的行为更能够带来快乐,做家庭作业行为的好处在以后才能感受到。同样,在心理上和身体上都感到轻松的行为,比那些要求付出心理和身体努力的行为,更能够带来快乐。例如,走进没有上锁的房屋后从桌子中拿硬币的行为,比通过卖报纸赚取同样数量的钱更能够带来快乐。通过提出过多的医疗补助要求欺骗政府部门的行为,比通过治疗难治的病人获得同样数量的钱更能够带来快乐。冒险行为或者有刺激性的行为要比日常行为或者无趣的行为更能够带来快乐。开快车要比在规定的时速内开车更能够带来快乐。

应当注意到,犯罪行为的所有特征都可以在不是犯罪的行为中发现;不同的非犯罪行为本身与犯罪的“接近性”(proximity)也是有差别的。例如,开摩托车比开卡车更有刺激性,抽烟的好处要比做家庭作业的好处更直接,性行为要比节欲更快乐,咒骂上司要比沉默受苦更有趣。此外,使用暴力或者欺骗,往往要比其他达到目的的手段更加容易、简单、快速,也更有刺激性。所以,从这种意义上讲,使用暴力或者欺骗(犯罪)可以增加满足自己欲望的快乐。

由于具有这些特征,可以充分地预测犯罪行为的性质:犯罪行为一般都会是缺乏预见性、计划性或者努力的;在思想和行动之间几乎没有时间间隔。因此,仔细计划和执行的犯罪行为是极其少见的。犯罪几乎在当时立即发生的倾向也意味着犯罪几乎总会在犯罪人通常出现的场所中发生。犯罪行为的时间和空间边界会是非常有限的。犯罪往往是简单的而不是复杂的,这种情况意味着犯罪人会根据侵害潜在对象的容易性而选择侵害对象。同样的考虑也会导致这样的结论,即犯罪人更有可能选择能够立即提供好处的目标,而不会选择很迟才能提供好处的目标。犯罪行为的自发性(spontaneity)进一步意味着,犯罪行为一般很少产生益处(profit)。犯罪人更有可能选择较少被发觉危险和较少遭抗拒危险的目标,而不会选择有很大危险性的目标。①

所列举的所有选择,都既有短期后果,也有长期后果。正如已经描述的那样,犯罪行为主要受短期快乐的支配,然后才受长期痛苦的威胁——假如真有的话——的支配。在这样的计算中,快乐和痛苦被打折扣的事实对于制裁体系的效果是极其重要的;对于那些受到程序公正性因素制约的快乐和痛苦来讲,其效果更是如此。每个人对于快乐和痛苦打折扣的情况是不同的,这种事实对于犯罪原因来讲是极其重要的。

根据古典学派的观点,国家应当能够通过它可以支配的制裁的肯定性、严厉性和快速性去控制犯罪。根据实证主义的观点,由于犯罪人的行为是由不受制裁体系制约的力量所引起的,所以刑法规定的惩罚几乎是没有效果的。我们认为,古典学派的观点预示着使用严厉刑罚,这是与自由民主社会(这种社会大量接受了古典学派的政治哲学观念)的价值观不吻合的,也误解了具有高犯罪倾向的人们的本性。结果,国家靠大量使用刑罚去影响潜在犯罪人,而潜在犯罪人实际上却受以前的学习以及社会制裁的约束。

在我们看来,实证主义关于制裁的观点同样具有误导性,这类观点认为,不能证明法律制裁有强大效果的事实,就证明了一般的制裁不能遏制犯罪行为。正如我们将要详细论述的那样,这种证明是与这样的观点完全一致的,即在缺乏

① 我们相信,可以从上述概括介绍的古典学派观点中推论出犯罪行为的这些特征。其他人从不同的前提出发,得出了类似的结论。例如,迈克尔·欣德朗(Michael Hindelang)、迈克尔·戈特弗里德森(Michael Gottfredson)和詹姆斯·加罗法洛(James Garofalo)认为:“对于个人被害的发生而言,必须符合几种条件。第一,主要的行为人——犯罪人和被害人——必须有机会在时空中相遇。第二,在行为人之间必须发生争议或者争执,在争议或者争执中,犯罪人把被害人看成是进行侵害的适宜对象。第三,犯罪人必须愿意并且能够进行威胁或者使用暴力(或者秘密行动),以便达到所希望的目的。第四,存在着犯罪人认为有利于使用暴力或者以暴力威胁(或者秘密行动)达到所希望的目的的情形。”(1978:250)劳伦斯·科恩(Lawrence Cohen)和马库斯·费尔森(Marcus Felson)也表达了类似的观点(1979)。——原注

消极后果或者社会控制的情况下,犯罪行为、越轨行为、罪过行为和鲁莽行为都会大量发生。

对于犯罪行为特征的这些预测,是很难通过研究加以证实的。我们将在第二章中进行这样的证明,到那时会论述不同类型的具体犯罪行为。

第二节 结论

犯罪学曾经有一种犯罪观念,有一种在科学的犯罪学观念得到发展之后被抛弃的观念。这种犯罪观念来源于关于人类行为的古典理论,它认为,人们通过求乐避苦满足个人利益(self-interest)。根据这种见解,犯罪也是满足个人利益的事件;可以使用那些能够用来解释所有其他人类行为的原理来解释犯罪事件。不过,古典的犯罪观念认为,犯罪行为的特征是与非犯罪行为相反的;犯罪行为往往是及时性的、追求直接满足的、容易进行的、简单的和有刺激性的。在下文中可以清楚看到,犯罪行为的特征与可能进行犯罪行为的人们的特征是有密切联系的,这就是说,对于犯罪的描述,不可能完全不同于对于犯罪人的描述。

在目前的犯罪学中,仅仅把犯罪看成是一种事件,看成是一些可以用来评估犯罪人倾向的行为。不同的行为以及不同的行为丛(constellation of act),都被认为体现了不同的倾向。事实上,并不关注犯罪行为的一般特征,也不关注犯罪行为与类似的非犯罪行为之间的联系,不关注涉及犯罪行为的目标的特征。① 相反,关注焦点几乎完全指向犯罪人,甚至在那些从古典学派中派生出来的学科中也是如此,这是具有讽刺意味的。在下一章中,我们试图通过特别关注犯罪的性质,去纠正这种不平衡。

① 这种一般性结论的重要例外涉及不同的犯罪—机会观点(criminal-opportunity perspectives, Mayhew et al. 1976; Sparks, Genn, and Dodd 1977; Clarke 1983; Cornish and Clarke 1986)。戴维·马茨阿(David Matza,1964)也注意到了实证主义犯罪学集中关注犯罪人而不关注犯罪的倾向。——原注

第二章 犯罪的性质[①]

我们已经下了这样的定义:犯罪是为了追求个人利益而进行的暴力或者欺骗行为。由于某种犯罪定义自然而然地会损害与其不一致的那些理论的基础,理论家们为了支持从自己的犯罪理论中派生出来的定义,通常避免使用以前的定义。当代犯罪学中的常见观点,都是从犯罪人的背景或者动机开始的,询问究竟是什么导致犯罪人进行犯罪行为。因此,犯罪的性质不是从犯罪人的特征推论出来的,就是从某种犯罪原因理论中推论出来的。

每种知识体系都是从一定的地方开始的,而我们一般直接从解释犯罪或者给犯罪下定义开始。不过,我们也应当根据这种知识体系与事实的一致性,根据这种知识体系对于研究和政策的结果,重新思考和修改我们的出发点。对于理论的这类重新思考和修正,现在很少看到。一些犯罪理论通常都是从某些学科的假设出发的,并且实际上接受与这些假设相一致的事实的检验,而不是接受它们想要解释的那些现象的检验。换言之,现代犯罪学几乎不关注犯罪的性质,很少根据对于作为其对象的现象的观察或者分析的结果,修正其犯罪理论。

我们想扭转这种倾向,我们想理解和重视犯罪的性质。这样的一个任务是不容易完成的。[②] 我们的许多问题都会引导我们沿着解释和理论的路径走下去。由于我们的最终目的是对犯罪进行理论方面和政策方面的阐述,因此,就必须暂时抵御有利于回答这样一些问题的那种诱惑,这些问题包括:犯罪的正式特征(formal properties)是什么?什么是犯罪发生的必要条件?当人们企图通过使用暴力或者欺骗追求个人利益时会发生什么结果?通过犯罪可以获得哪些快乐和满足?什么是恰当的犯罪概念,也就是说,犯罪能够告诉我们哪些有关犯罪人

---

① 原文是“The Nature of Crime”。——译注

② 应当注意,在近来出版的这方面的一部很有思想性的著作中,未能集中关注犯罪:“犯罪就是违反某种禁止犯罪并且授权惩罚犯罪的法律而实施的任何行为。如果我们提出将我们的注意力主要集中到**不断实施严重犯罪的那些人**,那么,我们就必须明确我们所说的‘严重’(serious)是什么意思。我们将要提出的观点和我们在本书中将要引用的证据,都主要集中于攻击型、暴力型或者盗窃型的行为”(Wilson and Herrnstein,1985:22;黑体字为引者所加)。——原注

的情况？应当在犯罪中区分哪些特征？

第一节 普通犯罪的特征[①]

人们很容易对美国社会中的犯罪产生错误的印象。一个人必须做的所有事情，就是读报纸，而在报纸上经常描述的，就是那些异常的、奇特的或者不典型的犯罪。实际上，绝大多数犯罪行为是轻微的和平常的，它们导致轻微的损失和带来较少的收益。犯罪是在时空分布方面具有高度可预测性的事件，几乎不需要做准备，很少留下可持续性的后果，并且往往不会产生犯罪人所希望的结果。我们首先概括论述普通犯罪的时间和空间维度。

一、犯罪的时间和空间相关因素[②]

根据警察记录和被害人调查数据，像强奸、伤害和抢劫之类的人身暴力犯罪，很多都是在后半夜和凌晨发生的（即在凌晨1～2点）。汽车也往往是在夜晚被盗的，而人身盗窃（personal larceny，未使用暴力或者以暴力威胁而拿走财物的行为）往往发生在白天。入室盗窃（burglary）[③]中的50%发生在白天，50%发生在夜间（Hindelang 1976；Hindelang，Gottfredson，and Garofalo 1978；Rand，Klaus，and Taylor 1983）。

暴力犯罪通常发生在户外。根据对被害人调查的数据显示，70%的抢劫和50%的伤害发生在街头或者其他公共场所。有关抢劫、伤害和强奸的官方数据也表明，这些事件中的很大一部分发生在远离家庭的地方，特别是发生在街头（Hindelang，Gottfredson，and Garofalo 1978）。

无论是在官方调查数据中，还是在被害人调查数据中，大多数暴力犯罪（除了杀人之外的）都是由陌生人实施的，只有很少一些是由亲属实施的（7%的非杀人暴力犯罪是由亲属实施的）。根据对被害人调查的数据显示，80%的人身犯罪涉及陌生人。在盗窃犯罪中，这个比例更高（Hindelang 1976）。

---

① 原文是"The Characteristics of Ordinary Crime"。——译注

② 原文是"Spatial and Temporal Correlates of Crime"。——译注

③ "burglary"是一个早期的法律术语，是指为了实施某项重罪而在夜间非法侵入别人住所的行为。现在，这个术语意味着为了进行某项重罪或者盗窃而在任何时候非法进入任何用于正常居住、生产或者经商的固定建筑物、车辆或者船只的行为，既可以使用暴力，也可以不使用暴力，既可以在夜间进入，也可以白天进入。我国学术界一般将这个术语翻译为"夜盗"，但是，根据含义的变化，本书翻译为"入室盗窃"。——译注

无论是被害人方面的数据,还是犯罪人方面的数据,所有的犯罪数据都一致表明,大城市中的犯罪率更高,大城市中不同区域之间的犯罪率有很大的差别。随着家庭收入的增加,某个区域的犯罪率会下降(Gottfredson 1986)。

人身犯罪的绝大多数被害人往往是男性、年轻人、少数种族和低收入者。已经证实,被害人和犯罪人往往具有完全相同的或者几乎完全相同的社会特征和个人特征。的确,根据社会科学的标准,自我报告犯罪(self-reported offending)和自我报告被害(self-reported victimization)之间的相关性是非常高的。

犯罪的这些特征对于犯罪原因问题具有重要的意义。它们表明了某种与青年人的娱乐模式相一致,而与成年人的职业模式不一致的犯罪模式;它们表明,犯罪人在犯罪过程中不愿意付出努力;它们表明,易接近性(accessibility)会增加潜在被害人(potential victim)的危险性;它们还表明,避免被发觉是犯罪人思考的一项内容。

二、犯罪行为的必备条件[①]

可以得到的数据都一致地表明,普通犯罪几乎不需要作出努力、进行计划、预先准备或者什么技能。实际上,大多数犯罪都发生在距离犯罪人住所很近的地方(Suttles 1986; Turner 1969; Reiss 1976):入室盗窃犯罪人通常步行到犯罪现场;抢劫犯罪人侵害街头上可以得到的目标;盗用公款犯罪人盗窃自己的收款机中的现金;汽车盗窃犯罪人用遗留在发动机上的钥匙开走汽车。

例如,在入室盗窃犯罪中进行的计划活动,似乎是要降低当时被发觉的可能性,也是想减少完成这项犯罪所必需的努力。因此,入室盗窃犯罪人寻找无人的平房中未上锁的门或者开着的窗户。一旦进入室内,他们就会集中关注自己便于携带的物品,而不太关心这些物品在市场上的潜在价值(potential value)。

抢劫犯罪人更愿意避免与被害人的直接对峙。当这种对峙不可避免时,他们往往选择无能力抗拒或者不可能抗拒的目标。偶然使用武器是想降低遭到抗拒的可能性。他们也在很大程度上根据易接近性选择商业性目标。便利商店(convenience store)和加油站是常见目标,主干道边上的商店和高速公路的驶出坡道旁边的商店对于他们特别有吸引力,这些都绝不是偶然的。

完成一般的犯罪所需要的技能是少的。可以考察人身暴力犯罪、伤害犯罪、强奸犯罪和杀人犯罪。成功地完成这些犯罪所需要的主要条件,就是很有力量

① 原文是"The Requirements of a Criminal Act"。——译注

的身体外表或者暴力工具。枪支、棍棒或者刀子往往就足够了。财产犯罪可能需要体力或者灵敏，但是，在大部分案件中，并不需要比日常生活活动中更多的东西。

三、犯罪对于犯罪人的益处①

许多犯罪并不能产生犯罪人所期望的结果。这种高失败率的一种原因就是犯罪是违背被害人意愿的。潜在被害人会努力保护自己免受别人的侵害。因此，他们会锁上门、隐藏有价值的物品、监视陌生人、进入人群中、携带武器、在白天旅行、避免惹是生非和抗拒伤害。结果，实施犯罪的意图本身并不能保证获得成功的结果。的确，根据对被害人调查的数据显示，大多数犯罪都是犯罪未遂（Hindelang，Gottfredson，and Garofalo 1978；Hough 1987）。由于这些所报告的犯罪是被潜在被害人所知道的犯罪，因此，我们必须认识到，更多的未遂犯罪仅仅被企图犯罪人（would-be offender）所知道。例如，企图进行入室盗窃犯罪的人在找到一个未上锁的门之前，可能会尝试许多人家的门。

在所完成的既遂犯罪中，所造成的平均损失是很小的。例如，根据对被害人调查的数据显示，抢劫犯罪造成的平均损失低于50美元，而入室盗窃犯罪造成的平均损失大约为100美元（McGarrell and Flanagan 1985：312）。尽管无法得到有关商店偷窃造成的平均损失的可靠数据，但是，一般的商店偷窃涉及的都是价值很小的物品，所损失的物品的价值肯定小于那些经常被购买来用于掩护这种犯罪的物品。甚至诈骗也通常不涉及大笔资金，盗用公款也很少使犯罪人变得富裕起来（盗窃快餐店或者加油站中的现金很难致富）。汽车盗窃似乎是一个例外，但是大多数被盗车辆很快就被丢弃，汽车盗窃未遂和汽车盗窃既遂的比率的确是很大的。

当然，对于犯罪人而言，犯罪的后果不仅是金钱和物品，而且包括被害人遭受的痛苦和身体伤害。不过，通常对于损失情况的说明很容易误导别人。根据全国犯罪调查（National Crime Survey，这是一项大型的、全国性抽样的成人犯罪调查），许多被害人不向警察报案是因为他们认为遭受的损失不太大或者刑事司法系统不会关注。即使在发生强奸、重伤害、抢劫和入室盗窃犯罪的情况下，也会如此。的确，在1982年（全国犯罪调查的结果在不同年度之间是很一致的），39%的重伤害、42%的抢劫、45%的强奸和49%的入室盗窃犯罪都没有向

① 原文是“The Benefits of Crime to the Offender”。——译注

警察报告(McGarrell and Flanagan 1985:273)。

大多数伤害都不会对被害人造成身体损伤。许多伤害和杀人涉及以前相互认识的人们之间的争议;从激怒对方或者责任方面来看,很难区分谁是犯罪人,谁是被害人(尽管这类责任不明确的事件的后果可能是严重的,但是,有一点仍然是很清楚的,那就是犯罪人从这类行为中获得的益处是很少的,犯罪人获得的益处和行为的"严重性"没有关联,而且犯罪人从这类行为中获得的益处在任何情况下都是很难搞清楚的)。

这些一般性结论的主要例外情况,往往都来自不同的学科范式(disciplinary paradigm)。例如,社会学家和经济学家们认为,有组织犯罪,特别是白领犯罪每年给国家造成数十亿美元的损失,也损害了文明的正常基础,使犯罪者获得巨额利益。不过,有关这些问题的可靠证据似乎显示了别的情况。例如,彼得·路透(Peter Reuter 1983)指出,非法赌博、放高利贷和卖淫往往是获利有限的地方性问题,主要原因在于,这些活动都是由缺乏商业技能的人们进行的非法活动,这些人具有强烈的从事损害长期赢利活动的倾向。对于贩毒而言也是如此,这方面的流行观点(执法部门的观点)特别容易引起误解。

所有这些都不否认这样的事实,即犯罪人偶尔也会获得巨额利益,钱包中有时候会装着大笔金钱,遭受入室盗窃的住家或者店铺可能会有大笔现金、大量珠宝或者贵重金属,公司经理可能会贪污大量资金,或者被害人有时候会被杀害。然而,需要强调的是,这类事件是例外的情况,由这些例外情况造成的有关犯罪的看法,具有严重的误导性。即使这样明显"成功"的犯罪,也并不必然会使犯罪人获得巨大利益。普通犯罪人几乎不使用昂贵的珠宝,甚至也不驾驶昂贵的汽车,他们缺乏如何处理自己获得的有价值物品的知识。众所周知,杀人犯罪带来的益处是很难了解的(在第二天早晨,犯罪人往往不能够回想起是什么因素引起了这种行为)。

事实已经证实,与其他的金钱来源相比,即使带来较大笔金钱的犯罪给犯罪人带来的益处也是短暂的。例如,可以考察根据任何估计来看都是"成功的"抢劫犯罪(500 美元),与通过从事只能得到最低工资的工作获得的益处相比,这种犯罪的益处也是短暂的。不可能在一定时间内反复进行可以获得完全成功的抢劫犯罪,而最低工资的工作则可以带来连续不断的收入。由此可见,即使通过犯罪活动获得的很大益处,充其量也只能是收入的补充来源,因此,这种益处只能是短暂满足感的来源。

白领犯罪人(white-collar offender)也不例外,贪污和诈骗很难长期地成功进行。贪污或者诈骗的数额越大,获得长期成功的可能性就越小。结果,白领犯罪也往往只能产生比较少的或者比较短暂的益处,这种益处是与稳定而诚实的职业无法相比的。

如果考察像强奸、伤害和杀人这类人身暴力犯罪,就可以发现,这类犯罪的性质决定了它们除了带给犯罪人短暂满足感之外,不可能带给犯罪人更多的益处。雇佣杀人职业(homicide-for-hire career)似乎是个例外。不过,这也与我们的这种观点相一致,即犯罪只能是一类带来短暂而有限的益处的活动,而不可能是稳定职业的现实而长期的替代物。事实已经证明,雇佣杀人犯(hired killer)不可能获得很多金钱,这一事实表明,即使这种犯罪活动也不总是有利可图的。当雇佣杀人犯拿走金钱而其犯罪活动没有获得成功时,他的行为就与犯罪职业的性质是一致的。一次获得这样的"益处"是有可能的,但是,两次获得这样的"益处"就很难了;不履行合同义务就想从事一种职业,是极其困难的。

显然,犯罪带来的长期的或者持续的益处,是极其有限的。因此,犯罪的数量深受犯罪活动的性质、犯罪活动包含的危险性、犯罪活动所需要的努力以及犯罪活动能够产生的有限益处的制约。

政治制裁也是犯罪的成分之一。一般而言,政治制裁会进一步减少犯罪活动带来的纯收益(net benefits)。因此,考虑到已经讨论过的犯罪的特点,我们应当期望政治制裁的效果有多大呢?被逮捕和受惩罚的危险性会有效阻碍涉及长期计划和大量投入的犯罪活动。毕竟,这样的犯罪活动会预示着犯罪人对于成功有很大的期望。当通过犯罪活动获得的收益有限而犯罪人显然也缺乏计划或者投入时,我们预期被逮捕和受惩罚的危险性对于犯罪活动的效果如何呢?显然,其效果是很小的。不过,经过分析大量的证据(参见 Blumstein, Cohen, and Nagin 1978),是与这种预期相一致的。刑事司法系统对于犯罪的发生数量,是几乎没有影响效果的(参见第十二章)。

尽管执法机关把犯罪描绘成为相当有利可图的合法工作的替代物,认为犯罪活动很有吸引力,能够带来很多益处,但是,一种可靠的犯罪理论必须看到事实真相:很多犯罪是收益很少的,大量犯罪都是未遂的,只有很少的一些犯罪是持续性的和能够给犯罪人带来很多益处的。

四、犯罪之间的联系①

根据古典学派的犯罪概念，犯罪就是为了满足个人利益而使用暴力或者欺骗的事件。这种概念几乎不关注犯罪之间的联系。不过，古典学派的观点肯定会认为用一些有意义的或者有力的方式满足个人利益的行为，往往是会重复进行的。当然，这也是关于犯罪的现代学习理论中的一种基本的、明确的和相当合理的假设。然而，证据表明，特定的一些犯罪不管其结果如何，都不可能重复进行。换言之，入室盗窃甚至是“成功的”入室盗窃犯罪，都不大可能重复进行，甚至在短期内也不会重复进行。抢劫也不会比其他能够带来短暂快乐的犯罪更容易重复进行，其他一些能够带来短暂快乐的犯罪（例如，强奸、吸毒和伤害）所带来的快乐，是与另一起抢劫所带来的快乐不同的。

犯罪之间发生这种可交替性（interchangeability）的原因肯定在于这些多样化的事件能够提供特征类似的益处，这些特征包括直接性（immediacy）、义务的短暂性（brevity of obligation）和容易性（effortlessness）。（根据定义，在一个较短的时期内进行大量的这类活动是有可能的。如果考虑到这种可能的发生频率，就可以认为发生多起犯罪是有可能的，而如果认为专门依赖其中任何一种特征，则可能是很成问题的。）

特定犯罪行为可能带来的许多其他益处都不是犯罪定义的必要组成部分。因此，寻求这样的益处并不能预测以后发生的犯罪活动。例如，金钱收益并不是犯罪的必要特征，所以不能用来预测以后发生的活动的性质（在实施了能够带来金钱收益的入室盗窃犯罪之后，有可能发生需要耗费很多金钱的吸毒活动）。因此，那些既能带来金钱收益，也能带来非金钱收益的犯罪之间的区别，可能没有什么重要的价值。同样，这些严重犯罪和轻微犯罪、工具型犯罪（instrumental crime）②和表达型犯罪（expressive crime）③、人身犯罪和财产犯罪、激情犯罪和预谋犯罪、自然犯罪和法定犯罪、身份犯罪（status offense）④和少年犯罪（delinquent

① 原文是“Connections Among Crimes”。——译注

② 工具型犯罪（instrumental crime），是指为了达到别的目的而进行的犯罪。这类犯罪实际上仅仅是达到其他目的的一种工具。例如，为了致富而进行的财产犯罪，就是工具型犯罪。——译注

③ 表达型犯罪（expressive crime），是指为了表达某种情绪或者思想而进行的犯罪。进行这类犯罪没有别的目的，实施犯罪行为本身就是其目的。例如，很多激情犯罪就属于表达型犯罪。——译注

④ 身份犯罪（status offense），是指由具备少年身份的人进行才能构成犯罪的行为。如果由不具备这种身份的人进行，就不构成犯罪。例如，离家出走和夜不归宿，就是比较典型的身份犯罪。身份犯罪是广义上的少年犯罪的组成部分。广义上的少年犯罪实际上包括两部分：一部分是身份犯罪；另一部分是由少年实施的刑事犯罪，这部分犯罪的其他构成特征和由成年人进行的普通刑事犯罪相同。——译注

act)、不道德犯罪(vice crime)或无被害人犯罪(victimless crime)和有被害人犯罪等之间的区别,也可能没有什么重要的价值。所有这些区别都是不重要的。实际上,这些区别会产生误导作用,会引起没有必要加以分析的困难问题。例如,商店偷窃是否会导致入室盗窃犯罪?探讨这些区别只能是浪费时间。证据清楚地表明,无论是通过犯罪人的行为,还是通过犯罪人的报告,都不会识别出这些区别;犯罪人的行为是受犯罪的特征制约的,而在法定的区别中,在犯罪的发展理论中,在实证主义犯罪学发现的犯罪中存在的许多区别中,都不包括这些特征。

第二节 犯罪行为发生的必要条件[①]

近年来,已经有一些人试图确定犯罪发生的必要条件。这些方面的努力体现在这样一些名称中。例如,"日常活动观点"(routine activity approach, Cohen and Felson 1979)、"机会观点"(opportunity perspective, Cornish and Clarke 1986; Mayhew et al. 1976)、"生活方式机会观点"(lifestyle opportunity perspective, Hindelang, Gottfredson, and Garofalo 1978)。在所有这些观点中,作者们都试图确定某一犯罪发生的最低限度的必要成分(和总体性充分成分[②]),试图集中研究除了犯罪人之外的犯罪的成分,如情境特征、目标或者被害人等。

初步看来,有关犯罪的"必要条件"观点,似乎表明了向古典思想的一种回归。首先,这种观点集中关注犯罪而试图忽略犯罪人。其次,这种观点似乎否定了那种认为犯罪人的行为是由以前的事件决定的观点,似乎犯罪人是一种理性的、能够进行计算的行为人;而且,这种观点似乎强调或者包含了理性的、演绎的解释观点,而不是实证主义者们偏爱的经验的、归纳的解释观点。在我们看来,这样的明显对比,实际上揭示了古典传统和实证传统之间的基本互补性(Gottfredson and Hirschi 1987a)。如果加以考察的话,就可以发现这两类观点中包含着并非根本上就矛盾的假设。实际上,那些认为犯罪是行为人的犯罪性的产物

① 原文是"Conditions Necessary for Criminal Acts to Occur"。——译注

② 原文是"collectively sufficient elements"。——译注

的观点,和那些认为环境条件是犯罪发生所必需的因素的观点,本质上都是一致的。①

有充分的理由相信,机会理论的必要条件策略(necessary conditions strategy)是与犯罪性的观念相一致的,不过它们之间的这种联系是很间接的,并且在很多时候被双方所忽略。所以,我们现在的主要任务之一,就是阐明机会理论对于犯罪性概念的意义,并且也阐明犯罪性概念对于机会理论的意义。我们的探讨将要详细考察犯罪的观念,由此可以推论出个人的特性或者可能符合犯罪的机会模式的那类个人的特征。也就是说,要推论出那些有可能按照所描述的模式进行犯罪的个人的特征。采取这个步骤是很重要的,理由如下:第一,很明显,有关犯罪的理论和有关犯罪性的理论是一致的。第二,没有一种犯罪性方面的理论会被当作全面考察犯罪概念的出发点。第三,由于现有的犯罪性理论很少关注这个问题,因此,可以通过与犯罪观念的兼容性来检验它们。换言之,我们的观点允许我们根据犯罪性观点和犯罪的机会理论之间的一致性来判断这些犯罪性理论的有效性。②

所以,后面的几章将论述犯罪性的概念,并且将把本章和前一章中论述的犯罪特征作为论述的出发点。现在,我们要将必要条件观点扩展使用到普通犯罪中,从中可以看出这个观点在揭示犯罪的必要特征方面的价值。

首先,我们认为,在机会理论中都谈到了一般犯罪的必要条件。例如,在劳伦斯·科恩(Lawrence Cohen)和马库斯·费尔森(Marcus Felson)于1979年发表的论著中认为,犯罪需要具备三种成分:动机性犯罪人(motivated offender)、缺乏有能力的保卫者(absence of a capable guardian)以及适宜的目标(suitable tar-

---

① 就此而言,尽管这些观点的倡导者们在历史上有争论,但是这些观点在方法论方面并没有什么不同。探讨犯罪的必要条件,与探讨犯罪的原因是完全一致的。可以把犯罪的原因看成是犯罪的必要条件的可操作性指标(也可以把犯罪的必要条件看成是犯罪原因的抽象概括或者理论概括)。例如,社区中的汽车数量是盗窃汽车犯罪发生数量的预测指标。那么,“汽车数量”就是犯罪的一种原因。同样,社区中有汽车是盗窃汽车犯罪的一个必要条件。无论是从经验来看,还是从逻辑来看,这两种事实都是可以相互推论的。传统的实证主义经验论者探讨犯罪的相关因素或者犯罪的原因,而很少将它们理论化,也就是说,很少将它们转化为必要条件。机会理论家们有时候从考察犯罪或者被害的相关因素开始(参见Hindelang, Gottfredson, and Garofalo 1978),但是他们往往也从考察犯罪率的趋势或者与其相一致的犯罪的相关因素开始(Cohen and Felson 1979)。——原注

② 具有讽刺意味的是,一种和对犯罪的机会解释很不一致的犯罪原因理论,就是理查德·克洛沃德(Richard Cloward)和劳埃德·奥林(Lloyd Ohlin)在1960年论述的理论。由于他们的理论往往被称之为“机会理论”,因此,一些学者将这些相互对立的观点放在同一组理论中。参见菲利普·库克(Philip Cook 1986)对于选择理论和机会理论之间兼容性的很好的讨论。——原注

get)。对于犯罪定义的扩展或者修正,必须从这三种成分中的一种开始。在正常情况下,人们可能会认为,对于犯罪人感兴趣的理论,会集中关注第一种成分。的确,大多数犯罪性理论都认为,第二种成分和第三种成分是不相关的,并且致力于解释犯罪人的动机。实际上,在我们看来,这是现代理论的根本性错误。如果我们在理解保卫者和目标的作用之后,开始建立自己对于犯罪人的解释的话,就会提出与现在的犯罪性理论不同的对于犯罪人的解释。

一个很好的例子是由迈克尔·霍夫(Michael Hough 1987)提供的,他通过关注入室盗窃犯罪人的情况,扩展并改进了适宜的目标的概念,在他看来,入室盗窃犯罪人是根据时空接近性(proximity)、易接近性(accessibility)和奖赏(reward)来判断是否具有适宜性(suitability)的。迈克尔·霍夫的易接近性概念包括被害防卫(defense against victimization)的观点,他的奖赏的概念吸收了潜在收益(potential yield,即对所作出的努力的回报)的概念。

迈克尔·霍夫扩展了机会理论,这表明,通过将犯罪人特征的见解吸收到犯罪行为的定义中,就可以做到更加精确,从而也更具有可预测性;犯罪人的特征最初也是从犯罪行为本身推论出来的。在这里可以说,入室盗窃犯罪人很容易偏爱那些不仅可以获得而且有成功希望的目标。扩展这种观点,可能会直接导致犯罪性理论的一些困难,因为许多犯罪性理论认为,入室盗窃犯罪是由那些不评价目标就想把犯罪性变为犯罪行为的人进行的。

可能很好地探讨犯罪性的性质的方法,就是探讨犯罪行为的实施。在记住这一点的情况下,让我们探讨普通犯罪的基本特征和一般模式。我们所要探讨的犯罪,是根据对于犯罪结构的思考、可以获得的数据以及与犯罪性问题的相关性而确定的。

第三节 入室盗窃①

一、概述②

入室盗窃是机会理论家们最经常论述的犯罪(不过,有些论述是明确的,有些论述是含糊的),这样做的理由不难发现。在入室盗窃犯罪中,"目标"(target)实际上就是在遭受侵害的过程中不能发挥主动作用的物体。在入室盗窃犯

① 原文是"Burgalary"。——译注

② 这个标题是译者根据原文的论述内容并考虑译文的结构平衡而增加的。——译注

罪中,犯罪人很清楚地就在他不应当在的地方做着他不应当做的事情。因此,在其行为构成犯罪方面,几乎是没有疑问的。入室盗窃犯罪涉及物理建筑或者接触某种物理空间,所有这些都表明,有可能通过改变环境来控制这类犯罪。而且,入室盗窃犯罪是最常见的重罪之一。实际上,根据全国犯罪调查,每年大约有7% ~8% 的美国家庭遭受入室盗窃侵害。根据这一调查,在这些入室盗窃犯罪中,大约有 50% 报告了警察。

帕特・梅休(Pat Mayhew 1987)报告说,大约有 50% 的入室盗窃犯罪发生在白天家中无人的时候。迈克尔・欣德朗(Michael Hindelang 1976:292)也指出,无人的家庭遭受盗窃的危险要比有人的家庭更大。劳伦斯・科恩(Lawrence Cohen)和戴维・坎特(David Cantor)在 1981 年发表论文,通过确立入室盗窃犯罪与妇女参加劳动之间的相关关系,间接地说明了家中是否有人的效果。其他人已经直接研究了这个问题:斯图尔特・温切斯特(Stuart Winchester)和希拉里・杰克逊(Hilary Jackson)在 1982 年出版的著作中指出:“入室盗窃犯罪的最明显特征是,它通常发生在没有人的家庭中……80% 发生在当时家中无人的住所中”(第 16 页)。

根据迈克尔・霍夫(Michael Hough 1987)的研究,大多数获得成功的入室盗窃犯罪,都是在无人的空房中实施的,而很多入室盗窃未遂则发生在被害人在家的时候。物理易接近性(physical accessibility)也是入室盗窃犯罪危险性的一种预测因素。·排房屋末端的家庭,由于更容易从街道上进入,发生入室盗窃犯罪的概率更高。迈克尔・霍夫认为,在英格兰,房屋后面的易接近性,也是很重要的。

根据警察记录和因为入室盗窃犯罪而被逮捕者的报告(Reppetto 1974),入室盗窃犯罪人使用复杂的方法进入室内。如果门窗是锁着的,就会“破门而入”。警察的报告表明,一半以上的入室盗窃犯罪是利用暴力进入的。不过,根据全国犯罪调查(以被害人是否向警察报告为基础),不到 1/3 的入室盗窃犯罪实际上是利用暴力进入的。

最经常被盗的物品,都是相对而言较轻的电器。如果有现金的话,犯罪人当然会拿走现金,但是,犯罪人通常会不理睬信用卡和支票本(Reppetto 1974)。全国犯罪调查发现,在 1983 年,2/3 的入室盗窃犯罪造成不到 250 美元的损失,这个数字包括对门窗等造成的损坏。霍夫和梅休(Hough and Mayhew 1985:28)根据 1984 年的英国犯罪调查报告说,在英国,在 65% 的入室盗窃犯罪案件中,入室盗窃犯罪造成的盗窃损失不到100英镑。

犯罪人从入室盗窃犯罪中获得的纯收入要大大少于被害人的损失,因为犯罪人不可能从损坏的门窗中获得金钱收益,也因为犯罪人必须以低于原价很多的价格出售被盗物品。[①] 在许多案件中,犯罪人可能只是想自己留用这些被盗物品,盗窃对于年轻人具有娱乐价值的物品,就是出于这样的意图。不过,犯罪人将被盗物品留作己用,是与这样一种观点不一致的,这种观点认为,入室盗窃犯罪是获得像正常工作一样的收入的一种来源,因为犯罪人不可能以便携式收音机或者盒式磁带录像机为生。

根据对犯罪人的访谈,重要的威慑因素就是"家中有人、有狗,屋后难以进入,邻居和过路者能够看得见,逃跑不容易;(被监禁的)入室盗窃犯罪人认为,传统的安全设施几乎没有什么作用"(Mayhew 1984:34)。研究也表明,入室盗窃犯罪人并不会走很远的路去犯罪。保罗·布兰廷汉姆(Paul Brantingham)和帕特里夏·布兰廷汉姆(Patricia Brantingham)指出,"入室盗窃犯罪人从一个很狭窄的'活动空间'中选择他们的盗窃目标,也就是说,从他们每天去工作或者上学时经过的地方,以及他们在夜晚或者周末经常去的主要社交场所和购物场所中,选择盗窃目标"(1984:79)。换言之,犯罪人就是"在主要活动区域附近和主要交通要道周围"进行入室盗窃犯罪的(1984:79)。

因为入室盗窃犯罪而被逮捕的人,大多数是男性(大约95%)、年轻人(平均17岁)和有色人种(大约1/3)。尽管年轻,但是,他们有可能具有犯罪的历史(进行多种犯罪)。他们也很有可能在以后因为多种犯罪而再次被逮捕。

二、典型入室盗窃或者标准入室盗窃[②]

在进行标准入室盗窃(standard burglary)犯罪的过程中,一名(或者一群)年轻人敲打距离其生活区域不远的一户人家的门。如果发现这户人家中无人时,犯罪人就会检查这家的门,看看门是否开着。如果门是开着的(经常是这样),犯罪人就会走进去,看看这个住所中是否有自己感兴趣的、可以很快消费或者容易脱手的物品。在大多数案件中,吸引这些年轻犯罪人的物品就是现金、酒类和

① 被盗物品的现金价值从原价的100%到一文不值都有。据警察假冒的赃物收购者报告说,他们可以用7美分的价格购得价值1美元的赃物,但是一些学者认为,这还是不错的价格(参见Klockars 1988)。也有人报告说,价值1美元的赃物平均可以用10美分的价格购得(参见Hindelang, 1976:312)。——原注

② 原文是"The Typical or Standard Burglary"。——译注

娱乐设备。在大多数案件中,入室盗窃犯罪的收益会很快被消费、用光、丢失或者被丢弃。所以,这类犯罪提供直接的、容易的和短暂的满足感,不可能提供更多的内容。显然,并非所有的入室盗窃犯罪都符合这个模式。警察和媒体描述的入室盗窃犯罪,是引人入胜的、价值更大的、更有难度的和警察更难侦破的。符合警察和媒体描述的这类模式的入室盗窃犯罪,似乎是很少的,以至于警察和媒体要反复播放同样的入室盗窃犯罪案件。由于符合警察和媒体描述的这类模式的入室盗窃犯罪很少,因此,警察和媒体的描述对于认识入室盗窃犯罪的原因和控制,具有很大的误导性。

三、入室盗窃的逻辑结构①

就入室盗窃的发生而言,必须存在以下条件:第一,必须存在一栋建筑物或者住所。这栋建筑物或者住所必须是很容易被非法进入的。第二,这栋建筑物或者住所中必须具有对犯罪人有很大吸引力的物品,而且犯罪人有可能拿走这些物品。第三,这栋建筑物或者住所绝不能受到有能力观察入室盗窃犯罪和阻止入室盗窃犯罪完成的人们的监视。第四,入室盗窃犯罪还需要一名无法从这些条件中获得益处的行为人。

所以,可以通过一些方式预防入室盗窃犯罪。一般而言,建筑物或者住所必须建设得别人不可能非法进入。② 可以降低建筑物或者住所内物品的价值或者易携带性,使其对于犯罪人没有吸引力。可以让那些有兴趣也有能力干预犯罪行为的人们监视建筑物。还可以通过增大对遇到有吸引力的入室盗窃机会的人们的约束,来预防入室盗窃犯罪。

显然,这样一些分析对于认识有关犯罪和犯罪性的不同解释和观点的相对价值,是有意义的。如果犯罪性就像我们将要论述的那样(参见第五章),就可以通过一些技术手段有效预防入室盗窃犯罪(根据我们的方案,其他技术手段将会是缺乏效果的)。我们知道,犯罪意味着直接获得利益和很容易地满足短暂的欲望。如果这种犯罪观点是正确的,那么,放置在犯罪人道路上的几乎所有的障碍物,都有可能产生阻止在特定的住所中发生入室盗窃犯罪的作用,也有可能产生完全阻止某一入室盗窃犯罪发生的作用。因此,锁着的门会预防一些人

---

① 原文是“The Logical Structure of Burglary”。——译注

② 这方面的讨论取决于入室盗窃的技术定义。正如我们在后面的章节中将要讨论的那样,我们知道,很多发生在建筑物或者住所中的盗窃犯罪,都是由获准进入那里的人们实施的。我们关于犯罪性的观点,并不排除这样的可能性,即犯罪人有可能决意侵害那些与他们关系密切的人们。——原注

室盗窃犯罪的发生。如果锁上那些徒手无法打破的门的话,就可以预防更多的入室盗窃犯罪。邻居可以关注的住所遭受入室盗窃侵害的可能性,要大大低于生活在本地区的人们无法看到的住所。

此外,由于大多数犯罪人都是寻求满足直接的、容易的和短暂的需要,因此,降低目标物的吸引力的做法,没有什么预防价值。当几枚硬币和几瓶酒就可以成为有吸引力的物品时,就不可能通过大量使用安全储存箱和信用卡的方式控制入室盗窃发生率(不过,通过这样的方式可以降低任何特定的入室盗窃犯罪造成的损失)。由于很多潜在目标物可能满足具有犯罪性的人们的欲望,因此,通过努力增加对有关各方的监视而显著降低入室盗窃发生率是不大可能的,而且由于入室盗窃犯罪人对于入室盗窃犯罪的兴趣是很短暂的,也由于这些兴趣集中在青少年中(参见第六章关于入室盗窃犯罪的年龄分布的内容),对于潜在入室盗窃犯罪人的约束越多,那么,就更有可能降低入室盗窃犯罪率,而增加对因入室盗窃犯罪而被定罪的人们的约束,则不能产生这样的效果,而且入室盗窃犯罪率的长期降低,可能会受到人口中犯罪性水平的降低的影响。由于这种观点适合于所有犯罪,因此,我们会在第十二章中用一定篇幅加以讨论。

从所有这些方面来看,我们的方案具有很强的经验性意义,它们与那些来源于标准的犯罪学理论的方案有很大的不同,也与那些根据"主动型犯罪人"(active criminal)或者"犯罪生涯"(criminal career)假设提出的、与理论无关的政策措施,有很大的不同。幸运的是,我们的方案的经验性意义似乎得到了入室盗窃犯罪研究的证实。

第四节　抢劫

一、概述①

联邦调查局(FBI)把抢劫定义为使用暴力或者以暴力威胁拿走或者试图拿走别人财物的行为。与其他国家相比,美国的抢劫犯罪发生率是很高的,根据全国犯罪调查,在任意一年中,每1000名12岁或者更大年龄的人中,就有7人报告遭受了抢劫。这个比率是英格兰和威尔士的3倍多(Hough and Mayhew 1985:62)。美国的抢劫犯罪发生率在中部城市中要远远高于其他地区。实际上,韦斯

① 这个标题是译者根据原文的论述内容并考虑译文的结构平衡而增加的。——译注

利·斯科甘(Wesley Skogan 1979)报告说,在美国1970年所报告的抢劫犯罪中,2/3的犯罪集中在32个城市中,这些城市中仅仅居住着全国16%的人口。

在一般的观念中,抢劫是最主要的街头犯罪。大约7/10的人身抢劫都发生在街头(Reiss 1967:22; Conklin 1972:81; Hingdelang 1976:206)。抢劫造成的损失通常是不太大的。根据1982年对全国犯罪调查中被害人的统计,55%的抢劫造成的损失不到50美元;80%的抢劫造成的损失不到250美元。大约1/2的抢劫涉及武器(weapons),大约1/5的抢劫使用了枪支(Hindelang 1976:213)。使用枪支降低了伤害被害人的可能性(Hindelang, Gottfredson, and Garofalo 1978)。迈克尔·欣德朗(Michael Hindelang 1976)已经指出,大约95%的人身盗窃犯罪只有一名被害人。相反,在60%多的抢劫犯罪中,都有多名犯罪人;实际上,在33%的抢劫犯罪中,有3名或者更多名犯罪人。

像入室盗窃一样,抢劫犯罪人往往也是年轻人,近年来的平均年龄是19岁。抢劫犯罪人往往是男性(约占95%),很多抢劫犯罪人也是有色人种(某一少数种族)。被逮捕者往往以前就有犯罪记录,但是没有证据表明他们以前只进行某一类犯罪;他们也很有可能因为多种犯罪而被再次逮捕。

对被监禁的抢劫犯罪人的访谈表明,他们并不是专门实施抢劫犯罪的(Petersilia 1980; Feeney 1986)。数据证实了这样的结论,即报告遭受抢劫侵害的人,也很有可能报告遭受了其他犯罪的侵害(参见 Hindelag, Hirschi and Weis 1981)。尽管抢劫犯罪人往往声称他们进行这类行为是为了钱,但是,许多抢劫犯罪似乎是伴随着其他活动而发生的(Feeney 1986)。很多抢劫犯罪人报告说,在犯罪之前或者犯罪期间饮了酒和吸了毒(Petersilia 1980; Feeney 1986),几乎没有证据表明他们事先进行了计划或者害怕被逮捕。的确,事先进行计划似乎是一件比其他事情更容易的事情。弗洛伊德·菲尼(Floyd Feeney)对加利福尼亚州奥克兰的抢劫犯罪人的调查发现,抢劫犯罪人是这样解释他们如何选择目标物的:"我想我是碰巧到了那里";"在凌晨2点的时候什么也没有发生,事情都是在此之前发生的";"我想那是最快的,你知道,这是一个很小的食品店"(1986:62)。弗洛伊德·菲尼将这个问题概括如下:

> 这些抢劫犯罪中的许多犯罪,都具有冲动性和不假思索的性质,两名成年抢劫犯罪人的话很好地说明了这一点。这两名抢劫犯讲,当他们坐在汽车中时,他们并没有计划进行抢劫的念头。其中一人本来以为,他的朋友正在(商店中)购买无酒精的根汁汽水(root beer)和香烟,

结果发现不是这样。一名店员将他的抢劫犯朋友追出门外,并向这个人乘坐的汽车的挡风玻璃开了一枪。(Feeney 1986,第60页)

确凿的证据表明,大多数抢劫犯罪人攻击生活在他们周围的被害人。安德烈·诺曼杜(André Normandeau 1968)报告说,在美国费城,犯罪人的住所与抢劫犯罪(发生地)之间的平均距离,大约是1英里。实际上,抢劫犯罪被害人的年龄、种族和性别特征与抢劫犯罪人的这些特征十分相似,这表明存在一种抢劫犯罪人抢劫与他们类似的人们的强烈趋势。

二、典型的或者标准的抢劫犯罪①

在普通抢劫犯罪中,将近20岁的一名男子或者一群十几岁的青年人接近街头上的一名独自相处的人,通过秘密行动(扒窃钱包)或者直接通过身体或人数优势(有时候使用武器)获取所需要的有价值物品。一旦完成这项活动,犯罪人就逃离现场,而被害人就开始打电话报警。

普通的商业抢劫也涉及年轻的男性,有时候是2名年轻男性,也是利用所拥有的某种优势或者所拥有的武器(或者声称拥有武器)从便利店或者加油站的柜台中获取现金。一旦犯罪完成,犯罪人就逃之夭夭,店员就报警。

三、抢劫犯罪的逻辑结构②

抢劫犯罪的结构不同于入室盗窃犯罪的结构,其差别表现在以下方面:首先,在被害人与犯罪人之间有直接对峙。其次,在抢劫犯罪中,犯罪人往往处在"有利的"位置,没有什么物理设施可以阻止犯罪人在那里。不过,我们可以描述抢劫犯罪的必要成分:第一,必须有一个有吸引力的目标,如一个拥有对犯罪人有潜在吸引力的物品的人(这类物品包括钱包、皮夹子、午餐盒或者用来买午餐的钱),或者做现金买卖或拥有贵重的可携带商品(如珠宝)的商业摊位。第二,犯罪人必须对目标有力量或者表面力量(apparent force)方面的优势。第三,犯罪人必须是一个不善利用机会的人。

可以通过消除潜在抢劫犯(potential robber)与潜在被害人之间的相互作用,通过增加与潜在犯罪人(potential offender)有关的目标的外在力量等方法,预防抢劫犯罪。一般也可以通过降低潜在目标的吸引力来减少抢劫犯罪,当然也可以通过增加对于想进行这类犯罪的人们的约束来减少这类犯罪。

① 原文是"The Typical or Standard Robbery"。——译注

② 原文是"The Logical Structure of Robbery"。——译注

在我们看来,并非所有的这些逻辑可能性都会产生预防抢劫犯罪的效果。改变潜在目标的吸引力可能具有一定的效果("我们不带钱"计划[1]的效果就是证明),但是,犯罪人寻求的满足往往是适度的,以至于许多限制都不会产生实际效果。改变力量平衡可能是有效的,但是,假如犯罪人缺乏对于微妙线索和抽象可能性的适当关注,那么这样的力量就必须是相当明显的。因此,就预防抢劫犯罪而言,多人集体行动可能比携带一种隐藏的武器更加有效,不带钱包可能比带着一只内装催泪瓦斯的钱包更为有效。

可以通过将潜在被害人与潜在犯罪人分开,使得犯罪人无法获得完成抢劫犯罪所必需的对被害人的物理控制的物理设施,也可以预防抢劫犯罪。出租车上的隔离设施、售酒商店中的笼子和上着锁的车门,都是这类物理设施的例子。

鉴于犯罪行为的年龄分布(参见第六章)和抢劫犯罪的时空特征,有效的宵禁令(curfew)会有力地约束潜在犯罪人和消除潜在目标;加强对于上学的和放学后的青年人的监督,也能够产生这样的效果。基于同样的理由,显著增加警察巡逻不可能对抢劫犯罪率产生效果。

第五节　杀人

一、概述[2]

与一般人和学者们的看法相反,杀人(homicide)或许是最平凡的一类犯罪,在我们看来,这类犯罪也是最容易解释的犯罪。这里存在一些事实,1987 年,美国的杀人犯罪率大约是每年每 10 万人中发生 8 起,不过,这比 1980 年高 10 倍而比 20 世纪 60 年代低 5 倍,几乎 60% 的杀人犯罪是利用枪支实施的。投毒杀人极其少见;大约 20% 的杀人犯罪是利用刀子进行的。大约 15% 的被害人是被犯罪人殴打致死的。

在被害人和犯罪人相互认识的杀人犯罪中,大约 20% 涉及家庭成员。由陌生人实施的杀人犯罪的百分数大约相同。在被害人与犯罪人相互知道的其余的杀人犯罪中,被害人与犯罪人的亲密程度有所不同,有些被害人与犯罪人仅仅是相互认识(如仅仅是在酒吧一起喝酒的人),有些被害人则是犯罪人的男朋友或者女朋友。75% 的杀人犯罪的被害人是男性,40% 的杀人犯罪的被害人是黑人。

---

① 原文是"'we carry no cash' program"。——译注

② 这个标题是译者根据原文的论述内容并考虑译文的结构平衡而增加的。——译注

涉及家庭成员或者熟人的杀人犯罪可能是激情犯罪(crime of passion)。但是,这些犯罪的发生具有明显的可预测性和规律性。这类犯罪往往发生在周末、夜晚和户外,并且往往是当众发生的。在很多情况下,被害人、犯罪人或者双方在犯罪时都喝了酒或者吸了毒。詹姆斯·威尔逊(James Q. Wilson)和理查德·赫恩斯坦(Richard J. Herrnstein)报告说,"实际上,至少有28项有关饮酒的研究涉及杀人犯罪;其中的14项研究发现,至少在60%的这类案件中饮了酒;大多数研究发现,在1/3或者更多的这类案件中饮了酒。"(1985:356)大量的报道表明,区别犯罪人和被害人往往是很困难的——这就是说,很难知道在这类犯罪中究竟哪一方是首先应当被谴责的。而且,很多犯罪人和被害人都在以前参与过犯罪和少年犯罪。

杀人犯罪的第二种模式涉及所谓的重罪杀人(felony homicide)。在这类杀人犯罪中,被害人是在犯罪人实施比较轻微的犯罪,如入室盗窃、抢劫或者强奸犯罪的过程中被杀害的。这类杀人犯罪往往发生在陌生人之间,并且往往不可能发生在住所内。的确,在这些方面,这类杀人犯罪往往符合那些导致它们发生的较轻微犯罪的模式。

犯罪人和被害人之间有显著的相似性。犯罪人中的大部分人是青年人(在1983年,因杀人犯罪而被逮捕者的高峰年龄是19岁)、男性(87%)和有色人种(大约51%)。因杀人犯罪而被逮捕者具有和其他犯罪人类似的记录,也就是说存在着显著的犯罪类型的多面性。因杀人犯罪而被逮捕者的累犯记录往往表明他们再次因为杀人犯罪而被逮捕的数量要少于普通犯罪人,但是,这些差别是由监禁长度方面的差别造成的(杀人犯往往不像人们所认为的那样"危险")。

杀人犯罪是那些赞同用享乐观点解释犯罪的人们常用的例子。根据定义,他们认为,激情犯罪并不是理性获益的犯罪。冲动性是缺乏理智的,不可能受到有关得失考虑的制约。这样的一种观点,不符合那种认为犯罪受短期的直接利益支配而不顾及长远损失的理论。根据这种观点,杀人犯罪就是那类由高度的犯罪性引起的行为,是由一些琐碎原因引起的严重犯罪。实际上,许多杀人犯罪似乎与"快乐"无关,而更多地与减轻"痛苦"有关。按照通常标准来看,犯罪人遭受的这种痛苦并不是很大的;犯罪人所得到的唯一的益处,就是消除挑衅的暂时来源,或者消除满足个人直接需要的障碍,如消除成功实施入室盗窃犯罪的障碍。换言之,杀人犯罪的益处并不大,也不深刻或者也不重大。相反,杀人犯罪获得的是暂时的益处。还可以发现,酒精或者毒品会降低犯罪人的时间视野

(time-horizon),使得他们仅关注眼前。对于杀人犯罪逻辑结构的思考,会使这一点更加清晰。

二、典型的或者标准的杀人犯罪[①]

杀人犯罪有两种基本类型:在第一种类型中,相互熟悉的人们因为琐事而发生争执,就像他们过去经常发生争执那样。实际上,在过去,他们之间的争执有时候会导致身体暴力,这种身体暴力有时候是由犯罪人实施的,有时候是由被害人实施的。在这一次,他们中的一方觉得自己已经受够了,决定打得狠一些或者要给予对方致命的打击。当然,犯罪人往往会简单地用开枪的方式结束争执。

在第二种类型中,上述的标准的杀人犯会因为一些原因而杀人(有时候是因为被害人的抗拒,有时候没有明显的原因),犯罪人会对着店员或者商店的主人开枪。或者在偶然的情况中,犯罪人在进行某起入室盗窃犯罪的过程中发生估计错误,房屋中被证明是有人的。需要再次指出的是,有时候有被害人的抗拒,有时候没有明显的原因,犯罪人都会对居住者使用棍棒、刀子和枪支的。

三、杀人犯罪的逻辑结构[②]

在法律中,刑事杀人(criminal homicide),是指另一个人没有理由地或者也不是出于防卫地故意杀死另一个人的行为。对于刑事杀人的发生而言,必须具有犯罪人和与其相互作用的被害人;犯罪人必须拥有剥夺另一个人生命的手段;没有充分的约束来阻止犯罪人进行犯罪;被害人没有机会或者倾向(inclination)来摆脱犯罪人的威胁;被害人无法在第三方的干预下保存自己的生命。

刑事杀人与其他犯罪的区别主要不在于犯罪动机的深度或者严重性,而更在于刑事杀人结构的复杂性。杀人(homicide)与伤害(assault)的区别可能仅仅在于旁观者的干预、枪支的准确性、受害与反抗之间的时间间隔、救护车的车速或者损伤治疗中心的可得性方面。强奸与重罪谋杀(felony murder)之间的区别可能仅仅在于商店店员的抗拒方面。入室盗窃与重罪谋杀之间的区别可能在于实施犯罪期间房屋内是否有人。

复杂犯罪比简单犯罪更容易控制,因为对于必要成分的干预就足以预防复杂犯罪。例如,可以通过消除被害人与犯罪人之间的相互作用、拿走犯罪人的致命武器、增加旁观者的可得性和旁观者进行干预的可能性、减少被害人对于轻微犯罪的抗拒、减少使用酒精和毒品等方法,预防杀人犯罪。也可以通过减少有可

① 原文是“The Typical or Standard Homicide”。——译注

② 原文是“The Logical Structure of Homicide”。——译注

能进行犯罪行为的人员的数量而预防杀人犯罪。

人们已经发现,杀人犯罪受到短暂而直接的动机的驱动,这方面的证据实际上表明,杀人未遂犯罪的被害人在犯罪之后很少要求警察的保护。实际上,这类证据表明,这类犯罪的大多数被害人恢复了他们以前与犯罪人的关系,或者恢复了自己以前的活动方式。

第六节　汽车盗窃

一、概述①

汽车盗窃(auto theft)就是盗窃或者试图盗窃汽车的行为。1985 年,美国的汽车盗窃率为每年每 1000 辆汽车中有 8 ~ 20 辆被盗。汽车盗窃的危险性由于汽车的商标、汽车的车龄和汽车的可接触性方面的差别而有很大的不同。例如,两门小轿车比客货两用轿车更容易被盗;新车比旧车更容易被盗;停在公共场所的汽车和经常驾驶的汽车更容易被盗。有防盗装置的汽车,如安装了防转向锁的汽车就不大可能被盗(Mayhew et al. 1976)。没有上锁的汽车、忘记拔下钥匙的汽车和在行驶过程中无人照看的汽车,都很容易被盗。

大约 70% 的汽车盗窃发生在夜间,大约 80% 的被盗汽车会被发现(Hindelang 1976:302, 308)。警察一般认为,汽车往往是被拆成零件盗窃的,卡尔·克洛卡斯(Carl Klockars 1988)认为,这种观点是不可信的,他注意到,旧汽车零件市场并不足以维持汽车盗窃活动。美国大城市周围的废旧汽车场提供了充足的廉价汽化器和二手轮胎。这些废旧汽车场的主人并不拆分废旧汽车而仅仅拆卸所需要的部件的事实表明,汽车盗窃者也会发现,已经拆卸下的零部件是无利可图的。典型的汽车盗窃者的年龄(被逮捕者的高峰年龄是 16 岁,一半以上的被逮捕者在 18 岁以下),也使人对于那种用汽车盗窃团伙(auto-theft-ring)来解释这类犯罪的观点产生怀疑。犯罪学界和公众已经被极少发生但是却被广泛宣传的事件所误导了。

根据记录,因为汽车盗窃而被逮捕的人,往往是年轻人(16 ~ 18 岁)、男性(90% 以上)和有色人种(大约为 33%)。

---

① 这个标题是译者根据原文的论述内容并考虑译文的结构平衡而增加的。——译注

二、典型的或者标准的汽车盗窃①

在典型的汽车盗窃中，没有上锁的汽车停在公共街道上，或者汽车停在公共停车场上而忘记了拔下钥匙或者钥匙被别人清楚地看见，一名16岁的少年或一群这样的少年进入汽车并开走汽车，直到耗完汽油，或者直到犯罪人注意到自己的其他义务。

三、汽车盗窃的逻辑结构②

汽车盗窃是一种特别复杂的犯罪。对于汽车盗窃的发生而言，必须存在着可以接触、可以驾驶和有吸引力的汽车，也必须存在着会开车并且受到约束较少的犯罪人。汽车盗窃与驾车兜风（joyriding）是不同的，对于汽车盗窃而言，犯罪人还必须拥有维修和存放汽车的设施。由于最后一项条件，驾车兜风肯定比其他的汽车盗窃更加常见，因此，发现被盗汽车的比率是很高的，而盗车者却很少被抓获。近年来，便衣警察伪装成被盗汽车的潜在购买者（来侦查这类犯罪），但是，令人啼笑皆非的是，这种活动可能大大增加了汽车盗窃率（参见本书第十章和第十二章）。

所以，可以通过减少汽车数量、增加接触汽车的困难性、增加驾驶汽车的难度和降低汽车对于犯罪人的吸引力等方法预防汽车盗窃，也可以通过增加对于可能犯罪的人们的约束力减少汽车盗窃，或许还可以通过使18岁成为获得汽车驾驶执照的最低年龄的方式，减少汽车盗窃。

第七节　强奸

一、概述③

根据全国犯罪调查，每年每10万名12岁和更大年龄的女性中，大约发生140起强奸或者强奸未遂。根据《统一犯罪报告》（Uniform Crime Reports，U.S. Department of Justice 1985），在1983年，向警察报告的强奸和强奸未遂大约是每10万名女性中有70起。根据被害人调查和警方资料显示，很多强奸都是在傍晚、夜晚或者周末发生的（参见 Hindelang，Gottfredson，and Garofalo 1987）。根据被害人调查数据显示，大多数强奸并不是在被害人家中发生的，在不到20%的

① 原文是“The Typical or Standard Auto Theft”。——译注

② 原文是“The Logical Structure of Auto Theft”。——译注

③ 这个标题是译者根据原文的论述内容并考虑译文的结构平衡而增加的。——译注

强奸案件中使用了武器。在对被害人调查所报告的强奸案件中,大约60%的强奸案件涉及陌生人(向警察报告的强奸案件中陌生人的比率稍低于被害人调查中的数据)。

由于强奸而被逮捕的人,往往是年轻人(被逮捕者的高峰年龄是21岁)和有色人种(1983年大约占51%)。他们往往在以前就因为多种犯罪而被逮捕过,他们的累犯记录类似于那些因为入室盗窃或者抢劫而被逮捕的人,也就是说,他们是犯罪的多面手,有可能再次因为强奸之外的其他犯罪而被逮捕。强奸犯罪的被害人往往也是年轻人(1982年的被害人的高峰年龄是16~19岁)和少数种族群体的成员。

二、典型的或者标准的强奸①

很少有像强奸这样被普遍误解的犯罪。普通人对于强奸的看法,受到媒体对于非典型事件的报道的影响,这些看法涉及下列情况中的一种:(1)一名家庭成员或者个人的亲密朋友硬要和被害人在一起。被害人自己反抗暴力行为和羞辱,但是不求助于刑事司法机关。在通俗文学作品中,给这种情况贴上不同的标签,如"家庭暴力"(family violence)、"约会强奸"(date rape)。(2)一名妇女在公共场合受到一群男子的攻击,她除了受到强奸之外,还受到严重的身体伤害。这类"帮伙强奸"(gang rape)引起了有关机关的反应。

根据统计资料,上述两种情况都是很少的。家庭成员和亲密朋友显然很少通过实施或者报告强奸来损害长期的关系。在强奸统计中,单个犯罪人绝对占多数。

统计资料中更常见的情况,往往是与陌生人在夜晚相遇开始的。受害妇女独自到偏僻的地方,独身一人的犯罪人不是等待受害妇女,就是尾随受害妇女并且袭击她。袭击有可能当场发生,也有可能在强迫被害人到更偏僻的地方后再发生。

在非陌生人被害(nonstranger victimization)方面,当代的文学作品夸大了强奸被害人和强奸犯罪人以前的关系的分量。在典型的"非陌生人强奸"(nonstranger rape)中,犯罪人和被害人双方了解有限,他们处在很容易产生相互同意(mutual consent)的环境中,如在汽车中、在公寓里,并且犯罪人迫使被害人服从。在这种情况下,被害人往往不报警。

---

① 原文是"The Typical or Standard Rape"。——译注

后一种情况涉及独自在家中入睡的妇女,她被一名独自从未上锁的大门或者开着的窗户中进入的犯罪人惊醒。犯罪人离开之后,被害人报警。

三、强奸的逻辑结构①

与任何其他的犯罪形式相比,人们更难客观地讨论强奸的特征。强奸犯罪以及刑事司法系统对于强奸犯罪的反应,都是相当情绪化的,以至于客观的描述往往会被看成是缺乏敏感性的反映。不过,关于强奸犯罪的许多当代看法都是错误的和误导性的,应当通过仔细评估可以得到的数据,通过仔细关注强奸犯罪的逻辑结构评价这些看法。

对于强奸犯罪的发生而言,有几种条件是必需的。首先,必须存在着对犯罪人有吸引力的、犯罪人可以接触到的、不愿意进行性行为的和不能抗拒犯罪人的性行为的被害人。其次,必须存在着缺乏约束力的犯罪人。

几乎对于所有犯罪而言,都可以围绕目标加固(target hardening)的概念设计明智的预防措施。因此,我们可以通过锁具降低汽车的易受侵害性,可以通过良好的照明降低房屋的易受侵害性。这样的预防措施利用了犯罪的逻辑结构,也利用了对于潜在犯罪人有吸引力的目标的特征。被强奸犯罪激起的情绪、强奸被害人所遭受的创伤以及刑事司法系统反应的不适当性,都提出了类似的建议,即要努力降低被害人的易受侵害性。要向汽车的车主建议,不要将钥匙遗忘在车上,因为这会使汽车变得对犯罪人有吸引力,增加了进行犯罪的机会,因此,这样的建议普遍被认为是明智的。不过,建议年轻妇女不要在晚上独自到公共场所中,特别是不要到接近酒吧或者其他饮酒的地方,这会被许多人看成是不恰当的,因为它限制了妇女的自由。显然,很遗憾的是,在犯罪区域中可以发挥很好作用的建议,往往会减少潜在被害人的自由。

然而,有关某种犯罪的逻辑结构会产生预防方面的建议,也会预测引起这种犯罪的变量。根据资料显示,强奸很有可能在独身一人的年轻男子和独身一人的年轻女子在公共场所中相遇时发生,在夜晚的话更有可能发生;减少这样的机会,应当能够降低强奸发生率;可以通过警告人们不要进入易受陌生人(包括一般的熟人)侵害的环境中来预防强奸犯罪;可以通过锁好门窗、特别是独自生活的妇女锁好门窗来预防强奸犯罪;增强妇女的抗拒能力(例如,有同伴、外显的武器和口哨),可以预防强奸犯罪;当然可以提供减少具有犯罪倾向的男子的数

① 原文是"The Logical Structure of Rape"。——译注

量来预防强奸犯罪。

第八节 白领犯罪

白领犯罪(white-collar crime)的概念提出了很难的理论问题,无论是学术研究者,还是刑事司法工作者,都对这些理论问题没有给予足够的关注。不过,正如将要证明的那样,白领犯罪领域对本书的一些核心概念提供了有用的解释。在这里只提出这样的解释,将在第九章中充分讨论这个问题。

白领犯罪没有一个法律定义,因为没有这样的罪名。实际上,"白领犯罪"这个术语是由社会学家埃德温·萨瑟兰(Edwin Sutherland)发明的,用来指在社会中受尊敬的和居高位的人们实施的犯罪。这样的人们实施他们所特有的犯罪的观点,直接与本书中使用的犯罪概念相矛盾。如果犯罪涉及短期欲望的直接而容易的满足,那么,犯罪似乎不会吸引有很高社会地位的人们,因为根据定义,这些人关注自己行为的长期后果。白领犯罪的存在,实际上被证明是支持而不是削弱我们关于犯罪行为性质的看法的,下文中对于和白领职业有关的具体犯罪的讨论将会证明这一点。

第九节 侵占

一、概述[①]

侵占(embezzlement)是盗用或者滥用委托某人照看、监管或者控制的金钱或者财物的行为。侵占犯罪的逮捕率是很低的。1983 年,美国有 7600 人因为侵占而被逮捕,与此相比较,因为入室盗窃被逮捕的人为 40 万,因为强奸被逮捕的人为 30 万,因为谋杀被逮捕的人为 18 万。与通常的看法相反,侵占发生率在年轻人、男性和少数种族群体中最高。

二、典型的或者标准的侵占[②]

正如人口统计学数据所显示的那样,在普通侵占犯罪中,近来的情况表明,受雇的年轻男子从雇主的现金出纳机中偷窃现金,或者从雇主的店铺中偷窃货物,很少或者完全不需要技能,所获得的收益是明显而直接的,犯罪机会也是由

① 这个标题是译者根据原文的论述内容并考虑译文的结构平衡而增加的。——译注

② 原文是"The Standard of Ordinary Embezzlement"。——译注

工作职位本身提供的。显然,大量的侵占犯罪都是由处在受信任的职位上的老员工进行的,但是,这些犯罪行为本身很少能够提供重要的数据,这种情况也不会模糊大多数侵占犯罪的平凡性质。

三、侵占的逻辑结构[①]

在一项专门针对侵占进行的有影响的研究中,唐纳德·克雷西(Donald R. Cressey)认为,侵占犯罪的发生需要三个条件:(1) 个人的经济问题别人无法分担的感觉。(2) 如何秘密地通过违反金融职位规则解决问题的知识。(3)能够使用一定语言描述自己的侵占行为,而这种描述又不与自己作为一名受信任的人的形象发生冲突的能力(1986:199)。

按照我们的术语,侵占犯罪的发生所必需的条件如下:(1)必须存在对于犯罪人有吸引力的、犯罪人能够接触的并且绝不属于犯罪人自己的金钱或者物品;(2)犯罪人绝对没有受到足够的约束。

我们自己关于侵占犯罪的逻辑结构与唐纳德·克雷西对于侵占犯罪的不同交往版本[②]之间的差别,表明了以某种犯罪的概念为出发点的理论和以某种犯罪人的概念为出发点的理论之间的差别。唐纳德·克雷西显然以某种关于犯罪人的概念为出发点,这种概念使得侵占犯罪的收益仅仅对某些人群有吸引力,也使得侵占犯罪很难完成和很难被正当化。我们以某种关于犯罪的概念为出发点,这种概念使得侵占犯罪的收益对任何人都有吸引力,使得这种犯罪容易实行,也不需要特别的正当化过程。这两种观点都预测了较低的侵占发生率(参见第九章),但是,它们都有极不相同的原因观念和有效预防观念。

根据唐纳德·克雷西的观点,可以通过消除犯罪动机、减少犯罪机会和改变商业界的价值观来预防侵占犯罪。根据我们的观点,可以通过减少机会、雇佣那些已经十分了解商业界内外禁止盗窃的公认价值观的雇员或者经理来预防侵占犯罪。这两类理论的一个重大差别,可以在它们关于白领犯罪性质的假设中发现:唐纳德·克雷西的理论认为,侵占犯罪人是白领工作者的典型代表;而我们的理论认为,侵占犯罪人会被证明也实施了其他犯罪。对于这个问题的详尽解释,留待第五章论述低的自我控制时加以论述。

---

① 原文是"The Logical Structure of Embezzlement"。——译注

② 不同交往版本(differential association version),是指根据埃德温·萨瑟兰(Edwin Sutherland)的"不同交往理论"(theory of differential association)解释侵占犯罪发生的观点。——译注

第十节　毒品和酒精①

一、概述②

吸毒、饮酒或者吸烟与实施少年犯罪和刑事犯罪③之间的相关关系已经得到很好的确认。根据罗纳德·艾克斯(Ronald Akers)的论述,“和节欲的青少年相比,那些饮酒、吸烟和吸毒的青少年更有可能参与打架、偷窃、伤害别人和进行其他少年犯罪”(1984:41;也可参见 Hirschi 1969; Kandel 1978,1978; Hindelang, Hirschi, and Weis 1981)。人们也已经确认,吸毒的全国性趋势是与所有其他犯罪的全国性趋势并行的。因此,吸毒发生率在 20 世纪 80 年代左右达到高峰,然后稳定或者逐渐下降,犯罪的变化模式也是如此。

尽管有这种下降,但是在美国社会中,仍然广泛使用一些毒品。例如,在 1983 年毕业的中学高年级学生中,69% 的人报告说在过去的 30 天中喝了酒;30% 的人报告说吸过烟;27% 的人报告说使用过大麻;5% 的人报告说使用过可卡因(Johnston, O'Malley, and Bachman 1984)。

吸毒和饮酒可以解释刑事司法系统处理的很多活动。在 20 世纪 80 年代早期,每年有 100 多万因为酗酒而被逮捕的人,有 150 多万因为酒后驾驶而被逮捕的人,有 50 多万因为吸毒而被逮捕的人,有近 100 万因为违反酒类法律而被逮捕的人。这些数据中并不包括在吸毒后进行了更严重犯罪的人,也不包括在严重犯罪之前或者期间饮酒的人。

吸毒和饮酒的高峰年龄是 20 岁初期,然后开始下降。男性的吸毒率高于女性,但是近年来也有一种趋同的趋势,吸毒在性别方面的这种差别现在并不大。

吸毒和饮酒在法律上并不是普遍被禁止的。不过,一些毒品是禁止所有人使用的,而所有的毒品都是禁止某些人使用的,如禁止儿童使用。众所周知,禁止毒品会抬高毒品价格,会降低吸毒率。由于禁止而造成的价格抬升,使得销售毒品变成对犯罪人有吸引力的收入来源,而这又会引起那些吸毒成瘾者的犯罪,因为他们无法通过别的方式维持吸毒习惯。所以,这方面的一般观点认为,毒品

---

① 原文是“Drugs and Alcohol”。“Drug”一词的一般含义是指“药物”,但是,当一些具有精神活性作用的药物被滥用时,它们就变成了毒品。——译注

② 这个标题是译者根据原文的论述内容并考虑译文的结构平衡而增加的。——译注

③ 在这里,少年犯罪的英文是“delinquent act”,刑事犯罪的英文是“criminal act”。——译注

和犯罪通过一些经济或者金钱关系而联系到一起:由于毒品价格很高,毒品会引起吸毒成瘾者的犯罪行为,毒品本身就是犯罪的一种直接原因,是非法收入的一种有吸引力的来源。当代犯罪学所认为的毒品与犯罪发生联系的另一种来源可以从这样的观点中发现,这种观点认为,毒品和犯罪在同伴压力(peer pressure)或者青年价值观(adolescent value)方面有一种共同的原因。

首先,如果将毒品合法化从而使得毒品变得便宜的话,毒品与犯罪之间的这种联系就会消失。其次,毒品与犯罪之间并不存在一种固有的联系。实际上,这种联系在一些情况下是存在的,而在另一些情况下是不存在的。例如,一些犯罪亚文化群(criminal subculture)可能禁止使用毒品(将 Cloward and Ohlin 1960 的论著与 Elliott, Huizinga, and Ageton 1985 的论著进行比较)。在我们看来,这两种观点都是错误的。犯罪和吸毒之所以有联系,是因为它们具有共同的特征,即它们都能够满足犯罪性倾向。犯罪和吸毒都能够提供直接的、容易的和肯定是短暂的快乐。犯罪和毒品之间联系的另一种来源,可能是酒精对于抑制作用(inhibition)的直接效果,这种抑制作用是指控制人们对于暂时性愤怒情绪作出的反应。

支持我们观点的证据,可以在使用廉价毒品(如酒精和香烟)和犯罪之间的联系中发现(Schoff 1915; Hirschi 1969; Ferri 1897:117)。我们的观点也受到这样一种现象的支持,即在犯罪与那些不会强烈影响心境或者行为从而足以引起犯罪的毒品(如香烟)之间,存在着相关关系。

二、典型的毒品犯罪[①]

在典型的毒品犯罪(drug offense)中,一名年轻男子在朋友家中喝了很多酒,在回家的路上因为开车很不稳定而被叫停。他因为酒后驾驶而被传讯。不过,典型的吸毒(drug use)则是另外一种情况。一些毒品每天被反复使用,如吸烟者每天往往吸 40 支或者更多的香烟;饮酒和吸食大麻很厉害的人每天可能要喝很多酒和要吸食很多大麻。滥用(abuse)毒品则是另外一种情况,在这种情况下,吸毒问题的核心是对“烈性毒品”(hard drug)成瘾,以至于吸毒者必须要通过盗窃或者向新吸毒者贩毒来维持毒瘾。

三、吸毒的逻辑结构[②]

吸毒的必要条件是很容易识别的。必须存在对犯罪人有吸引力、犯罪人又

① 原文是“Typical Drug Offences”。——译注

② 原文是“The Typical Structure of Drug Use”。——译注

很容易接触到的毒品,还必须存在缺乏足够约束的犯罪人。可以通过增加吸毒的经济代价、降低毒品的质量或者增加有关毒品的健康危害性来降低吸毒的吸引力。换言之,毒品的可得性可能会受到毒品的生产、销售或者推销的影响。最后,可以通过减少有可能犯罪的人员的数量来预防吸毒。

第十一节　在理论上与犯罪相当的事件①

犯罪源于对直接的、肯定的和容易的收益的追求。一些非犯罪事件(non-criminal event)似乎也源于对同样的收益的追求。因此,这些非犯罪事件与犯罪相关,考察这些非犯罪事件,有助于阐明犯罪和犯罪性的性质。

有一类和犯罪类似的事件,就是事故(accident)。在通常情况下,人们认为事故并不产生收益。相反,根据定义,事故是要付出代价的,并且事故的长期代价可能是严重的。不过,对于事故和发生事故的情境之间的联系所做的考察表明,事故有很多和犯罪相同的东西。例如,机动车事故往往会与超速驾驶、饮酒、追尾、不注意、冒险、设备缺陷和年轻男子有联系。房屋火灾往往与吸烟、饮酒、一定数量的儿童和有缺陷的设备有联系。

第十二节　犯罪之间的差别②

犯罪学中有一种根深蒂固的观点,认为并非所有的犯罪都是相似的。这种常识犯罪学(commonsense criminology)区分轻微犯罪(trivial crime)和严重犯罪(serious crime。例如,Elliott, Huizinga, and Ageton 1985;Wilson and Herrnstein 1985),区分工具型犯罪和表达型犯罪(Chambliss 1969),区分身份犯罪和少年犯罪,区分有被害人犯罪(victim crime)和无被害人犯罪(victimless crime,Morris and Hawkins 1970),区分自然犯罪和法定犯罪。现在应当清楚的是,我们的理论认为,所有这些差别都是不相关的或者具有误导性的。在这里,让我们简要考察轻微犯罪和严重犯罪。

犯罪学家们似乎认为,轻微犯罪和严重犯罪的原因肯定有差别,但是要概括出这些差别却是很困难的,正如所引用的下列论述中指出的那样:

---

① 原文是“Events Theoretically Equivalent to Crime”。——译注

② 原文是“Distinctions Among Crimes”。——译注

> 主要通过考察严重犯罪，我们可以避免对在消防水龙头前面停车的人和抢劫银行的人进行比较……如果我们总想集中精力关注那些实施了严重犯罪的人，那么，我们必须弄清楚“严重”这个词的含义……本书主要是指攻击型的、暴力型的或者盗窃型的行为；在大多数情况下是指那些进行枪击、强奸、谋杀、盗窃和威胁的人……但是，在这里强调掠夺型犯罪（predatory crime）是有益的。这类行为……在所有社会中，在所有历史阶段中，按照古老的传统、道德情操和正式法律，都是要受到谴责的……通过关注对那些普遍被认为是错误的行为的经验型研究……我们可以确信，我们实际上是在对犯罪和人性进行理论概括，而不是在对那些对其性质的认识并不完全相同的行为进行理论概括。（Wilson and Herrnstein 1985：21 －23）

对于这段论述的考察表明，这段论述包含以下意思：

第一，它意味着，将停车违规者与银行抢劫犯分开研究是有用的，而这样一种理论主张是成问题的，从经验来看是值得怀疑的（毕竟，我们至少认为那些非法在消防水龙头前面停车的人和那些银行抢劫犯之间，有一些相同的特征，如缺乏对他人利益的关注，不考虑自己行为的后果）。

第二，它意味着，严重犯罪行为是由同样严重的原因引起的，卑怯的行为比没有什么后果的行为更能够使我们认识人性（或者在其他理论家看来，更能够使我们认识社会的结构）。正如我们已经指出的那样，无论是从逻辑上来看，还是从事实上来看，这种假设都是缺乏正当理由的。谋杀可能属于最缺乏动机、最缺乏预谋和（对犯罪人）最缺乏积极后果的犯罪之一，而商店偷窃（shoplifting）可能属于最有动机、预谋最多和（对犯罪人）最能带来积极后果的犯罪之一。

第三，它意味着，在犯罪人中不存在专门化（specialization）现象。认为在严重犯罪或者轻微犯罪会向专门化方向发展的观点，或许是所有专门化理论中最缺乏辩护理由的观点。

第四，它意味着，那些成功完成的犯罪与那些没有完成的犯罪之间的差别，在原因方面具有重要意义。没有完成严重犯罪的原因包括没有瞄准目标（打算开枪打死店员）、错把苏打当作可卡因、受伤者进行反击、盗窃了 49 美元而不是

51 美元[①],等等。

这些差别在刑法中是很重要的,在刑法中必须区分绵羊和羔羊,以便增进边际威慑(marginal deterrence),但是这些区别对于某种原因理论而言几乎没有什么重要性。这就是说,法律试图通过减轻对于未持械抢劫的刑罚来劝说那些潜在的持械抢劫犯罪人不要携带枪支。但是,刑法假定,同一种理论(威慑理论)平等地适用于持械抢劫和未持械抢劫。换言之,法律并未根据这些事件在法律上的严重性而关注它们发生的不同原因。在这方面,刑法远远走在了那些根据外在特征对犯罪事件进行分类的犯罪理论的前面。

经过考虑之后发现,上文中列举的犯罪之间的所有差别都已经包括在我们对刑法所确认的犯罪的讨论之中。我们已经考察了人身犯罪和财产犯罪、自然犯罪和法定犯罪、有被害人犯罪和无被害人犯罪、身份犯罪和少年犯罪、工具型犯罪和表达型犯罪。我们发现,从理论上来讲,无论在什么情况下,根据这些术语对特定犯罪事件进行分类都是没有必要或者用处的。正如将要清楚论述的,当我们集中关注犯罪人而不是犯罪的时候,这些差别甚至更糟糕。

---

① 根据美国司法部联邦调查局(FBI)编制的《统一犯罪报告》(Uniform Crime Reports)的定义,超过50 美元的盗窃(larceny over $50)构成严重犯罪,也就是《统一犯罪报告》中所说的 8 种指数犯罪(index offense)或者“第一部分犯罪”(Part I offenses)。——译注

第三章 生物学实证主义

关于人类行为的古典概念以及这种概念对于满足个人利益时进行的选择的重视,最终被关于人类行为的实证主义概念所取代,实证主义概念强调差异(difference)和决定论(determinism)。人们对于实证主义的革命充满了极大的乐观和热情,实证主义的方法迅速应用于几乎所有的事物,也包括犯罪在内。本章追溯实证主义革命的生物学根源,并论述生物犯罪学(biological criminology)的现状。按照这样的思路,我们尝试发现一些在严格应用实证主义概念研究犯罪和犯罪性的过程中派生出的问题。

第一节 生物学实证主义的起源①

人们普遍认为,查尔斯·达尔文(Charles Darwin)②在1859年出版的《物种起源》(The Origin of Species)和在1871年首次出版的《人类的由来》(The Descent of Man)两书标志着有关人类行为的"前科学"(prescientific)或者"古典"(classical)思想的终结,本书第一章中论述了这些思想。在达尔文之前,就像传说的那样,人们假定,人类是一种不同于动物王国中其他动物的类型。人们认为,人类有自由意志,能够根据对快乐和痛苦的评价从多种可能的替代措施中选择某种行为过程。随着达尔文的"进化论"的出现,许多人认为,这样的观点无法再站得住脚。根据进化论生物学,人类是像其他动物一样地遵循自然法则的动物。因此,像许多其他动物特质一样,人类行为也是受自然法则支配的,而不是受自由意志和选择支配的。对于行为感兴趣的一些科学家,仍然在区分或者识别那些引起人类犯罪行为的原因力量(causal force)。他们首先在犯罪人的生物学特征中寻找这样的力量,这是毫不奇怪的。

科学犯罪学(scientific criminology)的起源通常追溯到切萨雷·龙勃罗梭

① 原文是"The Origins of Biological Positivism"。——译注

② 查尔斯·达尔文(Charles Darwin,1809 - 1882)是英国博物学家、"进化论"的创始人。——译注

(Cesare Lombroso, 1835 - 1909)①的著作。龙勃罗梭是在意大利刑罚系统中工作的一名医生,他认为自己是与当时的生物学相适合的一名科学家。他告诉我们,犯罪学科学实际上开始于他对一名抢劫犯颅骨中异常特征的发现,但是龙勃罗梭的犯罪理论(即认为犯罪人是倒退到早期进化阶段的返祖现象)与达尔文进化论之间的联系是很直接的,以至于我们可以得出这样的结论:龙勃罗梭的理论最初是演绎性的而不是归纳性的——龙勃罗梭的理论来源于一般性基本原理(general substantive principles)和以前的观察,而不是来源于相反的情况。②

不过,作为一名实证主义者,龙勃罗梭不可能将自己的注意力集中到犯罪人与非犯罪人(noncriminal)的差异方面,这些差异可能是从进化论中派生的。相反,作为一名实证主义者,他必须寻求犯罪的所有相关因素,必须要努力理解所有这些相关因素。龙勃罗梭时代的统计学不允许得出某种结论,指明犯罪人与非犯罪人之间的许多可能的差异的相对重要性;龙勃罗梭也没有提出一种可以将这些结论有机整合起来的一般犯罪理论。因此,他根据物理学界和社会上的传统分类方法,将犯罪的相关因素划分为一些簇(cluster)或者群(group)。奇怪的是,这些变量簇或者变量群与现代的"学科"(discipline)类似。实际上,龙勃罗梭这部著作的后来版本的目录看起来很像大学中的课程目录(catalog),分不同的节论述了犯罪的气候原因、地理原因、人类学原因、人口统计学原因、教育原因、经济原因、宗教原因、遗传原因和政治原因。

不应当忽略这一事实的重要性和普遍性:在寻求本质意义的过程中,实证主义将不同的自变量(independent variable)汇集到一起,并且因而创立了不同的学科。但是,实证主义并没有根据这些自变量对于特定问题(因变量)的相关性对自变量的"学科簇"(disciplinary cluster)进行排序。因此,它必须探讨每个问题,

---

① 切萨雷·龙勃罗梭(Cesare Lombroso, 1835 - 1909)是意大利精神病学家、犯罪学家,实证犯罪学学派的创始人和主要代表人物,被称为"现代犯罪学之父"。——译注

② 这并不意味着贬低龙勃罗梭。在我们看来,龙勃罗梭受到了当代社会科学家们不公正的诬蔑,而这些社会科学家中的很多人几乎没有读过龙勃罗梭的著作。尽管可以把龙勃罗梭看成是犯罪学中的生物决定论之父(the father of biological determinism in criminology),但是他更重要的贡献或许来自于他对实证主义和多因论原理(the principle of multiple causation)的提倡。在他著名的著作《犯罪及其原因和矫治》(Crime:Its Causes and Remedies)中,开篇就论述了这些问题:"每种犯罪都有多种多样的原因,这些原因往往交织混杂在一起,为了思考和叙述的方便,我们必须逐个地进行调查。一般而言,这种多样性是符合人类现象的规则的,决不能仅仅关注某一种原因而认为它与其他原因无关。"(1918:1)实际上,在他的1918年版的著作中,有12章论述了原因问题,这部著作实际上预先论述了当代犯罪学的所有关注点,从白领犯罪到性犯罪,从不同交往理论到贫穷理论。——原注

希望它的不同分支学科能够解决学科归属不定的问题，并且在这个过程中发现有意义的解决所争论问题的方法。

换句话说，实证主义的方法自动地产生了多因素的结论，而不管使用这些方法的特定实证主义者的“学科”取向如何。因此，这些方法自动导致它们自己无法解决的学科争议。其结果是产生了一种十分重视将“研究结果”(findings)分配到自己的“分支学科”(constituent discipline)，而不重视理解其本质的“科学”。在这方面，龙勃罗梭式的命运是有教益的。尽管龙勃罗梭是从一种生物学犯罪理论开始的，但是不久之后他就将其他学科的变量包括了进来，最后将自己的理论看成是解释少数犯罪人的理论。今天，人们把龙勃罗梭看成是生物学实证主义之父(the father of biological positivism)，而社会学家和心理学家们忽视了龙勃罗梭。不过，这种情况证明了一种倾向，即现代学者们混淆了作为一种方法的实证主义和作为一种人类行为理论的实证主义。无论如何，龙勃罗梭不仅是生物学实证主义之父，而且也是社会学实证主义和心理学实证主义之父(the father of sociological or psychological positivism)。

生物学实证主义者们没有从某种一般的行为理论中得出自己的犯罪概念。因此，他们不得不接受国家规定的犯罪人：“犯罪人就是违反国家颁布的用来调整公民之间关系的法律的人”[Ferraro 1972(1911):3]。既然如此，犯罪就仅仅是违反法律的行为。生物学实证主义者们的问题似乎很简单。他们需要做的一切，就是寻找那些导致人们在实施违法行为倾向方面存在差异的那些差异。实证主义最初假设犯罪人不同于非犯罪人，但是不久之后却发现，在犯罪人之间似乎也存在差异。显然，犯罪人们实施不同类型的犯罪。而且，实施同一类型犯罪的犯罪人的主要特征也是不相同的。

所以，龙勃罗梭是从这样一种犯罪理论开始的，在这种理论中，通过那些遗传而来的生理异常，可以将那些具有犯罪倾向的人和那些不具有犯罪倾向的人区分开来。他几乎马上就遇到了不符合这种理论的案例，也就是说，不仅犯罪人之间并不相似，而且同样也无法将犯罪人与非犯罪人区分开来。[在他的学生恩里科·菲利(Enrico Ferri)的强烈呼吁下]龙勃罗梭采取的解决这个问题的方法就是进一步将犯罪人划分为不同类型，这意味着其中的每类犯罪人在内在的犯罪原因方面是相同的，他们具有不同于其他类型犯罪人的特征。正如菲利所指出的：

> 龙勃罗梭的著作表现出两个固有的错误：第一，错误地过分强调颅

骨学(craniology)和人体测量学(anthropometry)的资料,而没有适当重视心理学的资料。第二,在其著作的前两版中将所有的犯罪人都看成是一种类型。在其著作的后来版本中,龙勃罗梭消除了这些缺陷,采纳了我最初观察到的有关犯罪人的不同人类学类型的观点。[1897:11,这里所说的著作是指龙勃罗梭的《犯罪人论》(*L'Uomo delinquente* 1876)]

因此,在龙勃罗梭的生来犯罪人(born criminal)理论中,菲利增加了偶然犯罪人(occasional criminal,是指那些"并不存在或者仅有轻微的龙勃罗梭描述这类'犯罪人'的解剖学、生理学和心理学特征"的人)、虚假犯罪人(pseudo-criminal,即"在无意之中实施了犯罪的正常人,或者虽然要受到法律处罚但是其犯罪并非来自变态、也未伤害社会的正常人")、政治犯罪人(political criminal)、癫痫犯罪人(epileptic criminal)、激情犯罪人(criminal by passion)、不可改善犯罪人(incorrigible criminal)和同性恋犯罪人(homosexual offender)。

由于缺乏一种犯罪的概念,实证主义者没有别的选择,只能详细阐述犯罪人的不同类型。这些类型可能以犯罪行为的频率、犯罪的严重性、犯罪的对象、犯罪人的特征或者以前和后来的犯罪的性质为基础,但是,不管这些特征如何,它们只会使问题更加复杂化,而不会使问题简单化,会混淆问题,而不会澄清问题。在这一点上,显然很少或者完全没有取得进步。现代类型学——例如,以社会学特征为基础的分类(Clinard and Quinney 1973)、以心理学特征为基础的分类(Megargee and Bohn 1979),或者根据对犯罪生涯(criminal career)的经验型类聚(empirical clustering)为基础的分类(Blumstein et al. 1986; Farrington, Ohlin, and Wilson 1986),或者以所实施的犯罪的数量为基础的分类(National Institute of Health 1982),都来源于这个实证主义问题,而这个实证主义问题本身又是因为缺乏一个犯罪概念而产生的,似乎没有人解决这个内部多样性的问题。由于缺乏一个犯罪概念,实证主义方法不可避免地导致了无休止地进行分类的现象。

龙勃罗梭的犯罪人类学很快变成了充满争议的学科。对他的理论的最初验证,自然而然地集中在它关于犯罪人的独特的观相术(physiognomy)主张方面。早在1913年,查尔斯·格林(Charles Goring)[①]就对这些主张提出了有力的反

① 查尔斯·格林(Charles Goring, 1870－1919)是英国监狱医生、精神病学家和犯罪学家。——译注

驳。格林的结论被许多犯罪学家误解了，许多犯罪学家似乎更多地关注了格林评论龙勃罗梭的语调，而没有关注格林研究的实际结果。著名的统计学家卡尔·皮尔逊（Karl Pearson，他对格林的研究工作给予了很多帮助）[①]概括了格林的研究结果中与龙勃罗梭关于犯罪人有独特相貌的观点有关的部分：

> 可以毫不夸张地说，在格林著作的前几章中，他为龙勃罗梭学派的纷乱而迅速的发展扫清了道路。接着，他转而构建自己著作的建设性方面，准确地使用同样的调查方法，告诉我们英国犯罪人的真实情况，绝对没有用很多异常现象和一般人区分开来，但是相对而言区分了平均类型（mean type）或者人口类型（population type），因为他大体上都是从身体较差和智力较差的一般人口中选择。犯罪人并不是从一般人口中随机抽样的，无论是在生理上，还是从心理上，都是如此。更确切地讲，犯罪人是从一般人口的少一半中选择的。（Goring 1913：xii，皮尔逊为格林的书撰写的序言）

可以很容易地得出这样的结论，即格林实际上发现了支持龙勃罗梭生物学实证主义的核心观点——犯罪人在生物学或者遗传特征方面不同于非犯罪人——的重要经验性证据。不管他们在与犯罪有关的生物学特质（biological trait）方面有什么具体的争议，这些争议显然都是在一个基本框架中进行的，这个基本框架就是，都同意犯罪是生物学缺陷（biological deficiency）的产物这样的观点。尽管龙勃罗梭把生理异常看得十分重要，但是格林却不同意这样的看法，而是认为："没有证据证实存在着龙勃罗梭及其追随者们已经描述的某种犯罪人身体类型（physical criminal type）……实际上，无论是在测量方面，还是在犯罪人中是否存在身体异常方面，我们的统计都表明，它与那些对守法者的类似统计有惊人的一致性"（Goring 1919：96－97）。但是，在身材（physical stature）和体格（physique）方面，格林报告了下列差异：

> 除了那些严格根据法律规定判决犯有诈骗罪的人之外，所有英国犯罪人在身材和体重方面都明显不同于一般人口。此外，被判决进行了人身暴力行为的犯罪人具有这样的特征：力量大小和体质健康程度

① 卡尔·皮尔逊（Karl Pearson，1857－1936）是英国统计学家、律师、犯罪学研究者。——译注

> 显著高于其他犯罪人的平均水平,也显著高于守法者的平均水平。最后,盗窃犯罪人和入室盗窃犯罪人(必须牢记,他们占犯罪人总数的90%)以及纵火犯罪人的身材和体格要比其他犯罪人和大部分守法者低劣,他们的体型一般也较小。(1919:121)

格林也发现,犯罪人与非犯罪人在“酒精中毒、癫痫和性放荡”方面存在差异。但是,他认为,“在犯罪原因中有一种关键的心理素质因素,就是智力缺陷(defective intelligence)”(Goring 1919:184)。

因此,格林和龙勃罗梭的最终分歧在于犯罪人和非犯罪人的重要生物学差异方面,而不在于是否存在这样的差异方面。通过对低劣样本(inferior sample)开展工作以及测量和统计技术,龙勃罗梭只能思考这些差异,并且自然而然地集中关注能够观察到的这些差异的可能来源。通过使用十分复杂的统计技术,格林的研究结果自然而然地在细节上与龙勃罗梭产生分歧。不过,他们对于龙勃罗梭的生物学实证主义观点或者原则并没有争议(就像在今天被广泛接受那样)。相反,格林的研究结果支持了关于在犯罪人和非犯罪人之间存在重要生物学差异的预期,支持了多因素观点,支持了严格的经验型研究,支持了根据原因分析的要求而进一步区分犯罪人的做法。

格林考察了他所研究的那些犯罪的原因之间的联系,寻求它们之间的共同之处:

> 接着论述:有缺陷的体格、极端类型的酒精中毒、癫痫、精神错乱、性放荡和低能——这些都是素质条件(constitutional conditions),并且也是迄今为止显现出来的、与在这个国家中实施犯罪有显著联系的唯一的素质条件。一个引人关注的问题是,这些条件会在多大程度上有同样的表现?酒精中毒与犯罪[①]的相关为0.64,癫痫与犯罪的相关为0.26,性放荡与犯罪的相关为0.31,智能缺陷(mental deficiency)与犯罪的相关为0.64。从最后一个相关系数的高分值中,我们可以认为,如果还原为一种条件的话,这种条件就是智能缺陷(mental defectiveness),它最有可能被证明是酒精中毒、癫痫、精神错乱和性放荡的共同前因(common antecedent)。(1919:183)

---

① 这里的“犯罪”一词的原文是“criminality”。这个词在《犯罪的一般理论》一书中,普遍被作为“犯罪性”使用。——译注

格林的逻辑是有启发作用的。他首先探讨犯罪可能共同具有的不同相关因素，然后寻找一种犯罪性的概念。但是，他对共同性的探讨仅仅局限于犯罪的原因，而这个问题很快集中到某种假定的自变量引起其他自变量的可能性方面。由于缺乏一种因变量的概念，格林就缺乏对自变量的理论描述，最终认为这些相关因素在概念上对犯罪是同等重要的。这就是说，任何因素都是与犯罪最具相关性的变量——智能缺陷的一种结果。

格林依靠缺乏良好界定的经验型方法去解决自己遇到的概念问题，这种做法说明了犯罪学实证主义的另一种延续至今的特征。现代犯罪学家们往往注意到“犯罪类型”(crime types)之间的组间相关(intercorrelation)，把犯罪类型作为犯罪原因的一种平台。不过，这意味着现代犯罪学家们很少进行这样的猜测，即在不同类型的行为——一些类型的行为是犯罪，另一些类型的行为不是犯罪——之间可能有足够的共同性，以至于可以把它们看成是同样的行为。格林仅仅简略地探讨了关于这个问题的解决方法，但是，实证主义通过分化(differentiation)而不是抽象(abstraction)探讨同质性(homogeneity)的直觉，不允许格林完全解决这个问题。

随着格林的著作的出版，生物学实证主义达到了它的自然极限。由于没有一种犯罪或者犯罪性的概念，生物学实证主义现在被简化为无休止地探讨一系列可能的生理学的、解剖学的和素质方面的变量，这些变量可能与那种被当代政治制裁(political sanction)界定为犯罪的行为有关，也可能与这种行为无关(参见Herrnstein 1983)。这个领域的进展，必须等到在抽样方法、测量方法或者统计方法方面得到改善才有可能发生。如果没有一种犯罪的概念，生物学实证主义就像实证主义的任何分支一样，无法重视其自变量，也无法理解它们之间的关系，最后无法评估自己的研究结果的重要性。而且，区分自变量和因变量本身就是个问题，往往导致混淆自变量和因变量。

第二节　当代生物学实证主义[①]

这些论断很容易通过当代生物学实证主义加以说明。当代生物学实证主义原理的发展，已经通过使用孪生子研究(twin study)和收养研究(adoption

① 原文是“Contemporary Biological Positivism”。——译注

study),改善了研究设计,并且已经使用了比以前更为复杂的测量方法。例如,对于皮肤电传导(skin conductance)和染色体异常(chromosomal abnormality)的测量。

现代生物学实证主义最著名的研究结果之一,就是萨诺夫·梅德尼克(Sarnoff A. Mednick)①和他的同事们在一项大规模的丹麦收养同生群(adoption cohort)研究中报告的,这项研究被认为得到了在瑞典和美国衣阿华州进行的研究工作的证实。正如萨诺夫·梅德尼克所概括的那样,这些研究"无法反驳地支持遗传因素在一些反社会行为原因中所起的影响作用。由于我们只能遗传生物素质(biological predisposition),遗传证据绝对承认生物学因素对一些犯罪行为发挥重要的影响作用"(1987:6)。收养研究的说服力显然来源于其研究设计的说服力:"在所有非经验性研究设计中,恰当进行的收养研究,是一种在区分遗传因素的很多影响与所有可能的环境因素的很多影响方面极具说服力的研究设计……具有这种说服力的原因在于,它们实际上接近于一种对照实验(controlled experiment)"(Ellis 1982:52)。

在一项试点研究(pilot study)②中,巴里·哈钦斯(Barry Hutchings)和萨诺夫·梅德尼克使用了哥本哈根的样本考察生父(biological father)和养父(adoptive father)的犯罪对于养子(adopted boy)的犯罪的效果。这项初步研究的结果见表1。

表1　被记录为犯罪人的养子的百分数以及他们的生父和养父的背景

		生父是否犯罪?	
		是	否
养父是否犯罪?	是	36.2%(58名养子中的)	11.5%(52名养子中的)
	否	22%(219名养子中的)	10.5%(333名养子中的)

注:表1中的"36.2%(58名养子中的)"可以理解为:在58名生父和养父都有犯罪记录的养子中,36.2%的养子本人也被登记为犯罪人。表2、3、4的内容也可以这样理解。

【资料来源】哈钦斯和梅德尼克(Hutchings and Mednick 1977:137)的论著

哈钦斯和梅德尼克注意到,表1中的差异并没有达到统计学上的显著性,"但是,差异的方向有利于增强生父犯罪性的影响力",而不能增加养父犯罪性

① 萨诺夫·梅德尼克(Sarnoff A. Mednick,1928 -)是丹麦出生的美国当代犯罪学家。——译注

② 试点研究(pilot study,又译为"预试研究"),是指在正式的大规模研究之前所做的较小范围内的研究。——译注

的影响力(1977:137)。因此,含义很清楚,如果能够得到大规模的样本,这些令人印象深刻的百分数差异就会达到统计显著性的传统水平。由于统计显著性,这类差异就会提供遗传对丹麦的犯罪有强大影响的证据。

在寻找这样的证据的过程中,梅德尼克和他的同事们扩大其研究的范围,将1924~1947年在丹麦出生的所有非家庭收养(nonfamilial adoption)的人员都包括进来,这项研究的结果见表2。表2似乎以更大的样本证实了表1中的结果。根据梅德尼克、威廉·加布里埃利(William Gabrielli)和哈钦斯的论述:

> 总之,在收养人口中发现,在生父的犯罪判决与其被收养的儿童的犯罪判决之间,存在某种联系……应该考虑一些可能意义不明的变量;还没有足够的证据解释这种遗传联系。我们认为,犯罪父母传递的一些因素会增加其子女从事犯罪行为的可能性。(1984:893)

表2 被判决实施了法定犯罪的养子的百分数以及他们的生父母和养父母的背景

		生父母是否犯罪?	
		是	否
养父母是否犯罪?	是	24.5%(143名养子中的)①	14.7%(204名养子中的)
	否	20.0%(1226名养子中的)	13.5%(2492名养子中的)

【资料来源】威尔逊和赫恩斯坦(Wilson and Herrnstein 1985:96)的论著。参见梅德尼克、加布里埃利和哈钦斯(Mednick, Gabrielle, and Hutchings 1984:892, 1987:79)的论著

尽管表2和表1似乎都涉及对结果的解释,但是,表2在以下方面是与表1有所不同的。第一,对养子女中犯罪的量度,从"已记录犯罪"(registered criminality)转变为"法庭判决"(court conviction)。第二,在试点研究中的自变量——生父和养父的犯罪,在最终的研究中,已经变为生父母(biological parents)和养父母(adoptive parents)的犯罪。第三,在最终的研究中,样本的数量大大多于试点研究中的样本数量:最终研究中的样本数量为4065名养子女,而在试点研究中,样本数量仅为662名养子女。第四,最终的研究是以"一个北欧小国家"的人口为基础进行的(Mednick, Gabrielle, and Hutchings 1984:891),而试点研究则局

① 表2中的这个数字在书中是25.5%,但是,在本书第二作者特拉维斯·赫希(Travis Hirschi)教授1990年赠送给译者的签名本中,他将这个数字改为24.5%。因此,在翻译的过程中,遵循原作者的意见,采用24.5%这个数据。——译注

限于“哥本哈根的城市和乡村”(Mednick and Hutchings 1977:128)。第五,养子女样本作为一个整体,其犯罪率是下降的,在试点研究中为16.6%,而在最终的研究中,则降为15.9%。第六,生父母是犯罪人的养子女与生父母不是犯罪人的养子女在犯罪方面的差异,在最终的研究中要小于试点研究。在最终的研究中,当养父母为犯罪人时,这种差异为9.8%;而在养父母不是犯罪人时,这种差异为6.5%。在试点研究中,这类差异分别为24.7%和11.5%。换言之,在最终的研究中,生物学影响假设方面的重大差异,已经下降为最初数值的40%和56%。

正如我们已经注意到的,最初的收养研究(1977)被看成是试点研究。后来的研究(1984年在《科学》杂志中报告)在正常情况下应当被看成是一种重复研究(replication study),这种研究的意图是确定试点研究的结构能否得到证实。在传统上,这样的重复研究应当是独立进行的,也就是说,这样的重复研究应当使用同样的程序,在那些从同样的人口中抽取的不同样本中进行。样本的独立性是解释重复研究所必须的。

1984年的最终研究样本和最初研究或者试点研究是否不同呢?或者说,最初研究中的样本是否被包括进最终研究的样本中呢?人们得出的有关遗传对犯罪的效果的结论,绝对取决于对这个问题的回答。①

表3是根据这样的假设编制的:试点研究中的样本已经被包括在最终研究的样本中,而这两项研究之间的其他差异被完全忽视了。根据这个假设,我们从表2的样本中减去表1的样本,然后计算重复研究的样本中每个单元内犯罪的养子女。

① 梅德尼克和他的同事们显然并没有考虑我们提出的这个问题。很清楚,他们把最初研究或者试点研究看成是“收养同生群的一个子样本(subsample)”(Mednick, Gabrielle, and Hutchings 1983:21),或者看成是“这类人口中的一个较大的子样本”(Mednick et al. 1987:89),而把最终研究看成是最初研究的一种“扩展”。尽管他们偶尔也会注意到这两项研究的结果的相似性(参见 Mednick et al. 1983:21;Mednick et al. 1984:893),但是,就我们所能确定的而言,他们并没有提及这两项研究的结果中存在的差异。——原注

表3　生父母的犯罪和养父母的犯罪对养子的犯罪的联合效果——哥本哈根之外的丹麦的情况(1924～1947年)①

		生父母是否犯罪?	
		是	否
养父母是否犯罪?	是	16.5%(85名养子中的)	15.8%(152名养子中的)
	否	19.6%(1007名养子中的)	13.9%(2159名养子中的)②

显然,表3表明,生父母的犯罪对于他们的被别人收养的儿子的犯罪并没有影响。尽管在遗传假设所提示的方向上有一些差异,但是这些差异充其量也不是实质性的差异。根据表3,我们不得不抛弃这样的遗传假设,不得不得出这样的结论:还没有人科学地重复在最初研究或者试点研究中所报告的研究结果。不过,为了得到这种结论,我们必须系统地考虑上述的两项研究在以下方面的差异。

首先,犯罪标准方面的变化是否会否定我们的结论呢?在《科学》杂志中发表的关于第二次研究的报告中,梅德尼克等人并没有直接比较他们的两项研究的结果。不过,第二项研究强调这样的事实:犯罪的标准就是"法庭判决"(参见Wilson and Herrnstein 1985),而在试点研究中使用的术语是"犯罪记录"和"已记录犯罪"。对后两个术语的界定是:"对于在任何时候被判决犯有刑事犯罪(statsadvokatsager)的所有个人所保留的单独的犯罪记录(Personalia Blad)。这些犯罪与英国司法领域中的可起诉罪(indictable offense)非常相似,并且可以和简易审决罪(politisager)形成对比……这种差别大体上相当于美国的重罪(felony)和轻罪(misdemeanor)之间的差别"(Hutchings and Mednick 1977:129)。因此,很明显,在试点研究和最终研究中,都使用了刑事判决作为标准(如果因变量的这种量度在不同的研究之间有变化的话,就很有必要从重复研究中排除试点研究的样本。从其他方面来看,最终研究中的这些差异,仍然是完全由于试点研究中的差异造成的,但是并没有讨论这些差异)。

其次,梅德尼克和他的同事们所使用的自变量从父亲的犯罪变为父母的犯

① 原书中没有注明。

② 表3中的这个数字在书中是15.3%,但是在本书第二作者特拉维斯·赫希(Travis Hirschi)教授1990年赠送给译者的签名本中,他将这个数字改为13.9%。因此,在翻译的过程中,遵循原作者的意见,采用13.9%这个数据。——译注

罪。他们报告说,“在我们的所有分析中,生母被判决有罪(biological mother conviction)与养子被判决有罪之间的联系,明显要强于生父被判决有罪(biological father conviction)与养子被判决有罪之间的联系”(1984:893)。换言之,通过增加生母而改变自变量的量度,显然增强了遗传效果,使其大于在试点研究中发现的遗传效果。通过在少量的样本中增加样本数量,通过在有犯罪生父母的养子中增加“犯罪人”的数量,就会产生这样的效果(我们估计,在最终的研究中,在犯罪生父母样本中增加了大约200个母亲。梅德尼克等人没有指出这种调整是否适用于试点研究中的样本;如果适用于试点研究中的样本的话,那么,就会对从该样本中获得的结论有影响)。

现在来看,这些试点研究中的主要问题就是它(在犯罪生父母类型中)缺乏足够的样本,以至于不能得出令人信服的结论。尽管这项“重复”研究找到了3403个另外的样本,但是,在关键类型中,样本数量仅从58增加到85,这种增加包括了有犯罪生父母的儿童。不过,假如在重复研究中,在父母犯罪与儿子犯罪之间缺乏实质性的联系,那么,重复研究中的样本数量就足以降低而不是增加试点研究中获得的研究结果的可信度。

从哥本哈根的城市和乡村抽样变为从整个丹麦人口中抽样的变化,可以解释在重复研究和试点研究之间存在的一种关键差异。第一种可能性是,在哥本哈根保存的判决记录可能不同于在丹麦其他地方保存的判决记录,这个国家存在的判决记录保存得较差的现象,会模糊遗传效果,或者说,在城市中保存得较差的判决记录,可能会增强遗传效果。在这种情况下,将两类样本结合起来,就是个问题。第二种可能性是,在哥本哈根的城市和乡村中发现的遗传效果可能不同于在丹麦的其他地方发现的遗传效果。在我们看来,无论是哪一种假设,都是没有价值的。

我们认为,试点研究中的总犯罪率和最终研究中的总犯罪率的变化(从16.6%变为15.9%)表明,在两项研究中发现的遗传效果的下降,不可能用这种标准的变化来解释。所发现的轻微下降,是与人们对于城市样本和乡村样本的结合所具有的预期相一致的,因为乡村的犯罪率往往较低。

因此,我们判断,对于梅德尼克等人的“交叉养育”研究(cross-fostering research)的恰当解释应当是,他们第二次进行的更大规模的研究,并没有获得和其试点研究中发现的遗传效果方面的研究结果相一致的结果。这种现象在行为研究中很常见,如果最初的研究结果显示出不符合在正常情况下这类研究中发现的结果的话,更会如此。发现下列情况是毫不奇怪的:遗传对于犯罪行为的可能性的真正效果,存在于零和巴里·哈钦斯(Barry Hutchings)、萨诺夫·梅德尼克、威廉·加布里埃利与巴里·哈钦斯最后报告的结果之间。这就是说,我们猜测这种遗传效果是极小的。

梅德尼克等人的结果往往与其他人报告的结果相一致。根据詹姆斯·威尔逊(James Q. Wilson)和理查德·赫恩斯坦(Richard J. Herrnstein)的论述,"一项大规模的瑞典的研究已经证实并且大大扩展了这些丹麦人的研究结果"(1985:99)。因此,从这项瑞典的研究中获得的有关男性交叉养育的数据,在表 4 中加以介绍。

表 4　在瑞典的一项关于男性养子的研究中发现的交叉养育数据:生物素质导致"轻微犯罪"的百分数

		先天素质	
		低	高
后天倾向	低	2.9%(666)	12.1%(66)
	高	6.7%(120)	40.0%(10)

注:本表中有关术语的英文原文是:"生物素质"为"biological predisposition";"先天素质"为"congenital predisposition";"后天倾向"为"postnatal predisposition"。

【资料来源】克洛宁格和戈茨曼(Cloning and Gottesman 1987:105)的论著

表 4 中的数据,是由罗伯特·克洛宁格(Robert Cloninger)和欧文·戈茨曼(Irving Gottesman)从瑞典首都斯德哥尔摩的一项收养研究中收集的。根据他们的论述(1987),在这项分析中,"先天的"(congenital)变量是指与生父母有关的变量,而"后天的"(postnatal)变量是指与收养地方有关的变量。在表 4 中,有几个方面值得加以评论。第一,有轻微犯罪记录的样本的数量是较少的(39)。这项研究计划是从 108 名已决犯(convicted offender)开始的。第二,应当注意到,后天倾向要比先天素质有更大的可能性,这个"研究结果"与通常的交叉养育资料不吻合(参见表 1、2 和 3)。这些数据表明,在瑞典,将 15% 的养子置于有"高度"轻微犯罪倾向的环境中,而这些养子的遗传素质只将他们中的 9% 置于这样的危险之中。第三,在这项"大规模的瑞典研究"中,最值得关注的部分包括 10 个样本,其中的 4 个被划入"轻微犯罪人"(pretty criminal)的类型中。第四,考虑了"轻微犯罪倾向"(predisposition to pretty crime)这种类型。根据罗伯特·克洛

宁格和欧文·戈茨曼的论述,这种类型“取决于背景变量(background variable)是否更加类似于仅有轻微犯罪(被分为“高”)的养子的一般特征,而不太取决于背景变量是否类似于没有犯罪或者酗酒问题(被分为“低”)的养子的一般特征”(1987:105)。

换言之,罗伯特·克洛宁格和欧文·戈茨曼根据已知可以用来预测他们的样本中的轻微犯罪,而且也被他们认为反映了生父母(先天)的环境条件和养父母(后天)的环境条件的变量,来设计一种“交叉养育”表。结果,他们研究中的这个方面和遗传可能性问题无关。即使有可能忽略这些研究结果中的解释性质(constructed nature),也不可能忽略这些研究结果的事后性质(ex post facto nature)。怎样把这些研究结果解释为支持丹麦研究的结果,是完全不清楚的。实际上,这些研究结果似乎支持我们对于丹麦交叉养育分析的重新解释。与我们的观点相一致的,是罗伯特·克洛宁格和欧文·戈茨曼的这样一段话:“在同样的丹麦人口中,迈克尔·博曼(Michael Bohman 1972)并没有在那些有犯罪生父母的不满12岁的收养儿童中,发现过多的少年犯罪”(1987:104)。

被引用来支持丹麦收养研究的第三项研究,是对于在31年间出生于美国衣阿华州(Iowa)的52名养子进行的研究(Crowe 1975)。雷蒙·克劳(Raymond R. Crowe)识别了监狱中有子女被别人收养的女性犯罪人(其中的一些女性犯罪人对于样本所起的作用要比一名儿童更大)。这些养子和第二组养子在年龄、性别和种族方面完全匹配。对后来的犯罪记录进行的比较中发现,在女性犯罪人的37名儿童中,有7人被逮捕;而在37名没有犯罪记录的女性对照组的37名儿童中,只有2人被逮捕。雷蒙·克劳报告的这种差异,达到了0.076的显著水平(1975:98)。

没有必要对这种置信度(confidence level)进行辩解。雷蒙·克劳的研究距离最低限度的科学适当性标准差得很远,以至于这项研究只配对其进行最少的评论。首先,没有收集作为对照组的生父母的信息。作为对照组的生父母可能是同样很少的,或者监狱养子女(prison adoptee)的生父母更有可能是犯罪人。其次,没有提供有关其他对照组中被逮捕记录方面的信息。雷蒙·克劳的研究完全可以被称为“一次性个案研究”(one-shot case study,对照组被假定是适用于多种意图和目的的),因此,无法为衣阿华州的犯罪是由遗传而来的结论提供基础。

在这一节开始的时候,我们引用了李·埃利斯(Lee Ellis 1982)的一段论述,他认为，收养研究为有关犯罪行为的遗传性方面的推论提供了最坚实的基础。对于收养研究设计的优点，几乎没有人提出异议："有关遗传对于反社会行为的影响力的最令人信服的证据，来源于对那些在出生后与犯罪生父母分开而被人收养的儿童的研究"(Rowe and Osgood 1984:535)。我们也认为，这些研究是有说服力的。这些研究提供的强有力的证据表明，犯罪的遗传性是最小的(minimal)。因此，我们必须反驳詹姆斯·威尔逊和理查德·赫恩斯坦的观点，他们根据同样的经验性数据得出了这样的结论："众所周知，就像规模很大的丹麦样本和瑞典样本那样，这种小规模的样本表明在父母和因为收养而被父母所放弃的子女之间，在一些能够使个人在以后会进行违法行为的特质方面，具有很多的生物相似性"(1985:100)。相反，我们认为，正如一些收养研究所确定的那样，"遗传效果"的大小接近于零。

这个研究结果不应当令人感到惊讶，也不应当把这个研究结果解释为生物学与犯罪无关。在我们看来，关于遗传效果大小的最好猜想，应当从下列论述中产生：

在父亲的生物特性(即遗传素质)与自己的犯罪行为之间存在相关，而这种相关会被父亲的生物特性与其子女的生物特性之间的相关所大大增强。这种结果也会被其子女的生物特性与子女的犯罪行为之间的相关所大大增强(这种路线图如图1所示)。

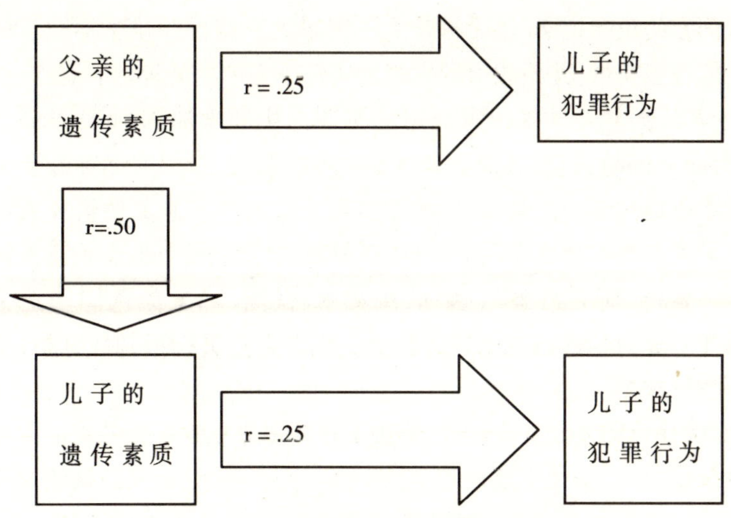

图1　引起父亲的犯罪行为和儿子的犯罪行为之间所观察到的0.03的相关所必须的相关

如果假定遗传可能性是最强的，那么，就可以认为在两代人的生物特性与犯罪之间存在0.25的相关，而在父亲的生物特性与其儿子的生物特性之间存在0.5的相关。这些相关会在父亲的犯罪与儿子的犯罪之间产生0.031的相关，这种相关会要求很大的样本才能达到统计显著性，而这种相关如果要达到统计学上的显著性，那么，这种相关实质上就会是微不足道的。①

第三节　结论

生物学实证主义承认国家的犯罪定义，即认为犯罪是违反法律的行为，而犯罪人就是因为某种犯罪而被逮捕、定罪和判刑的人。这种立场允许比较“犯罪人”和“非犯罪人”、比较实施了不同类型犯罪（如财产犯罪）的“犯罪人”中的不同类型、讨论犯罪的遗传“素质”的可能性。这种关于素质的看法，提出了一种有关犯罪的理论或者解释。这种理论或者解释直接来源于这样一种实证主义的观点：犯罪是由犯罪人无法控制的因素引起的。因此，这种因果关系的观点意味着包含了科学的中立性（neutrality），实际上也导致了一种真正的犯罪理论，这种理论认为，人们之所以实施犯罪，是因为一系列前因因素要求或者迫使人们这样做。

接受国家的犯罪定义、接受科学上的因果关系假设并接受不同学科认为与犯罪有关的很多变量，并不能引导生物学实证主义产生某种犯罪观点。相反，会促使生物学实证主义寻找国家规定的犯罪的生物学原因（biological causes of stated-defined crime），这在表面上来看是一种经验型工作，实际上却要大大受到某种更重要原理的制约。结果，生物学实证主义对于有意义的研究或者可解释的研究几乎没有产生什么作用。相反，正如我们已经看到的，生物学实证主义已经产生了一系列“研究结果”（例如，观相术、低能、XYY染色体和犯罪的遗传性），以至于只要对这些研究结果进行重复或者直接进行批判性分析，这些研究结果就会继续存在。

显然，统计、量度和抽样技术的改进本身并不能克服生物学实证主义中固有

---

① 这些相关系数可以被转换成0.177的“遗传可能性系数”（heritability coefficient），这个系数可以被描述为我们假定的父亲的犯罪与儿子的犯罪之间的相关的理论上限。我们不能认为，这种结果证明生物特性与犯罪不相关。可是，我们会认为，它表明需要通过关注生物特性与犯罪之间的联系而去更多地关注概念问题。——原注

的问题。在龙勃罗梭提出这种研究路径后的 100 多年来,生物学研究的主要贡献,似乎就是那些表明生物学变量可能(may)与犯罪相关的数据。不幸的是,这类证据往往受到置疑,以至于那些对于生物学原因论持友善态度的学者们,也会询问这样的问题:为什么这门学科向犯罪学领域提供了那样多有问题但是却被“认可的”事实?

在我们看来,摆脱生物学影响的理由并不难发现。这门学科即使没有犯罪的概念、没有犯罪性的概念,也能够发展下去。因此,就其对于犯罪学的贡献而言,梅德尼克等人的研究并没有独特性。我们之所以大篇幅讨论梅德尼克等人的研究,是因为他们的研究中包含着生物学实证主义的一般性问题。XYY 染色体研究的历史具有类似的情况:人们投入极大的精力来证明可能存在的一种很小的效果,这种效果的重要性甚至对于那些寻求它们的人来讲,都是不清楚的(Witkin et al. 1977)。

这类研究中存在的另一种倾向,对于生物学实证主义的最终作用甚至有更大的意义。按照这种传统进行研究的研究者们,采用一种近似于系列的方式(near serial fashion),探讨前后相继的因变量,认为每个因变量都有其本身的重要性(参见梅德尼克等人从“已记录犯罪”(registered criminality)向“法庭判决”的转变),而不关注每个变量之间可能在概念方面存在的重叠现象。因此,梅德尼克与其同事们在研究“犯罪”中所使用的样本,最初是为了研究精神疾病的遗传传递而收集的。这个样本也被用来研究酒精中毒的遗传传递,它还可以被用来研究许多其他形式的行为(如吸烟、肥胖、逃学或者事故)的遗传传递。生物学实证主义者们没有注意到,这个样本也可以证明非婚生亲子关系(illegitimate parenthood)、不稳定的工作业绩、破裂婚姻、不良子女养育实践和迟到情况的“遗传传递”。如果认为这些行为之间似乎没有联系的话,那么,这是因为行为科学和生物学实证主义一样,都认为即使不研究抽象的行为,也可以对具体的行为或者某些行为进行科学的研究。可以回忆起实证主义的一个重要观点:行为都有其原因。在很多情况下,行为都有其原因这个观点在研究文献中被转换为这样的观点:特定的行为有特定的原因。对于生物学实证主义而言,这种观点导致人们寻找那些能够解释特定行为之间存在差别的遗传成分(并且毫不奇怪地导致人们集中关注“重要的”或者“严重的”行为——尽管对它们的解释不同于对同一领域中“轻微”行为的解释)。正如我们将要看到的,这些问题并不是实证主义的生物学分支所特有的。

第四章 心理学、经济学和社会学的实证主义①

当代犯罪学对生物学实证主义的贡献,持极端怀疑的态度。这类怀疑态度中的许多可以追溯到学科竞争或者学科关注焦点。社会学家、心理学家和经济学家们自然而然地关注这样的可能性:生物学几乎没有留给他们什么可以解释的空间。但是,对于生物学的关注超出了学术竞争的范围,导致了对于那些根据遗传效果或者生物学效果制定的社会政策的担忧。实际上,后一类关注十分强烈,以至于他们所表达出的看法往往掩盖了生物学实证主义与其在社会科学和行为科学中的具体表现之间的相似性。在本章中,我们将指出,实证主义的策略和前提限制了所有学科中的犯罪和犯罪人的概念,不管这些科学与生物学观点的关联性如何,都是如此。我们首先探讨在犯罪研究中与生物学关系最为密切的学科。

第一节 心理学实证主义②

一、概述③

心理学应当能够避免在接受犯罪的某种政治定义的过程中所固有的问题。心理学家们认为,心理学的研究对象就是行为,现代心理学实证主义者们为了关注“攻击”(aggression)、“精神病理学”(psychopathology)、“暴力”(violence)或者“性特征”(sexuality),避免研究犯罪和犯罪性,因为这些方面都可以在不借助国家的情况下识别出来。现代心理学实证主义者也承认,行为主要是通过对强化的相倚性(contingency)而塑造起来的,这种观点直接与边沁的古典行为理论相适应。

实际上,研究攻击或者暴力的学生们感兴趣的是广义上的犯罪行为和非犯

① 原文是“Psychological, Economic, and Sociological Positivism”。——译注

② 原文是“Psychological Positivism”。——译注

③ 这个标题是译者根据原文的论述内容并考虑译文的结构平衡而增加的。——译注

罪行为,而精神病理学家们感兴趣的是有潜在病理特征的行为表现,而不管这些行为表现是否导致个人与法律发生了冲突。的确,心理学实证主义显然更关注像“素质”(predisposition)、“特质”(trait)或者“人格”(personality)这样一些概念,这些概念预示着人们的那些与实施犯罪行为有关的比较稳定的特征。因此,在任何特定时候都最流行的犯罪理论,可能理所当然地就是目前最具吸引力的有关学习的心理学理论(Bandura 1973; Akers 1973; Wilson and Herrnstein 1985)。于是,从各个方面来看,心理学实证主义似乎都会避免把特定行为作为解释的对象,似乎都会提出一种与某种犯罪概念相兼容的解释机制。与生物学不同,心理学似乎需要一些必须的概念工具来思考犯罪问题和对犯罪进行有意义的研究。因此,在犯罪学领域中,缺乏心理学实证主义的影响,是令人难以理解的——除非我们考虑心理学实证主义对其主要概念,如攻击的论述。[①]

二、攻击概念的理论含义[②]

根据实证主义的观点,攻击的概念有几个引人关注的特征。首先,它直接意味着一种积极主动的动物,这种动物具有自己的行为驱力(driving force)或者行为动机。其次,攻击似乎适合于很多环境中的行为,从比赛场所的行为到会议室的行为,都有可能包含着攻击,攻击甚至适合于从鸟类到人类等的很多物种。而且,攻击似乎与所有学科的概念系统(conceptual scheme)都是相兼容的,包括社会学家所说的挫折(frustration)、生物学家所说的睾酮(testosterone)、心理学家所说的模仿(imitation)。最后,攻击似乎对解释犯罪有独特的关联性,这意味着,攻击是人们在追求私利(private interests)中使用暴力倾向方面存在的差异的来源。

不幸的是,攻击的概念与犯罪的概念是不一致的。因此,继续不加考察地使用攻击的概念,就会进一步证实存在着实证主义假设和学科利益支配着犯罪研究的倾向,甚至在实证主义假设和学科利益被证明具有误导性和不适当性的时候,也有这样的倾向。

尽管初看起来,攻击和犯罪似乎仅仅是对同一种行为的不同用词,但是并不难发现攻击与犯罪之间不一致的证据。一般而言,攻击的操作性定义包括打击

① 我们对于攻击的讨论旨在说明心理学实证主义的概念问题。其他概念,如精神病理学,也能够很好地发挥这样的作用。实际上,我们不使用精神病理学概念的部分原因是这个概念似乎受到了广泛的批评。——原注

② 原文是“The Theoretical Import of the Concept of Aggression”。——译注

和损伤、推和挤、伤害和激怒(Eron 1987)、无缘无故的身体攻击(unprovoked physical aggression,这种攻击会引起殴斗)以及受到轻微挑衅后的口头攻击(粗鲁地和老师顶嘴)(Olweus 1979),所有这些行为都可以被看成是与犯罪相当的行为。显然,可以很准确地量度这些行为(Huesmann et al. 1984; Eron 1987)。同样明显的是,在攻击性(aggressiveness)方面的个别差异,也是相当稳定的(Olweus 1979;Huesmann et al. 1984)。到目前为止,一切顺利。我们探讨了一些与犯罪类似的行为,对于这些行为而言,即使不借助刑事司法系统也可以进行可靠的量度。

攻击的量度能否预测国家规定的犯罪行为呢?回答是肯定能。实际上,当研究攻击在一生中的稳定性的时候,研究者们往往使用标准的犯罪计算方法(即“刑事司法判决”、“犯罪行为的严重性”、“酒后驾驶”)作为对成年期的攻击的量度(Farrington 1978;Huesmann et al. 1984:1124)。假如具有这样长期的可预测性,那么,短期的可预测性应当是更加优异的。实际上,谢尔登·格卢克(Sheldon Glueck)[①]和埃利诺·格卢克(Eleanor Glueck)[②]已经报告了“攻击行为的特征”。例如,不服从(disobedience)、无秩序(disorderliness)、倔强(stubbornness)、对抗(defiance)、轻率(impudence)、粗鲁(rudeness)、好争吵(quarrelsomeness)、残忍(cruelty)、恃强凌弱(bullying)以及损坏物品,他们报告说,少年犯罪人进行这些行为的数量要远远多于学校中的非犯罪少年(nondelinquent 1950:149-153)。

一般人都同意这样的观点:概念的效度是由概念的量度与同族概念(cognate concept)的量度之间的经验型联系决定的。根据这一标准,攻击的量度(或者对于攻击的识别)与犯罪性的量度之间的相关,似乎可以暂时地确立攻击概念的效度。不幸的是,这种结论要求我们忽略这个概念的内容。如果攻击意味着任何事物,那么,具有高度攻击性的人就更有可能进行攻击,而不是进行退缩;就更有可能使用武力,而不是采用秘密行动;就更有可能采取主动,而不是消极被动;

---

① 谢尔登·格卢克(Sheldon Glueck,1896-1980)是波兰出生的美国著名犯罪学家,埃利诺·格卢克(Eleanor Glueck)之夫,1961年获美国犯罪学协会奥古斯特·沃尔默奖(August Vollmer Award),曾任国际犯罪学协会学术委员会主席。他与其妻子埃利诺·格卢克一起发表了很多犯罪学论著,因此在很多犯罪学文献中提到他们时,往往被称为“格卢克夫妇”(the Gluecks)。——译注

② 埃利诺·格卢克(Eleanor Glueck,1898-1972)是美国著名女犯罪学家,谢尔登·格卢克(Sheldon Glueck)之妻,1961年与丈夫一起获美国犯罪学协会奥古斯特·沃尔默奖(August Vollmer Award)。——译注

就更有可能胆大妄为，而不是胆小怕事。但是，犯罪性（criminality）并不意味着活动、武力或者暴力，就像犯罪性也不意味着被动性、欺骗或者欺诈那样。犯罪性是所有那些在当时存在的东西。因此，犯罪性中可以包含“攻击”的内容，但是，与“实施犯罪行为的倾向”的概念含义相同的攻击的概念，实际上是没有意义的。所以，攻击和犯罪的普通量度之间的高度相关，对攻击这个概念的意义提出了挑战。

可以回想格卢克夫妇关于少年犯罪人比非犯罪少年更有可能进行攻击行为的研究结果。和我们的结论相一致，格卢克夫妇的分析认为，在同一个样本中的少年犯罪人也比非犯罪少年更有可能表现出退缩行为（withdrawing behavior）。例如，缺乏兴趣、不注意、容易气馁、不幸福、抑郁和不爱交往（unsociability）。

格卢克夫妇面临的事实是，少年犯罪人中既有攻击性强的人，也有缺乏攻击性的人。他们得出的结论是典型的实证主义结论：存在着两类少年犯罪人，一类容易进行攻击行为，另一类容易进行退缩行为。这种结论使问题变得复杂起来，因为在同一群人中都有可能发现这两种类型的人，但是，可以认为，这样一种结论实质上是不牢固的。的确，无论是假定存在某种攻击倾向，还是假定存在某种退缩倾向，都可能是有理由的：“一种反应形式通常要支配另一种反应形式，因为个人在一种反应形式中表现出的对社会要求的逃避程度，要比另一种反应形式更强烈”（1950：153）。①

实际上，通过介绍被动性和主动性之间的差别，或者通过引用攻击和退缩之间的差别来“解释”攻击与犯罪之间的联系，是符合传统的。罗伯特·默顿（Robert K. Merton 1938）②通过使用这种方法，将“创新者”（innovator，即犯罪人）与退却者（retreatist，即吸毒者）区别开来；塔尔科特·帕森斯（Talcott Parsons 1957）③使用同样的方法，成倍增加了几种“越轨取向的方向”（directions of deviant orientations）；当然，像艾萨克·埃利希（Isaac Ehrlich 1974）④这样的经济学家

① 格卢克夫妇引用了威克曼（E. K. Wickman）的著作《儿童的行为与教师的态度》（Children's Behavior and Teacher's Attitude, New York: Norton, 1937）。显然，威克曼也发现，攻击行为和退缩行为都有可能在同一人群中发现。——原注

② 罗伯特·默顿（Robert K. Merton，1910－2003，又译为“墨尔顿”、“莫顿”、“墨顿”）是20世纪美国著名的社会学家和犯罪学家，1996年获美国犯罪学协会颁发的埃德温·萨瑟兰奖（Edwin Sutherland Award）。——译注

③ 塔尔科特·帕森斯（Talcott Parsons，1902－1979）是美国社会学家。——译注

④ 艾萨克·埃利希（Isaac Ehrlich，1938－）是出生于以色列的美国当代经济学家、犯罪学家。——译注

也利用同样的区分方法，假设存在着爱冒危险者(risk preferrer)和回避危险者(risk avoider)。这些结论都有一个共同的问题：它们都和证据不一致。犯罪人并不专门进行攻击行为或者非攻击行为(退却者)，甚至也没有这样的倾向。实际上，犯罪人并不总是专门进行某一特定类型的犯罪。

至少格卢克夫妇和其他类型学者认识到，他们存在着某种概念问题。更为常见的情况是，研究攻击的学者们似乎忘记了把攻击和犯罪同样看待的后果。实际上，一旦他们发现攻击可以预测犯罪，他们往往就会简单地将攻击的定义加以扩大，使其将犯罪也包括进来。例如，罗厄尔·休斯曼(L. Rowell Huesmann 1984)等人进行的攻击稳定性的研究，是这方面最为著名的研究，在他们的研究中，他们将攻击定义如下：

> 一种伤害或者激怒他人的行为。这种定义排除了自我伤害……但是并没有区分事故型攻击(accidental aggression)和工具型攻击(instrumental aggression)，也没有区分社会认可型攻击(socially acceptable aggression)和反社会型攻击(antisocial aggression)。假定存在着一种反应类型——攻击，它包括不同的行为，在许多情境中都会表现出来，所有这些行为和表现都会伤害或者激怒他人。因此，攻击包括打击和伤害行为，而不管这些行为是否得到了被害人或者目标人员(target person)的痛苦线索(pain cues)的强化。这类行为也包括**损害财产**或者**盗窃财产**的行为。(转引自 Eron 1987:435，黑体字是引者加的)

这样的一些定义不会排除在犯罪和少年犯罪的通常定义中发现的任何成分。这是令人感到困惑的(至少可以这样说)，因为攻击研究中的“因变量”往往是一些普通的犯罪，就像利用法庭对刑事犯罪的判决来量度那样。

所以，心理学实证主义创造了研究者们认为是新的或者截然不同的概念，这种概念包括了这个学科自身的主要前提(一种稳定的个人人格特质或者倾向)。接着，心理学实证主义转向量度和解释这个概念，但没有考虑这样的事实：在其他学科中也存在同样的概念。例如，在社会学中。很难看到这类量度和解释所取得的成果。不过，很容易看到的是所损失的东西：研究攻击的学者们不可能关注有关犯罪和少年犯罪的研究文献。如果他们关注了这类文献，(就会得知)他们的研究结果在很久以前就已经被发现了。例如，比较伦纳德·厄罗恩(Leonard Eron 1987)有关儿童的父母行为(parental behavior)和研究结果与格卢克夫妇(1950)和麦科德夫妇(William McCord and Joan McCord 1959)①的研究结果。他们也会发现,在他们进行概念和理论探讨的很久以前,就已经有了一种以上的发展良好的犯罪和少年犯罪理论。他们不得不承认,目前没有理由相信存在着所谓“攻击”这样的事物,不需要让公众或者科学界对其进行关注。

为了说明一个多余的术语怎样引起一系列问题,可以考虑电视暴力引起攻击的争论。在这种争论中,双方都认为,在原则上,攻击反应可能是通过学习获得的,与其他形式的越轨行为无关。在对8岁时看电视的频率与22年后的犯罪判决之间的相关进行评论的过程中,伦纳德·厄罗恩写到:

> 可能很重要的是通过持续观看那些节目和类似节目而反复灌输的态度和行为规范。在这方面,我们可以把连续观看电视暴力看成是攻击后果的预演。因此,在电视上观看到更多的攻击后果的人,在遇到类似或者相关的线索时,更有可能以攻击型的方式作出反应。从信息加工的观点来看,受到传播媒体持续强化的社会文化规范,在向儿童提供标准和价值观方面起着重要的作用,他们可以根据这些标准和价值观比较自己的行为和别人的行为,从而判断谁的行为是恰当的。(1987:440)

(假如使用本研究中关于攻击的操作性定义),那么,当回想起在8岁时观看电视的情况,也同样会很好地预测盗窃、机动车事故、轻微的非暴力犯罪、吸毒和就业不稳定的时候,就会发现这种解释似乎是不同的,20多年前观看电视的行为很难对射击的次数或者殴斗的次数产生影响。实际上,伦纳德·厄罗恩告诉我们,“8岁时的攻击可以预测(22年后的)社会失败、精神病理学特征、攻击、教育与职业不成功”(1987:440)。换言之,人格研究人员把攻击看成是一个包括事故、盗窃、退缩、缺乏进取心和吸毒在内的一般性概念,那么,他们就不可能同时把攻击看成是一个以身体伤害为核心的具体概念。由于攻击表现为一种一般性倾向,在8岁时看电视似乎不可能与8岁时的这种倾向无关。因此,在8岁时看到的电视节目的具体内容,似乎不可能单独地对以后的“攻击”水平产生

① 麦科德夫妇(William McCord and Joan McCord),是指美国犯罪学家威廉·麦科德(William McCord, 1930-)和琼·麦科德(Joan McCord, 1930-2004),这是美国犯罪学界另一对著名的夫妻犯罪学家。与格卢克夫妇不同的是,格卢克夫妇终身相伴,而麦科德夫妇中途离婚,琼·麦科德后来与第二任丈夫卡尔·西尔弗(Carl A. Silver)结婚。——译注

作用。

尽管有一些涉及相关主题的心理学文献令人印象深刻,但是,犯罪研究中的心理学影响是比较缺乏的,这表明实证主义作为一个整体在这个领域中是很薄弱的。由于实证主义是从一种多因素的方法论开始的,所有相关因素和所有分支学科都是同样重要的,因此,它缺乏解决学科争议的工具。在实证主义的早期历史中,社会学声称拥有一种犯罪的概念,并且把这种概念融入自己的犯罪学中。这使得心理学成为一种闯入者(interloper),一种在这方面没有自己的真正学科兴趣的学科。

在查尔斯·格林时代,心理学的影响是很大的。这门学科开始系统发展标准化的心理能力测验,进行这些测验的研究者们很快发现,犯罪人在测验中的表现要比非犯罪人差。的确,从查尔斯·格林(1919)、亨利·戈达德(Henry Goddard 1914)[①]到汉斯·艾森克(Hans J. Eysenck 1977)[②]和理查德·赫恩斯坦(Richard Herrnstein 1983),[③]关于犯罪人和非犯罪人存在智商差异的观点,一直是心理学实证主义的一个主要内容。心理学中这种认为犯罪人不同于非犯罪人的观点,也扩展到了许多其他的个人特征上。[④]

不过,在同一时期的大部分时间中,犯罪学一直认为,犯罪中的所有重要差别都是群体水平的(即阶级、种族、邻里和社区方面的差别);个人水平的相关因素是人为制造的。怎么会发生这种情况呢?

某种实证主义的学科碰巧是以那些和基本的古典思想相反的假设为基础的。由于边沁认为"犯罪"是追求个人利益的行为,其显著特点是要受到社会的、政治的或者宗教的制裁(即惩罚),因此,社会学就排斥那种认为个人利益是人类行为的基础的观点,而是采纳这样的观点:人类行为本质上是社会性的。因

① 亨利·戈达德(Henry Goddard,1866 - 1957,又译为"戈德尔特")是美国心理学家、犯罪学家。——译注

② 汉斯·艾森克(Hans J. Eysenck,1916 - 1997)是德国出生的英国心理学家、犯罪学家。——译注

③ 理查德·赫恩斯坦(Richard Herrnstein,1930 - 1994)是美国心理学家、犯罪学家。——译注

④ 从犯罪学家的观点来看,发现一种作用很大的犯罪的个人相关因素是极其重要的(因为大多数这样的相关因素往往都是转瞬即逝的)。从心理学家的观点来看,发现一种作用很大的智商的个人相关因素并不是特别重要的,因为这类相关因素似乎是无限的。因此,当犯罪学家普遍地排斥智商与犯罪的相关关系而社会学家中只有一部分人排斥这样的相关关系时,心理学家中几乎没有人排斥这样的相关关系,同样的情况也可以在犯罪的其他个人相关因素中发现。后来被社会学所支配的犯罪学,最终把消灭个人相关因素看成是建立"真正的社会"理论的前提条件,没有一个心理学家是为了该学科的利益而专门研究犯罪的。——原注

此，犯罪也必须有一种社会的或者群体的基础。如果犯罪是社会行为，那么，就要遵循这样的观点：犯罪肯定有社会原因，而不会有心理原因："尽管根据定义，犯罪和犯罪性是社会现象，但是，几个世纪以来，人们接受这样的观点，即犯罪是非社会原因（nonsocial causes）的产物"（Sutherland and Cressey 1978：118）。[①]

换言之，社会学拥有一种概念体系，这种体系明确拒绝那种认为所有其他学科可能都对犯罪感兴趣的主张。从龙勃罗梭的开放式多因素犯罪学来看，犯罪学成了一个和除了社会学之外的其他学科都有密切关系的领域，这些学科都有可能对犯罪学作出贡献。由于心理学实证主义者并不特别关注犯罪学中的因变量，他们都不愿意在这个水平上作出努力。由于不愿意为自己的立场进行辩护，心理学家们有效地使自己避免卷入主流犯罪学的问题。

不过，具有讽刺意味的是，心理学中的学习理论对于解释犯罪问题产生了很大的影响作用。确实，无论是在犯罪学中（Sutherland 1939；Burgess and Akers 1966；Akers 1973），还是在普通心理学中（Skinner 1953；Bandura 1986），犯罪的学习理论都在20世纪后半期中居于支配地位。这些理论仍然有着广泛的影响力（例如，Elliot，Huizinga，and Ageton 1985；Wilson and Herrnstein 1985）。

如上所述，犯罪的学习理论的本质特征是与古典模式相一致的。它们都认为行为是由其结果支配的。受到奖赏的行为会增加重复的可能性，而受到惩罚的行为会降低重复的可能性。这种基本的两重性表明，有可能建立两种虽然不同但是却相互兼容的犯罪的学习理论。在一类理论中，理论家们强调对犯罪行为的奖赏，寻求那些能够增加犯罪的可能性的因素。犯罪学理论中的这类奖赏的通常来源，就是犯罪人所属的群体的欣赏以及表明在更大社会中普遍受到重视的物品。在另一类理论中，理论家们强调犯罪行为的痛苦，寻求那些可以降低犯罪可能性的因素。这类痛苦的通常来源，就是重要他人（significant other）的反对、刑事司法制裁和良心的谴责。尽管这两类理论的形式或者逻辑与古典思想一致，但是，只有其中的一种是与古典思想的内容（content）相一致的。在古典的人性观点中，犯罪的积极学习理论（positive learning theory）是多余的或者过剩的，因为这类理论试图解释不成问题的一些内容，也就是试图解释犯罪的收益。

犯罪的心理学学习理论绝对是学习理论的积极版本（positive version）或者

① 社会学家们特别重视杰里米·边沁的观察：制裁体系决定制裁的对象。但是，尽管边沁认为所有的社会都制裁特定的行为，以便保证自己的生存，但是，社会学家们往往认为，在选择制裁的行为方面是任意的和有很大差别的。——原注

奖赏版本(reward version),这并不是偶然的。这种情况是实证主义思想的逻辑中所固有的。在反对古典观点的过程中,实证主义者们强调这样的观点:对行为的科学解释本身是“积极的”(positive),也就是说,那种认为行为是有原因的或者直接是由可观察到的因素决定的观点,导致了根据定义寻求那些实际引起(而不是允许或者阻止)该行为的原因的研究活动。①

所以,实证主义仍然会产生一种与自己的特定预期相一致的犯罪学。这种犯罪学接受某种心理学的学习理论,拒绝把个别差异作为犯罪的原因,拒绝把人格作为对犯罪行为的一种稳定的影响因素。

第二节 经济学实证主义②

根据理查德·波斯纳(Richard Posner)③的论述,“简言之,经济学是关于人类选择的科学,在这种科学中,有关人类需要的资源是有限的,这门科学探索和验证这样一种假设,即认为人是将生活中的个人目标、个人满足,也就是将我们应当称为‘个人利益’(self interest)的东西最大化的有理性者”(1977:3)。或者正如加里·贝克尔(Gary Becker)④指出的:“一种有用的犯罪行为理论,可以不用有关失范(anomie)、心理不适当(psychological inadequacy)或者特殊特质遗传性的特别理论,只要扩展经济学家们对于选择的通常分析就可以了”(1974:2)。

乍看起来,关于犯罪的现代经济学观点似乎与边沁和贝卡里亚的古典模式是相同的。经济学模式和古典模式都同意关于人性的观点,都同意那种认为所有行为(包括犯罪行为和非犯罪行为)都是对个人利益的理性追求的观点。就

① 学习理论有时候提到“负强化”(negative reinforcement)的事实,与我们关于现代学习理论的趋势的观点并不矛盾。因此,罗纳德·艾克斯(Ronald L. Akers)区分了他自己的社会学习理论和古典理论或者社会控制理论:“联系薄弱或者破裂的个人,更不容易受到群体的奖惩的影响。我指出,这就是控制理论通常停止的地方,即控制的失败为越轨行为的产生创造了条件。社会学习联结(social learning connection)允许扩展这种过程。传统社会控制的失败本身就可能足以引起越轨行为,但是,‘个人也可能受到其他群体的吸引,还有可能遇到社会控制发挥积极作用但是却强化了个人的越轨行为的情境。所以,个人的遵从联系破裂后,仍然有可能进行越轨行为;个人是否变成越轨者,取决于更多的社会奖赏或者其他奖赏。当个人的行为受到越轨亚文化群或者其他群体的制裁的影响时,社会控制仍然发挥作用,只是这种社会控制的方向偏离了个人与其决裂的传统群体的标准。’”(1987,转引自 Akers 1973:292)。——原注

② 原文是“Economic Positivism”。——译注

③ 理查德·波斯纳(Richard Posner)是美国法官,也是一位从事很多领域研究的法学家。——译注

④ 加里·贝克尔(Gary Becker,1930 -)是美国经济学家、犯罪学家,1992 年获诺贝尔经济学奖。——译注

像古典学派那样,现代经济学家对于一般理论的追求,导致他们不赞同区分不同的犯罪类型(例如,这种理论既适用于白领犯罪,也适用于入室盗窃犯罪),也不赞同区分不同的犯罪人类型(所有犯罪人都被认为是根据快乐原则和个人利益原则行动的)。经济学实证主义几乎不怀疑他们的观点的力量:

> 不管法律的经济理论有什么缺陷,这种理论都似乎是现有的最有希望的实证主义法律理论。尽管除了经济学家之外的人类学家、社会学家、心理学家、政治学家和其他社会科学家都对法律制度进行积极分析,但是,他们的工作无论是在理论内容方面,还是在经验内容方面,都不够丰富,都不足以和经济学家进行严肃的竞争。(Posner 1977:21; Becker 1974; Ehrlich 1974:68 - 69)

对于许多阅读了贝卡里亚和边沁的著作的犯罪学家来讲,新经济学实证主义(new economic positivism)的理论贡献并不是很大的。相反,包括我们自己在内的许多犯罪学家认为,新经济学实证主义仅仅是重复了贝卡里亚和边沁的工作(特别是重复了边沁的工作),因为新经济学实证主义再次证实了这些基本观点的力量,重复了对于法律制裁(或者按照边沁的话说,就是政治制裁)的不恰当重视。

像边沁特别是贝卡里亚这样的古典学者,很有理由集中关注政治制裁。他们感兴趣的是对于那种他们认为野蛮或者没有理性的法律制度的改革,是对于国家权力的法制化。边沁并不否认非政治制裁的重要性,相反,他认为这类制裁实际上比那些由国家控制的制裁更为重要。边沁在没有大量的证明道德制裁和社会制裁对犯罪的影响力的经验型犯罪学研究(例如,Glueck and Glueck 1950; Hirschi 1969)的情况下,得出了这样的正确结论,他的有些论述是当代经济学家们不可能讲出的。对于当代经济学家们而言,人们可以讲的是,这些经济学家们显然成了实证主义的重大失误的受害人:他们往往认为所研究的问题与政策有极大的关系,往往将个人的学科利益与科学解释的利益相混淆。

在贝克尔的著名论文《犯罪与刑罚:经济学的探讨》(Crime and punishment: An economic approach 1974)中,他指出:

> 利用经济分析方法去发展最佳的与犯罪作斗争的公私政策。公众的决策变量就是公众在警察、法庭等领域的花费,这些变量有助于确定发现犯罪以及逮捕和判决犯罪人的可能性(p)、对罪犯进行惩罚的严

历性(f)以及惩罚的形式:监禁、缓刑和罚金等……"最佳的"决策意味着将因犯罪而获得的收入方面的社会损失最小化的决策。这种损失包括造成的损害、逮捕和审判的花费和执行刑罚的成本。(1974:43)

有关执法活动的威慑效果的研究表明,为了政策目的而进行的经济分析的价值是极其有限的(参见 Blumstein, Cohen, and Nagin 1978),这类分析有意不考虑犯罪的原因。而且,通过忽略犯罪(crime)的概念,引导经济学家们从事与犯罪行为的性质相反的经验型预测活动。例如,贝克尔认为,便于进行共谋的机会(opportunity for collusion)会增加非法活动的力量和收益,特别是会增加"辛迪加"(syndicate)[①]控制麻醉品、赌博和卖淫的力量和收益(1974:43)。经验型研究怀疑这种描述,认为犯罪的特征是与共谋和组织相对立的(Reuter 1983),因为犯罪要求快速获得利润和金钱,犯罪人的特征决定了不可能维持长期的稳定关系。

不过,经济学分析的最具普遍性的失败,或许是它没有考察把犯罪看成是一种"工作"、一种有劳动力参与的非法工作的趋势。对于犯罪的这种基本误解导致了这样的观点:进行犯罪的决策与从事任何其他有收入的职业的决策,都具有相同的特点;犯罪具有职业化特点(即专门化);犯罪可能是长期带来收入的一种现实来源;从事犯罪活动与从事合法活动是相协调的;犯罪人对于犯罪控制机构制造的危险性的反应是有波动的。例如,对于艾萨克·埃利希的分析用他自己的话说,"超出了贝克尔和其他人以前的贡献"(1974:69),他的分析根据犯罪人对于危险性的态度,将犯罪人划分为不同的类型:

与回避危险型犯罪人(risk-avoiding offender)相比,危险中立型犯罪人(risk-neutral offender)会在违法活动中花费更多的时间,而爱冒险型犯罪人(risk-preferring offender)在违法活动中花费的时间要比前两类犯罪人还要多。而且,(在一定条件下)爱冒险型犯罪人肯定会将违法活动专门化……相反,回避危险型犯罪人既有可能进行相对安全的合法活动,也有可能进行违法活动,以便降低完全从事违法活动产生的很大危险性。因此,无论犯罪人是否将违法活动专门化,这都会变为他们对于危险性的态度的一个方面,也会变成他们在替代性合法活动和

① "syndicate"(辛迪加)本来是经济学术语,是指企业联合组织或者商业财团等,这里是指有多个分支或者派别的犯罪集团。——译注

违法活动中的相对机会的一个方面。(1974:76)

有关财产犯罪的数据,不可能与从那种有关工作的经济学模式中产生的犯罪观点相协调。入室盗窃犯罪人的典型年龄大约是17岁,入室盗窃犯罪随着年龄的增长而迅速下降(Hirschi and Gottfredson 1983)。对于入室盗窃犯罪人而言,如果最有可能得到的"金钱"结果就是没有收入(no gain),那么,他后面进行的犯罪就可能是其他犯罪,而不是入室盗窃犯罪。如果在商店偷窃中获得的东西是犯罪人并不需要的和不可能使用的东西的话,那么,进行这种犯罪的可能性就会很大;或者如果像强奸、伤害或者谋杀之类的犯罪会终止其合法生涯和违法生涯的话,即使(在犯罪中)没有金钱收益,这些犯罪也是很有可能发生的。在那些如果合法地从事职业活动就不可能发生的事件中,犯罪人最有可能的被害人就是其雇主,这样的行为不可能带来最大限度的长远利益,也与没有危险的合法工作不相协调。由于研究表明犯罪人是多面手(Wolfgang, Figlio, and Sellin 1972; Hindelang, Hirschi, and Weis 1981; Klein 1984),我们对于入室盗窃犯罪人的描述也同样适用于白领犯罪人、有组织犯罪人、贩毒犯罪人和伤害犯罪人。毕竟,他们都是同样的人(the same people)。

经济学实证主义是从一种和犯罪的古典观点基本吻合的观点开始的。不幸的是,它像古典观点那样强调政治制裁,从而损害了作用更大的原因力量。同样不幸的是,它犯了另一种标准的学科错误,即认为犯罪反映了研究犯罪的这个学科的主要概念。因此,对于社会学家而言,犯罪是社会行为(social behavior),而在实际上恰恰相反;对于心理学家而言,犯罪是习得行为(learned behavior),而在实际上,进行犯罪并不需要学习;对于生物学家而言,犯罪是一种遗传特质(inherited trait),而在实际上,犯罪就像事故一样,不可能是遗传而来的;最后,对于经济学家而言,犯罪是经济行为(economic behavior)或者劳动力参与(labor-force participation),而在实际上,犯罪是劳动力之外的非经济行为(uneconomic behavior)。

经济学家们会反对对于他们的理论的这种描述,他们会指出,他们在自己的模式中包括了非金钱(心理)成本和收益,包括了"喜欢冒险"的特征。不过,他们在介绍这些因素的时候,对于这些因素是不重视的(似乎这些因素应当受到批评),并且也不重视对那些专门关注国家制裁的金钱代价和收益的经济学理论的验证。无论如何,如果经济学实证主义并不像我们所描述的那样的话,就很难看到它如何超越通常的心理学实证主义或者社会学实证主义,或者说,就很难看到它与通常的心理学实证主义或者社会学实证主义的区别。

第三节 社会学实证主义[①]

一、概述[②]

在今天的美国大学中,犯罪学主要是在社会学系中教授的。社会学这门学科已经声称,在20世纪的大部分时间中,犯罪学是它的一个分支学科。最初,犯罪学的社会学版本与早期实证主义的多因素犯罪学是无法区分的(参见Parmelee 1918; Sutherland 1924),这门学科的一个部分(社会解组观点)仍然保持着与古典传统的联系。不过,社会学家们普遍排斥社会解组(social disorganization)和多因素观点,因为这些观点与社会学的核心假设不一致。这种排斥往往采取两种形式。第一种形式是用另一种观点代替关于利己行为(self - interested behavior)的古典观点,社会学家们所主张的观点认为,人们总是为了其所属的群体的利益而行动的(文化越轨观点)。第二种形式是用另一种观点代替关于个人利益是本能的、普遍的和不需要解释的观点,社会学家们所主张的观点认为,需要用动机的社会来源去解释犯罪(紧张观点)。

二、文化越轨观点[③]

文化越轨理论(cultural deviance theory)的基础,就是索尔斯坦·塞林(Thorsten Sellin 1938)[④]的观点。索尔斯坦·塞林认为,犯罪总是与界定犯罪的群体的规范有关的,因此,犯罪是社会定义(social definition)的产物。正如鲁斯·科恩豪泽(Ruth Kornhauser 1978:29)所描述的那样:

> 在文化越轨模式中,并不存在通常字面意义上的越轨。如果把遵从(conformity)界定为遵守个人所属的文化的规范,把越轨(deviance)界定为违反这些规范,那么,人类显然缺乏越轨的能力。除了那些无法知道自己应该知道的情况的白痴和精神错乱者之外,人类的普遍经验

① 原文是"Sociological Positivism"。——译注

② 这个标题是译者根据原文的论述内容并考虑译文的结构平衡而增加的。——译注

③ 原文是"The Cultural Deviance Perspective"。——译注

④ 索尔斯坦·塞林(Thorsten Sellin,1896 - 1994)是美国犯罪学家,曾任国际犯罪学协会(International Society of Criminology)主席(1956 - 1965)。——译注

> 就是在社会化过程中被教育要遵从群体的规范，要效忠群体。人们就不会违反自己所属群体的规范，只会违反其他群体的规范。看起来越轨的行为，仅仅是某个外群体（outgroup）使用的标签而已，而这种越轨行为在其所属的亚文化中是得到认可的。

就目前而言，社会学相对主义（sociological relativism）的两个特征对犯罪学的发展是有重要意义的。一种特征意味着，社会化总是完成的，人们并不违反自己所属的群体的规范。另一种特征意味着，群体规范是无限多样的，无论是在理论上，还是在实际上，都是如此。

古典学派认为，个人的社会化绝对没有"完成"，以至于可以忽略犯罪的可能性。社会学实证主义中的文化越轨理论认为，社会化总是完成的，以至于可以忽略进行违反"群体"规范的行为的可能性。如果古典学派中固有的人性观点允许这种犯罪观点，那么，文化越轨理论中固有的人性观点就与这种犯罪观点不吻合。如果所有人的行为都是遵从群体规范的话，人们肯定总会为了群体利益而行动，个人利益就不可能是犯罪的原因。因此，在最基本的水平上，古典学派和文化越轨模式是不一致的。（在冲突型文化越轨观点[①]中，"犯罪"的经验型存在就证明，界定犯罪的国家，并没有一类被组成这个国家的所有群体都接受的规范。因此，按照字面意思理解，犯罪是由国家制造的，对犯罪的起诉表现了国家的歧视或者偏见。）

文化越轨理论是20世纪中可能最具影响力的犯罪学理论的思想基础。文化越轨理论包括不同交往（differential association）理论（Sutherland 1939）、标定（labeling）理论（Tannenbaum 1938；Lemert 1951；Becker 1963）、冲突（conflict）理论（Turk 1969；Vold 1979）、亚文化（subculture）理论（Cohen1955；Wolfgang, and Ferracuti 1967）和社会学习（social learning）理论（Akers 1973；Elliott, Huizinga, and Ageton 1985）。在这些理论中，没有一种理论对在实施犯罪行为的倾向方面的个别差异感兴趣。如果这些理论涉及个人水平的犯罪相关因素的话，那么，这仅仅表明，这些相关因素是通过对群体成员的效果而发挥作用的，而不是对犯罪本身发挥作用的。例如，这些理论认为，年轻人之所以更有可能实施犯罪，仅仅是因为他们更有可能受到同伴群体（peer group）的影响，同伴群体往往会奖赏参

① 原文是"the conflict version of the cultural deviance view"。——译注

与犯罪的行为。逃学者之所以比在学者更有可能实施犯罪，仅仅是因为他们更有可能接触那些诱发犯罪的价值观。犯罪人的子女之所以更有可能变成犯罪人，仅仅是因为他们生活在鼓励犯罪的文化环境中，而不是因为他们具有与群体的规范文化无关的犯罪倾向。

具有讽刺意味的是，文化越轨理论中的犯罪人很有可能继续实施犯罪行为，因为这类行为有外部支持或者社会支持（强化）。所以，一种本来与“犯罪性”的观念相矛盾的理论，最终却认为犯罪是一种生活方式（参见 Sutherland 1937；Cressey 1969）。

尽管持文化越轨观点的学者们赞同犯罪与其他行为方式没有区别，但是，文化越轨观点并不意味着承认犯罪行为之间的相似性。[①] 因此，这种理论直接导致对犯罪人和犯罪行为的类型学研究，导致对有组织犯罪（Cressey 1969）、白领犯罪（Sutherland 1940）、少年犯罪帮伙（Cohen 1955；Cloward and Ohlin 1960）、吸毒者（Becker 1963）和暴力犯罪（Wolfgang and Ferracuti 1967）的关注，并且认为每种类型的犯罪或者“犯罪人”都有独特的群体支持。

现在应当注意的是，社会学实证主义中的文化越轨理论在每个方面都是与古典学派的学说相矛盾的。文化越轨理论不仅与这种犯罪的观点格格不入，也与这种犯罪性的观点格格不入。同时，文化越轨理论也与犯罪学实证主义的学说相矛盾，犯罪学实证主义明确赞同关于犯罪原因的多因素观点和多学科整合型观点（interdisciplinary view）。

三、紧张观点[②]

1938 年，罗伯特・默顿（Robert K. Merton）提出了一种明确以社会学的主要假设为基础的犯罪理论。罗伯特・默顿对于犯罪学没有兴趣，对于犯罪的性质或者犯罪的相关因素也缺乏兴趣。他明确表示了对于这个领域中以前进行的研

---

① 大多数理论都寻求并且宣称具有普遍性（generality）。不过，它们用来达到普遍性的方式是各不相同的。我们的理论通过识别许多行为都共有的特征（例如，直接的、容易得到的快乐）、通过主张个人在从事这类行为的自由方面的差别，来寻求普遍性。所以，我们的理论识别了很多独特的行为，并且实际上根据人们可能会从事犯罪行为的可能性对个人进行等级评定。其他的理论通过识别不同行为所具有的共同的原因过程（例如，紧张降低、群体支持或者标定）来寻求普遍性。可以逐一地将这些理论适用于许多犯罪行为和非犯罪行为，但是，焦点集中在特定行为的特点和个人之间共有的特点。因此，这些理论是以惜墨如金（parsimony）为代价的。它们也通过牺牲经验准确性来实现普遍性，因为至少所列举的那些理论最终都预测特定犯罪行为会专门化，而这种预测是与事实相反的（参见第五章）。——原注

② 原文为“The Strain Tradition”，可以直译为“紧张传统”，但是，这样直译后不容易理解，所以意译为“紧张观点”。——译注

究的鄙视，并且他也没有费心地总结对他的理论最重要的那种相关性（社会阶级与犯罪之间的相关性）的证据。相反，罗伯特·默顿的论文《社会结构与失范》（Social structure and anomie）本来是打算解释如何将一般的社会学原理应用于多种行为的。

古典理论中的个人利益观点以及关于犯罪和其他越轨行为的一般动机观点似乎是合理的。但是，如果考虑到社会学实证主义的观点的话，就会发现关于动机的古典观点可能不再是合理的。如果人具有社会性的本能，那么，个人利益就不可能是他们进行犯罪行为的一般动机。相反，犯罪的动机肯定是由非自然的情况引起的。由于根据社会学的观点，人类在本能上是遵从的，那么，这类动机肯定只能是由社会中的一些“矛盾”（contradiction）、“分裂”（disjunction）或者其他的“异常”（abnormality）引起的。

在默顿的紧张理论中，实施犯罪的动机来源于美国社会中聚集物质财富的普遍志向与美国的分层制度造成的限制性之间的分裂，在这种社会中，并没有平等地给所有人都提供实现这种志向的机会。这种阻碍个人实现“文化上鼓励的”目标的情况，就是造成强烈挫折或者紧张的一种来源。在文化上鼓励的欲望和结构上受挫的欲望的压力之下，人们肯定要做一些事情来使生活变得可以容忍。一种逃避或者“适应”方式就是转向犯罪，把犯罪作为获得物质成功的替代性手段。

根据默顿的理论，尽管有一些适应这类紧张的方式，但是，这些方式并不是每个人都可以平等地得到的，只有其中的一些人才有可能卷入犯罪。尤其是某些适应模式只与某些人才有密切的联系，因为他们所需要的行为是与其价值观或者社会化相冲突的。所以，中产阶级的成员转向犯罪要经过一个艰难的过程，因为他们在社会化过程中受到的教育是要守法。下层阶级的成员由于没有这样的社会化过程，他们转向犯罪是比较容易的，或者说他们很容易把犯罪当作实现他们没有其他机会实现的目标的途径。

默顿的紧张理论以及这种理论的其他变体，已经成为受到最广泛研究和赞同的社会学实证主义理论之一。这类理论的吸引力来源于几个方面。现在，我们需要注意这个理论的两个特色，这两个特色在看待社会学实证主义对犯罪学的贡献方面，具有普遍意义：第一，这种理论采取的先验的立场就是，把某个学科中的核心自变量当作犯罪的一种主要原因。对于默顿及其以后的许多社会学家来讲，这个变量就是社会阶级（social class）。社会阶级对于社会学的重要性，就像遗传对于生物学的重要性,在社会学对于社会阶级的影响力的探讨(参见 Tittle, Villemez, and Smith 1978; Braithwaite 1981)与生物学对于犯罪的遗传传递的证据的探讨之间,存在着惊人的相似性。第二,将注意力集中到识别和解释犯罪或者越轨行为中的专门化的模式方面。在这方面,这种理论明确否定犯罪性是一种普遍倾向的观点,从而明确排斥多面性的观点。紧张理论的这两个特色都值得进一步探讨。

四、社会阶级[①]

自 20 世纪 50 年代以来,有关社会阶级与犯罪关系的争论,一直充斥着社会学文献。这种争论并不是由默顿的理论引起的(默顿的理论是在此之前的大约 20 年前发表的),但是,却是由人们关于社会阶级与犯罪无关的自我报告研究中获得的研究结果引起的。对于某种理论而言,其中的一个核心观点历经 30 年的经验性争论还未解决,这并不是一个好消息。但是,问题并不在于默顿理论的真与假(一项系统的评论认为,默顿的理论是“被证明是不成立的”, Kornhauser 1978:253),而在于社会学学科的真与假。实证主义传统内的一些学科,已经变得和某些行为理论一致起来,它们都把对于这类理论的辩护,看成是对于自己的利益的辩护。由于没有恰当的理论理由,社会学刊物中大量刊登有关社会阶级与犯罪问题的研究文献综述,大量刊登有关阶级与性别或者阶级与年龄之间密切互动的报告,以便“阐明”阶级关系,甚至大量刊登对那些不能在这类数据中看到一种重要联系的人们的思想愚昧的指责。[②]

就此而言,社会阶级概念的因素是很复杂或者很含糊的,以至于如果存在一种“经验型”联系的话,也只能是一种理论思考的起点。社会阶级在紧张理论中的核心地位,证明学科利益继续对犯罪理论的内容有影响。

五、适应模式[③]

在我们讨论生物学实证主义的过程中,我们探讨犯罪概念的缺乏如何不可避免地导致对犯罪类型的划分,如何导致犯罪类型和犯罪人类型的确立。在生

---

① 原文是“Social Class”。——译注

② “最后解决”(clinching)社会阶级与犯罪争论的最常用方法,就是邀请争论者将汽车停在一个贫民区,或者在城镇的下层阶级街道上行走,并且与在富人区街道上行走的体验进行比较。作为一种修辞手段,这种争论是有效的,但是,并不一定是准确的(墓地也会令人感到恐惧,不过,墓地中的人是否特别危险,则是需要探讨的),而且,不清楚的是,这种方法如何影响这样的主张:那些“为了生活而工作”的人们的子女是否会比社区中其他成员的子女更有可能变成犯罪人。——原注

③ 原文是“Modes of Adaptation”。——译注

物学实证主义中,使用归纳方法确立这些类型,每种类型(例如,生来犯罪人和习惯犯罪人)都有自己的原因理论。在社会学实证主义的紧张理论中,也缺乏一种犯罪的概念,也存在对犯罪现象的类型划分。不过,在紧张理论中,类型划分是从一般原因理论中演绎而来的。如果存在紧张的话,那么,行为人的反应就是固定的和有限的。实际上,默顿演绎出5种可能的紧张"适应"模式(而且,其他人已经从默顿的论述中演绎出更多的适应模式),只有其中的2种适应模式与我们的讨论有关。其中的一种适应模式是"创新者"(innovator),即那种继续追求文化上的经济成功目标,但是却不利用合法手段实现这种目标的人。这种创新者就是犯罪人。另一种是"退却者"(retreatist),即那种不仅放弃了文化上的经济成功目标,而且也放弃了获得成功的合法手段的人。这种退却者就是吸毒者、酗酒者和精神病人。这些类型在理查德·克洛沃德(Richard Cloward)[①]和劳埃德·奥林(Lloyd Ohlin)[②]的紧张理论中有论述,他们在其《少年犯罪与机会》(Delinquency and Opportunity 1960)一书中论述了自己的紧张理论。在他们的理论中,有些少年帮伙(delinquent gang)专门从事犯罪行为,有些少年帮伙专门进行吸毒活动。

从事犯罪活动的人们同时也吸毒的事实,是与默顿以及克洛沃德和奥林的理论不一致的,因为这种事实表明所有形式的越轨行为之间存在普遍联系。因此,如果遵循社会学实证主义中的紧张理论的逻辑(和对以前研究的结果的忽视),就会导致和事实的严重不一致。

六、社会解组观点[③]

美国社会学中最初关于犯罪的观点与古典学派有很多相似之处。这些关于社会解组和个人混乱(personal disorganization)[④]的观点,在20世纪上半期中支配着有关社会问题的研究,它们与这些犯罪和犯罪性的观点是完全一致的(参见 Thomas 1923; Beeley 1954)。同样,这些观点也来源于有关犯罪的空间分布的实证研究。

生态学派(the ecological school)的主要假设认为,犯罪或者"犯罪性"并不是

---

① 理查德·克洛沃德(Richard A. Cloward, 1926-2001,又译为"克拉华德"、"克拉渥"、"克洛华德")是美国社会学家、犯罪学家。——译注

② 劳埃德·奥林(Lloyd Ohlin,1918-1979)是美国犯罪学家,1986年任美国犯罪学协会(ASC)主席。——译注

③ 原文是"The Social Disorganization Tradition",直译应当是"社会解组传统"。——译注

④ "personal disorganization"一词又译为"个人解组"、"个人解体"、"人格失调"等。——译注

人们的特性，而是人们所属的群体的特性。这种假设的基础是由19世纪早期的统计学家们奠定的。例如，法国统计学家[①]阿道夫·凯特勒(Adolphe Quetelet)[②]证实，犯罪率的地区差异和人口统计学差异是长期稳定的，他根据这些事实认为，这些地区或者群体的一些特征肯定对犯罪率有影响作用。这样的数据和解释变成了犯罪的社会理论的基础。100年之后，克利福德·肖(Clifford Shaw)[③]和亨利·麦凯(Henry McKay)[④]在美国芝加哥再次证实了这些差异，并且把这些差异看成是有关犯罪的社会原因的证据。

在肖和麦凯进行的一系列研究中，他们(1942)证明了在芝加哥城市中，不同社区发生问题的比率有明显的差异，这些问题包括犯罪和少年犯罪、逃学、婴儿死亡率、精神障碍和肺结核。肖和麦凯指出，这些问题多的地区，也有这样的特征：教育水平低、领取救济的家庭的数量多、财产的租金低、在底层职业工作的人员的比率高、社区组织差。他们认为，这些地区的这些特征有相对的稳定性，不管这些地区由哪些特定的群体占据，情况都是如此："似乎可以确定，芝加哥的每个种族、出生和国籍群体都表现出极不相同的少年犯罪率；特定移民群体中的少年犯罪率呈现出广泛的历史波动性；在类似地区中生活的不同种族、出生和国籍群体，具有相当相似的少年犯罪率"(Shaw and McKay 1942:162)。

这些研究结果是文化越轨理论的重要基础，它把这种连续性解释为价值观的代际传递。这些研究结果也是生态犯罪学(ecological criminology)的基础，生态犯罪学把社区的物理结构看成是影响居民日常活动方式，从而也影响犯罪的可能性的因素。这些研究结果也与紧张理论相一致，紧张理论认为，稳定的地区差异反映了在贫穷或者缺乏机会方面的稳定差异。最后，这个城市中不同地区在犯罪率方面的差异，可能反映了在社会解组方面的差异，即社区机构控制其成员的能力方面的差异。

用社会解组解释犯罪率差异的观点认为，当周围的环境不能预防人们进行犯罪的话，人们就有可能实施犯罪行为。这种观点假设，社会首先必须训练或者教育个人，还必须继续监视个人的行为，促使个人遵守法律。这样的假设显然就

---

① 原文如此，应当是"比利时统计学家"。——译注

② 阿道夫·凯特勒(Adolphe Quetelet,1796－1874)是比利时数学家、统计学家、天文学家和犯罪学家。——译注

③ 克利福德·肖(Clifford Shaw,1895－1957)是美国社会学家、犯罪学家。——译注

④ 亨利·麦凯(Henry McKay,1899－1980，又译为"马凯"、"玛咯")是美国犯罪学家。——译注

是符合古典传统的假设,它意味着,古典学派的假设是与那种认为犯罪率在群体之间有(稳定的和不稳定的)差异的观点相一致的,古典学派的假设也确实是与社会学实证主义的“研究结果”相一致的。

因此,社会学研究和理论最初是与古典的犯罪概念和犯罪性概念相一致的,甚至是完全相同的。社会学现在往往否定这种一致性的现象,是不应当模糊这样的事实的:可以在古典学派的犯罪概念之内解释社会学研究。整合社会学的观点和古典学派的观点,并不存在经验方面的或者实证方面的障碍。由于对不同理论进行整合是实证主义犯罪学的重要目标,因此,在整合古典理论与社会学理论方面缺乏进展,是令人感到困惑的一种现象。

第四节 结论

实证主义的社会科学反对一般的概念体系或者理论。结果,它催生了大量的概念,但是,并不关注这些概念之间的特殊性或者重要性。这导致无止境地区分行为类型,导致对不同单元(units)及其特征的排列和组合(例如,跨国公司的内部劳动力市场对于资源型经济的贡献;男性帮伙吸毒之后的飞车杀人;20世纪30年代南部工人的思想和选举模式)。在这类混乱当中建立表面秩序(apparent order)的一种方式,就是把科学的领域区分为不同的“学科”,让每门学科主要探讨本领域的变量。但是,科学研究的学科组织并不能解决这个问题。相反,通过承认对概念的所有权,它产生了一些限制知识的发展和分享的轻微嫉妒和领域争议。

在这类混乱当中建立秩序的另一种方式,就是集中关注感兴趣的行为并且探讨它们之间的共同性。如果辨明了这种共同性,就有可能得出有关原因机制的结论,这类结论显然不同于根据这样的观点得出的结论,即每一种行为都有独特的、可以在该学科的范围内发现的原因。我们认为,对犯罪和越轨行为进行分类探讨,可以发现它们共有的结构,从而有可能发现一种共同的原因。在任何情况下,行为都可以给行为人带来直接的和短暂的快乐或者收益;在任何情况下,行为可能都要付出长期的代价。正如边沁(1970)指出的那样,这些代价可以是身体的、政治的、宗教的,也可以是社会的,然而它们都是代价,从事这类行为的人肯定要权衡目前的收益和所要付出的代价。所以,那些从事这类行为的人们往往有一些共同的特征,这些特征促使他们选择短暂的利益而不考虑长期的代价。

把自己看成是科学家的许多社会科学家先验地排斥选择可能引起人类行为的观点。他们之所以这样做,推测起来可能是因为他们发现“选择”与决定论的科学观点不一致,甚至与决定论的科学观点相反。在心理学中,这种立场出现在这样的结论中:操作性条件反射(行为后果决定行为)的原理与那种认为原因肯定在结果之前的实证主义科学观点相矛盾。在生物学中,这种立场出现在这样的结论中:进化(对特质的选择受到其生存价值的影响)原理与那种认为原因肯定在结果之前的实证主义科学观点相矛盾。在社会学中,反选择观点(anti-choice sentiment)赞同这样的主张:完全符合社会情况的理论肯定能够不借助个人的决策特征就可以解释行为。

显然,犯罪原因机制(mechanism of crime causation)是所有学科都可以进行探讨的对象,而不是某一学科专有的领域。例如,家庭社会化过程可以产生在看待短期享乐行为的代价方面的差别(Hirschi 1969)。同样,体格方面的生物学差异会降低这类行为的代价,从而会增加行为人从事这类行为的可能性。需要着重强调的是,这些原因的学科来源,是与其解释方式相关的;在这种解释方式中,并不区分选择理论和那些以有关原因分析的科学观点为基础的理论。的确,实证主义的方法可以充分地适用于这些理论。这些理论中没有觉察到的是这样的错误观点:科学赞同有关人类行为的某些理论;特殊的理论只能在特别的学科中加以探讨。

第五章 犯罪性的实质:自我控制低[1]

有关犯罪的理论很自然地会导致对于实施犯罪行为者的特征的兴趣,这些特征往往被称为"犯罪性"(criminality)。在真正的古典理论中,实施犯罪行为的人并没有一些独有的特征,他们仅仅是根据普遍倾向增强其快乐。如果他们不同于非犯罪人,那么,这就涉及他们在有关制裁体系中的位置或者对有关制裁体系的理解问题。例如,脱离社会的个人所遭受的痛苦,会比那些犯罪之后被放逐的人遭受的痛苦轻;不知道犯罪的自然后果或者法律后果的人,不可能会像知道这些后果的人们那样受这些后果的制约;无神论者不会相信死后可能受到的惩罚。因此,在今天,大体上可以把古典理论称之为"控制"理论(control theory),这些理论强调通过使个人遭受痛苦的后果来预防犯罪。

尽管为了政策的目的,古典理论家们强调法律后果,但是,道德制裁对于他们的重要性是十分明显的,以至于可以把他们的理论称之为发展不足型的"社会控制"理论(underdeveloped social control theory)。实际上,边沁列举的重要约束动机,即阻止有害行为的动机,是从善意(goodwill)、爱惜声誉(love for reputation)和亲善欲望(desire for amity)开始的(1970:134 - 136)。他接着谈到,对于被发觉的恐惧,会大大阻止犯罪行为的实施,因为被发觉后会对"声誉、亲善欲望"产生后果(1970:138)。换言之,根据边沁的看法,法律制裁的约束力量很大程度上来源于法律制裁与社会制裁的联系。

如果犯罪表明了社会动机微弱的话,那么,接着就应当认为,犯罪人比非犯罪人更缺乏社会性,而犯罪人的非社会性(asociality)可能是由其犯罪的性质和数量决定的。衡量个人的有害性(mischievousness)是一件很复杂的事情,但是,一般而言,犯罪越有害、越邪恶,其数量就会越多,犯罪人也就会更有害、更邪恶(Bentham 1970:134 - 142。因此,古典理论家有理由对犯罪的严重性感兴趣。犯罪的严重性与目前的犯罪理论的关联性尚不清楚)。

① 原文是"The Nature of Nriminality: Low Self-Control"。过去将"low self-control"直译为"低的自我控制",译文表达稍嫌啰嗦、不够精练,现在改译为"自我控制低"。——译注

由于古典理论或者控制理论推断犯罪人并不受社会动机的约束，因此，它们往往强调一种非社会的人性(asocial human nature)。实际上，这类理论使人们变得像他们的行为那样具有非社会性。纯粹的控制理论或者一致型控制理论(consistent control theory)除了从犯罪行为中发现的成分之外，并没有将犯罪性(即人格概念或者像"攻击性"、"外倾"之类的特质)增加到犯罪人身上。结果，控制理论怀疑那种认为存在反社会的、精神病态的犯罪人或者生涯犯罪人(career offender)的观点，也怀疑那种认为犯罪人有强烈的犯罪动机的观点。的确，控制理论是与这样的观点相一致的：总体控制结构(the total control structure)的平衡是赞同遵从的，甚至在犯罪人中也是这样：

> 对于每个人而言，甚至对于秉性邪恶的人而言，社会动机就是那些……调整和决定其生活的一般趋向的因素……因此，每个人本性中普遍而稳定的偏见，就是社会动机的力量会决定其遵守什么样的偏见。在这种情况下，社会动机的力量往往继续终止不合群者的动机，就像物体中的摩擦力往往会终止推动力产生的力量那样。因此，消磨不合群动机的力量的时间，会增加社会动机的力量。(Bentham 1970:141)

实证主义不仅认为犯罪人不同于非犯罪人，而且认为犯罪人所具有的特征是特别有利于犯罪产生的。在第三章和第四章中，我们考察了试图识别这些特征的诸学科所进行的努力。我们既赞同古典传统，也赞同实证主义传统，期望最终获得一个在合格的研究中准确识别出来的、可用于描述"犯罪性"的特征清单。例如，攻击性、体型、活动水平和智力等特征。我们进而期望，我们能够将这些个人水平的犯罪性相关因素直接与犯罪的古典观点联系起来。不过，随着我们的评论的进行，我们不得不认为，我们过高地估计了实证主义在确定"犯罪人"与"非犯罪人"之间的重要差异方面取得的成功；实证主义的研究表明，犯罪人仅仅在实施犯罪行为的倾向方面不同于非犯罪人。在实施犯罪行为倾向方面，明显存在着稳定的个别差异，但是，在犯罪人和非犯罪人之间的许多甚至是大部分其他差异，则没有像文献中告诉我们的那样清晰或深刻。①

如果在实施犯罪行为倾向方面存在的个别差异(犯罪的总体倾向随年龄增

---

① 我们并不是说犯罪人和非犯罪人之间不存在稳定的个别差异。不过，事实表明，证明存在个别差异的重要证据并不清楚，有关智力的证据是一个例外。这方面的有利于非犯罪人的证据是很多的(参见 Wilson and Herrnstein 1985)。——原注

长而下降)至少能够借助个人的社会地位、个人对于社会运作方式的理解而用古典理论加以解释的话,那么,事实仍然表明,古典理论不可能阐明实证主义的这些研究结果(正如在第三章和第四章中指出的那样,大多数实证主义的理论否定这些研究结果):随着个人社会地位的变化和他们关于制裁体系运行的知识的变化,这些差异仍然保持着适度的稳定性。这就是自我控制的问题,就是人们发现自己处在任何情境中都可以避免犯罪行为的不同倾向。由于对人们之间存在的这种差异使用了很多种名称,我们首先考察自我控制这个概念的长处。

第一节　自我控制与其他可供选择的概念[①]

我们把犯罪行为之间的稳定的个别差异归结为自我控制的结论,是在考察了几个可供选择的概念之后得出的。其中的一个可供选择的概念,就是我们在以前使用过的犯罪性的概念(Hirschi and Gottfredson 1986)。一个重要的考虑就是古典的犯罪概念和我们的犯罪人概念之间的一致性。试图将有关犯罪的某种选择理论与有关犯罪人的某种决定论观点整合起来,似乎是不明智的,特别是在这样的整合并非必要的情况下更是如此。实际上,古典的犯罪观点与我们所持的人们在自我控制方面有差异的观点之间的一致性是很明显的。正如我们已经看到的,古典理论是一种社会控制理论或者外部控制理论,这种理论的基础是这样一种观点:犯罪的代价因个人目前在社会中的地位或者与社会的联系的不同而有差别。古典理论所缺乏的,是有关自我控制的一种明确的观点,这种观点认为,人们在当时易受诱惑的程度也有差异。因此,只要把这两种观点结合起来,就可以发现同时存在着对行为的社会约束因素和个人约束因素。

一个明显的可供选择的概念就是犯罪性的概念。不过,这个概念的不足之处是很多的。第一,它意味着因果关系或者决定论,用来指一种积极的犯罪倾向,这是与古典模式相反的,我们认为也是与事实相反的。由于自我控制意味着人们在遏制自己不进行犯罪行为方面有差异,因此,犯罪性这个概念表明,人们在被迫犯罪方面也是有差异的。所以,自我控制这个概念是与犯罪人并不要求或者需要犯罪的事实相一致的,而犯罪性的概念则与这个事实不一致。同样,自我控制低的观点与犯罪行为不需要特殊的能力、需要或者动机的事实是一致的。

① 原文是"Self-Concept and Alternative Concepts"。——译注

在这种意义上，每个人都可以犯罪。相反，作为一种倾向的犯罪性的观点则意味着犯罪行为需要由特殊的人们才能实施并从中获得益处。最后，缺乏约束或者自我控制低，允许发生几乎所有的越轨行为、犯罪行为、冒险行为或者危险行为。相反，犯罪性的概念只能涵盖一部分行为，这些行为就是我们所讨论的那些人中的一部分人所实施的行为。

良心（conscience）这个概念和自我控制的关系要比犯罪性这个概念更为接近，并且良心这个概念很难与自我控制相区别。不幸的是，良心这个概念包含着强迫（遵从）的意思，严格来讲，它与选择模式（或者与良心的运作）是不一致的。良心这个概念似乎不包括与犯罪类似的行为，这类行为似乎是受自然制裁（natural sanction）控制的，而不是受社会制裁或者道德制裁控制的。良心这个概念最终通常是指人们如何感受自己的行为，而不是指人们会或者不会进行行为的可能性。所以，一般并不认为事故和就业不稳定是由良心的失败引起的，赞同良心观点的作者通常并不把道德行为和节俭行为（prudent behavior）联系起来。最后，人们主要用良心这个概念概括这些通过负强化过程而习得的经验，甚至那些倾向于赞同使用这个概念的人们，也并没有对这个概念进行较多的论述（参见 Eysenck 1977；Wilson and Herrnstein 1985）。

现在，我们论述自我控制的性质，论述与实施犯罪行为有关的个人特征。我们认为，可以直接从犯罪行为的性质中推论出这类特征的性质。所以，我们从犯罪的性质中，可以推断出那些抑制自己不从事犯罪行为的人们在达到逻辑上有可能犯罪的年龄之前可能具备的特征。然后，我们进一步回去探讨那些产生这种抑制作用的因素，回去探讨自我控制的原因。我们认为，缺乏自我控制并不必然导致犯罪，缺乏自我控制可能会与情境条件或者个人的其他特征发生相互作用。同时，我们认为，自我控制高可以有效地降低犯罪的可能性，也就是说，自我控制高的人在生命的各个阶段都不大可能从事犯罪活动。

第二节　自我控制的成分[①]

犯罪行为提供直接的（immediate）欲望满足。因此，自我控制低的人们的一个重要特征，就是对目前环境中的有形刺激容易作出反应的倾向，他们有一种具

① 原文是“The Elements of Self-Control”。——译注

体的此时此地定向(here and now orientation)。相反,自我控制高的人们可能会延迟满足。

犯罪行为提供容易的或者简单的(easy or simple)欲望满足。犯罪行为可以提供金钱而不必工作、可以直接进行性行为而不必经过求爱过程、可以直接进行复仇而不必经过法庭拖延。缺乏自我控制的人们也可能会缺乏勤奋、坚韧或者行动过程中的坚持精神。

犯罪行为是充满刺激的、要冒风险的或者令人激动的(exciting, risky or thrilling)。犯罪行为涉及秘密行动、危险、速度、敏捷、欺骗或者力量。因此,缺乏自我控制的人们往往是爱冒险的、积极主动的和注重体力的。自我控制高的人们往往是谨慎的、有认识能力的和重视口头表达的。

犯罪提供很少的或者有限的长期利益(few or meager long-term benefits)。犯罪不同于某种工作或者职业。相反,犯罪会干扰对工作、婚姻、家庭或者朋友的长期投入。因此,自我控制低的人们往往有不稳定的婚姻、友谊和工作记录。他们往往对长期职业的追求缺乏兴趣,也不准备从事这样的活动。

犯罪几乎不需要技能或者计划(little skill or planning)。大多数犯罪在认知方面的要求是极低的。因此,缺乏自我控制的人们不需要拥有认知或者学习技能,或者也不看重这样的技能。大多数犯罪需要的手艺(manual skills)也是很少的。因此,缺乏自我控制的人们不需要拥有那些必须经过训练或者学徒期才能获得的手艺。

犯罪往往给被害人造成痛苦或者不适(pain or discomfort for the victim),财产要遭受损失、身体要受到伤害、隐私要受到侵犯、信任要遭到破坏。因此,自我控制低的人们往往是以自我为中心的,对别人的痛苦和需要漠不关心或者无动于衷。不过,这并不意味着自我控制低的人们通常是不善良的或者反社会的。相反,他们可能是充满魅力和慷慨大方的,并且因此而会很快地、轻易地获得奖赏。

我们曾经说过,犯罪涉及对直接快乐的追求。这意味着,缺乏自我控制的人们也往往会追求直接的、并非犯罪性的快乐:他们往往会吸烟、喝酒、吸毒、赌博、未婚生育和从事非法性行为。

犯罪要求犯罪人与别人或者别人的财物之间的互动,这并不意味着缺乏自我控制的人们也往往会是群居性的或者社会性的。不过,这意味着,在其他条件相同的情况下,群居性的或者社会性的人们更有可能卷入犯罪行为。

许多犯罪带来的主要利益并不是快乐,而是缓解暂时的恼怒。孩子的哭叫引起的恼怒,往往是身体虐待行为的诱发因素。酒吧中陌生人的嘲弄引起的恼怒,往往是重伤害的诱发因素。这意味着,自我控制低的人们往往对挫折的耐受力也低,他们缺乏通过口头方式而不是身体行动解决冲突的能力。

犯罪涉及使用暴力和身体受伤的危险,也涉及犯罪人自己遭受痛苦的危险。这并不意味着,自我控制低的人们往往能够忍受身体痛苦或者对身体不适无动于衷。这意味着,能够忍受身体痛苦或者对身体不适不敏感的人们,不管其自我控制水平如何,都更有可能从事犯罪行为。

对于任何特定的犯罪行为而言,遭受刑事惩罚的风险都是较小的,但是,这部分取决于犯罪的情节。因此,并非青少年进行的所有驾车兜风行为都会面临同样的被逮捕风险。从邻居那里偷窃一辆汽车,在邻居发现丢车之前将车完好地送回去,就不大可能导致官方通知(official notice),而从销售中心的停车场盗窃一辆汽车并且随意丢弃的行为则不然。偷取父母的酒类并且在家中的车库里饮酒的行为,不大可能收到官方通知,而在音乐厅之外的停车场饮酒的行为则不然。这意味着,犯罪在作为自我控制的量度指标的有效性方面是有差别的:那些容易被公众认识的犯罪,要比那些不容易被公众认识的犯罪更便于作为自我控制的量度指标。

总之,缺乏自我控制的人们很有可能是冲动性的、不敏感的、身体性的(与精神性的相反)、冒险性的、目光短浅的和非口头性的,所以,他们很容易进行犯罪行为和类似行为。由于这些特质可以在达到刑事责任年龄之前被识别出来,由于存在着这些特质在同样的人中聚集的趋势,也由于这些特质往往是持续终身的,因此,把它们看成在解释犯罪方面有用的稳定成分似乎是合理的。

第三节　自我控制低的多种表现[①]

我们对于“犯罪人”的描述表明,犯罪并不是自我控制低的自动后果或者必然后果。这意味着,许多与犯罪类似的非犯罪行为(例如,事故、吸烟和饮酒)也是自我控制低的表现。因此,我们的论述意味着,没有一种具体行为、一种犯罪类型或者一种越轨形式是缺乏自我控制所特有的后果。

---

① 原文是“The Many Manifestations of Low-Control”。——译注

由于犯罪行为和类似行为都可以来源于自我控制低(也就是说,这两类行为都是自我控制低的表现),因此,自我控制低的人都很有可能从事这两类行为。那么,在犯罪范围内,犯罪人很有可能从事多种多样的犯罪行为。

对越轨行为多样化(versatility)的研究,极大地支持了这些预测。自我控制低的表现可以是极其多样的。尽管多年来人们出于对专门化的信念而进行了大量的研究,但是,一直没有报告有关犯罪专门化的可靠证据。实际上,有关犯罪人多样化的证据则是极其繁多的(Hirschi 1969;Hindelang 1971;Wolfgang,Figlio,and Sellin 1972;Petersilia 1980;Hindelang,Hirschi, and Weis 1981;Rojek and Erickson 1982;Klein 1984)。

我们认为,多样化意味着犯罪人实施多种多样的犯罪行为,没有强烈的从事某种特定犯罪行为的倾向,也没有排他地按照某种模式进行犯罪行为的倾向。大多数理论家认为,犯罪人往往有犯罪专门化的倾向,因此,像抢劫犯罪人、入室盗窃犯罪人、贩毒犯罪人、强奸犯罪人和谋杀犯罪人这样的术语,都具有预测或者描述方面的重要价值。实际上,一些理论创造出了犯罪人专门化的说法,并且把它作为解释犯罪的组成部分。例如,理查德·克洛沃德(Richard A. Cloward)和劳埃德·奥林(Lloyd E. Ohlin)围绕特定的犯罪行为形式而创造出不同类型的少年犯罪亚文化,并且认为不同类型的少年犯罪亚文化群成员专门从事盗窃、暴力或者吸毒行为(1960)。与此有关的是,一些论述白领犯罪的书籍认为,明显的专门化似乎需要独特的解释。在研究吸毒、恶意破坏行为或者青少年怀孕方面,进行了很多的研究项目(似乎每个少年犯罪研究项目都不研究吸毒、恶意破坏行为或者青少年性行为)。所有的犯罪学学派都研究犯罪生涯或者犯罪人生涯中的模式(patterning)、顺序(sequencing)、接续(progression)、加重(escalation)、开始(onset)、持续(persistence)和停止(desistance)。这些研究之所以能够进行,主要是因为它们的支持者没有考虑或者不承认明显存在的相反证据。这些观点继续存在的其他理由,可能在于政治家和执法者们对于犯罪生涯(criminal career)或者生涯犯罪人(career criminal)概念中潜在的政策意义的兴趣(参见 Blumstein et al. 1986)。

有关犯罪专门化的某些报告,似乎与这一点相矛盾,就像某些犯罪人经常重复不良行为一样。一些犯罪人在几年间多次抢劫同一家商店,有的犯罪人在较短的时间内多次进行强奸犯罪,可以把这些犯罪人称为“抢劫犯罪人”、“强奸犯罪人”。不过,应当注意的是,这样一些名称是回溯性的,而不是预测性的,这些名称往往忽视了同一个犯罪人所实施的、与所谓的专门化不一致的少年犯罪或者刑事犯罪。例如,“强奸犯罪人”也有可能吸毒、抢劫和入室盗窃(往往与强奸犯罪同时进行),也可能有除了强奸犯罪之外的暴力犯罪的记录。就观察者而言,他们或许存在着一种集中关注一系列事件中的最严重犯罪的自然倾向(在正式说明中也是如此),但是,不应当把这种倾向与犯罪人在某类犯罪方面的专门化趋势相混淆。

我们曾经提到,犯罪的基本特征之一,就是犯罪是简单的和容易的。因此,一些明显的专门化之所以出现,是因为存在着明显的容易进行犯罪行为的机会,以至于犯罪人往往重复这些犯罪行为。一个住在商业区附近、步行就可以到达那里的犯罪人,就会有重复进行扒窃活动的机会,而且这会在他的逮捕记录中有所反映。但是,即使在这种情况下,特定的“犯罪生涯”也往往会按照常规发展,以后进行的犯罪的内容和特征也会同样受到便利性和机会的制约(这就是为什么一些有可能进行盗窃活动的人总会选择进行盗窃犯罪的原因)。

事实表明,犯罪人有可能进行在心理上或者理论上与犯罪类似的非犯罪行为,出现这种情况的原因是这些“非犯罪行为”有较高的发生率,它们甚至更容易记录下来。盗窃犯罪人比非盗窃犯罪人(nonthieves)更有可能吸烟、饮酒和逃学。犯罪人显然比非犯罪人更有可能卷入大多数类型的事故,包括家庭失火、汽车碰撞、意外怀孕。犯罪人也更有可能早年死亡(例如,Robins 1966;Eysenck 1977;Gottfredson 1984)。

一些很好的吸毒方面的研究往往发现,少年犯罪和吸毒的相关因素是相同的。正如罗纳德·艾克斯(Ronald L. Akers 1984)指出的,“与洁身自好的青少年相比,饮酒、吸烟和吸毒的青少年更有可能卷入打架斗殴、偷窃、伤害他人和进行群体少年犯罪行为”。艾克斯接着指出,“但是,他们从事这些活动的前后顺序方面的差别,简直很难构成互为因果关系的基础”。我们认为,吸毒和少年犯罪之间的关系,并不是一种因果关系。它们的相关因素是相同的,因为吸毒和少年犯罪都体现了那种追求短期而直接的快乐的潜在倾向。这种潜在倾向(即自我控制低)有多种表现,哈里森·高夫(Harrison G. Gough 1948)列举了其中的一些:

> 在认识到别人的权利和优惠待遇会妨碍自己的满足时,不考虑别人的权利和优惠待遇;冲动行为,或者在刺激强度与行为反应强度方面的明显不协调;不能对他人形成深刻或者持久的依恋,或者不能识别人

> 际关系;在实现既定目标方面缺乏判断力和计划性;对社会适应不良(social maladjustment)明显缺乏焦虑和苦恼,不愿意或者无法把适应不良看成是适应不良;容易谴责别人和不愿意对失败承担责任的倾向;进行无意义的搪塞,并且往往在被别人发觉的情况下对琐碎事情进行无意义的搪塞;几乎完全不值得信赖……几乎完全不愿意承担责任,最后,情绪很差。(1948:362)

在李·罗宾斯(Lee Robins)进行的著名研究的被试(subject)①的生活史中,已经发现了这些特征结合在一起的现象。李·罗宾斯是集中关注越轨的多样性、越轨在那些她所说的"反社会人格"(antisocial personality)者的生活中经常出现的方式的少数研究者之一。她认为,"我们涉及这样一些人,他们不能维持与别人的亲密人际关系,工作业绩差,参与非法行为(不管是否被逮捕),没有外部援助就不能自食其力和抚养由自己赡养的人,在遇到轻微挫折时突然改变计划和对别人勃然大怒"(1978:255)。

30多年来,李·罗宾斯追踪研究了被送到密苏里州圣路易斯的一个指导服务中心(guidance center)的524名儿童,并把他们与一个在智商、年龄、性别和城市地区相匹配的对照组进行比较。她发现,与对照组相比,在早年被送来的这些人成年之后更有可能(因为多种犯罪行为)被逮捕,更不可能结婚,更有可能离婚,更有可能与一个有行为问题的人结婚,更不可能生育子女(但是,如果他们有子女的话,往往有多个子女),更有可能有存在行为问题的子女,更有可能失业,更有可能不断变换工作,更有可能依靠福利救济生活,与亲属的交往更少,朋友更少,更不可能上教堂,更不可能服役(如果服役的话,更有可能因为不良行为而被开除),更有可能表现出酗酒的身体特征,更有可能因为精神疾病问题而住院(1966:42-73)。

应当注意的是,这些后果与我们所讲的自我控制低的四种一般成分相一致:(1)在一定时间内个别差异的基本稳定性;(2)所从事的犯罪行为类型的复杂多样性;(3)犯罪行为和非犯罪行为在概念或者原因方面的等同性;(4)不能预测所要从事的越轨行为的具体形式,不管是犯罪型越轨行为还是非犯罪型越轨行为,都是如此。我们认为,用一些行为后果界定反社会人格的观点具有明显的实

① "被试"(subject)是心理学等学科中常用的术语,用来指接受实验或者测试的对象,相当于一般所说的"研究对象"。——译注

证主义或者决定论特征，这种观点表明，犯罪人必须进行一些体现其反社会人格的事情。因此，我们只能说，所研究的对象更有可能实施犯罪行为（正如数据所显示的那样）。我们不把实施犯罪行为作为给自我控制低者下定义的内容。

尽管如此，李·罗宾斯的回溯性研究（retrospective research）表明，根据反社会人格概念作出的预测，和预期纵向研究（prospective longitudinal research）、交叉研究（cross-section research）的结果是高度一致的：犯罪人并没有专门化发展；他们发生事故、疾病和死亡的比率高于一般人口；不管具体工作的特点如何，他们都难以持久地工作（没有一项工作会被证明是一项好的工作）；他们难以结交朋友，也难以维持友谊；他们难以履行长期的经济义务（例如，支付抵押贷款或者购车费用），也难以履行父母义务。

由此可见，个人自我控制低的“成本”，要远远超过其犯罪行为的成本。实际上，就缺乏自我控制者的生活质量而言，犯罪似乎是缺乏自我控制的最不严重的后果之一。

第四节　自我控制的原因[①]

我们对于自我控制的缺陷的了解，要多于对自我控制的来源的了解。不过，有一个方面是很清楚的：自我控制低并不是由训练、指导（tutelage）或者社会化产生的。所有那些与自我控制低相联系的特征，往往也会在那些缺乏教养、管教或者训练的人中发现。如果考虑到有关人类行为原因的古典观点的话，那么，这种事实的意义就是很明显的：自我控制低的原因就是消极的，而不是积极的；在缺乏有意或者无意地进行自我控制的情况下，自我控制是不可能存在的（这种观点将本理论与大多数现代犯罪理论区分开来，大多数现代犯罪理论都自动地把犯罪人看成是某种积极力量的产物，是学习、特定压力或者某些缺陷的产物。在充分说明我们的理论之后，我们将转向进行这种比较）。

到此为止，很容易建立一种犯罪原因理论，根据这种理论，潜在犯罪人的一些特征会不可避免地导致他们实施犯罪行为。现在我们的任务仅仅是识别冲动性、智力、冒险等特征的可能的来源。但是，如果这样做的话，就要使用在过去已经证明是无益的路径，根据这种路径，犯罪人实施犯罪行为与环境或者情境特征

① 原文是“The Causes of Self-Control”。——译注

无关。

我们可以通过回忆在实施犯罪行为的决策中固有的那些成分,去避免这种缺陷。犯罪的目标显然是令人感到快乐的,所有犯罪都是如此。不过,实施犯罪行为中却包含着一些受到社会的、法律的和自然的制裁的危险。由于犯罪带来的快乐是直接的、明显的和立即的,而犯罪造成痛苦的危险可能是不明显的、不直接的,并且无论如何都很有可能从犯罪中加以消除。由此推论,尽管人们通过犯罪获取快乐的能力方面的差别是很小的,但是,他们在计算潜在痛苦(potential pain)的能力方面的差别却是很大的。然而,问题并不仅仅限于这样:尽管犯罪带来的快乐对所有的人都是同样的,但是,犯罪带来的痛苦却不是对人人都是同样的。虽然每个人都看重金钱,不过,并非每个人都担心父母在得知钱是偷来的之后会愤怒或者失望。

所以,在我们看来,自我控制的特征就是那些影响个人计算自己行为后果的因素。冲动的或者目光短浅的人不能考虑到自己行为的消极后果或者痛苦后果;感觉迟钝的人很少考虑到消极后果;智力较低的人也很少会考虑到消极后果。

任何一个社会群体都不会主动地或者有意地试图降低其成员的自我控制,无论是犯罪群体,还是非犯罪群体,都是如此。自我控制低及其后果不会促进社会生活。相反,这些倾向的表现会损害和谐的群体关系以及实现集体目标的能力。这些事实明确否定这样的观点:某种犯罪倾向是社会化、文化或者任何积极学习的一种结果。

构成自我控制低的那些特质,也无益于实现长远的个人目标。相反,它们会妨碍教育和职业方面的成就,会破坏人际关系,也会损害身体健康和经济福利(economic well-being)。这些事实明确否定这样的观点:犯罪是实现某些目标的可供选择的路径,在其他情况下,这些目标可以通过合法途径得到实现。由此推论,那些重视人际技能、教育和职业成就以及他人的身体幸福和经济福利的人,会努力使自己摆脱这些特质。

在这种框架中,造成差别的一般来源显然有两种:第一种就是儿童在开始表现出这些特质时存在的程度方面的差别。第二种就是养育者(caretaker)在认识自我控制低及其后果方面表现出的程度差别,以及他们愿意并且能够纠正自我控制低的方面存在的程度差别。所以,很明显,甚至在人生刚刚开始的时候,自我控制低的来源就已经是很复杂的。

大量的证据表明,能够预测个人后来卷入犯罪的一些特质,早在能够确切测定它们的时候就已经出现,其中包括智力低、活动过多、体力强和爱冒险(Glueck and Glueck 1950;West and Farrington 1973)。证据显示,这些特质与实施犯罪行为之间的联系的强度是不同的,有时候较弱,有时候达到中等程度。显然,我们并不认为人们是生来犯罪人,也不认为人们通过遗传获得了犯罪性或者类似的特质。实际上,我们明确否定这样的观点(参见第三章)。我们的观点是,个别差异对于有效社会化(或者适度控制)的未来发展有影响。不过,有效社会化也总会对个人特征的形成有影响。

影响犯罪的其他特质出现得较晚,并且在很大程度上似乎是无效社会化(ineffective socialization)或者不完全社会化(incomplete socialization)的结果。例如,在冲动性(impulsivity)和感觉迟钝(insensitivity)方面的差异,到童年期的后期才显露出来,在这时候,它们并非在所有儿童身上都有表现。因此,可以把为了更大目的而延迟直接满足的能力和意愿看成是进行训练的一种后果。许多父母行为实际上是为了抑制冲动行为,为了使孩子考虑行为的长期后果而进行的。同样,对于他人的需要和感情的敏感性也是训练的一种后果。的确,许多父母行为的目的就是教孩子认识他人的权利和感情,认识这些权利和感情应当怎样约束孩子的行为。所有这些方面都促使我们关注儿童养育(child-rearing)。

第五节　儿童养育和自我控制:家庭①

一、概述②

自我控制低的主要“原因”似乎就是无效的儿童养育。按照实证主义的术语,要将一名儿童社会化,似乎需要几种条件。或许,开始寻找这些条件的方法,就是研究论述家庭条件与少年犯罪关系的文献。这类研究(例如,Glueck and Glueck 1950; McCord and McCord 1959)已经考察了许多家庭因素与少年犯罪的联系。这类研究报告说,在少年犯罪人的家庭中,往往缺乏惩戒(discipline)、监督和感情;父母的行为往往也很“差”(例如,酗酒和疏于监督,Glueck and Glueck 1950:110 - 111);少年犯罪人的父母自己也很可能有犯罪记录。的确,根据迈克尔·拉特(Michael Rutter)和亨利·吉勒(Henri Giller)的观点,“在与少年犯罪

① 原文是“Child-Rearing and Self-Control: Family”。——译注

② 这个标题是译者根据原文的论述内容并考虑译文的结构平衡而增加的。——译注

有联系的父母特征中,犯罪(criminality)是最明显、最具有一致性的特征”(1984:182)。

这类信息削弱了许多在解释犯罪时忽视家庭的观点,但是,这类信息并不意味着它要比一般公众(和在刑事司法系统中处理犯罪人的人们)的观念先进很多,这些人的观念认为,家庭中“有缺陷的养育活动”或者“忽视”,是犯罪的首要原因。

如果探讨这些一般性的研究结果,我们就会认为,有必要确定适当的儿童养育所必需的条件。最低限度的条件似乎包括:(1)监控儿童的行为;(2)认识所发生的越轨行为;(3)惩罚这类行为。这似乎是很简单、很明显的。激活这种系统所需要的一切,就是对儿童的感情或者在儿童身上的投入。那些关注儿童的人,会注视儿童的行为,看见儿童不应当做的事情,并且加以纠正。其结果是,儿童更有可能延迟满足,对别人的利益和欲望更加敏感、更加独立,更愿意约束自己的行为,更不愿意使用武力或者暴力达到自己的目的。

当我们探讨自我控制低的原因时,我们会探讨这种系统在哪里发生了问题。显然,父母是愿意让自己的孩子接受社会化的。因此,我们可以预先排除积极社会化导致未社会化行为(unsocialized behavior)的可能性(就像文化越轨理论或者亚文化越轨理论所指出的那样)。尽管如此,这种系统有可能在四个方面出现问题:第一,父母可能不关心自己的孩子(在这种情况下,其他任何条件都是不符合的);第二,父母尽管关心自己的孩子,但是可能没有时间或者精力监视孩子的行为;第三,父母尽管关心并监视自己的孩子,但是不可能看到孩子行为中的错误;第四,即使所有条件都具备,父母也可能不愿意或者无法惩罚自己的孩子。因此,初看起来似乎不成问题的现象,细看起来确实是很成问题的。许多事情都有可能是错误的。根据许多犯罪和少年犯罪方面的研究,在问题儿童的家庭中,许多事情都是错误的:“一些小偷的父母并不追踪偷窃行为(他们不把偷窃看成是……“越轨”);他们不惩罚偷窃行为,也不关注偷窃行为”(Patterson 1980:88-89;参见 Glueck and Glueck 1950; McCord and McCord 1959;West and Farrington 1977)。

让我们用这种方法分析一些与儿童社会化和犯罪有关的事实,首先分析儿童养育模式的成分。

二、父母对儿童的依恋[①]

我们的模式认为,父母对儿童的福利或者行为的关怀,是成功的儿童养育的一个必要条件。由于人们往往认为所有父母都同样地爱自己的子女,因此,与此有关的证据既不如预期的那样好,也不如预期的那样广泛。不过,现存的证据显然是与这种模式相一致的。格卢克夫妇报告说(1950:125 - 128),与少年犯罪人的父母相比,非犯罪少年的父母亲切地对待儿子的,是少年犯罪人的父母的2倍;非犯罪少年的父母敌视儿子的,仅仅是少年犯罪人的父母的1/5。在同一组样本中,28%的少年犯罪人的母亲"冷漠地对待或者敌视"孩子,而非犯罪少年的母亲中仅有4%的人是这样的。证据表明,继父母更不可能对继子女产生感情(Burgess 1980),这增加了在当代社会中由不关心儿童的人们"养育"儿童的可能性。

三、父母监督[②]

社会控制和自我控制之间的联系,并不会比父母监督子女的情况更直接。人们认为,这种监督可以预防犯罪行为或者类似行为,同时,也能够训练儿童自己避免进行这些行为。与这种观点相一致,监督往往是少年犯罪的一种重要预测因素,然而,监督或者少年犯罪都是可以量度的(Glueck and Glueck 1950; Hirschi 1969;West and Farrington 1977;Riley and Shaw 1985)。

我们的一般理论原则上提出了一种方法,可以将作为外部控制(external control)的监督与作为内部控制(internal control)的监督区分开来。例如,犯罪在程度上不同于那些通过监控可以预防的行为;处在某一年龄阶段的儿童,可以受到比处在其他年龄阶段的儿童更密切的监督;对于女孩的监督要比对于男孩的监督更密切。在一些情况下,监视(monitoring)可能是普遍性的或者几乎是连续不断的,而在另一些情况下,对一些犯罪的监视实际上是完全缺乏的。不过,在目前的情况下,主要关注监督与自我控制之间的联系,这种联系表明,那些在年轻时很少被别人监督的人,在成年后有更强烈的实施犯罪的倾向(MaCord 1979)。

四、对越轨行为的认知[③]

为了使监督对自我控制发挥影响作用,监督者必须认识所发生的越轨行为。

---

① 原文是"The Attachment of the Parent to the Child"。——译注

② 原文是"Parental Supervision"。——译注

③ 原文是"Recognition of Deviant Behavior"。——译注

显然,并非所有的父母都有能力认识到自我控制的缺乏。一些父母允许孩子做很多事情,只要孩子高兴,就不加干预。长时间看电视就是一个例子,不要求完成家庭作业、不禁止吸烟、不减少身体力量的使用、不关心孩子是否上学等,都是这样的例子(人们已经注意到,中学各年级学生的旷课行为大概反映了父母对孩子的这种不良行为的认识状况)。尽管这方面的研究不够好,但是,证据表明,少年犯罪人家庭中"行为标准比较差",则是常见的现象。

五、对越轨行为的惩罚[①]

控制理论明确承认制裁在预防犯罪行为中的必要性。控制理论并不认为主要的制裁就是法律制裁或者肉体制裁。相反,正如我们已经看到的,控制理论认为,人们对于某个人的不赞同(disapproval),是最有力的制裁。因此,父母或者主要养育者进行的惩罚,通常包含了对有害行为(unwanted behavior)的明确不赞同。因此,那种批评控制理论残酷的观点,具有误导性或者提供了信息的错误(例如,Currie 1985)。

并非所有的养育者都进行有效的惩罚。实际上,一些养育者过于严厉,而另一些养育者过于宽容(Glueck and Glueck 1950; McCord and McCord 1959;West and Farrington 1977;Loeber and Stouthamer-Loeber 1986)。不过,根据我们的模式,奖赏好的行为并不能补偿在矫正越轨行为方面的失败(我们前面曾经指出,越轨行为有自我奖赏机制,参见第二章)。

由于这种儿童养育模式与我们的一般理论相一致,也与研究文献相一致,因此,可以用它来解释犯罪和其他越轨行为的其他家庭相关因素。

六、父母的犯罪性[②]

我们的理论集中探讨父母的自我控制与儿童后来的自我控制之间的联系。有理由预期,并且数据也证实,缺乏自我控制的人们在童年期并没有得到很好的社会化。根据唐纳德·韦斯特(Donald J. West)[③]和戴维·法林顿(David P. Farrington)[④]的研究,"少年犯罪进行代际传递的事实是毋庸置疑的"(1977:109;

---

① 原文是"Punishment of Deviant Acts"。——译注

② 原文是"Parent Criminality"。——译注

③ 唐纳德·韦斯特(Donald J. West,1924 -)是英国犯罪学家、犯罪心理学家,1970 年曾获国际犯罪学协会(International Society of Criminology)丹尼斯·卡罗尔奖(Dennis Carroll Prize)提名。——译注

④ 戴维·法林顿(David P. Farrington,1944 -)是英国犯罪学家、犯罪心理学家,1984 年获美国犯罪学协会(ASC)颁发的塞林—格卢克奖(Sellin - Glueck Award),1999 年任该协会主席,2002 年获该协会颁发的埃德温·萨瑟兰奖(Edwin Sutherland Award)。——译注

参见 Robins 1966)。当然,我们的理论不承认犯罪性的遗传传递或者其他传递。不过,我们的理论允许我们作出这样的预测:一些人比另一些人更有可能在童年遭受社会化方面的失败,这会是他们自己的不适当社会化的一种后果。父母社会化和子女社会化之间的联系的程度,可以通过这样的事实展现出来:在韦斯特和法林顿的研究中,不到 5% 的家庭占据了他们整个样本中刑事判决的几乎一半。我们认为,这个研究结果对于犯罪理论和公共政策的重要性,要比马文·沃尔夫冈(Marvin E. Wolfgang)[①]及其同事们在 1972 年发表的非常著名的研究结果更加明显,沃尔夫冈等人认为,大约 6% 的个别犯罪人实施了所有犯罪中大约一半的犯罪。为了实现犯罪在少数家庭中的这种集中,犯罪人的父母和兄弟姐妹通常也有可能实施犯罪行为。[②]

为什么在通常情况下犯罪人的子女容易犯罪呢?我们曾经说过,我们的理论认为,犯罪性并不是父母引起的,相反,父母极力想使子女不产生犯罪性。与这种观点相一致,有犯罪记录的父母并不鼓励子女进行犯罪行为,他们就像那些没有犯罪记录的父母那样不赞成子女进行犯罪行为(West and Farrington 1977)。当然,不想让自己的子女进行犯罪行为和在子女发生犯罪行为之后感到心烦意乱的现象,并不必然意味着(他们)会进行很多的努力去预防子女进行犯罪行为。如果犯罪行为是追求短期奖赏、如果儿童养育是追求长期奖赏,那么,就几乎没有理由预期自己缺乏自我控制的父母们会有能力向自己的子女灌输自我控制。

和这种预期相一致,研究也一致地表明,在父母有犯罪记录的家庭中,对少年犯罪人的监督往往是“不严格的”、“不适当的”或者“很差的”。在这样的家庭中进行的惩罚,也往往容易是容易的、短期的和感觉迟钝的,也就是大声叫喊、殴打、无法实行的威胁。

不过,这样的事实并不能完全解释犯罪在一些家庭中集中的现象。出现这

① 马文·沃尔夫冈(Marvin E. Wolfgang,1924-1998)又译为“渥夫干”,是美国犯罪学家,1960 年曾获国际犯罪学协会(International Society of Criminology)丹尼斯·卡罗尔奖(Dennis Carroll Prize)提名,1960 年获美国犯罪学协会(ASC)颁发的奥古斯特·沃尔默奖(August Vollmer Award),1967 年任该协会主席,1989 年获该协会颁发的埃德温·萨瑟兰奖(Edwin Sutherland Award);1988 年获世界被害人学协会(WSV)颁发的汉斯·冯·亨蒂希奖(Hans von Hentig Award)。——译注

② (通过一种不系统的方式)人们往往发现,在一个在其他方面守法的家庭中,个别子女的少年犯罪是严重的,这种现象可以作为反驳利用家庭或者儿童养育解释犯罪的证据(如果父母用恰当的方式养育他们的大多数孩子,他们的养育活动怎么会是少年犯罪子女的原因呢)。这样的现象与文献中提到的家庭内有明显一致性的趋势并不矛盾。它们表明,家庭儿童养育活动并不是犯罪的唯一原因。——原注

种情况的一个主要理由可能是儿童养育中最微妙的成分并不包括在这种分析之中。这种成分就是对越轨行为的认识(recognition)成分。根据杰拉德·帕特森(Gerald R. Patterson 1980)的论述,许多父母甚至不能识别出子女中的犯罪行为,更不要说识别出子女中的轻微越轨行为;父母的惩罚是有效的儿童养育所必需的。例如,当子女在家庭之外进行了偷窃活动之后,一些父母就很少报告,他们这样做的原因在于,那些指控未经证实,因此,不能据此进行惩罚。同样,当子女因为在学校中进行不良行为而被暂令停学时,一些父母就站在子女一边,谴责教师进行了有偏见的虐待。显然,不能看到子女的不良行为的父母就不可能纠正他们,即使他们想纠正不良行为也无法做到。

由于对越轨行为的认识是儿童养育模式的一种必要成分,就需要研究这样的问题:如果他们想预防犯罪的话,他们应当把什么行为识别为越轨行为,不应当把什么行为识别为越轨行为。就我们的理论而言,正确的做法应当是,父母需要知道那些表明了自我控制低的行为。许多父母现在并不关注这样的行为,这是不令人奇怪的。犯罪行为是剥夺(deprivation)或者积极学习的产物的观点,支配着现在的理论。结果,犯罪和少年犯罪方面最有影响的社会科学理论忽视或者否认犯罪与顶嘴(talking back)、叫嚷、推搡、固执己见、在学校惹麻烦和学习成绩差之间的联系。因此,一些父母看不到这类行为的严重性是不奇怪的。研究表明,父母在对这些行为作出的反应方面,是有差异的,一些父母努力纠正那些被别人忽视甚至加以辩解的行为(Patterson 1980)。由于社会科学通常几乎看不到这些行为与犯罪之间的联系,几乎没有人对儿童发展文献与犯罪学文献进行系统的整合。而且,由于传统的智慧对儿童训练与犯罪之间的联系有着不同的看法,公共政策就不关注这种联系,我们并不认为犯罪是由这些早期的不良行为引起的。相反,我们认为,这类不良行为表明犯罪有重要的个人原因,通过惩罚这些原因在早年的表露,一般就可以对这类原因进行干预。我们也不认为犯罪行为是早年自我控制低的必然结果,因为犯罪需要比自我控制低更多的东西;一些父母很幸运,因为尽管他们的孩子自我控制低,但是仍然努力避免了会将他们卷入刑事司法系统的那些行为。不过,这些儿童不大可能(实际上根本不可能)避免所有那些表明自我控制低的行为。换言之,自我控制低可以很好地预测以后的自我控制低,而不可能很好地预测自我控制低的某些独特表现,例如,犯罪。

七、家庭规模[①]

少年犯罪研究中最一致的研究结果之一，就是家庭中孩子的数量越多，每个子女变成少年犯罪人的可能性就越大，这项研究结果也完全可以用某种儿童养育模式来解释。子女多就不可能关爱每个子女，大家庭中的父母也可能像任何其他人一样认识到越轨行为，但是，进行监控和惩罚就很难了。在子女数量多的情况下，父母的时间和精力是很有限的。因此，大家庭中的儿童可能把更多的时间花在与其他孩子的相处上，而不是花在与成年人的相处上，儿童并不是像成年人那样的有效训练者。他们不大关注结果，更有可能容忍越轨行为，并且无法（让别的儿童）执行自己的命令。

如果对于父母犯罪和家庭规模的这种分析足以证明我们对于儿童养育的解释是恰当的，那么，现在我们就可以尝试把这种解释应用于在家庭与犯罪之间联系方面更加严重的问题上。

八、单亲家庭[②]

像离婚人口的百分数、妇女作家长的家庭的百分数、社区中未婚者的百分数这样的家庭量度，是犯罪率的最有力的预测因素（Sampson 1987）。与这些研究结果相一致，一些研究直接比较了那些和生父母在一起生活的儿童与生活在“破裂”家庭或者重组家庭（reconstituted family）中的儿童，大多数（而非全部）这样的研究发现，完整家庭（intact home）中的儿童的犯罪率低。

如果单亲家庭和双亲家庭之间的差异能够确切证实的话，那么，就不能适当地理解这种差异发生作用的机制。在少年犯罪研究文献中，过去经常区别离婚造成的破裂家庭和死亡造成的破裂家庭。在进行这样的区别中发现，要把离婚对人们产生的效果和离婚本身的效果区别开来，是很困难的。的确，在研究中经常会发现，非自愿发生破裂的家庭比父母一方的决定造成破裂的家庭，更不可能引起少年犯罪。

由于很多人需要维持婚姻状态，就有可能出现一种复杂现象。失去的生父母（在大多数情况下是失去生父）往往会在一定时候被继父母代替。当家庭中有一个“无关的”成年人时，对于孩子而言究竟是好呢，还是不好呢？

我们主张的模式认为，在所有其他条件相同的情况下（all else being equal），只要有父母中的一方就足够了。我们可以用“母亲”或者“父亲”代替“父母亲”，

① 原文是“Family Zize”。——译注

② 原文是“The Single-Parent Family”。——译注

而不会明显丧失儿童养育能力。在价值观、态度、技能等方面,丈夫和妻子往往是很相似的,从很多方面来看,可以把他们看成是一个单元(unit)。就此而言,我们甚至并不要求训练儿童的成年人是其监护人,更不要说是生父母了。在双亲家庭之外也可以进行很好的训练。

但是,所有其他条件很少是相同的。单亲(通常是一名妇女)必须用很多精力从事抚养和维持活动,而在双亲家庭中,这些活动在一定程度上是大家分担的。而且,单身母亲在从事这些活动的时候,缺乏心理支持或者社会支持。结果,她很少有时间进行监控和惩罚活动,而更有可能对自己的孩子进行消极的、虐待性的接触。

重新结婚绝不是解决这些问题的好方法。与生父母(natural parents)相比,继父母更有可能说他们对继子女没有"父母感情";他们通常也更有可能虐待儿童(Burgess 1980)。另一方面是儿童对父母的感情。这样的感情有利于促使儿童进行合法行为,并且也有利于轻松地完成儿童养育任务。显然,对于重组家庭中的新的父亲或者母亲产生感情的可能性,要小于对继续完整的家庭中的生父或者生母产生感情的可能性。

九、在家庭外工作的母亲[①]

母亲参加劳动的数量的增加,会对犯罪率产生几种影响。由于这种增加会在一定程度上导致婚姻不稳定,因此,它很有可能促使犯罪的发生。不过,在传统上,人们主要考虑的是,母亲在家庭外工作会无法监督或者有效养育自己的孩子。格卢克夫妇(Sheldon and Eleanor Glueck 1950)发现,参加工作的妇女的子女,特别是那些"偶尔"或者"零星"参加工作的妇女的子女,更有可能变成少年犯罪人。他们也指出,母亲工作对于少年犯罪的效果,完全可以用母亲进行监督的质量来解释(在社会科学中,这种用一种因素对另一种因素进行完整解释的现象,是极其少见的)。当母亲能够对孩子进行监视时,她的职业就不会促使少年犯罪的发生。实际上,在这项特别的研究中,对于正常就业的妇女而言,如果她们能够进行监督的话,她们的孩子就不可能变成少年犯罪人。不过,这并不意味着母亲的就业是没有影响作用的。母亲的就业是有一定影响作用的,至少对于处在相对剥夺情况下的人而言是这样:就业妇女的子女更有可能变成少年犯罪人。

① 原文是"The Mother Who Works Outside the Home"。——译注

更常见的情况是,那些报告母亲的就业所产生的影响作用很小的研究,是无法解释的。当考虑母亲的监督和其他特征、家庭以及儿童的时候,非职业母亲在儿童养育方面的优势仍然超过了职业母亲。对这种失败的一种可能的解释是,除了用儿童的少年犯罪衡量就业影响儿童的效果之外,无法用其他方法衡量这样的效果。探讨这个问题的一种方式,就是考察母亲的就业对于不适当的自我控制,如事故或者学业失败的影响作用,而不是考察母亲的就业对于实施犯罪行为的影响作用。如果我们涉及社会控制效果而不是社会化效果时,就会发现,母亲就业对于一些越轨行为的影响要比其他因素更大。尽管我们的模式不允许我们由因及果地区分儿童“养育”的持久效果与儿童“控制”的短暂效果,但是,这也告诫我们注意这样的事实:自我控制和监督可能是某类单亲行为的结果。

妇女参加就业的另一种后果,就是在每天的大部分时间中家庭无人看守。无人家庭对于家庭中的青少年成员缺乏吸引力,而对那些仅对家庭中的物品感兴趣的其他青少年却有更大的吸引力。如前所述,研究表明,家中无人看守是住所入室盗窃的很好预测因素。

第六节 儿童养育和自我控制:学校

一、概述[①]

大多数人通过家庭设置(familial institution)得到了充分的社会化,从而避免了卷入犯罪行为。那些没有得到家庭的充分社会化的人,最终可能通过其他制裁体系或者制裁制度而学会自我控制。在现代社会中,完成这一任务的主要设置就是学校。与家庭相比,学校在作为社会化机构方面有几种优势:第一,它能够比家庭更有效地监控行为,一个教师同时可以监督很多孩子。第二,与大多数父母相比,教师通常在识别越轨行为或者破坏行为方面更加容易。第三,与家庭相比,学校在维护秩序和纪律方面有很明显的优势,它可以利用很多方法控制破坏行为。第四,像家庭一样,学校在理论上有惩罚自我控制问题的权威和方法。

在所有其他条件相同的情况下,学校似乎应当是一种有效的社会化机构。不过,事实证明,在当代美国社会中,学校很难帮助学生增强自我控制。现代学校在这方面难以取得很大成功的一个主要原因,似乎就是缺乏那些自己在社会

① 这个标题是译者根据原文的论述内容并考虑译文的结构平衡而增加的。——译注

化方面遭到失败的家庭的合作和支持。当家庭无法了解孩子在学校中的行为的时候,那么,孩子在学校中的问题往往直接可以追溯到父母。例如,根据李·罗宾斯(Lee Robins 1966)的研究,逃学行为在一年级和二年级开始(并不像一些人所认为的那样,仅仅是青少年的问题)。一年级和二年级的逃学行为可能很难归结为儿童自身的问题。不管这种逃学行为的原因是什么,它都可以很好地预测以后生活中自我控制低的现象。

然而问题在于,如果学校有机会的话,也就是家庭如果合作的话,它是否能够纠正家庭造成的不适当社会化呢？李·罗宾斯对于反社会人格的稳定性的分析通常是不乐观的,他注意到,可以在学校发现自我控制低的青年前期的年轻人,学校也可以有效地进行那些家庭无法去做的事情:“由于在前社会病态者(pre-sociopath)中普遍存在逃学和学业成绩差的现象,就有必要通过他们的学业成绩识别那些需要治疗的儿童……在家庭中严重缺乏管教可以预测长期困难的事实表明,可以尝试一种方案:尝试用学校取代所缺乏的父母管教,从而预防逃学和学校失败”(1966:306－307)。①

我们认为,甚至在没有父母支持的情况下,学校也可以发挥积极的影响作用。由于在学校的经历,一些学生学会了更好地鉴别与自我控制有关的优势和机会,从而可以有效地得到社会化,不管家庭经历如何,都能够产生这样的结果。犯罪的一种主要的学校相关因素,一直就是日常家庭作业(mundane homework)。那些做日常家庭作业的人,对前途抱有希望,而那些不做日常家庭作业的人,则缺乏长远打算。社会化的标志之一,就是考虑今天的活动对于明天的后果。所以,家庭作业是社会化的指标之一,或许对社会化有促进的作用。

犯罪的另一个重要预测因素就是不喜欢学校。不喜欢学校和犯罪之间的联系是非常牢固的,以至于可以说:“少年犯罪人不喜欢学校”是名副其实的(Glueck and Glueck 1950:144)。这种联系充分说明,学校是一种社会化机构,社会化机构会对个人进行约束;不允许个人无限制地追求个人利益;要求个人取得成就。缺乏自我控制会引发外部控制,而外部控制并不一定适用于每个人或者

① 在后面的章节中,我们强调这样的观点,即在个人生活后期已经缺乏自我控制的情况下,不同机构在增强个人的自我控制方面的力量是有限的。不过,我们的理论清楚地认为,在缺乏自我控制的人中发展自我控制,比在那些拥有自我控制,但是自我控制却遭到损害或者破坏的人中发展自我控制要更加容易一些。与此相一致,日常生活中的资料也表明,在青年前期没有行为问题的年轻人很少在成年时出现严重的问题(参见 Robin 1966; Glueck and Glueck 1968)。——原注

不一定被每个人所感觉到，因此，会造成对学校的态度方面的差异。

学校表现(school performance)也能够有效地预测个人的少年犯罪行为和刑事犯罪行为。那些在学校表现良好的人，不可能卷入违法活动中。这一点也支持那种认为学校是发展自我控制的有效训练场所的观点。喜欢学校并在学校中表现良好的学生，也可能认识到一种成功的未来，从而也容易受学校制裁的影响(Stinchcombe 1964)。

有关学校表现与犯罪之间有联系的大多数事实，都可以通过这种犯罪与自我控制低的观点整合起来并加以解释。这种犯罪与自我控制低的观点，是少年犯罪研究的主要成果之一。在后面的章节中，特别是在第六章中，我们将更多地论述学校与犯罪的关系。现在，我们仅仅指出，自我控制差异似乎对家庭社会化活动有重要的影响。尽管后来的社会化机构很难弥补已经产生的缺陷，但是，社会化是一项任务，如果成功地完成了这项任务，似乎就能产生往往不可逆转的效果。

二、稳定性问题[①]

大量研究都表明，犯罪的最好预测因素是以前的犯罪行为。换言之，研究表明，人们在实施犯罪行为的可能性方面的差异，是不随时间的流逝而变化的。[②]这一事实对于我们的犯罪性概念是极为重要的。在下一章中，我们将论述这一事实如何对许多认为社会设置(social institution)[③]导致以前守法的公民进行犯罪的理论提出质疑。现在，我们将简要论述如何将这种稳定性的事实与非社会化(desocialization)极少发生的观点协调起来的问题。

如果要将自我控制高很少或者绝不向自我控制低转变的情况，与社会化终身都在进行的事实结合起来的话，就会得出这样的结论：潜在犯罪人中的人口比例应当随着这些人员年龄的增加而减少。这个结论是与研究结果相一致的。甚至最活跃的犯罪人也会随着时间的流逝而停止犯罪活动。文献中记载的很多

---

① 原文是“The Stability Problem”。——译注

② 我们在第三章中论述了证明“攻击”的稳定性的研究，有关证明“犯罪性”的稳定性的研究，将在第十一章中展开讨论，这方面的研究涉及研究犯罪和犯罪性的方法论问题。——原注

③ “social institution”过去通常译为“社会机构”、“社会制度”等，一些社会学家认为这样的翻译不准确，因此建议翻译为“社会设置”。根据他们的解释，社会设置是指在特定的社会活动领域中创设和形成的一整套持续而稳定的规则体系，包括社会价值观、社会规范体系、权威与地位结构、社会机构与设施等。参见郑杭生主编：《社会学概论新修》(第三版)，中国人民大学出版社2003年版，第252～271页。——译注

"迟发犯"(later - comer to crime)或者"好孩子变坏"的情况尽管很少,但是也表明,这些情况大部分可以用识别错误(misidentification)或者量度错误(measurement error)来解释(这种结果也与边沁的理论相一致,边沁认为,所有的制裁制度对于犯罪活动的持续时间是有抑制作用的)。换言之,自我控制低的人群,一直会表现出低的自我控制。不过,这种人群的规模会缩小。

犯罪性的这种稳定性,是实用主义犯罪学(pragmatic criminology)的一个重要成果。教育机构用以前的学业成绩来对学生进行分类和选拔工作人员,也就是说,不多考虑这种变量的意义;刑事司法系统也用同样的方式利用这种事实。一些实用主义的研究力图识别生涯犯罪人或者高危犯罪人(high - rate offender),从而改进选择决策,但是在这方面,通常不谈造成在犯罪行为方面的长期差异的因素(Blumstein et al. 1986)。

传统的理论研究否认了稳定性,并且发展了一些不涉及"个人水平"变量的理论。这些理论自动地表明,犯罪"开始"的原因不同于犯罪"持续"的原因。这些理论也表明,犯罪的"停止"有独特的原因。不过,根据分析,大部分犯罪学理论似乎涉及犯罪的开始,而对犯罪的持续或者停止问题很少或者不加论述。

所以,目前没有一种犯罪学理论关注生命过程中犯罪差异的稳定性。我们被置于一种自相矛盾的处境中:犯罪学研究的一项重要研究结果,往往被犯罪学理论忽视或者否定。在经过一个世纪的研究之后,犯罪理论仍然不关注这样的事实:这些差异很早就出现并且在生命过程的大部分时间中保持稳定。或许,忽视自我控制低的稳定性的一个主要原因,就是认为其他的个人特质是稳定的,从而可以解释在犯罪行为方面的明显而稳定的差异。这些就是所谓的对犯罪的人格解释(personality explanation)。

第七节 人格与犯罪性[①]

社会学型犯罪学(sociological criminology)认为,犯罪人并没有表现出不同于非犯罪人的人格特质(Sutherland and Cressey 1978,第八章)。心理学型犯罪学(psychological criminology)认为,犯罪人表现出许多不同于非犯罪人的人格特质(Wilson and Herrnstein 1985,第七章)。我们认为,这两类观点都是错误的。自

① 原文是"Personality and Criminality"。——译注

我控制水平或者犯罪性可以将犯罪人和非犯罪人区分开来，自我控制或者犯罪性是否存在以及存在的程度，在实施犯罪行为之前（和之后）就已经确定了。这种持久倾向明确包含在“人格特质”（personality trait）中，因此，和社会学的观点是相反的。同时，与心理学观点相反的是，除了自我控制之外，在犯罪人与非犯罪人之间存在其他人格差异的证据，充其量也是不明显的。大多数这样的证据都是将人格标签贴到犯罪人和非犯罪人在犯罪率方面的差异的结果上，也就是说，把一种差异转化成了多种差异。

例如，詹姆斯·威尔逊（James Q. Wilson）[①]和理查德·赫恩斯坦（Richard J. Herrnstein）[②]报告说（1985，第七章），在下列人格维度上，少年犯罪人的得分比非犯罪少年要高（也参看 Herrnstein 1983）：

（1）鲍德斯迷津测验（Porteus Maze Test）[③]中的“Q”分数；[④]

（2）自信心（assertiveness）；

（3）无恐惧（fearlessness）；

（4）攻击性（aggressiveness）；

（5）非常规性（unconventionality）；

（6）外倾（extroversion）；

（7）社会化差（poor socialization）；

（8）精神病态（psychopathy）；

（9）精神分裂症（schizophrenia）；

（10）轻躁狂（hypomania）；

（11）活动过度（hyperactivity）；

（12）条件反射能力差（poor conditionability）；

（13）冲动性（impulsiveness）；

（14）左利手（lefthandedness）。[⑤]

如果放弃犯罪人仅仅在其犯罪倾向方面与非犯罪人有不同的结论，那么也

① 詹姆斯·威尔逊（James Q. Wilson，1931－ ）是美国当代政治学家、犯罪学家。——译注

② 理查德·赫恩斯坦（Richard J. Herrnstein，1930－1994）是美国心理学家、犯罪学家。——译注

③ 鲍德斯迷津测验（Porteus Maze Test）是 S. D. Porteus 于 1924 年在澳大利亚发表的译注测量操作性智力的非文字测验，1965 年修订，用来区分精神病态者、少年犯罪人和犯罪人。——译注

④ 这个测验中的 Q 分数，是指根据在进行测验的过程中发生的错误确定的质量分数。——译注

⑤ 左利手（lefthandedness）俗称“左撇子”，是指身体左侧（包括左侧肢体）的技能优于右侧的现象。——译注

可以解释所有这些"人格"特质。从历史上来看,困扰人格研究的一个问题就是,人格研究者们没有报告他们的测量工具的内容。这种缺点可以从这样的事实中得到证明,即这些测验具有商业价值,而其科学结果就是报告了被认为是"经验型同义反复"(empirical tautology)的东西;而对同一种东西进行两种测量的结果是,发现两种测量结果之间有相关性。在这种情况下,如果说人们并没有发现一种使用独立方法测定的、与犯罪性有重要相关性的人格特质,似乎也是公正的。例如,据说在明尼苏达多相人格调查表(Minnesota Multiphase Personality Inventory)[①]中,有3个分量表可以区分少年犯罪人和非犯罪少年。主要的区分量表就是精神病态分量表(Psychopathic Deviate subscale)。按照詹姆斯·威尔逊和理查德·赫恩斯坦的说法,这个分量表包括了"有关反应者过去的犯罪行为问题"(1985:187)。但是,如果是这样的话,那么,量表分数显然就不能用来证实某种人格特质是独立于犯罪倾向而存在的。

明尼苏达多相人格调查表中的社会化分量表(socialization subscale)也是如此。这个分量表中包含的一些题目,不同于标准化自我报告式的少年犯罪(量表中的)题目。本量表与少年犯罪的其他量度的相关性,支持这样一种常见的结论,即少年犯罪的量度之间往往是相互关联的。同样,鲍德斯迷津测验中Q量表上的高分,表明被试往往"通过从纸上移开铅笔、走捷径或者让铅笔偏离迷津轨道的方法违反规则"(Wilson and Herrnstein 1985:174)。这种量度使人联想起由休·哈茨霍恩(Hugh Hartshorne)和马克·梅(Mark May)发展起来的欺骗量度(1928)。根据这种量度,那些说谎、欺骗和偷窃的人,更有可能进行欺骗,不过,这样的结论并没有特别的启发意义。

在上文中,我们考察了一种具有误导性的观点:犯罪人通常具有高攻击性的特征。由于对攻击性的量度中包括了许多犯罪行为,因此,不可能将攻击性与犯罪性区分开来(参见第三章)。上述的清单中也会发现这样的情况。人格的量度要么是犯罪的直接指标,要么是在概念上不能与自我控制低区分开来。当然,一些量度完全没有得到可靠研究的支持(例如,左利手就是如此),这些量度现在再次出现,开始损害心理学实证主义的可靠性。

---

① 明尼苏达多相人格调查表(Minnesota Multiphase Personality Inventory)缩写为MMPI,是美国心理学家哈撒韦(S. R. Hathaway)和麦金利(J. C. Mckinley)在20世纪40年代编制的心理测验量表,经过多年使用之后,1989年完成了它的修订版,即明尼苏达多相人格调查表第2版(Minnesota Multiphase Personality Inventory – II, MMPI – II)。——译注

犯罪的人格理论的有限生命力，可以通过汉斯·艾森克（Hans Eysenck）[①]的著作加以说明。艾森克认为，“具有强烈反社会倾向的人，在P、E和N方面的得分都很高”，P就是精神质（psychoticism）、E就是外倾（extraversion）、N就是神经质（neuroticism，1964：58）。艾森克详细描述了在外倾和精神质方面得分高的人们的情况。例如，外倾的人“善于社交，喜欢聚会，有很多朋友，希望与人们交谈，不喜欢自己阅读和学习……这种人偏爱不停地运动和做事情，往往进行攻击行为和很快失去耐心；他们的感情不容易受控制，他们往往是不值得信任的人”（1964：50－51）。相反，在P因素上得分高的人，“（1）孤独，不关心别人；（2）惹麻烦，不能融洽相处；（3）冷酷，不人道；（4）缺乏感情，感觉迟钝；（5）缺乏同情；（6）寻求刺激，渴望强烈的感觉刺激；（7）敌视别人，具有攻击性；（8）喜欢新奇而异常的事物；（9）不顾危险，有勇无谋；（10）喜欢愚弄别人和扰乱别人”（1964：58）。

尽管艾森克满足于这些维度在研究中得到的支持，满足于犯罪人在这些维度上的高分数（Eysenck 1989），但是，许多学者（例如，Rutter and Giller 1984）并不相信艾森克的人格方案的有用性（威尔逊和赫恩斯坦在他们的人格特质清单中，也没有包括艾森克的人格维度）。在目前的论述中，这种人格方案浓缩了在将人格理论应用于犯罪行为时的困难问题（不管人格差异的来源如何，都是如此）。在艾森克的理论中，这些困难问题既表现在人格维度的明显的概念重叠方面，也表现在无法独立地用这些人格维度引起的行为来测定这些人格维度方面。

因此，对于犯罪人中常见的人格特征的研究，并没有产生与那种把自我控制低作为引起犯罪行为的首要个人特征的观点相反的结论。发展起强烈自我控制能力的人，终身都不可能实施犯罪行为，不管他们的其他人格特征如何，均是如此。从这种意义上讲，自我控制是能够预测犯罪行为和相关行为的唯一具有持久性的个人特征。没有发展起强烈自我控制能力的人，不管他们的其他人格维度如何，都很有可能实施犯罪行为。随着自我控制低的人年龄的增长，他们越来越不会实施犯罪；这种倾向不可能完全是由于自我控制增加的结果，而且也是年龄增长的结果（参见第六章）。

尽管有关犯罪中存在个别差异的事实与我们的理论相一致，但是，这类事实

① 汉斯·艾森克（Hans Eysenck，1916－1997）是德国出生的英国心理学家、犯罪学家。——译注

也与旨在解释这些差异的理论相一致。因此,这些理论与我们的理论之间的差异需要特别加以讨论。

第八节　犯罪性的其他理论[①]

一、概述[②]

人们常说,有很多关于犯罪性的理论。不过,在实际上,真正具有独特性的解释是很少的。这类解释数量少的一个原因在于,以理论为基础的观点本身就是很少的,并且这些观点在逻辑上往往是相互联系在一起的。一些理论认为,人类生来就具有守法或者进行社会行为的倾向;其他理论则认为,人类生来就具有犯罪或者进行反社会行为的倾向;还有一些理论不同意这两类理论。一些理论认为,实施犯罪行为的动机不同于从事合法行为的动机;其他理论不同意这样的观点。一些理论认为,人类行为受直接情境(immediate situation)或者环境中的力量的支配;其他理论则认为,稳定的人格特征支配着行为。一些理论认为,每种行为都有独特的决定因素;其他理论则认为,许多行为可能有共同的原因。在后面的章节中,往往把我们的理论与那些导致不同的经验型问题和政策问题的理论相区别。在这里,我们想从方法论维度上寻找那种有可能进一步发展的理论。

考察各种犯罪理论的一种方法,就是考察它们关于人性与社会的假设。考察各种犯罪理论的另一种方法,就是考察它们的适用范围,考察它们所涵盖的越轨行为的范围。还有一种考察各种犯罪理论的方法是和从这些理论中派生出的经验型验证相反的。最后,人们可能会询问,这些理论究竟存在于导致特定犯罪行为的时间顺序的哪一点上。如果我们首先讨论最后一类理论,那么,根据目前理论中的原因力量与它们试图解释的实际行为之间的接近性来论述这些理论可能是比较容易的。

二、犯罪性与犯罪的时间位置[③]

一些理论(例如,Becker 1974; Wilson and Herrnstein 1985; Cornish and Clark 1986)集中探讨犯罪发生的直接情境中的决策活动。同样,其他理论(例如,Mer-

① 原文是“Alternative Theories of Criminality”。——译注

② 这个标题是译者根据原文的论述内容并考虑译文的结构平衡而增加的。——译注

③ 原文是“The Temporal Position of Criminality vis-à-vis Crime”。——译注

ton 1938；Cloward and Ohlin 1960）则集中探讨个人容易犯罪的青少年期（adolescence），也就是个人开始最终导致实施犯罪行为的那一段生命过程。还有一些理论（例如，Mednick 1977；Colvin and Pauly 1983）侧重探讨出生时或者出生前的遗传因素或者阶级因素，探讨与其引起的事件距离较远的那些因素。

从传统上讲，原因与犯罪行为的距离越远，那么，使用这些原因建立一种可靠的理论就越困难。结果，“遥远的”理论往往夸大了犯罪人与非犯罪人之间的差异，或者指出了最终导致（require）犯罪行为的原因。这种解释模式就是龙勃罗梭的生来犯罪人（born criminal），这是一类从概念来看注定要实施犯罪行为的人。一种决定论色彩较弱的理论，就是生物学家或者心理学家主张的素质理论（predispositional theory）。这样的理论也表明，一旦个人形成了各自的素质，他们中的一些人就会不可避免地进行犯罪行为。

甚至从目前来看属于中间层次的理论（intermediate theory），往往也把人们划分为截然不同的类型，并且指出，这些属于潜在犯罪人类型中的人，肯定要实施其犯罪行为。例如，一旦下层阶级少年通过放弃追求合法财富目标而适应紧张，就必然会发生犯罪行为；一旦这种人学会了更加赞同违反法律的态度，就必然会产生犯罪行为的结果（标定理论通过提出并不总是“粘贴”标签的附带条件而避免了这个问题，这是很公平的。但是，如果粘贴上这样的标签，少年犯罪就不可避免地要发生）。

因此，那些集中关注直接决策情境的理论，很少关注犯罪人和非犯罪人之间的差异。实际上，由于这类理论并不要求独特的犯罪倾向，因此，这类理论往往提出这样的差异是很小的或者不存在的。所以，那些将远因和近因结合起来的理论，如我们自己的理论，将相反倾向（opposing tendency）与危险不一致（risk inconsistency）结合了起来。

一般而言，远因理论和近因理论应当是一致的。不过，要是进行考察的话就会发现，它们通常是不一致的。远因理论中导致犯罪发生的明显差异，并不允许随时根据情境进行无限制的决策。例如，威尔逊和赫恩斯坦提出的理论认为，犯罪人根据犯罪和非犯罪（noncrime）各自产生的利弊而在它们之间进行选择：

> 非犯罪带来的奖赏（物质的和非物质的）比犯罪带来的奖赏（物质的和非物质的）越大，实施犯罪的倾向就越弱。良心的折磨、同伴的认可和任何的不公平感，都会增加或者降低犯罪的价值；家庭、朋友和雇主的看法，是非犯罪的重要收益，就像避免由刑事司法系统施加的惩罚

> 的愿望那样。任何奖赏的力量都会随着时间的流逝而减弱，但是，人们在不重视未来的程度上是有差异的。特定奖赏的力量也会受所有强化物的影响。(1985:61)

威尔逊和赫恩斯坦描述的犯罪人，是没有良心、不关心朋友是否认可的人，他们有一种强烈的自己受到不公平对待的感觉。那些熟悉基本的犯罪学理论的人们会看到犯罪人的这些特征与控制理论、文化越轨理论和紧张理论所描述的那些特征之间的相似性，并且也会对这些理论中经常投射出来的矛盾形象感到困惑(Kornhauser 1978)。因此，问题在于，文化越轨理论和紧张理论并不把朋友的认可或者不公平感看成是刹那间进行决策的标准。相反，这些理论提出，这些方面的考虑超过了对于合法就业、家庭和朋友的看法以及避免受到刑法惩罚的愿望的关切。如果是这样，那么，实施某种犯罪行为的决策就根本不是决策。

威尔逊和赫恩斯坦认为，少年犯罪人比非犯罪少年更不重视未来。这种观点和紧张理论相矛盾。在罗伯特·默顿(Robert Merton)[①]、理查德·克洛沃德(Richard Cloward)[②]和劳埃德·奥林(Lloyd Ohlin)[③]的紧张理论中，潜在少年犯罪人重视未来但是却看不到光明的未来。结果，潜在少年犯罪人就转向进行犯罪行为，以便实现这些光明的未来。换言之，在紧张理论中，少年犯罪人比非犯罪少年更加重视未来(我们相信，威尔逊和赫恩斯坦理论中关于犯罪决策的部分可能是正确的。这就是说，在他们的理论中，关于犯罪的部分与关于犯罪人的部分可能是不一致的)。那种认为犯罪人更关注平等(equality)的观点也与那种认为犯罪人极不考虑未来的观点相矛盾：正如威尔逊和赫恩斯坦所论述的，关注平等要求个人将自己的努力/奖赏比率(effort/reward ratio)与别人的努力/奖赏比率进行比较。这样的计算显然需要更加广泛地考虑社会秩序，但是就目前而

---

① 罗伯特·默顿(Robert Merton,1910－2003)又译为“墨尔顿”、“莫顿”、“墨顿”，是美国社会学家、犯罪学家，1996年获美国犯罪学协会(ASC)颁发的埃德温·萨瑟兰奖(Edwin Sutherland Award)。——译注

② 理查德·克洛沃德(Richard Cloward,1926－2001)又译为“克拉华德”、“克拉渥”、“克洛华德”，是美国社会学家、犯罪学家，1965年与Lloyd Ohlin一起获国际犯罪学协会(International Society of Criminology)颁发的丹尼斯·卡罗尔奖(Dennis Carroll Prize)。——译注

③ 劳埃德·奥林(Lloyd Ohlin,1918－1979)是美国犯罪学家，1986年任美国犯罪学协会(ASC)主席，1969年获该协会颁发的埃德温·萨瑟兰奖(Edwin Sutherland Award)，1965年与Richard Cloward一起获国际犯罪学协会(International Society of Criminology)颁发的丹尼斯·卡罗尔奖(Dennis Carroll Prize)。——译注

言,重要的问题是,感觉受到不公平对待的人们必须进行证明其感觉有道理的努力(否则,我们就会涉及嫉妒了)。然而,不重视未来的人们并不会为了不确定的未来收益而付出努力,因此,在即将犯罪时存在的不公平观念,是与犯罪人具有犯罪性的观念不一致的。

威尔逊和赫恩斯坦遇到的问题,是社会学习理论所特有的问题,这类理论也试图把犯罪和犯罪性看成是同时存在的现象。社会学理论认为,人们之所以学习实施犯罪行为,是因为犯罪给犯罪人在受重视人群(valued group)那里带来的收益,超过了犯罪给犯罪人在中性人群(neutral group)或者不重视人群(disvalued group)中带来的损失(从犯罪行为本身获得的收益除外)。如果是这样,那么,认为犯罪人与非犯罪人在不重视未来(time-discounting)、攻击性或者冲动性方面有差异的观点就很难站得住脚。相反,这类理论认为,如果在犯罪人和非犯罪人之间存在差异,那么,这些差异应当是与有关犯罪性的理论通常指出的那些差异相反的。选择理论和犯罪性理论之间的这种不一致很难被忽视,由于支持这两类理论的数据都可以找到很多,因此,这两类理论都很难被忽视。我们认为,这两类理论之所以继续存在,仅仅是因为它们似乎都为学科利益服务的缘故。

我们的理论在一定程度上是反复思考犯罪的特点和犯罪性的特点的基础上发展起来的。由于犯罪往往既能带来直接的收益,又会造成长远的损失,因此,我们小心地避免犯罪人追求长远目标的特点。由于犯罪往往是很快、很容易完成的,因此,我们小心地避免犯罪人受到强烈怨恨或者长远社会目的驱使的特点。由于犯罪往往涉及具有类似特征的被害人与犯罪人,因此,我们小心地避免犯罪人侵害阶级敌人(class enemy)或者种族敌人(race enemy)的特点。

由于缺乏自我控制而不会导致艰苦工作、延迟满足或者持久的行动过程,我们小心地避免犯罪作为一种长期的、困难的或者使人厌烦的活动的特点。由于缺乏自我控制会导致行为的不可预测性或者不可靠性,因此,我们小心地避免犯罪作为一种有组织活动的特点。由于缺乏自我控制在许多非犯罪人以及许多犯罪行为中都有表现,我们小心地避免把越轨作为绝对的非法行为的特点。

我们的理论适用于整个生命过程,也适用于从决策活动的时候回到自我控制程度差异的根源。在婴儿时期和青少年前期,这是一种社会化和社会控制理论,可以解释多种越轨行为,包括对抗行为、逃学行为和学业失败,还可以解释在未来不可能实施犯罪行为的人们。在青少年时期和成年早期,社会化的成分减少,这种理论主要关注社会控制,可以解释更多的越轨行为和犯罪行为:逃学行为、退学行为、吸毒行为、盗窃行为、伤害、事故和怀孕。随着成年期的来临,自然控制(即生物控制和身体控制)的作用逐渐增大,发生越轨行为的可能性降低。由于越轨行为率的降低,犯罪人实施的犯罪行为的种类也逐渐减少,但是,早年出现的差异仍然可以和自我控制低的其他表现一起解释所有犯罪行为。

三、理论的范围①

从原则上讲,理论家们都必须在这样一个问题上进行选择:自己的理论究竟是一种适用于很多没有明确界定的行为的宽泛理论呢,还是一种只能仅仅适用于严格界定的特定行为的狭窄理论呢?这种选择往往被看成是宽泛的、重要的和错误的,而不是狭窄的、平常的和正确的。从历史上来看,实证主义者已经选择了后者。不幸的是,那种认为自己理论的正确性可以补偿其理论的缺陷的实证主义假设往往是有问题的,实证主义的研究对实证主义解释的正确性提出了怀疑。

传统上,集中关注决策的那些理论往往试图用某种单一原理来解释所有行为。这种原理往往是很复杂的,以至于当它遇到个别差异的作用超过了直接情境的特征时,就变得难以理解了。

以前进行的妥协努力一直都是不成功的。威尔逊和赫恩斯坦通过一种新颖的方式用他们的一般理论解释某些被限制了范围的行为:

> “犯罪”(crime)这个词可以被用于这样的一些行为,以至于不清楚这些行为是不是一种有意义的分析类型。偷一本有趣的书、殴打一位朋友、骗取退税、谋杀妻子、抢劫银行、贿赂政客、劫持飞机,所有这些行为和无数的其他行为都是犯罪。犯罪是一种像疾病那样广泛的类型,或许是一种像疾病那样无益的类型。(1985:21)

这些方面的思考导致威尔逊和赫恩斯坦集中研究那些“很有可能实施严重犯罪的”人。在进行这类研究的过程中,他们“避免了比较将车停在消费水龙头前面的人和抢劫银行的人之类的问题”(1985:21)。威尔逊和赫恩斯坦所说的“严重犯罪”(serious crime)就是“掠夺型街头犯罪(predatory street crime)”,就是那些“被每一个社会,无论是史前社会还是有文字记载的社会,都认为是错误的

① 原文是“The Scope of Theory”。——译注

行为……这些‘普遍犯罪’(universal crime)包括谋杀、盗窃、抢劫和乱伦”(1985:22)。

已经发现的一个问题就是,为什么威尔逊和赫恩斯坦要限制他们的因变量的范围,因为没有证据清楚地表明有必要进行这样的限制。他们有什么证据表明将犯罪分为严重犯罪和其他犯罪是合理的呢?至少,他们怀疑这样的观点,即某种一般理论可以解释各种文化中的犯罪,或者某种一般理论可以解释某种文化中的所有犯罪。显然,认为一种理论应当缩小其适用边界的先验结论并不意味着对其边界进行了准确的描述。一种理论的边界要求理论上的正当理由,在没有理论上的正当理由的情况下,对于边界的关注恰恰表明了这样的努力缺乏理论标准。

我们认为,犯罪的严重性并不是一种理论上的标准。当然,理论家们喜欢将其兴趣限定在“严重的”事情上,这并不是偶然的。这反映了一种错误的信念,即现象的重要性在一定程度上可以说明理论的重要性。实际上,某种现象的重要性或者严重性往往很难进行评估。就个别情况而言,严重犯罪往往可能会产生很重的伤害或者损失,但是,就总体情况而言,严重犯罪造成的伤害或者损失可能要比不严重的犯罪轻得多。同样,像海洛因这样的烈性毒品在总体上产生的伤害要比烟草或者酒精这样的毒品轻。正如可提出证据加以证明的那样,降低吸烟率对解决某种严重问题的作用可能要比降低吸毒成瘾率更大。

无论如何,我们都不能同意威尔逊和赫恩斯坦怀疑犯罪的一般理论的潜力。我们认为,限制某种理论的范围并不是一个很严重的问题,除非这样讲的人有证据证明该理论如果超出其范围就不起作用(换言之,适度节制本身并不是某种理论的一种长处)。

我们认为,对于普遍性(generality)或者范围的验证是很容易设计的。在犯罪学中,人们往往认为特定的理论应当解释女性犯罪和男性犯罪,某种文化中的犯罪不同于另一种文化中的犯罪,在从事某种职业过程中实施的犯罪不同于街头犯罪,儿童实施的犯罪不同于成人实施的犯罪。正如下文中将要论述的那样,我们希望我们的理论适用于所有的这些犯罪,这意味着,它可以解释任何时候的所有犯罪,就此而言,它可以解释的许多行为并不是国家予以制裁的行为。

第九节　人性与社会[①]

有用的犯罪理论肯定包含有关人性的假设,而有可能提出的假设的范围则是有限的。正如我们的理论那样,某种理论可以假设人们生来就追求个人利益,并且在没有被社会化之前会用一切手段去实现这样的目的。我们认为,人们在出生的时候是没有"好"(good)与"坏"(evil)之分的。不过,他们应当使用可以预测的方式采取行动。因此,在标准的社会契约假设中,有一些有用的特征,本书中的各个章节都在描述这些特征。

相反,正如几乎所有的社会学理论都在主张的那样,某种理论可以假设人们生来就具有追求群体利益的倾向,并且在没有被迫从事其他活动之前,一直都是这样做的。也就是说,人们生来是好的或者社会性的(social),这样的理论也有一些有用的特征。它们有利于作出关于犯罪的原因或者相关因素的具体预测,这样的预测往往与那些根据其他的人性假设作出的预测是相互冲突的。在本书的各个章节中,我们通过比较从这些不同看法中得出的若干假设,充分利用这样的事实。

一些理论家认为,如果不担心发生矛盾或者含混的话,将这些不同的看法结合起来是很有用处的。其中,一些理论家清楚地表明了这样的态度(Elliot, Huizinga, and Ageton 1985),一些理论家含蓄地表明了这样的态度(Wilson and Herrnstein 1985)。不过,在实际上很容易发现,那些主张"整合"这些不同看法的理论家通常采取了一系列损害或者混淆这些假设的观点,因此,就削弱了他们自己所主张的理论。首先,大多数社会学整合理论家简单地采取了关于犯罪的"社会行为"(social behavior)的假设,排斥"个人利益"的假设,原因是他们的学科认为这样的态度是正确的(Johnson 1979; Elliot, Huizinga, and Ageton 1985; 也参看 Hirschi 1979)。其次,一些心理学家认为,可以通过采取一种无假设的(assumption-free)心理学学习理论来巧妙转变假设问题。不幸的是,那种认为所有理论观点(紧张理论、文化越轨理论、社会控制理论和理性选择理论)都可以包括在单一的学习理论之下的见解,取消了理论家们对犯罪根源进行理论探讨的责任。例如,威尔逊和赫恩斯坦主张,在某种可以选择的情境中,人们选择他

① 原文是"Human Nature and Society"。——译注

们偏好的结果(1985:43)。可以通过将偏见引入偏好(preference)、通过坚持或者相信人们有一些优先选择的行为倾向等,从这一主张中发展起某种理论。例如,人们可能会说,在其他条件相同的情况下,人们更有可能选择会减少其财富、降低其幸福的结果(这一点很难相信,但是至少是可以验证的)。如果没有这样一种偏见,所有的偏好都是有可能的,这种理论也就没有表明什么。这种理论没有表明什么证据,来自于这样的事实:据说这种理论包括了(subsume)紧张理论、文化越轨理论和社会控制理论,而这些理论过去常常用来说明相互冲突的假设和预测(在第四章中,我们证实,紧张理论与威尔逊和赫恩斯坦理论中的文化越轨成分是不一致的,参见 Kornhauser 1978)。

第十节 对犯罪和犯罪性观点的经验型验证[①]

我们的稳定性假设表明,自我控制高的人在一生中的任何情况下都不大可能实施犯罪行为。我们的稳定性观点否认社会设置具有可以消除以前成功实现的社会化结果的能力,而其他的理论把这种能力作为其观点的核心。

同样,我们的多样化观点表明,可以用来发现自我控制低的人的一种方法,就是其自我控制低的非犯罪表现方式。其他理论预测,在越轨行为的不同表现形式之间没有相关甚至有负相关。我们的多样化概念也预测,人们可以通过研究自我控制低的其他非犯罪表现方式来研究犯罪,所获得的结果不会产生误导作用。

我们的犯罪观点主张,复杂的、困难的犯罪是很少的,以至于这类犯罪不足以成为理论和政策的基础。其他的观点则认为,从理论上讲,奇异犯罪(exotic crime)就像平常犯罪(mundane crime)一样有用,也像平常犯罪一样可能会发生。我们的犯罪观点预测,绝大多数犯罪都具有简单、犯罪人与目标很近、犯罪人不能获得预想目标的特点。其他理论则不承认犯罪的失败特征,而是认为犯罪具有很大的力量,能够满足犯罪人的欲望,从而会自我强化。我们的观点认为,在生命的任何早期阶段,都可以通过自我控制低方面的证据来预测犯罪的发生,但是,没有一种社会学理论或者经济学理论会进行这样的预测。我们的观点也认为,可以通过早年生活中的犯罪来预测自我控制低的特征,而大多数社会学理论

① 原文是“Empirical Tests of the Crime and Criminality Perspective”。——译注

都不允许进行这样的预测。

我们的观点认为,犯罪的许多传统原因实际上是自我控制低的结果,也就是说,自我控制低的人会对自己进行分类,人们也可以根据与犯罪相关的不同情况把他们分为不同的类型。我们的理论预测,预防一种形式的越轨行为不会导致发生其他形式的越轨行为,但是,会减少特定人群从事的越轨行为的总数。其他理论则预测,会发生置换现象(displacement),认为在具有某种"倾向"的人口中总会有一定数量的越轨行为。在下文中,我们会将这些差异和其他差异加入到我们的理论和我们的一些观点之中。

第十一节　结论

不能包含或者解释不同时期在犯罪差异方面的稳定性的理论,都是与大量证据相抵触的。那些认为在犯罪或者越轨行为的特定形式上会有专门化发展的理论也与大量证据不相符;那些试图考察犯罪生涯的某些特征(例如,开始、持续和停止)或者生涯犯罪人的某些特征的理论,与犯罪的性质不相符;那些认为犯罪行为旨在追求长期目标或者利他目标的理论也与事实不相符。

我们的理论明确论述稳定性和多样化方面的研究结果,并且用自我控制的概念来解释这样的研究结果:一个极端是延迟满足,另一个极端是立即满足;一个极端是谨慎小心,另一个极端是追求冒险。产生这些差异的机制已经被描述为儿童养育实践中的差异:一个极端是密切关注儿童的行为,另一个极端则是忽视儿童的行为。

本理论包含了那些对于犯罪或者自我控制有影响作用的个人特征。将在后面的章节中论述这些特征,并且将把我们的模式应用于有关犯罪和越轨行为的事实中。现在,我们需要注意的是,本理论是对分析犯罪概念的一种直接反应,也是对我们分析实证主义学科理论中的失败之处的一种直接反应。本理论包括了有关选择的作用的古典观点,也包括了有关因果关系在解释行为中的作用的实证主义观点。本理论产生了一个一般性的解释概念,可以脱离开作为原因的现象而直接量度这个概念,所以,本理论是可以直接加以验证的。

现在,我们将在犯罪因果关系、研究方法和公共政策的不同方面应用本理论。

第六章 犯罪事件与个人倾向：年龄、性别与种族[①]

自社会实证学派取代生物实证学派成为犯罪学的主流以后，与犯罪相关联的个体因素被普遍忽视，相应的，如城市化、阶层与文化等社会因素受到重视。理论家们开始解释城市人的少年犯罪、社会下层的少年犯罪、帮伙少年的少年犯罪以及种族或智力特征不明显的那些少年的少年犯罪。因此，社会学把性别、种族、年龄、智商与体型看成是保持不变的常量，并且忽略了变量在犯罪率中的变化。

在发展起那些不受生物学与精神病学影响的理论之后，社会学家就把它们简单地应用在那些他们曾经忽略的差异上。举例说来，不同交往理论（the theory of differential association）被用来说明黑人与白人的犯罪差异，他们只是简单地（甚至是错误地）宣称黑人文化比白人文化更注重暴力（Wolfgang and Ferracuti 1967；Curtis 1974）。可能更为普遍的是，将非白人的种族地位与社会理论中所说的下层阶级身份等同起来，并由此解释种族差异（ethnic differences）。这种解释方式还被应用于解释年龄差异（age differences），即把青年人看成是下层阶级那样的人，或认为青年人的地位很低（Greenberg 1979）。某种形式的标定理论（labeling theory）[②]被用于解释性别差异（gender differences），根据这种理论，女性的“脚本”（script）[③]不同于男性（Harris 1977）。像智力、体型等传统的个体变量被紧张理论，更多的是被标定理论所忽略、否认或重新阐释。

由于社会学理论不能解释它们最初想解释的变量（Kornhauser 1978），它们在解释犯罪的主要相关因素，如年龄、性别与种族方面的有用性，也就不复存在了。实际上，证据表明，目前没有任何一种犯罪学理论能够解释犯罪的最主要相

① 原文是“Criminal Events and Individual Propensities：Age，Gender，and Race”。——校注

② “Labeling theory”又被翻译为“贴标签论”、“标签理论”、“标示论”等。——译注

③ 这里的“脚本”（script）是一个心理学术语，用来指个人的生活方式。——校注

关因素。

在本章中我们将考察年龄、性别与种族方面的证据,并且说明如何利用犯罪与自我控制观点来说明这些变量在犯罪率中的差异。我们首先认识当代理论的不适当性,说明有必要通过考察年龄与犯罪关系的研究文献而提出一种新的观点。这种考察能够让我们得出这样一个暂时的结论:年龄效应(age effect)无所不在,并且在任何时间和地点都是一致的。年龄效应不变的这个命题具有深远意义,因此值得进一步讨论。

第一节 年龄效应的不变性[①]

一、概述[②]

关于年龄效应的理论探讨和教科书中的论述,通常都认为年龄效应并不随着时间、地点、人口群体和犯罪类型而变化(Empey 1982;Glaser 1978; Wilson and Herrnstein 1985:126－147;Farrington 1986a)。具有代表性的例子,是《统一犯罪报告》(the Uniform Crime Reports,如美国司法部1985发布的《统一犯罪报告》)中公布的美国目前犯罪的年龄分布,这一资料给读者的印象是,年龄分布仅仅是该研究所揭示的很多这类分布中的一个。

图2、图3和图4,是关于犯罪年龄分布的三个图表,其中一个来源于1842～1844年英格兰和威尔士的资料(Neison 1857),一个来源于1908年的英格兰(Goring 1913),还有一个则是当代美国的资料(美国司法部1979)。查尔斯·格林(Charles Goring)[③]认为,犯罪的年龄分布与"自然规律"(law of nature)相一致。然而,这三个图表的数字丝毫没有证实查尔斯·格林所发现的"自然规律"——事实上,这样的分布模式已经持续了约150年而没有改变过。作为许多时间分布变化观点的论据,通过对新近数据的分析也得出了同样的结论:"尽管人口被逮捕率的绝对数随时间的变化而变化(在1965～1976年几乎增长两倍),但是,不同年龄群体的相对数也以同样的模式变化,15～17岁的群体的被逮捕率是所有年龄群中最高的"(Blumstein and Cohen 1976:562)。

---

① 原文是"Invariance of the Age Effect"。——校注

② 这个标题是译者根据原文的论述内容并考虑译文的结构平衡而增加的。——校注

③ 查尔斯·格林(Charles Goring,1870－1919)是英国精神病学家、犯罪学家,曾主持进行了对英国犯罪人的大规模调查。——译注

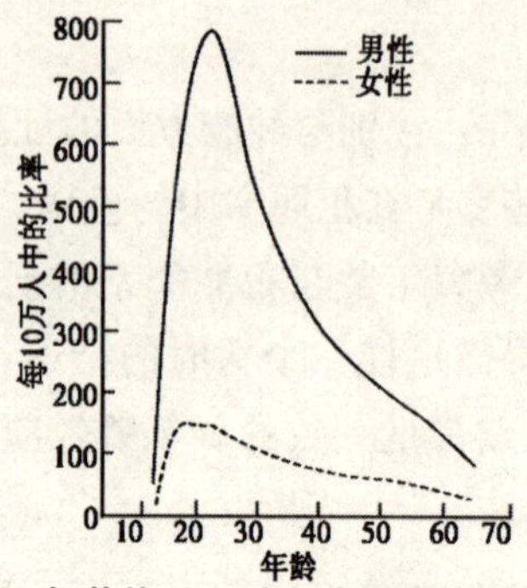

图2　1842～1844 年英格兰和威尔士犯罪人的年龄与性别分布

【资料来源】内森(Neison 1857:303－304)的论著

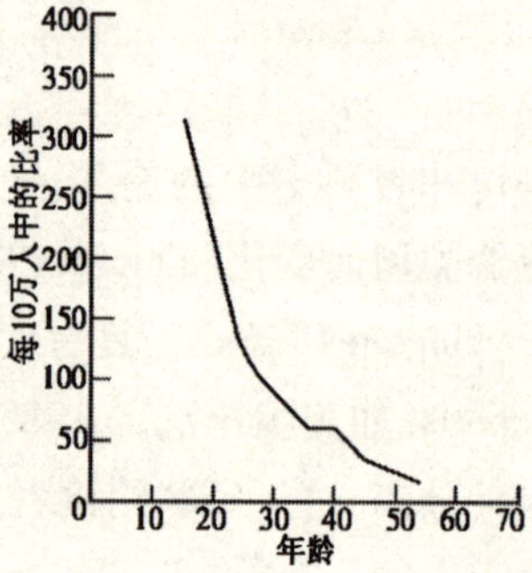

图3　1908 年英格兰初次被判决有罪的男性犯罪人的年龄分布在普通人年龄分布中的百分比

【资料来源】格林(Goring 1913:201－202)的论著

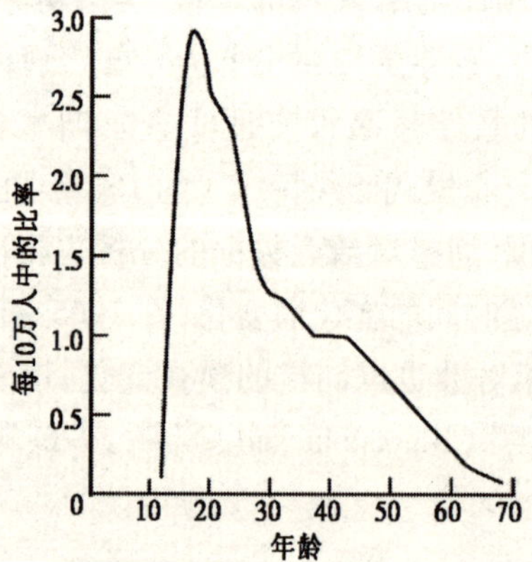

图4　1977 年美国所有犯罪中被逮捕人员的年龄分布占普通人群的比率

注:该数据为近似值。

【资料来源】美国司法部(U. S. Department of Justice 1979:171)的资料

我们不了解20世纪40年代的英格兰和威尔士是否不同于20世纪70年代的美国,在主观上,人们认为这些差异表现在相关的许多方面。但是,我们知道20世纪60年代阿根廷的少年犯罪年龄分布(DeFleur 1970:131)与美国的情况并无差异,同时,阿根廷的情况与同时期英格兰和威尔士的少年犯罪年龄分布相一致(McClintock and Avison 1968)。

二、人口统计群体①

大多数有关年龄分布的理论讨论都认为,在人口统计亚群体(demographic subgroups)中间存在重要差异。教科书经常比较少年与少女在特定犯罪中的犯罪增长率,从而表明不同性别的人在年龄分布方面有明显的弹性变化。举例来说,“犯罪开始年龄”研究(“age-of-onset” studies)注意到,黑人犯罪人比白人犯罪人开始犯罪的年龄要早,这就给人一种印象:犯罪年龄的分布是因种族或种族群体而变化的(参见Wolfgang,Figlio,and Sellin 1972:131)。图5与图6分别显示了不同性别的少年犯罪率和不同种族的少年犯罪率,这两个图表明,那种认为犯罪年龄的分布因种族或种族群体而变化的观点,可能模糊了一个基本的和一成不变的事实:已经得到的数据显示,年龄与犯罪的关系并不随着性别与种族而变化。

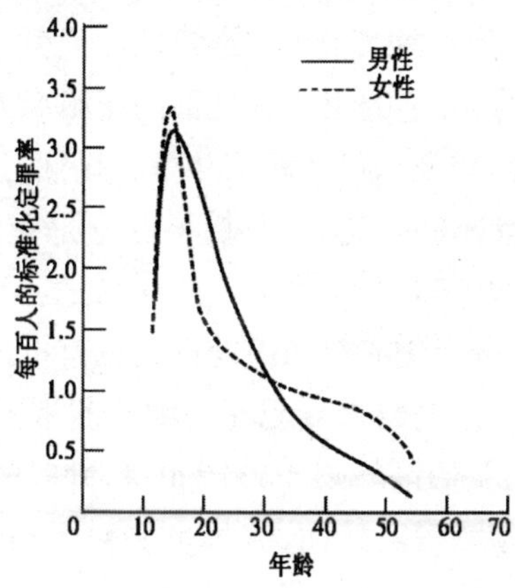

图5　1965年英格兰和威尔士在可起诉罪中被判决有罪的男性与女性的年龄分布占普通人口的百分比

【资料来源】麦克林托克和阿维森(McClintock and Avison 1968:170)的论著

① 原文是“Demographic Groups”。——译注

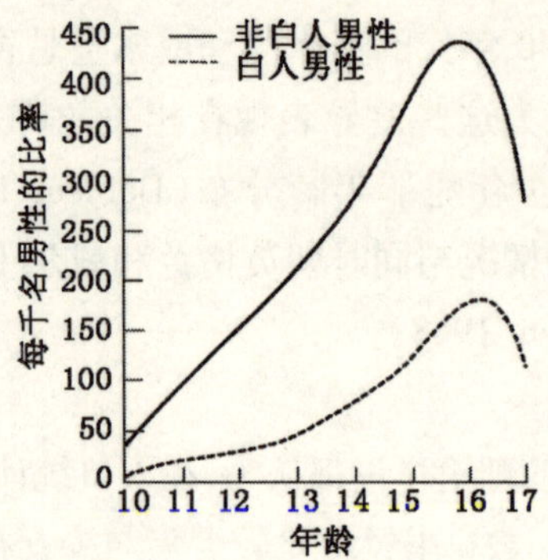

图6 1945年在费城出生的不同种族与年龄的男性的少年犯罪率

【资料来源】沃尔夫冈、费格利奥和塞林(Wolfgang,Figlio,and Sellin 1972:109)的论著

三、犯罪类型

正如我们所提到的,实证研究通常假设不同类型的犯罪在因果关系方面是有差异的。实际上,作为犯罪学的主要数据,由《统一犯罪报告》提供的"官方"统计资料区分各种犯罪行为,根据行为的"严重性"划分为"第一类犯罪"[①]和"第二类犯罪"[②],并且以年龄、性别和种族的不同来描述这些犯罪类型的"变化"。当实证犯罪学家看到这种变化时,他们自然而然地就要作一种实质性的解释。正如我们所提到的,特定的犯罪具有不同于犯罪人特性的原因;特定的犯罪有自己的被害人、机会、物质(substance)[③]等。显然,这些犯罪特性可以解释特定犯罪在不同时间和空间的变化。不过,要区分犯罪的特性与犯罪人的特性是很难的,犯罪的许多特性是显而易见的,并且也是容易测量的(如年龄)。结果,反映不同犯罪年龄分布变化的数据随处可见也就不足为奇了。举例说来,至少在官方统计中就很好地整理出人身犯罪与财产犯罪的年龄分布的持续差异。在这样的数据中,人身犯罪的高峰迟于财产犯罪,并且随着年龄的增长,人身犯罪率的下降要比财产犯罪缓慢。然而,这种事实对于犯罪的理论究竟有多重要

① 第一类犯罪(Part I offenses)是指美国《统一犯罪报告》(Uniform Crime Reports)中的严重犯罪,包括杀人、强奸、抢劫、重伤害、入室盗窃、盗窃、盗窃汽车、纵火8种,又称为"指数犯罪(index crime)"。——译注

② 第二类犯罪(Part II offenses)是指美国《统一犯罪报告》(Uniform Crime Reports)中的不太严重的犯罪,包括伤害、伪造、诈骗、贪污、赃物犯罪(购买、接受和拥有被盗财物),恶意破坏、武器犯罪,卖淫、其他性犯罪,药物滥用、赌博、侵害家庭与儿童犯罪,酒后驾车、违反烈性酒类法律、酗酒、妨害治安、流浪、除交通违章外的其他犯罪、犯罪嫌疑行为,少年违反宵禁令、离家出走等。——译注

③ "substance"在很多时候也指"毒品"。——译注

是有问题的。我们不能将这种变化性归结为犯罪人的特性,而实证主义者们恰恰认为这种变化与犯罪人的特性有关。事实上,既然不同年龄的犯罪人犯各种各样的罪行,犯罪的“严重性”不随年龄的增长而增加,那么我们就很有理由质疑:犯罪的年龄分布的差异能否归结为不同年龄犯罪人在犯罪性(criminality)方面的差别。此外,自我报告资料(self-report data)并不支持在人身犯罪与财产犯罪上有年龄差异的观点,相反,这些资料表明,这两类犯罪同时达到高峰期(参见 Elliott,Ageton, and Huizinga 1978),也在同样年龄开始下降(Tittle 1980)。与此相一致,在官方统计数据中人身犯罪率下降得更低,可能仅仅反映了这样的事实,即这些犯罪中的很大一部分涉及初级群体(primary-group,如近亲属)冲突。可以假设,初级群体冲突在不同年龄阶段都是相对稳定的,并且在能干的阶段(年龄既不太老也不太小)会产生数量相对稳定的攻击性犯罪。如果将这类犯罪从整个人身犯罪中剔除出来,那么人身犯罪的曲线就会大致与财产犯罪接近。这样的推断与自我报告式研究结果一致:就犯罪人的年龄长期效应而言,人身犯罪与财产犯罪并无差别(Tittle 1980:92)。

既然我们认为年龄效应在不同社会与文化条件下都是不变的,那么,我们对人身犯罪与财产犯罪中存在明显差异的解释,就要求修正我们的这个观点。实际上,在一些条件下,年龄效应可能是不起作用的。例如,随着年龄的增长,人们退缩到初级群体环境中,而在这种环境下犯罪事件是很少发生的,并且会一直如此。在初级群体之外的环境中,年龄对于人身犯罪的影响是更为明显的。所以,虽然我们可以找到年龄不会像通常那样发挥影响的条件,但是,脱离这些条件并不能得出可以用这些条件来说明年龄效应的结论。相反,脱离这些条件可以得出这样的结论,即在特殊情况下,年龄效应在一定程度上会被抵消型犯罪因素(countervailing crime factors)所模糊。

四、人为条件和与犯罪类似的行为①

如第五章所述,可以通过与犯罪相当的非犯罪事件来检验我们的理论。如果有必要,我们可以研究那些由于年龄太小而不能引起官方人员注意的儿童的犯罪性,还可以研究那些由于被国家剥夺犯罪能力而不能犯罪的人们的犯罪性,我们甚至可以考察那些在任何地方都不会被认为是犯罪的行为(如意外事件)来研究犯罪性。这能使我们在可控的条件下考察年龄效应(或其他变量),可控

① 原文是“Artificial Conditions and Behavior Analogous to Crime”。——译注

的条件排除了进行其他解释的可能。

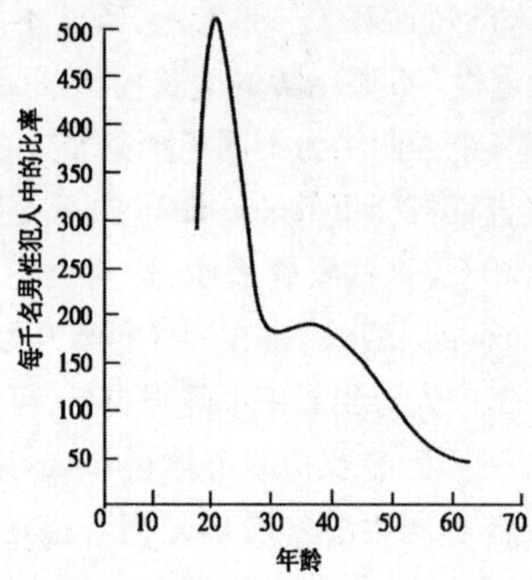

图 7　1975 年纽约州每 1000 名男犯人中的监狱违规行为

【资料来源】对弗拉纳根（Flanagan 1979）论著中的原始数据和纽约州（New York State 1976）的原始数据的分析

对年龄效应的解释典型地集中在青年与成人的社会地位上，这暗示着如果两者的社会地位相同，那么两者在犯罪率上的差异就会消失。一种检验这些理论的方法是创造一种环境，在这种环境中，年龄有变化，而与年龄相关的各种力量（forces）则保持不变。例如，如果有差别的劳动力参与（differential labor-force participation）可以用来说明年龄效应的话，我们就可以通过创造一种环境来检验这一命题，在这种环境中没有人加入到劳动力中。这样的环境接近于监狱。监狱犯人具有在许多犯罪原因变量方面比较相似的优势，因为他们在犯罪方面也比较类似。如图 7 所示，该图显示了不同年龄的监狱违规率（prison infraction rate），当实际上几乎所有变量都保持相对稳定时，其年龄效应就近似于自由状态的年龄效应（参见 Zink 1958；Wolfgang 1961；Ellis，Grasmick，and Gilman 1974；Flanagan 1979，1981；Mabli et al. 1979）。

探讨将年龄与其他原因变量混淆问题的另一个路径就是隔离某种与犯罪相类似的行为（如机动车事故）。图 8 显示了纽约州有驾驶资格的人群在不同年龄段的机动车事故发生率。显然，这些资料与犯罪资料相类似。同样显而易见的是，标准的犯罪学理论无法解释这种相似性。事实上，许多标准的犯罪学理论也不能被这种相似性证明是错误的（这是一种意外事件亚文化吗）。

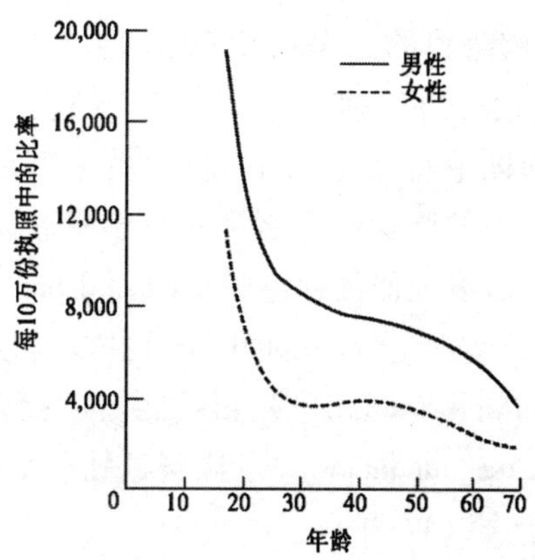

图8　1977年纽约州以年龄与性别分类统计的机动车事故

【资料来源】纽约州(New York State 1979)的资料

五、关于犯罪性理论的年龄评论[①]

目前的犯罪理论大多集中于青少年(adolescent)和青少年后期阶段,这一时期犯罪率达到或接近最高水平。通常的研究方法是找到或创建高犯罪率与低犯罪率人群,区分出少年犯罪人与非犯罪少年。然而,这种区分是通过以下方式或标准完成的,即通过贴一些标签完成的,如受到赞同少年犯罪的种种定义的影响、缺乏合法机会、早期的少年犯罪行为得到强化、社会约束的缺失——结果是区分出了一般都有可能实施犯罪行为的群体。

检验这些理论的标准研究程序是比较所识别出来的这些人群的实际犯罪率(actual crime rate)。尽管由于模糊性与不一致性在实际上是很难检验这些理论的,但是在原则上,对于如何检验这些理论几乎是没有异议的。如果把不同机会(differential opportunity)看成是少年犯罪的关键,那么,就要对这种机会下一个操作性定义,然后比较拥有较多机会的群体与缺乏机会的群体。追溯到检验之初,在这些理论中似乎并不必然包含经验性缺陷。因为这些理论至少在原则上是具有可验证性的,它们似乎也并不必然包含逻辑缺陷。

现在开始探讨犯罪人的年龄分布这一非理性事实(brute fact)。我们可以看到,当犯罪人群体形成之时,其规模就开始萎缩,"成熟改善"(maturational re-

① 原文是"The Age Critique of Theories of Criminality"。——译注

form)[①]或与之相当的未被解释的过程就发挥作用。然后,就认为这一理论能够解释犯罪的开始,但不能说明犯罪的停止。既然"停止"(desistance)与"开始"(onset)具有同等重要的理论意义,那么,该理论的失败足以导致人们对其关于犯罪开始的解释,产生严重的质疑:"既然多数少年犯罪人成年后没有继续发展为成年犯罪人,我们能否假设他们的社会联系(social bonds)最终得到了强化呢?这又是如何实现的呢?控制理论(control theory)并没有恰当地回答这些问题和其他类似的问题"(Siegel and Senna 1981:139),并且"社会过程理论不能解释少年犯罪中的成熟因素(aging out factor)。[②] 这也是社会结构观点(social structure approach)的缺陷"(同上,第147页)。

我们应当这样来理解这种传统的批判性观点:某种理论争论实际上就是逻辑上和经验上的争论。犯罪率随年龄增长而下降的经验事实是没有争议的。对于理论应当能够解释事实的要求,也是无须辩论的。但是,这并不意味着某种可以适当区分犯罪人与非犯罪人的理论也能够用来解释年龄效应。在理论上有争论的是,要用那些解释在一定时间内犯罪率差异的变量来解释犯罪的年龄分布。这等于主张犯罪的年龄效应与某种精确的犯罪理论所使用的各种变量是无关的。然而,某种特定的理论如果认为低犯罪率群体的犯罪率仅仅是高犯罪率群体的犯罪率中稳定不变的一部分,那么,这样的理论在任何年龄段都是适用的。图9表明了这种可能性,它表明了一种不受"成熟改善"(maturational reform)影响的真正的理论。这种理论在人的一生中都将犯罪人与非犯罪人区分开来。但是,这种理论不能解释犯罪中的"成熟"因素,不能把这个问题看成是该理论的一种"缺陷",因为成熟效应在所有年龄群体中都发挥作用。显而易见,在找到可以推翻看似可行的假设之前,用年龄作为武器来批判任何现有犯罪理论的做法都是没有充分理由的。

这一点可以通过这样的方式来阐明,即可以把基于年龄而对犯罪的社会理论进行批判的逻辑,应用于图8所示的机动车事故数据。驾驶员培训对事故的效果不足以解释驾驶员之间的差别,人们对于这一观点并无异议,因为它不能解释年龄效应。的确,保险公司在正常情况下支付赔偿金时,并不怎么考虑个人是否受过驾驶员培训,但是并不忽视年龄变量。人们更为普遍地认为,不论驾驶员

---

① "成熟改善"(maturational reform),是指随着年龄增加和不断成熟,人们逐渐停止犯罪和其他不良行为的现象。——译注

② "aging out"是指少年犯罪随着年龄增长而减少的现象。——译注

的社会特征如何,年龄都会影响机动车事故发生的可能性,这是毋庸置疑的。同时,也应当提及的是,事故造成的物质损失(physical costs)通常远远大于社会损失(social costs)和(或)法律惩罚(legal penalty)。因此,没有理论相信,社会控制可以说明事故的年龄分布现状。

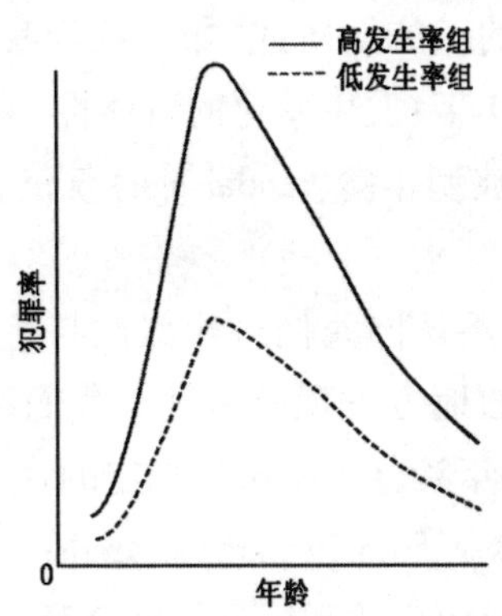

图9　真正不受年龄影响的理论①

所以,如果图9所表明的可能性确实反映了实际情况,那么,学者们进行的将各种理论与年龄分布一致起来、使理论包含年龄效应的努力就可能导致学者们得出与事实相反的观点。例如,埃德温·萨瑟兰和唐纳德·克雷西(Edwin Sutherland and Donald Cressey 1978:130)认为,不同交往理论能够解释年龄的明显效应。推测起来,这种观点意味着,年龄与赞同违法的一系列特别定义的接触相联系,在不改变这类定义的群体中,整个一生中犯罪的可能性都是不变的。然而研究表明,"即使同等地受到犯罪影响,犯罪的倾向也往往会随着年龄的增长而逐渐消失"(Rowe and Tittle 1977:229),这与我们的命题是一致的。

这一事实仍然不能否定不同交往理论的价值。相反,我们应当期望的恰恰就是这种理论是真实的,而且是与年龄无关的。读者会注意到,图9虽然是假设的,但是它非常接近于上述的实际的亚群体差异。因此,似乎可以有把握地说:(1)犯罪理论应将年龄考虑进去这种观点本身就是一种犯罪理论;(2)构成这种观点基础的那种理论是与事实相悖的。

关于年龄的这些假设已经被证明是有争议的(Greenberg 1985; Farrington 1986a; Blumstein, Cohen, and Farrington 1988a,1988b; Tittle 1988)。对于我们

① 原书中没有注明资料来源。——译注

的不变命题(invariance thesis)的经验性挑战,已经归结为寻求犯罪的年龄分布在模式、水平或倾斜(skew)方面的统计变化(Steffensmeier et al. 1989)。这样的探讨(例如,Farrington 1986a)往往是缺乏理论指导的。结果,这样的探讨往往导致不恰当的结论:犯罪年龄分布中非实质性的并且是不能解释的那些变化对于我们的不变命题是有影响的。如上所述,如果认为我们的观点否认犯罪在不同时间阶段(如在1965~1980年)发生变化的可能性,或者如果认为我们的观点否认实施特定"犯罪类型"的典型年龄(modal age)仅仅有轻微变化,都是对我们主张的歪曲。

很明显,许多研究者并不认同我们对相似性与差异性的看法。实证主义者往往会在我们看到相似性的地方发现差异性。我们相信,我们的偏见可能最终会得到证实。例如,犯罪的年龄分布是相当稳定的这一结论,直接使关于犯罪的几种观点自己得到证明(参见 Hirschi and Gottfredson 1983,1986,1987),这一点将在下文中进行讨论。与此相反的和标准的结论是,犯罪的年龄分布随时间、年代、地点、犯罪类型及人群的不同而变化(参见 Sutherland and Cressey 1978:ch. 6;Wilson and Herrnstein 1985:ch. 5)。正如我们已经看到的,那种只重视观察统计差异而缺乏理论兴趣的现象,是实证主义者的一种基本倾向,这种倾向导致实证主义者进一步观察更为细致的和缺乏意义的差别。科学肯定不需要这样的结论,即在讨论分布问题的时候,细微的差异比基本的相似性更有意义。

75年前,查尔斯·格林(Charles Goring 1913)发现,在年龄分布数据中存在显著的统计学差异,并且断言,这种差异从科学角度上讲是微不足道的。戴维·法林顿(Farrington 1986a)重述了格林的数据结果,但却得到相反的结论。我们赞同格林的观点,也赞同刘易斯·古特曼 (Louis Guttman)的观点,刘易斯·古特曼主张,"对统计显著性的检验不是对科学重要性的检验……然而,在社会科学中,没有人能够基于对显著性的检验而公布一种已经发展、形成或者得到有效证明的科学法则。物理学的基本法则不可能促进这种方式。对于处在发展中的科学而言,估计和近似值(estimation and approximation)可能比显著性更加富有成效,也绝不能忘记重复(replication)"(1977:92)。

在我们看来,对于犯罪学而言,这个问题就如同杯子满了97%还是空着3%那样的问题——也就是说,究竟是追求一种十分明显的年龄效应的重要意义,还是热衷于并非由理论研究产生的统计学混乱。鉴于传统犯罪学理论与年龄—犯罪关系之间的明显不一致,让我们把探讨犯罪与犯罪性之间的差别作为解决这个理论僵局的一种机制。

六、年龄与犯罪和犯罪性之间的差别①

在《少年犯罪与漂移》(Delinquency and Drift,1964)一书中,戴维·马茨阿(David Matza)②认为,对犯罪的实证解释的一个基本缺陷,就是这些解释不能说明成熟改善,即少年犯罪在青少年中期(middle teens)从高峰开始下降的倾向。根据马茨阿的论述,实证主义理论按照决定论法则(the laws of determinism)的要求创造出某种犯罪人(即实施犯罪行为的人)。根据这样的理论,犯罪人在被完全地创造出来的时候,他就是完整的(犯罪人),就会开始从事犯罪活动,并且犯罪活动往往会越来越少。但是,这种创造出犯罪人的理论却不能解释犯罪人为什么不再继续犯罪。马茨阿解决此问题的方式是重新启用了"意志"(will)这一概念,少年犯罪人如果不是完全摆脱了决定论法则的限制的话,他至少也比实证主义所描述的要自由,可以相对自由地控制自己的行为。马茨阿的特殊解决方式虽然在今天不常直接提及,但理论必须能够解决犯罪人的行为随时间变化的问题这一思想,已经成为犯罪学常识的一部分,今天解决马茨阿提到的问题的那些方式,仍然保留了很多他当时的想法。

马茨阿的著作是少年犯罪文献中比较著名的一部,马茨阿告诉我们:"即使仅仅因为生物约束的强制性(compulsion of biological constraint)比精神约束(psychic constraint)或者社会约束(social constraint)更具有字面上的意义,并且人们也是这样认为的话,那么,生物学理论也往往会受到成熟改善现象的最严厉打击"(1964:22)。当然成熟改善也可以表述为随着时间的推移而发生行为变化、随着年龄的增长而发生行为变化。在正常情况下,随着年龄的增长而发生的行为变化会使人猜想,年龄是否以某种方式引起行为变化(因为行为变化不可能引起年龄增长)。但是,年龄具有生物学上的意义,在犯罪学中,生物学意味着固着(fixation)、稳定不变(immutability)甚至命运(destiny),所以,马茨阿可以这样说:犯罪的某种明显的生物学相关因素对生物学观点解释犯罪性的能力,造成了一个直接的威胁。

马茨阿并不是唯一持有这种逻辑观点的人。几年以后,在戈登·特拉斯勒

---

① 原文是"Age and the Dstinction between Crime and Criminality"。——译注

② 戴维·马茨阿(David Matza,1930 -)是美国社会学家、犯罪学家。——校注

(Gordon Trasler)[1]撰写的一段很有思想的文字中,通过提出犯罪意识理论中的"自发停止"(spontaneous desistance)观点,涉及了这个问题。

> 我们一直没有认识"自发停止"的重要性,或者进一步讲,我们误解了它,因为我们仍然坚信犯罪性主要是人的特性,表现为不诚实和暴力,它根源于某种异常,如果不因矫正或威慑而得到改正或限制将会持续……"自发停止"向这些学者[例如,艾森克(Eysenck)、梅德尼克(Mednick)和我]提出了一些问题,我们都认为意识是约束人们不去进行违法行为的关键机制……并且从意识功能的不足方面解释了犯罪性。因为意识的本质特征就是它主要地或者完全地不依赖于情境。(1980:10,12;另见 Trasler 1987)

戈登·特拉斯勒的问题与马茨阿一样,如何通过人的特征来解释行为的变化——特征(characteristics)一旦形成之后就是相对固定的吗?戈登解决问题的方式与马茨阿相似。马茨阿认为:

> 对青少年自发停止犯罪的最简单、(在我看来)最令人满意的解释,集中在对少年犯罪行为的满意性(satisfaction)方面——正如斯金纳(Skinner)所提出的,一些强化物(reinforcer)在少年时期维持犯罪行为,但是在成年之后就不再起这样的维持作用。我以前说过,许多少年犯罪是为了寻求快乐……但是,随着年龄的增长,大多数年轻人通过其他途径取得成就,获得社会满足——例如,工作、女朋友、妻子、家庭,最终是孩子——在这样做的过程中逐渐不依靠于同伴群体(peer-group)的支持。更重要的是,新的生活方式与少年犯罪行为相矛盾。

特拉斯勒的结论是,所谓自发停止是由于青年情境(situation)的变化引起的——换句话说,停止是依赖情境的。然后,他得出了与马茨阿同样的教训(moral):如果犯罪的变化是依赖情境的,那么犯罪性也是依赖情境的。如果上述观点成立,那么像意识[它毕竟是"价值与禁止(proscription)的一种内化体系"]这样的不依赖情境的概念,也必须重新被看成是犯罪性的解释因素。特拉斯勒与马茨阿从截然不同的背景和视角来阐述成熟改善与自发停止的问题,两

① 戈登·特拉斯勒(Gordon Trasler,1929－2002)是英国心理学家、犯罪学家,1990 年获美国犯罪学协会颁发的塞林－格卢克奖(Sellin-Glueck Award)。——校注

者研究路径相同并得出实质相同的结论。犯罪随年龄下降;这种下降可以用人的社会情境的变化来解释;如果个人的社会情境能够解释犯罪随年龄下降的话,那么,它也能够解释任何特定年龄阶段的差异。因此,主要根据人的特征来解释犯罪的话,不论这些特性是生物学上的、心理学上的,或是社会学上的,充其量都是令人怀疑的,甚至是错误的。

如果用成熟改善或是自发停止来解释的话,就意味着犯罪随年龄增长而下降(Hirschi and Gottfredson 1983)。这样的解释暗示,成熟改善是指成熟带来行为变化;而在自发停止理论中,行为的变化是不能解释的,不论发生什么,变化都会发生。我们相信,这种解释与证据是一致的。我们也相信,需要更加仔细地明确阐述像少年犯罪(delinquency)与犯罪(crime)这样的术语。

关于成熟改善的文献,通常都把焦点集中在高发生率人群("少年犯罪人")中的犯罪的下降上,而忽视了低发生率人群("非犯罪少年")中的犯罪也可能发生相似的下降。这种忽视导致人们相信,随着时间的推移少年犯罪人往往会变成非犯罪少年——如果他们实际上不交换地点(trade places)的话,这两个群体最终至少会混合到一起。正如我们已经看到的,上述观点导致这样的结论:少年犯罪不同的时间阶段是不稳定的,因此,不能用在不同时间阶段都很稳定的那些特点来解释少年犯罪。然而,实际上正如我们所论述的,少年犯罪在不同的时间阶段是相对稳定的,并且犯罪率的下降在各个年龄阶段都是相当稳定的。例如,莱尔·香农(Lyle Shannon)报告说,在18岁前与警察打交道的数字与18岁之后与警察打交道的数字之间,有0.52的相关(1978:表4)。更具体地说,香农的数据显示,在18岁前没有和警察打过交道的人中,有5%的人到32岁时有5次或者更多次与警察打交道的记录;而在18岁前与警察打过5次或更多次交道的人中,有64%的人到32岁时也有5次或者更多次与警察打交道的记录(1978:表2)。

很明显,如果犯罪下降而少年犯罪保持稳定,我们就需要不止一个概念来解释这一结果。实际上我们的理论部分地建立在这种需要的基础上。我们的理论提供了"犯罪"与"犯罪性"(自我控制)这两个概念,这是调和那些似乎相互矛盾的结果所必需的。正如我们已经对这些术语所定义的那样,犯罪是短期的、限定性的事件(circumscribed events),包含着一系列特定的必要条件[例如,活动、机会、对手(adversaries)、被害人、物品]。与之相反,自我控制是指个人之间在实施犯罪行为(或相当行为)的倾向方面具有的相对稳定的差异。因此,自我控制仅仅是导致犯罪行为的原因结构(causal configuration)中的一个要素,犯罪行为充其量是自我控制的不完善的衡量指标(measures)。这意味着,首先,即使自我控制没有变化的话,个人参与犯罪事件的频率也会随着时间和地点的不同而有不同。其次,进一步意味着,在群体的总犯罪率变化的情况下,群体内部在犯罪倾向方面的差异可能会继续保持。最后,这意味着,即使不犯罪的话,低的自我控制也可能存在(即在犯罪发生前和犯罪结束后,低的自我控制都存在)。鉴于这一差异,成熟改善理论似乎混淆了犯罪的变化(即犯罪下降)与实施犯罪倾向的变化(即犯罪倾向可能没有发生任何变化)。这种混淆的部分原因是,我们往往对两个概念使用了同样的指标(indicator)。我们把一些犯罪行为既作为犯罪的衡量指标(measure),也作为犯罪性的衡量指标。从分析因素方面来看,这种观点似乎是复杂的,因为在正常情况下,我们并不承认犯罪性是解释变化的唯一因素。意识到这个问题,将有助于认识犯罪与犯罪性之间存在的实质差异,并且用这种差异来解释犯罪的年龄分布。

运用犯罪和自我控制低的概念,我们可以在同一现象上区分传统的"停止"理论与"年龄"理论。停止理论主张,犯罪随年龄增长而减少,这是因为与年龄相关的因素降低或者改变了行为人的犯罪性;年龄理论主张,不管犯罪性如何,犯罪都会随着年龄增长而减少。我们认为,论据显然支持年龄理论。以下简要分析这方面的论据。

七、对成熟改善的情境解释与年龄解释①

特拉斯勒认为,可以用青年的社会情境(social situation)的变化来解释少年后期开始的犯罪下降。特拉斯勒的理论是非常清晰的:他列举了导致犯罪率下降"成就与社会满足(social satisfaction)的来源"。这个名单包括"工作、女朋友、妻子、家庭,最后是孩子"(1980:11 - 12)。正如戈登・特拉斯勒所说的那样,情境理论(situational theory)没有涉及可以用来预测制度参与(institutional involvement)或者限制该理论预测这种参与效果的个人特征。结果,这个理论必须作出这样的假设:每一个人,无论是少年犯罪人还是非犯罪少年,都有可能同样地进入传统社会制度中并受其影响。相反,我们的理论假设,一种稳定的个人特征——自我控制——明显与制度参与和其影响有关。实际上,我们的理论假设,既然根据定义,传统制度几乎总是约束行为的,那么,这种制度就难以吸引或者

① 原文是"Situational and Age Explanations of Maturational Reform"。——译注

影响那些缺乏自我控制的人。结果,我们的理论就怀疑这样的观点:这些制度通过情境理论提出的那些方式改变人们。让我们检验一下有关工作(employment)、女朋友、妻子或者孩子方面的论据。

(一)工作

如果犯罪率随年龄的增长而下降,那么,有一种原因总会被人们提到,这就是在实施犯罪的高峰年龄(peak age)期,年轻人开始进入工作领域。工作就意味着有规律的作息时间、限制并得到报酬,这会使青年们安下心来,以前无法满足的需要也得到了满足。如果说工作是醉汉们不喜欢的事情,那么,工作也是所有沉溺于非传统的或者非法的享乐活动的那些人所不喜欢的事情。或者,据说就像在犯罪文学里反复不停地讲述的那样,工作理论(job theories)讲起来容易,但是却难以验证。工作理论似乎意味着,至少就不赞同用个人因素解释犯罪的那些观点而言,工作在一定程度上能够吸引个人,并且促使个人改变自己的行为。如果真是这样,我们就可以仅仅比较有工作的人与没有工作的人,并且可以预期,那些没有工作的人更有可能成为少年犯罪人。当我们在自然条件下尝试进行这样的被动观察时,至少在青少年后期当就业增加而少年犯罪减少时,我们就会发现,有工作的人更不可能成为少年犯罪人(Hirschi 1969:188;West and Farrington 1977)。

这些发现要求我们在一些基础方面修正工作理论。为此,我们要限定对工作的理解,或者重新描述工作与人们的联系,或者综合进行两方面的工作。一旦我们开始讨论"有意义的"工作,或者讨论影响人们寻找或者保持工作的个人特征,我们就会创立一种复杂模式,这种模式对年龄问题的重要性不再是清晰的。有一点是清晰的:一旦某种情境变量(situational variable)掺杂了个人特征的影响,那么,就不能正当地再用情境变量的效果来反驳用个人因素对犯罪进行的解释。这种经过修正的工作理论,承认工作并不是在真空状态中存在的,它可能会认为,在其他条件相同的情况下,那些有工作的人比那些无工作的人更不可能成为少年犯罪人。为了验证这一理论,我们安排一些人工作,而使一些人得不到工作。实验似乎公正地表明,结果并不像"工作理论"引导我们所预期的那样。犯罪率的差异是很小的、不存在的,甚至和预期的结果相反(Berk, Lenihan, and Rossi 1980)。相反,不论个人过去少年犯罪的历史如何,如果安排每个人进行同样的工作,那么,就像在第二次世界大战期间所发生的那样,少年犯罪的差异持续,犯罪也随年龄增长逐渐下降(Glueck and Glueck 1968)。因此,我们得出的结论是:就业不能解释或者说无助于解释犯罪随年龄增长而减少的现象;这与区分犯罪人与非犯罪人的理论不相关。

(二)女朋友

把女朋友或妻子作为解释犯罪随年龄增长而下降的一个原因的思路,有几个出处。正如富兰克林·齐姆林(Franklin Zimring)指出的,“青少年在群体中实施犯罪,正如他们所过的生活那样。”(1981:867)。齐姆林提出的支持这一观点的论据是很多的。如果我们对他的陈述做一个限定,那么,他的观点对于年龄问题的意义是清晰的:“青少年的犯罪就像他们生活的那样,是在性别相同的群体中进行的。”如果真是这样,那么,结束这种单一性别群体,就会导致犯罪减少,这种减少可能是真实的,也可能是明显的。特拉斯勒(Trasler)、威尔逊和赫恩斯坦(Wilson and Herrnstein)也主张同样的观点(1985:147)。女朋友可以使男朋友远离同伴,从而避免帮伙生活的诱惑。既然女朋友就像工作一样是少年们长大成人过程中更为频繁出现的现象,那么,女朋友就可以解释为什么当少年步入成年时犯罪会下降。女朋友真能够起这样的作用吗?我们再次沮丧地发现,事实正好相反。有女朋友的少年比起没有女朋友的少年更有可能实施少年犯罪行为。事实上,约会和与犯罪的联系,显然就如同吸烟、喝酒与少年犯罪的联系。顺便提一下,这种描述在有关少年犯罪的文献中是很常见的(Hirschi 1969:163-170;Wiatrowski,Griswold,and Roberts 1981)。显然,就像工作一样,女朋友并不是单纯地依附于少年,相反,这里有一种在对待条件(treatment condition)方面的自我选择(self-selection)。如果这种“对待(treatment)”是有益于非少年犯罪行为的,那么,我们就不得不再次得出奇怪的结论:那些与少年犯罪人的少年犯罪行为不一致的情境,对于少年犯罪人有着特别的吸引力。假设少年犯罪人会被那些与他们的少年犯罪行为相一致的情境或者活动所吸引,似乎是更合理的,也肯定与我们对自我选择的了解更一致。

既然我们已经介绍了这样的行为,那么就可以探讨这些行为对所探讨的这个问题的意义。在青少年时期,酗酒、吸烟和吸毒会增加,换句话说,酗酒、吸烟和吸毒的倾向与其他形式的少年犯罪行为在方向上是相反的。鉴于这种熟悉的模式,我们设想,有可能把饮酒行为作为其他少年犯罪行为的替代物,从酒精得到的快乐至少可以取代其他一些快乐。基于这种逻辑(当然这等同于对犯罪随年龄增长而下降现象的情境解释),我们可以预测,那些饮酒的人们不大可能去犯罪。但是,我们知道这不是事实,相反,酒精与犯罪往往联系在一起。两者联系在一起的原因是,它们都反映了行为人的一种特征:自我控制低,即追求短暂而即时的快乐的倾向。显然,这样的快乐并不是相互排斥的。同时,很明显地,对其中一种快乐的追求频率的变化,并不必然意味着对其他快乐的追求频率的变化;对某种快乐的追求频率的变化,也不必然意味着个人追求所有快乐的一般倾向的变化。在这一点上,格卢克夫妇(the Gluecks)关于少年犯罪人的纵向研究一致地表明:因醉酒而被逮捕的人数增加时,因其他犯罪而被逮捕的人数几乎总是减少的。麦科德夫妇(the McCords)的后续数据进一步证实了这一点(参见Cline 1980:658 - 661)。沿着这一思路我们可以得出这样的结论:至少在青少年时期,女朋友并不能对少年犯罪人产生很大的约束力,因为女朋友反映出甚至鼓励了少年对生活的短期享乐倾向。这一结论有这样的优点,它与麦科德夫妇的后续数据和少年犯罪的一般概念是一致的,也与那种认为某些追求享乐的行为随年龄增长而下降的观点是一致的。

(三)妻子、家庭与孩子

同工作与女朋友一样,妻子和家庭也向我们提出了同样的问题。妻子和家庭听起来都很好,他们本身也与犯罪是不一致的,但是,如果证明妻子和家庭使人感到麻烦,或者对个人有过分的限制,他们都有可能被抛弃。结果,妻子和家庭似乎对犯罪的可能性并不产生影响。更明确地说,妻子和家庭不能解释犯罪随年龄增长而下降的现象(Farrington 1979;Tittle 1980)。孩子的情况甚至更加有趣。人们一般认为,有犯罪记录的人们不希望自己的孩子成为少年犯罪人,这似乎在说,孩子对他们父母的行为有抑制效果:关心自己孩子的父母会努力为孩子作出楷模,并愿意花大量的时间和精力来教育孩子们。但是,正如我们在第五章所提出的,许多父母并没有像期望的那样行为。教育孩子意味着要求孩子进行自我否定(self-denial),并愿意为长远的、不确定的收益而牺牲眼前的快乐,但是,犯罪人自己首先就有可能缺乏这些特征。犯罪人的孩子特别容易变成犯罪人的事实,是与这样的结论相一致的:犯罪人并没有像这种孩子假设所显示的那样改变自己的行为,相反,作为父母,他们却保持了青年人那样的短期享乐倾向。

简言之,关于犯罪随年龄增长而减少的生命过程解释(life-course explanation)或者情境解释(situational explanation)认为,随着个人年龄的增长,他或她就会获得与犯罪不一致的满足源泉。如果某一些满足与另一些满足不一致,就有理由得出这样的结论:个人从一些满足转向另一些满足的情况已经发生,他们在放弃一些东西的同时接受了另一些不同的东西。直截了当地讲,一个不负责任、不考虑他人的犯罪人,已经成为一个负责任的、体贴的守法市民。然而,数据资料并不能支持这样的图景。设立矫正机构的目的本来是要遏制犯罪人不发生所预期的效果,但是,犯罪人往往将这些矫正机构转变成一种获得满足的来源,从中获得与他过去在犯罪行为中获得的满足一样的满足。结果,犯罪可能性方面的个别差异在整个生命过程中往往都是持续不变的;无论是犯罪人,还是非犯罪人,都不会因为不可预见的、情境性的事件而发生剧烈的改变。

然而,确实存在犯罪随年龄的增长而下降的现象。既然用个人的变化或者个人在反犯罪机构(anticriminal institution)中的经历都不能解释这一现象,那么,我们只能得出这样的结论:犯罪之所以随年龄的增长而下降,是由于有机体不可阻挡的老化现象造成的。我们也可以认为,犯罪随年龄的增长而下降的现象,并不是用个人因素就可以解释的问题。相反,似乎被这类变化所累的那些理论,就是那些不能成功地解释这类变化的理论,就是那些集中关注进入传统机构所产生的控制性影响(controlling influence)或者威慑效果(deterrent effects)的理论。

八、犯罪的社会理论与年龄效应①

到目前为止,我们已经集中讨论了犯罪随年龄的增长而下降的问题,并将“缓解”(remission)看成是重要的问题。在这方面,我们只不过遵循了传统而已。年龄曲线的另一方面在理论上至少是同样值得关注的。为什么这个方面通常被忽视了呢?一个原因似乎是,我们认为并没有忽视它,理论考虑了直到青少年中期为止犯罪随年龄增长而增加的现象。不过,如果对少年犯罪的主要理论进行考察就会发现,它们并不真正关注年龄分布的任何一方面,或者说,如果它们关注了一方面的话,就会忽视另一方面。在马茨阿(Matza)的讨论中,在论述缓解问题时,并没有提及开始犯罪的年龄或者类似的概念。事实上,马茨阿的理论开始于少年犯罪处在高峰的时候。然后,马茨阿把少年犯罪看成是公认的事实:他自始至终都认为,必须解释少年犯罪人的行为,但是,并没有告诉我们关于少年犯罪人最初怎样或者何时变成少年犯罪人的信息。

克洛沃德和奥林(Cloward and Ohlin 1960)在他们的书中,用几节的篇幅探讨了少年犯罪亚文化群(delinquent subculture)中的不同年龄者的整合问题,但是,并不清楚他们所描述的这种补充和培训成员的系统是如何与犯罪的年龄分布相一致的,因为就我们所能确定的而言,他们并没有提及他们所描述的人们的

① 原文是“Social Theories of Crime and the Age Effect”。——译注

具体年龄。然而,似乎可以很公正地说,克洛沃德与奥林描述了人们最初从非犯罪少年转变为少年犯罪人的过程,并且这一过程涉及社会中传统机构的参与,当然特别是学校的参与。然后,很有理由相信,克洛沃德与奥林的理论最初来源于对犯罪的年龄分布的一种映像(image),这种映像不知从何处开始,它在青少年中期达到顶峰。同样,我们也很有理由相信这一理论可能是错误的,因为它误将犯罪的年龄分布当作犯罪性的年龄分布,并让我们相信犯罪性也是不知从何处而来的,或者更为糟糕的是,让我们相信好的制度也会把好少年转变为坏少年,这就是我们从停止理论中得到的一种值得怀疑的顺序。

艾伯特·科恩(Albert Cohen 1955)①也没有提到他所描述的事件究竟是在哪个具体年龄阶段发生的,但是在生命过程中,可以比较精确地确定这些事件。例如,科恩花费大量时间来描述当少年被家人交到学校时会是什么样子。我们不能精确地知道这类现象何时发生,但是我们知道,它是在官方注意到的少年犯罪开始之前发生的。科恩详细描述了被学校接受的两种极端类型的少年:接受下列标准或者价值观的少年、拒绝下列标准或者价值观的少年:

> (1)雄心是一种美德,缺乏雄心是一种缺陷……雄心意味着很高的志向,意味着对很难实现的目标的志向。雄心也意味着愿意追求长远目标和长时间延迟奖赏。(2)个人责任(是受到称赞的)……(3)特别重视学业成就(academic achievement)以及具有**潜在**经济价值和职业价值的技能的获取。(4)为了实现长远目标,十分重视愿意延迟和抑制直接满足和自我放纵的诱惑,重视这样的延迟和抑制能力……(5)高度赞赏理性,如未雨绸缪、有意识地计划、预先安排时间……(6)重视规矩、礼貌和与人友好相处……(7)伦理强调对身体攻击行为和暴力的控制……(8)娱乐活动应当是健康的……(9)最后,这些价值观强调"对财产的尊重"……包括……所有人根据自己的**权利**处理所有物的权利。(1955:88-91;黑体字是原来就有的)

科恩关于中产阶级价值观的描述之所以被大段引用,是因为这是对我们所说的自我控制的一种具体描述。事实上,正如我们所提出的,犯罪是及时享乐倾向的一种副产品,而科恩则指出,那些没有受过延迟快乐训练的人,也就是没有

① 艾伯特·科恩(Albert Cohen,1918-)是美国社会学家、犯罪学家,1993年获美国犯罪学协会(ASC)颁发的埃德温·萨瑟兰奖(Edwin Sutherland Award)。——校注

受过避免盗窃和暴力行为训练的人。如果真是这样,似乎可以公正地说,在科恩的理论中,犯罪性方面的明显差异在家长把孩子交给学校之时就已经形成了。

如果犯罪性方面的差异出现在生活早期,有两种方法可以解释犯罪直到青春期才出现的事实:一种是让年龄填补这个空白,即认为犯罪潜力(crime potential)方面的差异在任何年龄阶段都有,当年龄的增加使个人有可能实施犯罪的时候,犯罪潜力就会表现出来。另一种是科恩所采纳的方法,即用理论来填充这个干扰时期(the intervening period),他赋予那些没有受过延迟快乐、避免暴力或者尊重财产训练的少年们一种反少年犯罪特质(antidelinquent trait):关心中产阶级的意见。那么,科恩就需要时间和某种机构经历(institutional experience)来消除这一特质。而且,需要一种机构来转变个人,并且以这样的方式把一个高度敏感的孩子转变成一个恶毒犯罪人(malicious offender),需要进行巨大的理论努力来产生这样的转变。虽然科恩一开始就认为,一个孩子即使不说别的,最终几乎肯定会陷入麻烦之中,但是,他的理论中最经常被人们引用和验证的部分,就涉及了转变问题。我们不得不得出这样的结论:科恩的理论也受到了学科偏见和某种犯罪年龄分布形象的影响。同样的形象也被克洛沃德与奥林所认同,根据这样的形象,少年犯罪似乎在青少年早期突然发生。因此,对少年犯罪的这些解释,是人们在年龄分布的下面看到的对非少年犯罪行为的解释的镜像(mirror image):从下面看,少年进入传统矫正机构并且被转变为非犯罪少年;从上面看,非犯罪少年进入传统矫正机构并且转变为少年犯罪人。从理论的两个方面来看,这种结果至少与人的某些初始特性(initial properties)是不一致的。从上面的理论来看,这种结果不仅与个人的初始特性不一致,也与他进入矫正机构后受到的冲击(thrust)不一致。如果可以用年龄因素来解释犯罪随时间流逝而发生的变化,那么,转变理论中的许多难题都可以避免。

所以,犯罪与自我控制之间的差异,提供了解决犯罪学中一个重大的经验性两难问题(dilemmas)的机制。这个两难问题就是:一方面,个人之间在犯罪倾向方面的差异终身保持着相当的稳定性;另一方面,任何人的犯罪都会随年龄的增长而下降。一旦个人的犯罪倾向与犯罪行为之间的差异成立的话,就很难反驳(return to)没有应用这些差异的犯罪理论。没能应用这种差异的理论,就是我们在第三章、第四章所提到的那些使用了不同的实证主义学科名称的理论。因为那些实证学科没有一种犯罪的概念,因此,它们的理论集中在犯罪人上。同时,这些理论也不愿承认这样的观点,即一种稳定的个人特征,也即犯罪性,影响着个人的犯罪行为。结果，实证犯罪学对其主要因变量(primary dependent variable)没有清晰的概念，无法整合涉及个人特征和情境特征的研究结果，也无法允许在同一行为中共存的选择和因果关系。

让我们把上述观点与犯罪的另外两种相关因素，即性别与种族，放在一起考察，这两种相关因素对于其他框架(schemes)而言是很难处理的。

第二节　性别与犯罪[①]

一、概述[②]

大多数学者认为，性别是犯罪的一种主要的、持续性的相关因素：

> 在这些研究中，没有一项研究对这些一致的研究结果有争议：男性实施的犯罪多于女性，男性犯罪通常比女性犯罪严重。(Warren 1981:8)

> 这样的差异的确是显著的：与其他变量相比，性别似乎可以解释不同文化中犯罪的更多变化。不论是已被官方知道的犯罪率，还是被隐藏的("真实的")犯罪率，它们都表明，情况似乎就是这样的。(Harris 1977:4)

> 吉温(J. B. Given)1977年对历史文献的仔细分析表明，13世纪英格兰的杀人犯罪"几乎是一种男性现象"……并且对世界范围的研究的调查，也证实了这种研究结果。(Nettler 1982:16; Nettler引用时就有省略)

> 性别与犯罪性的关联性很强，并且倾向于一直保持这样。与男性相比，在传统上，女性更不可能实施暴力犯罪，这种模式一直持续至今……虽然女性在财产犯罪的相对增加是显著的，但是女性在这些犯罪中的数量还是远远少于男性的。(Nagel and Hagan 1983:91)

我们对性别与犯罪的资料的考察可能是简明扼要的，因为近年来的文献中

① 原文是"Gender and Crime"。——校注

② 这个标题是译者根据原文的论述内容并考虑译文的结构平衡而增加的。——校注

对这个问题的探讨有所增加。对于涉及暴力与欺诈的犯罪而言,在被逮捕的人员中,男性占60% ~99%。自从20世纪30年代美国联邦调查局(FBI)开始收集统计数据以来,所有的官方数据都显示了这样的失衡状态。相似的差异也反映在英格兰(Douglas et al. 1966;Wadsworth 1979;Farrington 1986a)、瑞典(Jonsson 1967)、丹麦(Christiansen and Jensen 1972)和许多其他国家(参见 Adler 1981)的资料中。

目前已经得到认可的非官方统计资料,也证实了官方资料的描述。少年与少女之间的巨大差异,也是自我报告资料中一个持续不变的特征。例如,表5显示,来源于许多研究的男女自我报告差异都一致地表明,在严重犯罪中存在显著的不平衡,所有案件中的这些差异都与官方数据相一致。根据国家科学院(National Academy of Science)的资料,“在性别方面最一致的模式就是男性参与严重犯罪的程度在各年龄段都超过女性,不论数据的来源、犯罪类型、参与水平或者参加形式如何,都是如此”(Blumstein et al. 1986)。

二、性别影响的稳定性[①]

与年龄因素的情况一样,性别差异似乎在不同时间和地点都是不变的。在任何时间和地点,男性都比女性更有可能犯罪。也正如年龄因素的情况那样,这一事实往往被强调相似性,或者被强调那些预测最终相似性的理论的“最近”趋势所模糊。例如,长期以来,人们通常都认为:如果男女之间的地位有很大的平等性,那么,男女在犯罪率上也会有很大的平等性(Simon 1975; Nettler 1984)。然而,在美国,随着越来越多的女性参与工作,阶级和种族群体内部的巨大差异持续存在,这表明,平等命题(equality thesis)与角色理论(role theory)是不正确的。

---

① 原文是“The Stability of the Gender Effect”。——译注

表5　通常使用的自我报告项目中的男女比率
(以性别比率的中位数大小排列)

项目	性别比率的范围	性别比率的中位数	样本数量
离家出走	0.35 - 2.31	1.00	13
攻击父母(hit parents)	0.79 - 1.09	1.00	4
藐视父母(defy parents)	0.67 - 1.20	1.02	5
吸大麻	0.68 - 4.40	1.08	9
酗酒	0.85 - 1.75	1.28	20
逃学	1.06 - 1.91	1.28	12
无照驾车	1.08 - 3.32	1.50	8
盗窃少于2美元	1.16 - 2.02	1.75	12
盗窃2~50美元	1.48 - 5.03	2.70	12
有性关系	1.51 - 83.86	2.86	8
抢劫	1.00 - 8.00	2.87	10
损坏或破坏财物	1.17 - 5.15	2.92	14
参与帮伙斗殴	2.50 - 4.60	3.28	11
偷车	1.48 - 13.26	3.37	15
打架斗殴(bcat up/assault)	1.17　6.50	3.61	10
盗窃超过50美元	1.75 - 6.60	3.68	11

【资料来源】欣德朗、赫希和韦斯(Hindelang,Hirschi,and Weis 1981:140)的论著,该数据引用的样本取自13个研究成果

但是,质疑性别影响的普遍性的主要方法,就是引用不同条件下差异数量的变化。这表明,可能存在着不会发现差异的条件。然而,事实上,人们从来没有发现过这样的条件(Jensen and Eve 1976)。例如,在美国,因白领犯罪而发生的逮捕的趋同现象(convergence),并没有推翻男性比女性更有可能实施这类犯罪的事实。相反,它反映出这样的事实:在可能实施这类犯罪的职业中,女性被过度夸大了(例如,在许多像银行出纳员和秘书这样的白领职业中,女性的数量超过男性)。当对机会进行控制时,就会再次发现,在传统上主要由男性实施的诈骗犯罪中,男性犯罪的比率更高(Hirschi and Gottfredson 1987)。

即使根据角色或机会对犯罪中的性别差异进行的解释,也能够解释财产犯罪的差异及其所谓的趋同现象,但是,当把这样的解释应用到暴力行为时,这样的解释就缺乏可信度。女性进行伤害或者杀人的机会与男性是等同的。事实上,妇女们有更多的时间与孩子们进行无人监督的接触,她们与其他人交往的时间也远远多于男性。

社会学中关于性别差异的另一个常见解释,就是标定理论(labeling theory)。根据标定理论,妇女不太可能被认定为越轨者,因此也不大可能进行越轨行为。然而,正如拉特和吉勒(Rutter and Giller 1984:121)所指出的,绝大多数资料表明,少女比少年更容易受到刑事司法系统的严厉对待,少女们更容易因为那些并不对成人使用监禁的犯罪而被判处监禁。的确,近来一些评论指出,在处理过程中不适当的偏见造成了犯罪中巨大的性别差异——这一研究成果与前面所提到的官方资料和自我报告资料是比较一致的(Hindelang 1981;Warren 1981;Empey 1982;Nagel and Hagan 1983)。

和犯罪类似的行为中的性别差异,也与犯罪中所发现的性别差异相类似,这种现象进一步对那种认为角色差异可以解释行为差异的观点提出了怀疑。例如,图 8 表明,男性和女性在机动车事故发生率中存在一致的和巨大的差异,不管年龄如何都是这样。在许多意外事件中,包括溺水、燃烧或坠落,都报告了同样数量的差异。在酗酒和吸毒方面,通常也是男性多于女性(Miller 1982)。

犯罪与犯罪性的差异对犯罪的性别差异有什么意义呢?第一,所有犯罪类型中的性别差异都是在生活的早年产生的,并且会持续一生。这一事实意味着,在男女之间存在显著的自我控制差异。第二,在男女之间存在明显的犯罪差异,如在强奸与卖淫中就是如此;男女之间在因为越轨行为而受到的制裁方面也存在同样显著的差异,如未婚先孕对少年和少女的不同后果。这一事实表明,性别差异可能源于犯罪差异,而不是源于犯罪性的差异;机会方面的差异可以解释犯罪率方面的很多性别差异,这种假设在文献中更为普遍。我们提出的理论,提供了开始解决这类问题的方法:犯罪中的性别差异更大,还是犯罪性方面的性别差异更大?让我们简要说明如何用这一观点解决这个争议。

初看起来,犯罪的性别差异大多是机会变量或监督的结果。在历史上,少女和妇女比少年和男人受到更多的监督;比起儿子,父母往往更加密切地关注女儿,这种倾向一直持续至今,不过程度有所减弱(Felson and Gottfredson 1984)。学校和其他社区机构也沿袭着父母的做法,对女性的监管控制更为严厉,可以认为这种倾向也持续至今。给予更多监管控制的原因，并不是因为少女比少年更有犯罪倾向；事实上，少年犯罪的多数形式对女性来讲，付出的代价要比男性更大。在极端的例子中，错误的性行为可能导致怀孕并减少成功婚姻的机会。通常情况下，良好行为对于女性的生活机会（life chances）的影响程度要远远大于男性；所有的不良行为都有可能毁坏女性的生活机会，但是对男性却几乎没有影响。由于大多数少年犯罪发生在缺少父母直接监管的时候，因此，可以说对少女更严的管教可能会转化为较低的少年犯罪率。

作为一种完整的解释，直接监督假设几乎从一开始就面临着与事实的冲突。即便青春期的少年和少女受到父母同样的监管，男女差异也是存在的（见表6）。在学校这样的性行为受到较多监督的地方，男孩的不良行为发生率更高。事实上，在使用武力与欺诈方面的男女差异，出现在生活的早年，在可能出现机会差异之前就已经很明显了，并且会持续到成年，而到了成年后，在社会控制机构的监督方面的差异就降到了最低限度。

表6　自我报告的少年犯罪百分数（按照父母监督和性别列表）

自我报告行为的数量	监督，女性			监督，男性		
	低	中	高	低	中	高
0	31	51	65	16	27	38
1	28	33	25	20	32	29
2	23	10	8	23	21	17
3 +	18	6	2	41	21	16
总计	100	100	100	100	100	101
（N）	（65）	（134）	（394）	（334）	（337）	（663）

注：通过以下问题衡量监督情况："你的妈妈（爸爸）知道你在哪儿、什么时候离开家的吗？"与"你的妈妈（爸爸）知道当你离开家的时候和谁在一起吗？"在此表中，在监督上得高分的人对所有四个问题回答"通常"。

【资料来源】里奇蒙青年项目（Rimond Youth Project）的数据（Hirschi 1969）

所有这些都表明，社会控制与自我控制对犯罪行为的可能性有着独立的影响——监督（supervision）与社会化（socialization）的含义是不同的。的确，父母似乎并不认为，对孩子的监督是社会化的必要或充分的手段。相反，父母监督孩子是因为他们的孩子没有得到充分的社会化，以至于如果不进行直接控制就不能抵制诱惑。因此,父母努力减少犯罪的机会,特别是减少他们的女儿可能犯罪的机会。但是,由于监督不是社会化,采取不同方式监督自己儿女的父母,可能在实际上促使他们发生相似的社会化。一些人研究了与少年和少女在犯罪性方面的差异有关的变量(Glueck and Glueck 1934,1950;Hindelang 1973;Jensen and Eve 1976;Warren 1981),这些方面的研究结果一致地支持这个观点。例如,对父母依恋的缺乏,与少年和少女中的少年犯罪相关。同样,学术志向(academic ambition)、良好的学业表现以及认为犯罪是错误的信念,都会阻止少年和少女的少年犯罪行为。很清楚的是,父母即使对少年和少女的监督有所不同,也可以培养同样的反少年犯罪态度(antidelinquent attitude)和反少年犯罪行为(antidelinquent behavior)。

对于我们来说,这似乎意味着,性别对犯罪的影响大多是犯罪差异和[①]并非由直接的外部控制产生的自我控制差异的一种结果。鉴于我们对自我控制原因的讨论,这并不是一个完全令人惊讶的结论。直接监督仅仅是产生自我控制的必要因素中的一个,其他因素还包括对越轨行为的认识以及想努力纠正越轨行为的意愿。除了这些因素之外,还有个人的社会化能力(socializability)。个人的社会化能力超出了本书的论述范围(也超出了可以得到的经验性数据的范围),本书想识别影响犯罪差异的各种因素。然而,通过将这个问题转化为犯罪与犯罪性的概念,可以通过新的视角考察所得到的数据。

第三节 种族、种族特点与犯罪[②]

如同性别差异一样,很多人也同意,在不同的种族与种族群体之间存在很大的、比较稳定的犯罪与少年犯罪差异。事实上,约翰·劳布(John Laub 1983)已经指出,在违法犯罪行为(offending)方面的差异,可以解释城市化(urbanization)对美国犯罪率的大多数明显的影响。这样的差异不是美国社会所独有的。

> 实际上,在每个社会中,在一些种族与种族群体(racial and ethnic groups)之间都存在犯罪率的差异。华裔美国人与日裔美国人的犯罪率,明显低于其他美国人……即使考虑到刑事司法制度中存在的歧视,

① 这里的“和”(and)在原文中是加了着重号的。——译注

② 原文是“Race,Ethnicity,and Crime”。——译注

> 也无法否认美国黑人的高犯罪率……使用官方资料进行的每一个犯罪研究都表明，在因街头犯罪而被逮捕、被判有罪、被监禁的人群中，黑人是占据多数的。黑人占人口的1/8，但在1980年的因谋杀、强奸与抢劫而被逮捕的人群中，黑人占一半；在因入室盗窃、盗窃、盗窃汽车、重伤害而被逮捕的人中，黑人占1/4～1/3。(Wilson and Herrnstein 1985:459－461)

根据国家科学院(National Academy of Science)的看法，"综合若干研究资料和广义的非交通犯罪情况后发现，黑人与白人的比例平均为1.8∶1，指数犯罪(index offenses)[①]的平均比率为3.1∶1"(Blumstein et al. 1986:41)。

正如约翰·康克林(John Conklin)[②]对这方面的资料所概括的那样：

> 犹太人、日裔美国人与华裔美国人的犯罪率低于总人口的犯罪率，并且……黑人和墨西哥美国人的犯罪率高于总人口的犯罪率……1983年黑人占美国总人口的12%，而因指数犯罪被逮捕的却占35.7%。黑人占因暴力犯罪被逮捕人数的47.5%，占因财产犯罪被逮捕人数的32.7%。(1986:123)

官方数据中关于犯罪率的种族差异和种族特点差异，经常被归因于对少数种族的制度偏见(system bias)，但是，这种解释并没有得到被害数据(victimization data)的支持；在被害数据中，被害人报告了加害人的特征。被害调查所显示的差异与官方数据几乎一致(Hindelang 1978,1981;Wilbanks 1986)。自我报告没有显示在官方数据与被害数据中显示的那种数量差异，但是，这似乎是这种方法在不同种族中的不同效度造成的(Hindelang,Hirschi,and Weis 1981)。

在英国，拉特和吉勒(Rutter and Giller)报告说，"这些不同研究的研究结果是相当明确的。首先，在研究进行的任何时间内，亚裔人口的少年犯罪率都等于或者低于白人的少年犯罪率。其次，与20世纪50年代和60年代的情形形成鲜明对比的是，目前黑人的被逮捕率大幅度高于白人，在暴力犯罪中更是如此"(1984:160－161)。

---

① "index offenses"又译为"指标犯罪"，是美国联邦调查局(FBI)用来衡量美国犯罪发生率的那些严重犯罪，也就是《统一犯罪报告》(Uniform Crime Reports)所说的"第一类犯罪"(Part I offenses)，包括杀人、强奸、抢劫、重伤害、入室盗窃、盗窃、盗窃汽车、纵火8种。——译注

② 约翰·康克林(John Conklin,1943－)是美国犯罪学家。——校注

对于犯罪的种族差异的最流行解释，集中在美国黑人与白人犯罪率的差异上，并且用“暴力亚文化”（subculture of violence）来解释这种差异。依据暴力亚文化理论，黑人的贫困使得他们形成了这样的价值观：在人际纠纷中使用暴力是可以宽恕的，甚至是正当的。一旦形成这样的观念，就代代传承下去，即使在最初促使这种价值观形成的贫困已不存在的时候，也会如此（Wolfgang and Ferracuti 1967；Curtis 1974）。

这种我们称为犯罪性的文化模式是很普遍的：考虑到不同的文化可能与种族或者种族群体有关，也考虑到不同的文化在允许或者禁止犯罪倾向的发展方面可能不同，那么，可以用种族文化（racial culture）方面的差异来解释任何或者所有已观察到的种族或者种族群体之间的犯罪率差异。

不幸的是，关于犯罪性的这种文化观点，实际上都没有得到经验性证据的任何支持。社会科学家们徒然地搜寻对使用暴力的态度与价值的群体差异。第一，所有的群体，不论他们的种族成分或种族特征如何，都谴责在人类交往中使用暴力或者欺诈（参见 Short and Strodtbeck 1965；Suttles 1968；Rossi et al. 1974；Newman 1976；Kornhauser 1978；Nettler 1984）。第二，所有的群体，不论他们的种族成分或种族特征如何，都赞同反对犯罪的价值观。例如，进行长期规划、无私和公平的价值观。第三，犯罪人自己，不论他们的种族归属或种族特征如何，也不赞同犯罪行为，即使在他们实施犯罪行为的时候也是如此（Matza 1964）。第四，犯罪人的特征，往往是与那些亲密群体参与（intimate group participation）所必需的特征相对立的，而这样的特征则是实现完全社会化（full socialization）所必需的，在所有文化中都是如此。换句话说，犯罪人的特征表明，它们或多或少反映了犯罪人所在群体的文化价值观（参见第五章）。第五，犯罪“组织”的结构与文化观点的前提不一致。由具有犯罪性的人员组成的组织，远不是具有高度组织性的、稳定的单位，而是短暂的、无效率的（Yablonsky 1962；Suttles 1968；Reuter 1983；参见第十章）。第六，可能最为重要的是，文化观点误解了犯罪行为的性质。犯罪并不要求价值观的传播或者其他人的支持，也不要求从其他人那里得到技能、技术或者知识。相反，犯罪的性质在于，它是在任何时间和地点几乎可以由任何人实施的，对犯罪的奖赏就是它的合理性。

关于种族和种族差异的另一种解释，来自于紧张理论（strain theory）。这种解释可能集中在剥夺或者贫困上，认为某些种族群体的成员在客观上是受到剥夺的。这类剥夺理论（deprivation theory）几乎没有得到犯罪学研究的支持。正如杰克逊·托比（Jackson Toby）[①]所指出的，“事实上，在城市的工业社会中，在一千个盗窃者中，只有一个盗窃者的盗窃行为是因为饥寒交迫的结果；盗窃彩电与汽车的案件往往要多于盗窃食物和毯子的案件”（1979b：516）。

在更多的情况下，紧张理论集中于相对剥夺（relative deprivation）而不是绝对剥夺（absolute deprivation；对于这种理论的最近复兴，参见 Blau and Blau 1982）。例如，黑人与白人在犯罪率方面的差异，可以用黑人与白人之间的收入不平等（income inequality）[②]来解释。正如里德·戈尔登（Reid Golden）与史蒂文·梅斯纳（Steven Messner）对布劳（Blau）的命题所总结的那样，“种族不平等的先赋性质（ascribed nature）[③]使其具有不合理性，成为弥漫型冲突（pervasive conflict）[④]的一种来源。进一步说，由于贫穷者进行有效政治行动的机会受到很大的限制，所以，种族不平等所滋生的‘弥漫型冲突’，往往通过各种攻击行为方式，如犯罪型暴力（criminal violence）等表现出来”（1987：525）。

这种不平等命题没有充足的论据。事实上，除了朱迪斯·布劳和彼得·布劳（Judith Blau and Peter Blau 1982）提出的种族、贫穷与暴力犯罪率之间的生态相关性（ecological correlation）之外，还有一些进行了多样化解释的相关性，这些研究成果都与不平等理论相反（Sampson 1985； Golden and Messner 1987；另见 Kornhauser 1978：253，该作者认为，“紧张模式未被证实”）。

我们区分犯罪与犯罪性的观点，也与紧张模式相反，并且在用来解释犯罪行为中的种族差异时，可以用来揭示紧张模式的逻辑缺陷。首先，紧张理论家误解了犯罪行为的性质，给犯罪行为添加了一些其本身并不具备的特性。紧张理论认为，某些强制性的社会目的或者心理目的在支配着犯罪行为的实施；而事实上，犯罪行为是受犯罪收益的接近性（proximity）、容易性和方便性的支配的。紧张理论认为，犯罪人往往猛烈反对他们的阶级敌人或者比他们幸运的人们；但在事实上，犯罪人往往侵害那些遭受了与他们同样的不幸的人们（不论是个人的不幸，还是商业设施方面的不幸，都是如此）。简言之，犯罪是一种构想拙劣的财富再分配或者报复压迫者的机制，然而没有任何种族或者种族群体相信这一

---

① 杰克逊·托比（Jackson Toby，1925－　）是美国犯罪学家。——校注

② “不平等”（inequality）在原文中加了着重号。——译注

③ 先赋性质（ascribed nature），是指在一个人出生之前就已经存在的情况。在英语犯罪学文献中，类似的术语还有“ascribed role”（先赋角色）、“ascribed status”（先赋地位）等。——校注

④ 弥漫型冲突（pervasive conflict），是指到处发生的冲突。——校注

点。正如科恩豪泽(Kornhauser 1978)所指出的,有人认为或者相信通过攻击、抢劫或者偷盗情境类似的人们就能够减轻不平等带来的痛苦,这种论调是令人难以置信的。

在紧张理论的更为一般性的论述中,认为犯罪人之所以“去犯罪”,就是把犯罪当成一种减轻挫折的机制,可以减轻在民主社会鼓励的志向与对成就的现实期望之间发生的分离(disjunction)而造成的挫折(Merton 1938;Cloward and Ohlin 1960)。这些论述进一步把“社会阶级”(social class)作为与犯罪相关的分层(stratification)的成分,但是,这些论述往往也是对种族差异的一种主要解释(Silberman 1978)。

在这些紧张理论中,把犯罪看成是获得物质成功的另一种途径,是合法工作的替代措施。在一定意义上,这种观点是准确的,黑人犯罪人(并且,在这一点上,所有犯罪人)应当是把犯罪作为谋生的重要来源的,作为他们在心理上长期追求的一种职业或者生涯(occupation or career)。但是,这些特征中没有一种能够与犯罪的性质相吻合,正如我们反复指出的,犯罪只能提供不确定的、短期的收益。进一步说,这种形象与熟知的犯罪模式不一致,按照熟知的犯罪模式,犯罪行为(如过度吸毒)往往与某种职业或者生涯的要求是相对立的,也不存在特定犯罪行为的专门化倾向,不存在提高相关犯罪技能的倾向。

鉴于现有社会学理论不能解释犯罪中的种族差异,那么,如何来应用犯罪与犯罪性的观点呢?

运用目前可获得的数据,我们无法将种族差异划分为犯罪成分与自我控制成分。几乎所有的理论都认为,犯罪的种族差异来源于自我控制或者犯罪性水平的差异,而不是来源于机会或者犯罪方面的差异。我们认为,对自我控制的强调是正确的。几乎没有理由相信,机会因素单独就可以解释这种关系。(就像男女之间存在的差异那样)不同种族群体中受到家庭的直接监督的水平也是存在差异的,因此,也存在着某种与犯罪率的种族差异有关的“犯罪”成分,但是,在涉及性别时,自我控制的差异就可能远远超过可以用来解释种族差别的监督方面的差异。考虑到美国的不同种族群体在儿童养育(对反社会行为的监督、认识和纠正)方面可能有很大差异——这些已经在第五章中进行过讨论,我们似乎可以有这样一种印象,即关于犯罪的种族差异的研究,应当集中在不同的儿童养育实践方面,应当放弃把这些差异归结为文化或者紧张方面的徒劳努力。我们将在第八章中进一步讨论种族差异问题。

第七章　自我控制低的社会后果[1]

检验一项理论的第一个标准,应当是该理论组织和解释有关犯罪和越轨行为事实的能力。在今天的犯罪学中,人们对于犯罪的很多相关因素的相关方向和相关程度有很多一致的看法。在上一章中,我们讨论了犯罪的个人相关因素。在这一章中,我们讨论犯罪的社会相关因素:同伴群体(peer group)、学校、工作、婚姻与家庭。在第八章中,我们将注意力转向文化因素。

第一节　同伴群体

一、概述[2]

个人的少年犯罪行为和其朋友们的少年犯罪行为之间的相关,是这个领域中最强的相关关系之一。1950 年,格卢克夫妇(the Gluecks)报告说,在他们研究的 500 名少年犯罪人中,98% 以上的少年犯罪人往往都有少年犯罪人朋友,而在他们研究的 500 名非犯罪少年中,有少年犯罪人朋友的不到 8%(Sheldon and Eleanor Glueck 1950:163 - 164)。自我报告式少年犯罪研究中的几乎每一项研究,都会向研究对象询问这样的问题,"你有朋友被警察抓获过吗?"对于这个问题的回答往往与(研究对象)报告进行了少年犯罪活动有强烈的相关性(Hirschi 1969;Gold 1970;Hindelang 1971;Elliot and Voss 1974)。迈克尔·欣德朗(Michael Hindelang)[3]、特拉维斯·赫希(Travis Hirschi)和约瑟夫·韦斯(Joseph Weis)报告说(1981:205 - 206),不论是对于黑人还是对于白人而言,不论是对于男性还是对于女性而言,"朋友被抓获"这个变量都与自我报告的少年犯罪有强烈的相关性。

一个相关的事实是,青少年(adolescent)有一种在群体中从事少年犯罪活动

① 原文是"The Social Consequences of Low Self-Control"。——译注

② 这个标题是译者根据原文的论述内容并考虑译文的结构平衡而增加的。——译注

③ 迈克尔·欣德朗(Michael Hindelang,1948 - 1982)是美国统计学家、犯罪学家。——译注

的长期公认的倾向。从克利福德·肖和亨利·麦凯(Clifford R. Shaw and Henry D. McKay,1942)[①]及他们对芝加哥少年犯罪区域(delinquent area)的经典研究开始,到小詹姆斯·肖特和弗雷德·斯特罗德贝克(James F. Short, Jr. and Fred Strodtbeck,1965)及梅纳德·埃里克森和加里·詹森(Maynard Erickson and Gary F. Jensen,1977),再到后面进行的全国青少年调查(National Survey of Youth, Elliot, Huizinga, and Ageton 1985)中获得的数据都表明,社会学型犯罪学(sociological criminology)中的一项重要论断就是少年犯罪行为是一种群体现象。

许多现代的少年犯罪理论都论述了这些同伴群体相关因素的原因作用和理论意义(Cohen 1955; Akers 1973; Sutherland and Cressey 1978; Elliot, Huizinga, and Ageton 1985)。事实上,很容易得出这样的结论,即这些社会学观点的主要看法就是,青少年犯罪率(adolescent crime rate)方面的差异是由参加群体方面的差异造成的:

> 青少年不会在紧张(strain)的驱使下进行少年犯罪行为,他们也不可能由于社会控制薄弱而抵制进行少年犯罪行为的自然冲动。他们恰恰在群体互动中遵守并懂得,一些少年犯罪行为是受到群体的鼓励和奖赏的;在特定情境中或者在特定环境下,对这些行为的预期奖赏(anticipated reward)超过可能的损失或者惩罚。尽管大多数社会群体有一种传统取向并对遵从行为提供奖赏,但是,其他社会群体有一种强化少年犯罪行为(从而强化少年犯罪群体)的取向……初次越轨学习环境(primary deviant learning context)就是青少年同伴群体;在遵守规范、少年犯罪行为模式和对少年犯罪行为的社会强化方面的最大差别,都可以在这种社会环境中发现。(Elliot, Huizinga, and Ageton 1985:34 - 35)

显然,我们不会对犯罪原因进行这样的思考。下面,让我们考察在“社会学习”与自我控制观点之间进行选择的有关证据。

当然,在开始的时候,需要考察越轨行为的差异在一生中的稳定性问题,或者说,要预测少年犯罪行为在青少年时期及以后的差异,是否不同于在青少年期之前所观察到的行为方面的差异。

---

① 克利福德·肖(Clifford R. Shaw,1895 - 1957)是美国社会学家、犯罪学家。亨利·麦凯(Henry D. McKay,1899 - 1980)又译为“马凯”、“玛喀”,是美国犯罪学家。——译注

通过假设人们发现自己所处的环境中某些相关特征的长期不变的性质，就可以用社会树立的某种榜样。例如，上述德尔伯特·埃利奥特（Delbert S. Elliott）、戴维·休津加（David Huizinga）和苏珊娜·艾吉顿（Suzanne S. Ageton）所描述的那些榜样，来解释所观察到的稳定性。例如，他们假定，"少年犯罪人"仅仅偶尔会来自亲少年犯罪家庭（prodelinquent family），[①]他们偶尔会加入亲少年犯罪帮伙（prodelinquent gang），偶尔会寻找亲少年犯罪妻子和工作，并且偶尔会受到亲少年犯罪教育（prodelinquent education）、偶尔会有亲少年犯罪的少年和成年朋友。

对文化越轨理论家们的这种荒谬学说的唯一替代性观点，就是在一定程度上放弃这样的观点：少年犯罪总是由情境决定的，因为在一种环境中学会的东西会迁移到另一种环境中；在人生的某一时刻因为受到强化而进行了少年犯罪的人们，在一生中不管社会环境如何，都有可能继续进行少年犯罪。如果选择了这样的替代性观点，就不清楚为什么最重要的社会化力量是少年犯罪帮伙（delinquent gang），而不是以前的（并且假定更加有力的）家庭？或者如何可以得出这样的结论：眼前的"社会"强化要比过去的社会的或者非社会的强化更加重要？

这种替代性观点也有其他的问题。例如，它产生了"犯罪人"，即被训练得进行犯罪行为的人。这样的人应当会继续进行犯罪行为，并且会为了获得犯罪的快乐而避免进行非犯罪行为。因此，关于犯罪的所有"积极的"（positive）学习理论都会导致这样的结论，即犯罪人往往会重复特定的越轨行为；犯罪人会不断地学习如何越来越有效、越来越经常地实施犯罪行为；犯罪人不会进行另外一些行为（因为他们没有直接学习过如何进行这些行为）。从有关（犯罪行为）多面性的研究结果来看，积极学习理论显然是不恰当的。

文化越轨理论从一开始就相信，少年犯罪行为是在少年犯罪群体中由情境因素造成的。这很容易使人们认为，少年犯罪似乎不赞同像不可靠（unreliability）、事故、侵害群体成员一类的反群体行为（antigroup behavior），因为群体也必须承担其行为的后果；从逻辑上来看，这类群体的存在似乎是不可能的。

人们很容易相信，"少年犯罪同伴群体"（delinquent peer group）是错误量度（faulty measurement）的一种产物；人们具有寻求和自己相似的其他人作为同伴的倾向。可以通过埃利奥特等人（Elliott et al. 1985）使用的分析过程来说明这

---

① "prodelinquent family"的意思是"容易进行少年犯罪的家庭"。"pro"这个前缀包含了"容易"、"有利于"、"助长"、"促进"等含义。——译注

种错误量度假设。在调查少年犯罪与同伴的少年犯罪之间关系的原因作用的过程中,埃利奥特等人使用了两个同生群的资料。他们首先追溯目前的少年犯罪与以前的少年犯罪的关系,然后探讨同时期的“同伴少年犯罪”与“少年犯罪”的关系,(结果发现)有相互联系。不过,并不能仅仅通过相关模式来解决、解释问题。例如,对这些结果的一种解释简单地认为,“同伴少年犯罪”与少年犯罪相关;这意味着,自我报告的“同伴少年犯罪”这种变量,可能仅仅是自我报告少年犯罪的另一种量度。在我们看来,这种量度对于这些结果的解释,似乎是与埃利奥特等人的“同伴少年犯罪”变量的实际内容相一致的。

埃利奥特等人的“同伴少年犯罪”的量度,回答了两类问题:第一,衡量了与其他人在一起的时间。第二,测量了被调查者对于自己的亲密朋友在前一年中从事特定少年犯罪活动的比例的估计。所报告的朋友们从事的少年犯罪活动,与被调查者报告自己在以前从事的少年犯罪活动是相同的。这种在使用两种量度去衡量少年犯罪时发生的方法重叠,几乎不可能是很大的。

人们可能合理地询问被调查者根据什么来回答关于其朋友的少年犯罪的问题。这大概有以下可能性:(1)被调查者可能就在犯罪现场,自己也从事了少年犯罪活动;(2)被调查者可能把自己的情况推到朋友身上;(3)被调查者可能把朋友的情况推到与自己类似的人们身上;(4)被调查者的朋友可能对他讲了本人并没有看见的少年犯罪情况;(5)被调查者可能从那些看见或者听说了有关情况的人们那里了解到自己朋友的少年犯罪。如果“同伴少年犯罪”确实就是“被调查者的少年犯罪”(上述第1、2、3种情况),那么,就很难通过这种研究活动去解决原因顺序问题。如果“同伴少年犯罪”确实就是道听途说或者谣言(上述第4、5种情况),那么,这种量度的价值显然是成问题的(这种价值再次受到被调查者的特征的干扰)。

二、本理论在同伴群体研究结果方面的应用①

缺乏自我控制的人,往往不喜欢那些要求遵守纪律、接受监督和对其行为进行其他约束的环境。这样的环境包括学校、工作场所和家庭。因此,这样的人往往喜欢走向“街头”,或者至少在青少年期喜欢同性别的同伴群体。然而,自我控制低的人并不想结交好朋友。他们是不可靠、不可信、自私和无思想的。不过,他们可能很愿意相互交往;他们肯定比他们的搭档(counterparts)更愿意冒

① 原文是“The Theory Applied to Peer-Group Findings”。——译注

险、更愿意追求刺激和更加鲁莽。因此,自我控制是决定儿童同伴群体的成员资格、决定这类群体的成员之间关系的一种重要因素。我们可以预期,那些在同伴群体中花费很多时间的儿童,更有可能变成少年犯罪人。我们也可以预期,那些在同伴群体内有密切的朋友关系的儿童,更不可能变成少年犯罪人。

换言之,喜欢冒险和鲁莽的儿童很难结交朋友,也很难维持朋友关系,这样的儿童往往最终相互交往,形成一些由那些往往缺乏自我控制的人们组成的群体。因此,这类群体中的人们往往会成为少年犯罪人,这类群体本身往往也会成为少年犯罪群体。

这种观点似乎与广泛报告的“同伴压力”(peer pressure)现象截然不同。按照这种“同伴压力”现象,青少年深受其朋友们的愿望和期望的影响,而这些愿望和期望往往与他们自己的倾向(或者与他们父母的愿望)相背离。不过,证据也与这种解释截然不同。例如,进行少年犯罪行为的青少年不太愿意按照同伴的预期采取行动,而不是很愿意按照同伴的预期采取行动。在衣着样式、讲话和聆听音乐方面,他们似乎普遍不赶时髦,也不像他们的同伴那样极端喜欢追求时髦,以至于变成了被嘲笑的对象,而不是变成了被羡慕的对象(如果目前的时尚是追求短发,那么,他们往往会剃掉头发;如果流行长发,那么,他们会留很长的头发,等等)。所以,在这些方面,少年犯罪人一般似乎并不关注别人的期望和认可。这表明,关注同伴的意见(“同伴压力”)会促进遵从;那些在乎其他青少年对于自己的衣着、讲话和音乐的看法的青少年,不太可能变成少年犯罪人,而不是更有可能变成少年犯罪人。

三、少年犯罪是一种群体现象①

社会学研究者(例如,Erickson and Jensen 1977;Zimring 1981;Reiss 1988)往往认为,少年犯罪似乎在青少年中更为常见,因为他们往往在群体中实施少年犯罪行为。青少年往往与其他青少年一起进行少年犯罪行为。在传统上,人们认为这类事实是与群体支持假设(group-support hypothesis)相一致,而与控制观点(control perspective)不一致。少年犯罪人之所以实施少年犯罪行为,是因为他是一个帮伙的成员;因此,瓦解该帮伙就会降低进行少年犯罪行为的可能性。

在这里提出的这种理论,是与这样的一种观点相一致的,即一些犯罪行为受到帮会成员资格或者某种群体关系(group context)的促进。促进(facilitation)就

① 原文是“Delinquency Is a Group Phenomenon”。——译注

是降低困难性的另一种说法,就是指可以“不费力”地从事某种行为。青少年清楚地使用群体来促进那些很困难或者很危险,以至于单独一个人不会去进行的行为(例如,抢劫),但是,这并不意味着他们“认识到”(learn)在这种群体中缺乏自我控制。相反,参加这种群体本身就表明缺乏自我控制,缺乏对长远目标或者利益的关注。毕竟,少年犯罪群体就具有友谊关系(friendship ties)薄弱的特点,而不具有友谊关系牢固的特点,少年犯罪群体并没有组织义务或者组织目的(就像运动队或者业余爱好群体那样)。因此,这类群体的存在是有问题的:它们显然没有传统的帮伙理论认为它们具有的那些特征。相反,它们是短命的、不稳定的,也是缺乏集体组织性的,因为它们的成员几乎不相互尊重(Yablonsky 1962;Short and Strodtbeck 1965;Suttles 1968)。①

第二节 学校

如果询问一名普通市民、一名缓刑官或者一名监狱咨询员,什么样的美国机构最应当对犯罪和少年犯罪负责,人们通常都会说是“家庭”。如果询问一名少年犯罪理论家或者研究者,什么样的美国机构最应当对犯罪和少年犯罪负责,被询问者通常会说是“学校”。这样的认识来自于有关少年犯罪的主要理论,来自于这个领域中居主导地位的研究传统。

或许,第一种将学校包括进去的理论(也是最关注在学校中所发生的事情的理论)就是标定理论(labeling theory)。② 标定理论家最初认为,个人在实施犯罪行为的可能性方面的差异,是由对于在道德上中立的行为的社会反应造成的。因此,在第一种明确的、完整的少年犯罪的标定理论中,弗兰克·坦南鲍姆(Frank Tannenbaum 1938)③发现,少年犯罪开始于父母、教师和其他成人权威人士对于那些因为某些正当理由而不喜欢学校的儿童作出的反应。不喜欢学校的儿

① 许多青少年行为的群体关系可能会促使更多少年犯罪人进行更多的少年犯罪行为。例如,如果某个群体的成员给一辆汽车喷射油漆或者向一个窗户扔石头,那么,这个群体的每个成员都可能被认为进行了这种行为,该群体的所有成员都有可能被记录从事了这类行为。人们认为,这类问题会影响对犯罪的年龄分布的估计,因为年轻人进行的犯罪行为似乎要比实际发生的犯罪行为更多。不过,就像通常发生的那样,这种方法方面的“调整”(adjustment)是很轻微的,以至于对犯罪的年龄分布几乎没有影响。犯罪人在后来的犯罪行为中的差异,也不会受这种调整的影响。——原注

② “labeling theory”又译为“贴标签理论”等。——译注

③ 弗兰克·坦南鲍姆(Frank Tannenbaum, 1893 - 1969)又译为“塔纳巴姆”、“田那邦”、“坦嫩鲍姆”,出生于波兰的美国历史学家、社会学家和犯罪学家。——译注

童在学校环境中的行为表现不好,进而会因为他参与不良行为而受到惩罚。这会导致逃学,而根据弗兰克·坦南鲍姆(和许多其他人)的说法,逃学是“少年犯罪的温床”(the kindergarten of delinquency)——这不是因为儿童在逃学过程中学会了少年犯罪,而是因为逃学表明他们很不喜欢学校,成人权威人士就会对这种现象作出反应,把它看成是有性格缺陷的肯定性证据。然后,这类反应会被儿童内化,儿童(在后来习惯性地接触刑事司法系统之后)会把自己看成是少年犯罪人。于是,就会按照自己是少年犯罪人或者成年犯罪人的想法来进行以后的行为。

根据现代标定理论,学校根据在学习能力(academic ability)方面的假定差异来划分学生,从而引起少年犯罪:“学校假定,学生们的学习能力是有差异的,一些学生会在学习方面取得成功,而另一些学生在学习方面则会失败。”这些假设“是建立、维持和长期持续学校生涯与学校认同(school identity)的主要基础”(Kelly 1982)。

直到最近,标定理论家在学校中的注意力还是主要集中在按学习能力分组制度(tracking system)上。在罗森塔尔和雅各布森(Rosenthal and Jacobson)的《课堂中的皮革马利翁》(Pygmaion in the classroom, 1968)一书出版之前的日子里,美国的学校往往根据学习能力对学生分组,也就是说,将学生分为能力相同的小组。例如,大学准备组、职业教育组、牧师组(clerical)和技术组。《课堂中的皮革马利翁》一书则表明,教师的期望低会对学生的表现产生不良的效果。今天,这样的分组做法在学术界中普遍受到批评,因此,那些必须面对在学习技能和学习行为方面表现出的个别差异的教师,往往将按照能力分组的做法隐藏在委婉的标签之后。例如,用红、绿、棕等颜色进行编码。由于按照能力分组的做法在学校系统中持久存在,以至于标定理论家们仍然有可能用它来解释少年犯罪。只要人们抛弃了按照能力分组的做法,或者成功地将其伪装起来,那么,标定理论家们所依赖的少年犯罪原因机制就不会继续发挥作用。不过,一些标定理论家认为,按照不同成绩安排学生的做法本身就是一种标定方法,它足以引起一种少年犯罪自我形象(delinquent self-image)。

对于标定理论家们而言,不幸的是,经验性证据压倒性地否定了他们的假设和预测。尽管标定理论假设,学校是造成行为差异的首要原因,但是,证据表明,有关的行为差异显然在标定理论家们所识别出来的标签发挥作用之前就已经存在。尽管标定理论假设标签的使用与行为差异无关,但是,证据表明,这样的标签深受实际的行为差异的影响(Gove 1980)。

不过,在事实上,研究并不必然表明标定理论并不适合(解释)犯罪或者犯罪性。根据标定理论,犯罪人通过行为实现某种角色的要求,这些要求是其他人对其行为的一系列期望。尽管标定理论家也把自己说成是“角色”理论家(role theorist),但是,他们中的大多数人并不谈“犯罪人”角色所包含的内容。这种沉默现象是完全可以预测的,因为社会上确定的不同角色的内容,都是与任何有关“犯罪”的定义不一致的。角色就是与直接的个人利益无关的、要求个人必须履行的义务或者期望。相反,犯罪则是不考虑长远利益、不考虑与过去行为的一致性,也不考虑别人“期望”的行为(那种认为犯罪类似于某种职业、生涯或者某种有组织的生活方式的假设,再次会将理论引入歧途)。

但是,那种最大限度地强调学校的重要性的理论传统,就来源于社会学的紧张理论(strain theory)。克洛沃德和奥林(Cloward and Ohlin 1960)认为,美国教育制度应当对年轻的、下层阶级城市男性的少年犯罪的高发生率承担责任。在某些时候,推测起来恰恰就在青少年中期(mid-adolescence)之前,这些人就评价自己对于在美国教育—职业结构中获得成功的预期,就认识到他们通过合法途径获得成功的可能性是很小的。尽管他们仍然希望获得成功,但是,这些遭受挫折的年轻男性转向利用非法途径实现自己的目标。尽管罗伯特·默顿(Robert K. Merton 1938)①是最先描述这种过程的人,但是,强调指出教育是获取成功的一种手段的人,主要是克洛沃德和奥林以及科恩(Cohen 1955)。

在艾伯特·科恩(Albert K. Cohen 1955)②的紧张理论中,下层阶级的儿童没有为了满足中产阶级提出的要求而进行适当的准备。中产阶级看重志向(ambition)、个人责任、自我牺牲(self-denial)、理性、延迟满足(delay of gratification)、勤勉(industry)、礼貌(manners)、控制攻击性、健康的娱乐和对财产的尊重。根据科恩的观点,下层阶级并不具有这些价值观,他们也不尝试在年轻的时候逐渐学习这些价值观(如果科恩是正确的,那么,在我们的理论中,下层阶级就是犯罪人。我们并不认为科恩是正确的)。为了维护秩序,学校坚持让学生遵守中产阶级的价值观。当面对他们并未打算服从的一种制度,但是仍然在乎

---

① 罗伯特·默顿(Robert K. Merton,1910 – 2003)又译为“墨尔顿”、“莫顿”、“墨顿”,美国社会学家、犯罪学家,1996 年获美国犯罪学协会(ASC)颁发的埃德温·萨瑟兰奖(Edwin Sutherland Award)。——译注

② 艾伯特·科恩(Albert K. Cohen,1918 –)是美国社会学家、犯罪学家,1993 年获美国犯罪学协会(ASC)颁发的埃德温·萨瑟兰奖(Edwin Sutherland Award)。——译注

中产阶级的教师和儿童们的意见时，下层阶级的儿童就会体验到明显的挫折。为了缓解这种挫折感（紧张），下层阶级少年就会寻求遭受到类似挫折的其他人，试图在一种群体环境中重新确定地位的基础，推翻中产阶级的价值观。

紧张理论家们承认学习能力方面的个别差异，也承认在“接受”教育方面的阶级差异，并且通过将这些差异与对感情或者成就的“普遍”欲望加以并列，来说明少年犯罪动机的产生。下层阶级少年渴望那种他们不可能通过遵从行为获得的地位。因此，他们就通过实施犯罪行为来获得自己极端渴望的地位。

犯罪的这种紧张“形象”，与经典的形象极为不同。在经典的形象中，犯罪会得到（直接的）奖赏，人们不用犯罪方法来获得长远的或者间接的满足。不幸的是，对于犯罪的紧张理论而言，犯罪行为继续符合经典的形象：犯罪并不能为犯罪人提供尊重或者地位，不能提供长久的物质利益或者物质成功，不能解决复杂的或者深层的“心理”冲突。

由于紧张学说与犯罪的性质的不一致，紧张理论错误预测了犯罪人的特征。紧张理论预测，犯罪人会有高度的长期抱负（aspiration）和较低的长期期望（expectation），但是，资料一致地证实了其他结果。当少年犯罪研究者努力测定长期抱负时，他们发现，实施犯罪行为的人们的抱负往往比其他人低。研究者们也发现，犯罪人对于未来成功的期望往往是极高的，而不是像紧张理论所预测的那样低。简言之，抱负与期望之间的断裂，没有得到经验性证据的支持，而这种断裂是紧张理论的关键原因变量（参见 Hirschi 1969：162－186；Kornhauser 1978；Elliott，Huizinga，and Ageton 1985）。

通过考察证实，无论是标定理论，还是紧张理论，都是根据同样的经验性材料建构的。犯罪人在学校中表现不好。他们不喜欢学校。他们往往逃学并在早年退学。结果，每种“学校”变量实际上都与犯罪和少年犯罪有着极高的相关性。

根据我们的理论，学校相关性来源于学校的奖惩制度与个人的能力和自控水平之间的联系。学校用几种方式约束行为：它要求年轻人要在一定的时间待在一定的地方；它要求年轻人在没有受到学校的直接监视时继续一些活动；它要求年轻人保持安静，往往是要求他们长时间地保持身体不动和集中注意力。同时，学校奖励遵守时间、完成家庭作业和适当的行为举止。学校也奖励表现学习能力的活动，奖励在学校中取得的进步，奖励最终在教育和职业方面获得的成功。所有这些奖惩都预先假定家庭有能力认识和执行奖惩；也就是说，学校在费尽心机地奖惩那些其家庭并不遵守学校要求的儿童。

换言之,学校是一种对儿童进行社会化的制裁系统。学校可以使用的制裁并不能同样地影响所有儿童的行为。实际上,那些在学校中表现不好的儿童,几乎不会受到学校提供的长期奖赏或者潜在奖赏的约束,而那些几乎没有自我控制的人则很难为了长期利益而满足学校在学业和行为举止方面的要求。当然,结果就是,少年犯罪人往往可能逃避并最终离开学校,愿意投入到较少限制的环境中。

第三节 工作[1]

近来的研究已经削弱了那种长期得到公认的观点,即失业直接导致犯罪,就业则会预防犯罪(例如,Berk, Lenihan, and Rossi 1980;Orsagh and Witte 1981;Zeisel 1982;Freeman 1983)。不过,有关失业与犯罪之间联系的争论在继续进行,而一些认为在就业与犯罪之间应当有负相关的理论预期,则加剧了这样的争论。有许多理由促使人们预期在失业与犯罪之间存在某种联系。第一,工作需要花费时间和精力。如果个人参加工作,他就不可能进行犯罪行为。人们往往提到"无所事事滋生邪恶"[2]的理论,这种观点表明,就时间和精力资源而言,犯罪与工作是不可能同时并存的。第二,工作提供金钱,从而降低对于实施犯罪的需要。如果利用合法手段满足了物质需要,那么,就不会产生盗窃的需要。第三,工作提供地位和自尊,因此,就会排除通过非法手段获取他们的需要。第四,犯罪危及个人继续工作的能力,这是一种失业者不愿意面对的代价。第五,工作塑造性格,教育个人守时、负责和自我牺牲。

结果,所有的犯罪理论都与那种认为在犯罪与失业之间存在某种联系的预期相一致。这种预期暴露了这样的事实,即目前没有一种流行的犯罪行为理论既关注犯罪的性质,同时又关注犯罪人的性格的意义。

事实证明,根据我们的理论观点,几乎没有理由预期就业与犯罪有关而与犯罪人的性格无关。第一,犯罪并不是一种全日制工作。实际上,根据定义,犯罪几乎不花费时间或者精力(如果犯罪既花费时间,又花费精力,那么,它们就会对犯罪人失去吸引力。所以,那类需要花费很多时间和精力进行策划和行动的犯罪是极少的)。所以,一个人在从事工作的同时,也可以从事犯罪活动。第

① 原文是"The Job"。——译注

② 原文是"idle hands are the devil's workshop"。——译注

二,犯罪并不是一种好的稳定收入的来源。实际上,在通常情况下,犯罪几乎不能提供直接的金钱补偿,因此,不可能作为工作的替代措施而提供食物、住所和其他必需品[贩毒者、彩票赌博的兜揽人等往往被作为这些原则的例外情况。不过,对于这些"职业"的分析表明,它们是短命的、低收入的、有风险的和危险的,所以,它们实际上预示着存在更加持久的收入来源(Reuter 1983)]。第三,犯罪并不是好的地位或者尊重的来源。相反,犯罪实际上会受到每个人的谴责,有时候甚至会受到那些实施犯罪行为的人们的谴责(Matza 1964)。

失业与犯罪之间的经验性联系是很微弱的,以至于缺乏理论上的重要性。显然,这种联系往往在错误的方向上存在。当研究者要求个人报告他们的就业状况和他们的少年犯罪活动时,那些在家庭之外工作挣钱的人,更有可能报告少年犯罪行为,而不是更不可能报告少年犯罪行为(Hirschi 1969; West and Farrington 1977)。很明显,金钱允许人们购买毒品、香烟和酒类,允许人们沉溺于其他的眼前快乐。

对就业—犯罪假设的最好的检验之一,就是由格卢克夫妇(Glueck and Glueck 1968)报告的一次自然实验所提供的。在第二次世界大战爆发的时候,格卢克夫妇在波士顿地区识别了500名少年犯罪人和500名相匹配的非犯罪少年样本。格卢克夫妇保持了整个战争期间与这些样本的接触记录,从而通过军事部门确立了他们的就业记录的性质。从某种意义上讲,第二次世界大战提供了一个包括少年犯罪人和非犯罪少年在内的所有人都可以参与的充分就业治疗计划(full-employment treatment program)。

他们的研究结果有启发作用。与非犯罪少年相比,少年犯罪人更有可能(实际上是10倍)被军事部门发现因为"精神病学损伤"(psychiatric impairment)或者"道德不健全"(moral unfitness)而可能失业。他们从事短时间的(1/4的少年犯罪人持续不到一年,而非犯罪少年中仅有1/12的人持续不到一年)军事工作,更有可能在服役期间"因为被起诉而停止工作",更有可能开小差或者不请假就潜逃。最后,因为不诚实而被开除的少年犯罪人几乎是非犯罪少年的8倍。

换言之,当在美国给所有年轻人提供"充分就业"时,少年犯罪人更不可能获得就业资格,更不可能维持工作,更有可能无理由缺勤,更有可能不报告老板就离开,更有可能在工作期间因为不良行为而被辞退。那么,很显然,自我控制影响一个人被监禁的可能性,也影响他们的经历的性质。

的确,在我们看来,最重要的就业—犯罪事实是,实施犯罪的人往往具有不稳定的就业历史。也就是说,实施犯罪的人难以找到工作,也难以维持工作。犯罪人在合法劳动力市场中的生涯的不稳定性,与他们不能履行最普通的义务的情况是相一致的;不管这些义务是人际义务,还是学校义务或者工作义务,都是一样的。自我控制低的人们很难履行有组织的职业工作的义务,就像他们很难履行学校和家庭义务那样(而且,"好的"工作与"有意义的"工作不会是解决这种问题的办法,因为这样的工作也会涉及其无法接受的约束)。

第四节　婚姻和家庭

传统的有关犯罪的格言,与进入传统角色的观点和犯罪生涯持续的观点,是严重对立的。[①] 有一些事情与作为一名丈夫和父亲,同时又从事某种犯罪生涯的观点是不一致的。所以,情况似乎是,当一些男性变为丈夫和父亲时,他们很有可能放弃他们的犯罪生涯,从而在婚姻与犯罪之间出现一种负面的因果联系,同时也在父亲身份与犯罪之间呈现出一种负面的因果联系。戴维·法林顿(David Farrington)[②]、劳埃德·奥林(Lloyd Ohlin)[③]和詹姆斯·威尔逊(James Wilson)[④]所报告的复杂研究结果,显然是与这种观点相一致的:

> 法林顿(Farrington 1986b)报告说,如果一名儿童到10岁时有被定罪判刑的父母,那么,这种情况就是该儿童到14岁、16岁、17岁和20岁时会进行犯罪行为的最好预测因素之一,但是,并不能预测10~13岁时的犯罪行为。韦斯特(West 1982)报告说,如果一名少年犯罪人在18~21岁期间结婚,婚姻对于这个年龄期间的犯罪行为没有影响;如果在21~24岁期间(与一名守法妇女)结婚,那么,婚姻会导致这个年龄期间的犯罪行为的减少。(1986:27)

---

① 格卢克夫妇(the Gluecks 1930)的生涯(career)术语的现代拥护者包括布卢姆斯坦和科恩(Blumstein and Cohen 1987)。——原注

② 戴维·法林顿(David P. Farrington,1944 -　)是英国犯罪学家、犯罪心理学家,1984年获美国犯罪学协会[(ASC)颁发的塞林—格卢克奖(Sellin-Glueck Award)],1999年任该协会主席,2002年获该协会颁发的埃德温·萨瑟兰奖(Edwin Sutherland Award)。——译注

③ 劳埃德·奥林(Lloyd Ohlin,1918 - 1979)是美国犯罪学家,1986年任美国犯罪学协会(ASC)主席,1969年获该协会颁发的埃德温·萨瑟兰奖(Edwin Sutherland Award),曾获国际犯罪学协会(International Society of Criminology)颁发的丹尼斯·卡罗尔奖(Dennis Carroll Prize,1965年)。——译注

④ 詹姆斯·威尔逊(James Wilson,1931 -　)是美国当代政治学家、犯罪学家。——译注

这些研究结果在几个引人注目的方面是有矛盾的。它们表明,父母的犯罪性会传递给子女(父母的定罪判刑可以预测子女的犯罪行为)。不过,它们也表明,结婚并且假定有孩子的话,足以抑制父母的犯罪性。如果犯罪性是可以抑制的话,那么,问题就是,犯罪性是怎样传递给那些会抑制它的人们的。①

除了概念问题外,已经证明,很难说“婚姻”或者“做父亲”对于犯罪有影响。法林顿等人的“研究结果”是没有说服力的。这两项研究结果都来自韦斯特(West 1982)和法林顿(Farrington 1986b)对于伦敦内城区工人阶级少年的纵向研究。尽管很难接受,但是,正如法林顿等人所做的那样,父母的犯罪性的影响是每年变化的,它仅仅在4~10岁后的一段时间中是有影响的,他们报告的一般相关性在所有年龄阶段都是“同一方向的”,都是与其他研究结果相一致的(例如,Glueck and Glueck 1950:101;McCord and McCord 1959:93)。实际上,罗尔夫·洛伯和玛格达·斯托萨摩-洛伯(Rolf Loeber and Magda Stouthamer-Loeber Loeber 1986:71)报告的大量研究表明,父母的犯罪性与其子女的少年犯罪之间具有某种联系(当然,可以参见我们在第五章中对父母传递的讨论)。

与此形成鲜明对照的是,所报告的婚姻(对犯罪)的影响是令人怀疑的。法林顿等人没有考虑这样的事实:研究对象既不是被随机安排结婚的,也不是被随机安排有少年犯罪妻子和非少年犯罪妻子的。相反,完全可以相信(也有很多证据支持),研究对象及其可能的配偶是根据能够相容的兴趣、行为和生活方式而相互选择的。结果,对“非少年犯罪”妻子的选择,就更有可能在那些被测定出的少年犯罪夸大了其少年犯罪倾向的男性中进行;也就是说,与非少年犯罪妻子结婚的男性,会被预期在追踪研究期间较少变成少年犯罪人,即使他们不结婚也是如此。

人们往往会相信,一些人自己选择的制度经历(institutional experience,如退学、参加工作、结婚或者在不同社区之间迁移),会对其产生明显的直接效果,而这种看法只有在缺乏某种承认个人特征影响不同时间的行为的理论框架时,才有可能产生。由于我们提出的理论把自我控制看成是一种稳定的个别差异,认为它能够影响这样的决定,能够影响对以后的犯罪行为的这些决定,从而给我们的理论提供了一种关键的验证,而我们的理论与实证主义犯罪学的标准理论是

① 如果父母的犯罪性可以预测子女的犯罪性,而婚姻可以抑制犯罪性的表现的话,那么,对于法林顿、奥林和威尔逊来讲,唯一的传递机制似乎就是遗传。当然,正如我们将要指出的,这是来源于人们所报告的那些复杂的经验性异常的几个问题中,唯一一个似乎可以称得上“研究结果”的问题。——原注

相对的。

第五节　结论

犯罪学家们长期以来致力于解决如何将个别差异的影响与情境原因(situational cause)或者结构原因(structural cause)区分开来的问题。在过去的50年里,这种趋势一直是强调情境原因或者结构原因而否定个别差异。在那些承认个别差异可能起作用的研究者中,甚至在那些通过自己的工作确定了个别差异的重要性的研究者中。例如,韦斯特(West)和法林顿(Farrington)也没有在评价情境和结构的影响时考虑这些差异。由于个别差异不可否认地影响人们对于社会安排(social arrangement)和制度安排(institutional arrangement)的选择,如对于学校、家庭、社区和劳动力的选择,因此,往往更容易把"制度型的"或者"结构型的"研究的结果作为个别差异影响的证据,而不大可能把这样的研究结果作为制度影响(institutional effects)或者结构影响(structural effects)的证据。很显然,在一些时候,如果不能精确界定和准确测量我们所说的自我控制,那么,能够区分制度影响或者结构影响的研究是不可能进行的。唯一的替代措施就是实验研究,在这类研究中,随机地分配人们参加"自然的"制度经历。这样的研究是不可能进行的。严格满足这类实验的要求的研究,如格卢克夫妇(Glueck and Glueck 1968)关于在第二次世界大战期间提供充分就业的影响的研究,伯克、勒尼汉和罗西(Beck,Lenihan and Rossi 1980)关于假释犯就业的研究,都清楚地表明,在得出这些自然的经历对其行为有一定影响的结论之前,有必要考虑这样的事实:人们并不是随机地安排自己进入自然的"治疗条件"的。

很难夸大这个问题在犯罪学中的重要性,因为自我控制低的人具有不依恋或者回避各种社会制度的倾向——这是一种会在制度经历与少年犯罪之间产生负相关的倾向。这种负相关表明,各种制度都对犯罪具有消极效果(negative effect),而在实际上它们可能没有这样的作用。

我们相信,我们的概念框架提供了现实地评价制度对犯罪的影响的一个基础。例如,家庭、学校和友谊模式(friendship pattern)的影响,都有利于减少受其影响的那些人的犯罪行为。人们往往需要这些影响之外的家庭、学校和友谊的约束性影响(restraining influence)的那种倾向,是一种十分重要的现象。我们将在最后一章中讨论这个话题。

第八章　文化与犯罪[①]

跨国犯罪学(cross-national criminology)的问题很容易识别出来:不同的社会对于犯罪的定义是有差别的;不同的社会中犯罪行为的流行形式也是不同的;不同社会的犯罪控制机构也有明显的不同。而且,人们往往把制度安排(institutional arrangement)方面的差异与犯罪的定义和犯罪活动的水平相混淆,以至于我们不可能知道犯罪方面的差异是否是由于原因因素或者政治因素、文化因素引起的。

因此,跨文化犯罪学(cross-cultural criminology)用一种强烈的方式反映了作为一个整体的犯罪学的问题,即这个学科对其要解释的现象没有一个清晰的概念。所以,这个学科被那种无休止地对其因变量(dependent variable)和自变量(independent variable)进行分类的做法所困扰,花费大量时间研究公认的次要原因(minor cause)或者犯罪的相关因素,并且难以摆脱政治压力和所谓的一些母学科(parent discipline)的要求。

为了开始解决这些问题,我们必须尝试理解这些问题是怎样产生的。为此,我们必须转向科学犯罪学的起点。正如我们在前面的章节中已经指出的,犯罪学面临的问题可以追溯到实证主义者对于古典模式的大规模批判。在这里对实证主义者们的观点进行概括将会是有用的。

第一节　实证主义的犯罪概念[②]

古典学派认为,犯罪就是使用暴力或者欺骗满足个人利益的行为。显然,利用暴力或者欺骗满足个人利益的行为,在任何地方都有可能发生,因此,不妨说,在实证主义出现以前,犯罪和犯罪学就真正地和自动地具有跨文化的性质。

实证主义者改变了这一切。他们是通过两种方式做到这些的:第一,他们认

① 原文是"Culture and Crime"。——译注

② 原文是"The Positivistic Concept of Crime"。——译注

为,犯罪并不是出于个人利益而进行选择的结果,而是在行为人的环境中起作用的力量或者原因的结果。如果犯罪起源于环境,而不是起源于行为人自身,那么,犯罪就变成了时间和地点都不相同的动机的结果。由于在犯罪的原因与结果方面存在这样的差别,因此,肯定不能再把犯罪定义为通过使用暴力或者欺骗追求普遍渴望的目标的行为。第二,实证主义者承认国家确定的犯罪的操作性定义(违反法律的行为),也承认国家确定的犯罪人的操作性定义(违反法律的人)。由于不同的国家有不同的法律,因此,犯罪人在不同的国家中是不同的;实证主义的跨文化犯罪学观点仅仅假定犯罪和犯罪人的正式定义和操作性定义在不同的文化中是不同的(类型学的解决方法再次被看成是实证主义的逻辑中所固有的)。

由于抛弃了古典的犯罪定义,所以,实证主义犯罪学也抛弃了普遍的犯罪定义。尽管实证主义犯罪学保留了"犯罪"(crime)这个专业术语,但是,实证主义认为,由于犯罪是其原因的产物,因此,应当允许不同的学科按照自己的观点给犯罪下定义,每种犯罪理论都应当自由地为了自己的目的而给犯罪下定义。结果,犯罪在原则上变成了任何特定的学科都可以探讨的对象。所以,一些心理学的实证主义者研究了反社会人格(Robins 1966),其他一些心理学的实证主义者研究了攻击性(Bandura 1973)。一些社会学的实证主义者把犯罪看成是实现在文化中看重的那些目标的工具型行为(instrumental behavior,Merton 1938),其他一些社会学的实证主义者把犯罪看成是遵从某些小范围的亚文化所特有的行为规范的结果(Wolfgang and Ferracuti 1967)。经济学的实证主义者往往把犯罪看成是受市场力量控制的行为,有时候又把犯罪看成是刑事司法制度的结果(Becker 1974)。

当然,有一些判断犯罪的定义的标准。实证主义者相信,理论应当是简单的、清晰的和可以检验的,理论应当适用于广泛的范围或者具有普遍性。尽管这样的标准限制了犯罪定义的复杂性和多样性,但是,在其他方面却有很大的力量[当然,反实证主义者否定那种寻求简明解释的做法的可靠性,认为这种努力是与社会和文化的性质相反的,如格林伯格(Greenberg 1981)、贝尔尼(Beirne 1983)]。

复杂性的一种来源,就是这样的实证主义原则:不是询问"什么是犯罪?",而是询问"什么是犯罪的原因?"。如果我们在探讨犯罪的定义之前就探讨犯罪的原因,那么,犯罪的定义就要由我们描述的犯罪的原因来决定。原因是很多学科都要涉及的特性,而犯罪的定义则是特定学科(discipline-specific)涉及的内容,它取决于那些研究犯罪的学科的智力历史和目前的社会联系(social affiliation)。对于社会学家而言,犯罪是社会行为。对于心理学家而言,犯罪是一种个人特质。对于经济学家而言,犯罪是理性行为。随着学科的增加或者所识别出的学科内小的研究领域的增加,这个名单可以继续增加。

将犯罪的定义置于个别研究者的控制之下,会使实证主义犯罪学容易受到这样的观点的攻击:对犯罪的任何定义或者划分(division)都"可能是"(potentially)有用的或者有意义的。因此,当人们讲到我们需要一种少年犯罪人犯罪学和另一种成人犯罪学、一种少年犯罪学和另一种少女犯罪学、一种关于街头犯罪的犯罪学和另一种关于白领犯罪的犯罪学、一种关于谋杀的犯罪学和另一种关于抢劫的犯罪学、一种适用于芝加哥的犯罪学和另一种适用于台北的犯罪学时,那么,实证主义犯罪学就很难讲别的什么了。

当然,一种不能控制或者界定其因变量的犯罪学,甚至会更难控制其自变量,因此,实证主义犯罪学很容易受到这样的主张的攻击:几乎任何事物,从很多的巧克力到很小的宗教,都是犯罪的原因。如果我们用可能的因变量的数量乘以可能的自变量的数量,那么,我们就会有一种极其复杂的科学,由于其过分复杂,以至于很难加以描述;由于其过分缺乏组织性,以至于会遭到人们的嘲笑。

例如,我们可能会遇到下列研究结果:"在美国,失业的大量增加引起了年轻成人中盗窃犯罪的增加,也引起了老年人中暴力行为的减少。"那么,作为实证主义者,我们就会感到,我们应当接受和处理这种"研究结果",似乎它是严肃的科学研究的合理结果。的确,假如这个领域是这样一种状态,那么,这种研究结果就肯定会与经过研究"产生的"(produced)所有其他事实相一致。

第二节 比较犯罪学①

假如在某种文化中没有判断与犯罪有关的事实的基础(统计显著性和统计差异性除外),那么,就缺少了将事实从一种文化推广到另一种文化的基础。的确,实证主义本身是赞同这样的观点的,即事实在不同文化之间是不同的,因此,从一种文化推广到另一种文化是危险的(Beirne 1983:34;Johnson and Barak-

① 原文是"Comparative Criminology"。——译注

Glantz 1983:7)。

面对混乱的情况,一门科学的学科应当如何处理呢?显然,这门学科应当转向它的模型(model)和科学,应当尝试更好地进行科学要求它做的事情(忘记是科学首先让其陷入困境的)。这种解决方法导致人们关注研究方法,并且可以公正地讲,比较犯罪学会大量地关注这个问题(参见 Johnson and Barak-Glantz 1983;Archer and Gartner 1984;Block 1984;Mayhew 1987)。不幸的是,作为方法的科学不可能解决作为实体理论(substantive theory)的科学的问题。更大的样本、更好的措施和更好的统计技术,都不可能对那些根本不能比较的事物进行有意义的比较。

假如那些解决比较犯罪学的问题的方法存在局限性,那么,就可以转而求助其中的一门学科——社会学、心理学、生物学或者经济学。不幸的是,正如我们已经看到的,每门学科都相信,它的概念体系是特别适合犯罪的。更糟糕的是,所有学科最终都得出这样的结论:文化变异性(cultural variability)是犯罪的一种重要因素;真正的结论就是,跨文化犯罪学(cross-cultural criminology)正在兴起。

这一点可以通过科恩(Cohen 1955)的著作来说明。科恩根据下列逻辑发展了一种帮伙少年犯罪理论(theory of gang delinquency):下层阶级少年在学校中表现不好,而在学校中表现良好是在美国社会中获得地位的主要途径;学校使用中产阶级的标准来评价所有少年的行为,而下层阶级少年不符合这样的标准;因此,他们寻求其他的获取地位的手段;在这种寻求过程中,他们遇到了具有类似问题的其他少年,这样,一种群体解决方法——少年犯罪帮伙(delinquent gang)就形成了。

科恩的理论在解释美国少年犯罪方面的真实性上是有问题的。不过,它在其他文化中的适用性是更有问题的。并非所有的文化都有普遍的义务学校教育;并非所有的文化都具有科恩所描述的美国社会的成功价值观;至少在一些文化中,少年犯罪似乎没有科恩所描述的那些动机(DeFleur 1970)。任何试图修改这种理论,以便使其适合不同文化的尝试,肯定都会改变少年们用来获取地位的那些手段,改变他们追求的目标,或者改变少年犯罪本身的定义。因此,像科恩的理论这样的文化不均衡理论(cultural imbalance theories)表明,每一种文化可能都需要自己的少年犯罪理论,这是一种与跨文化犯罪学相对立的状态。如果对于文化不均衡理论而言正是如此,那么,对于所谓的文化越轨理论(cultural deviance theory)而言更会如此,这些理论把少年犯罪看成是特定文化所独有的积极力量以及这些文化与其他制度的关系的一种产物(Wolfgang and Ferracuti 1967)。

那些关注学习犯罪行为的过程,而不是关注结构或者文化的理论,可能更具有普遍性,但是,当把这类理论从一种文化带到另一种文化时,它们似乎也会遇到问题。例如,威尔逊和赫恩斯坦(Wilson and Herrnstein 1985)根据一般的心理学学习理论提出了一种理论。这种理论指出了在冲动性(impulsiveness)、学习能力方面的个别差异,并将这些差异与这一原则联系起来:"非犯罪行为获得的奖赏(物质奖赏和非物质奖赏)与犯罪获得的奖赏(物质奖赏和非物质奖赏)的比率越大,实施犯罪的倾向就越弱"(第 61 页)。无论这个理论的真实性怎样,它似乎都不能解决它的作者提出的跨文化的问题:"每个国家,或许甚至是每个地区,都给犯罪打上了自己的历史和文化的烙印,目前的处境(circumstances)影响个别差异,而个别差异又影响犯罪行为"(第 458 页)。

因此,一些主要的学科在最后都认为,犯罪学的概念混乱反映了多文化社会的正常混乱状况。所以,每门学科都会得出这样的结论:没有可以解决犯罪学的问题的"解决方法";每种文化都有自己的犯罪,都有独特的犯罪原因。具有讽刺意味的是,当代犯罪学并不真正允许进行有可能发现适用于所有文化环境的原则的分析或者研究。正如保罗·弗里戴(Paul C. Friday)①指出的:"犯罪学家们一直为不能发现可以解释被认为具有'普遍性'的犯罪性的学科而苦恼"(1873:152,转引自 Johnson and Barak-Glantz 1983:10)。

科学通常假设,对于现象的适当解释,是通过对差异及其相关因素的归纳性考察提出的。例如,一个人首先确定,美国社会的杀人率高于日本。接着,个人就会寻找日本与美国之间的文化(或者可能是结构)差异,以此来解释杀人率的差异。在正常情况下,实证主义的解释从两种方向进行。第一种方向是,研究者提出复杂的自变量结构,直到人们可以说这些自变量在两种文化中是相似的,它们不能解释两种文化中杀人率的差异。这种方向本质上是统计程序,它可能会导致这样的结论,即日本的杀人原因与美国的杀人原因相同——也就是说,这两种文化中的杀人率之所以有差异,仅仅是因为这两种文化中"自变量"的排列顺序(ordering)或者混合(mix)有差异。不过,我们知道,不可能得出这样的结论,相反,会得出这样的结论:杀人的原因之所以有差异,是因为杀人的"意义"

① 保罗·弗里戴(Paul C. Friday,1942 –　)是美国现代犯罪学家。——译注

(meaning)在不同的文化中有所不同。我们也知道,将同样的逻辑应用于盗窃、入室盗窃、抢劫、强奸和伪造犯罪中的差异,可能会增强这样的观念,即"犯罪"及其原因在不同文化中是不同的;证据证明,一种理论不可能适用于一种以上的文化。

实证主义解释的第二种方向是,试图概括两种文化中杀人的相关因素,从而认为它们受到同样的"覆盖律"(covering laws)的支配。因此,如果杀人和失业在两种文化中都具有正相关,那么,人们就可以提出这样的"规律":"经济剥夺"(economic deprivation)是超越文化界限的一种犯罪原因。这种方法更有可能产生跨文化理论,而不大可能产生统计模型观点(statistical modeling approach),但是,这种方法也有自己的问题。例如,由于这种理论从犯罪的经验型相关因素开始,所以,它肯定会得出一种与这些相关因素的意义相一致的犯罪概念。这样的犯罪概念不可能适用于所有的文化。以我们用"经济剥夺"来解释失业为例。经济剥夺本来是用于说明在同一个社会中犯罪率的差异的,它会错误地预测不同文化中的犯罪率差异,会表明遭受剥夺的社会的犯罪率可能会比富裕社会更高。

令人十分感兴趣的是,无论我们使用什么方法,我们一般都会发现,不同类型的犯罪和少年犯罪,如杀人、强奸、抢劫、盗窃和逃学,似乎都有一些共同的特征,因为它们"往往"(tend)都有共同的相关因素,往往都可以用同样的一般原理来解释。不过,实证主义似乎仍然不可能处理重叠或者赘语(overlap or redundancy),即使由于实证主义自己的方法产生这些重叠或者赘语时也是如此。因此,实证主义基本上是对每种犯罪都不自觉地重复相同的做法,即强调次要的差异(minor difference)而忽略实质的相似(substantial similarity)。

第三节　犯罪与自我控制观点在不同文化中的应用[①]

由于有关跨文化犯罪学问题的传统观点并没有获得成功,也不可能获得成功,因此,就需要一种新的观点。所以,我们的观点抛弃了传统的比较犯罪学的学说。相反,我们的观点认为,文化变异性(variability)在犯罪原因中"并不"(not)重要;我们应当寻找犯罪的定义和原因中的不变性(constancy),而不是寻

① 原文是"Application of the Crime and Self-Control Perspective Across Cultures"。——译注

找其中的变异性;某种单一的犯罪理论可以解释不同文化中的犯罪率差异。根据这种观点,可以直接得出这样的观点:可以发展一种犯罪的一般理论。让我们简要回顾我们的理论的一些原理。

有关犯罪的某种理论的中心概念,必须是犯罪本身。因此,我们首先论述了犯罪的性质。然后,我们根据犯罪的性质推论有可能从事犯罪活动的人们的特征。接着,我们将这种理论适用于不同的文化环境。

一、犯罪

如果我们需要一种超文化犯罪理论(culture-free theory of crime),那么,我们就必须当心,不能把“文化”包括到我们的犯罪定义中。所以,我们不应当把犯罪看成是实现文化价值(culture value)的方式,而不管这些文化价值是什么。如果文化价值成了犯罪的基础,而这些价值在不同文化中各有不同的话,那么,犯罪的意义就会在不同文化中各不相同。同样,我们绝不能用严格的行为术语或者法律术语给犯罪下定义,因为同样的行为(例如,杀人、拿走、强迫)可能在一些环境中是犯罪,而在其他环境中可能不是犯罪;在解释犯罪时,我们可能会混淆这种区别,就像亚文化理论那样(亚文化理论家断言,实施犯罪行为的人把这种行为解释为“非犯罪的”行为)。同样,我们必须这样给犯罪下定义,犯罪的定义至少必须包括在所有社会中都被认为是犯罪的绝大部分行为。如果某一社会把某种行为确定为犯罪,我们的定义就应当能够理解该社会的犯罪定义的基础。最后,我们的犯罪定义应当来源于关于人性的概念,而这种人性的概念是超越社会群体的(不管是同一社会中的不同社会群体,还是不同社会中的不同社会群体,都是如此)。

满足这些要求的人性的概念,可以在这样的古典假设中找到,即人类的行为是受到求乐避苦的自私动机驱使的。在这种概念中,犯罪就是使用暴力或者欺骗满足个人利益的行为,这里的“个人利益”(self-interest)是指增加快乐和避免痛苦。①

正如我们已经强调的那样,那些增加快乐或者降低痛苦的行为的特征会包

① 人们往往认为,不可能发展一些犯罪的一般理论,因为没有一种特定的行为总是并且在任何地方都会被看成是犯罪的。典型的例子就是,人们不会把士兵在战争期间故意进行的杀人行为看成是犯罪。我们的犯罪概念集中关注犯罪行为的自私性质,它很容易排除那种为了追求集体目的而进行的行为(这个例子可以说明实证主义观点的那种倾向:这种观点以犯罪的法律定义开始,然后寻找符合行为标准而不是符合法律标准的例子来驳斥这种定义的价值)。——原注

含在这些行为的原因中,这些特征应当是超越不同文化的。为了追求最大限度的快乐,行为带来的收益(benefits)必须是直接的;迅速获得的快乐才是强烈的快乐。暴力或者欺骗往往可能会产生比其他手段更加直接的结果,因此,暴力或者欺骗在追求个人利益方面是有用的。为了追求最大限度的快乐,行为带来的收益必须是肯定的;肯定可以获得的快乐,才是强烈的快乐。暴力或者欺骗往往可能会比其他手段带来更加肯定的结果,尤其是在所追求的收益是直接的,并且几乎不考虑行为的长期后果时,更是如此。为了追求最大限度的快乐,行为应当是最容易进行的。暴力或者欺骗往往可能会在付出比其他手段更少的努力的情况下带来收益,尤其在这些收益也具有迅速性和肯定性的特征的情况下,更是如此。

我们的犯罪概念消除了在跨国研究中常见的障碍,即不同的国家有不同的犯罪定义。我们的犯罪概念包含了社会主义社会中的企业精神(entrepreneurialism),包括了自由市场经济中的投标操纵(bid-rigging),包括了义务教育社会中的逃学(truancy),包括了强行限制家庭规模的社会中的怀孕。

我们的犯罪概念可以解释不同社会中犯罪率的巨大差异,它并不把这些犯罪率差异看成是犯罪原因论关注的唯一对象,也不否认某种原因或者某一类原因会影响所有社会中的犯罪率。我们的犯罪概念认为,个人通过暴力或者欺骗追求个人利益,是所有社会中都有的问题,是所有社会都要处理的问题;如果社会要维持自己的价值观,就必须处理犯罪问题。

所以,利用黑市谋取私利的社交聚会工作者(party worker)、用枪支伤害陌生人的街头恶棍(street mugger)、从事内幕交易的股票经纪人、闹出绯闻的妻子、在激情冲动下杀害妻子的丈夫,都追求不考虑长远利益的个人满足。他们也都是那些利用法律惩罚提醒人们关注自己的长远利益(和他人利益)的社会的成员。

我们的犯罪概念使各个社会都可以根据自己的需要给犯罪下定义,但是,根据我们的观点,这种自由度对于这种理论几乎是没有损害的。尽管"给犯罪下定义"的能力使社会能够将那些不能带来短期个人收益的行为规定为犯罪,但是,这样的法律可能很少会被违反,有可能很难得到执行。那么,用什么来解释不同社会中违法活动的内容和形式的变异性以及违法活动的发生频率呢?根据我们的理论,犯罪中几乎没有高于个人利益的成分,如犯罪需要的商品、服务、被害人和机会,这些都是一些因时因地而有不同的成分,因此,可以很好地解释不同国家的犯罪率差异。

即使是短期收益也预示着有机会享受犯罪带来的收益，而且不同的社会在提供这样的机会方面是有很大差异的。例如，在很少有汽车的社会中，盗窃汽车的行为就很少发生，因为很难使用和藏匿盗窃来的汽车。在很多人共同居住和拥有很少物质财富的社会中，突然拥有昂贵的物品可能会引人注目。当然，影响跨文化犯罪率（cross-cultural crime rate）的一个重要因素，就是可以盗窃的物品或者可以侵害的人的绝对数量。发展中国家不管其人口的倾向如何，都缺乏可以维持很高的财产犯罪率的物质财富。

二、犯罪性

正如我们已经强调的，犯罪性（自我控制低）的概念是根据犯罪的概念得出的，它是指个人不考虑行为的长远后果而追求短期满足的倾向。具有这种倾向的人，会具有冲动性和冒险性；会不太考虑他人的利益，不太关心延迟的惩罚，也不管这种惩罚来自何处。由于犯罪是超越国界的，因此，犯罪性也是超越国界的。

自我控制方面的这些个别差异，是在生活的早年形成的（不过，可能是在国家确定的犯罪行为方面的差异之前形成的），并且在此后就比较稳定。这种稳定性在几个地区，如英格兰（West and Farrington 1977）、斯堪的纳维亚（Olweus 1979）和美国（Glueck and Glueck 1968），得到了文字材料的证实。

幸运的是，犯罪的实施要求比个人倾向更多的东西。犯罪的实施要求有物品、被害人、身体能力和直接的刑罚威胁的缺乏。因此，有助于犯罪的倾向并不能必然引起犯罪。许多非犯罪的行为也能够提供犯罪带来的收益，如赌博、性行为、饮酒、吸烟和辞职，都是如此。这些行为与犯罪相当的证据，可以从它们之间较强的正相关关系中获得。这些正相关关系显示，“快乐”虽然不能相互替代，但是，往往聚集在一起。那么，我们可以猜测，向犯罪人提供与犯罪相当的快乐（crime-equivalent pleasure）是不能预防犯罪的，就此而言，不向犯罪人提供替代性快乐也是不能预防犯罪的。

三、犯罪的跨文化相关因素[①]

就我们可以确定的情况而言，犯罪的重要相关因素在不同的文化中都是相同的（关于大多数相关因素的资料都是很不完整的，关于某些相关因素的资料，

① 原文是“Cross-Cultural Correlates of Crime”。——译注

如关于种族的资料,在一些社会中是不充足的,难以得出可信的结论。一种缺乏充足资料的理由假定,犯罪的相关因素“应当”在不同文化中是不同的,这是一个目前的证据无法证实的假设)。例如,在不同的社会中,性别差异都是持久而明显的,在可以得到数据资料的所有社会的犯罪统计中,男性所占的比率都是很高的(参见 Adler 在 1981 年的出版物中提供的日本、尼日利亚、匈牙利、波兰、挪威、芬兰、荷兰和美国的数据资料)。或许更重要的是,对于那些致力于少年犯罪研究的研究者来讲,年龄差异在各个地方都是相同的,犯罪的高峰年龄都在青少年后期(late adolescence)或者成年早期(early adulthood),之后迅速下降(参见第六章;也参见 Ong 1986)。在所有社会中,家庭稳定性似乎与犯罪呈现负相关,无论是从个人层面来看,还是从总体数据来看,都是如此(Rosenquist and Megargee 1969;Toby 1979a;Riley and Shaw 1985)。城市地区的犯罪率较高,而农村地区的犯罪率较低,这似乎是普遍现象,就像财产犯罪在犯罪中占主要部分那样。不同文化中对于犯罪严重性的排列表明,不同文化在这个问题上有显著的一致性(Newman 1976)。

少年犯罪的个人相关因素在任何地方似乎都包括性早熟、学习能力缺乏、吸毒(包括饮酒和吸烟)。因此,可以得到的资料与试图建立一种犯罪和少年犯罪的一般理论的努力是一致的;所谓一般理论也就是跨文化的理论,这种理论把犯罪看成是目光短浅的追求个人利益的行为,把犯罪性看成是缺乏自我控制的现象,而自我控制是促使个人关注其行为的长远后果所需要的成分。

自我控制可能是社会化和目前的生活处境的一种产物。家庭稳定的人更有可能受到那种考虑行为的长远后果的教化,他们更有可能在不考虑长远后果时感到痛苦。学习能力缺乏的人,更不可能有良好的长远期望,因此,他们的行为不大可能由自己来支配。根据我们的观点,毒品、烟草和酒精都更有可能成为缺乏自我控制的指标,而不可能成为犯罪原因的指标,但是,有时候它们也会通过减少使用者对于直接情境的时间期限(time frame)而引起犯罪行为。在有限的时间和空间范围内,个人很容易产生未经仔细考虑的冲动,而冲动则是在任何地方实施的犯罪中都包含的成分。

第四节　结论

我们认为，对犯罪和少年犯罪进行跨文化研究的第一个目标，应当是建立犯罪和自我控制的相关因素的两种清单：与文化有关的相关因素的清单、与文化无关的相关因素的清单。第一种清单应当包括犯罪或者机会变量，这是一些影响事件发生的难易度的变量，而不是反映个人的倾向的变量。第二种清单应当包括自我控制低的原因与后果，这是一些使个人或多或少愿意为了追求眼前的快乐而损害长远未来的因素。当然，建立这样的清单就需要一种犯罪的一般理论。如果缺乏这样的理论，那么，跨国研究就不知道要寻找什么，跨国研究的贡献就可能很有限。

第九章 白领犯罪

在犯罪学中,没有什么内容比白领犯罪(white-collar crime)的观点更加稳固(secure)。如果不用一章或者几章论述这个话题,似乎就没有一本教科书是完整的。如果没有一些小组专门涉及有关白领犯罪的理论和研究方面的近期发展,就不会组织任何会议。如果没有一门或者几门课程涉及那些由获利阶级(advantaged class)实施的犯罪,特别是那些由具有经济权力的人们实施的犯罪,就不会有完整的刑事司法课程。实际上,如果不讨论摆在犯罪学面前的白领犯罪,就不可能讨论犯罪学中的任何话题。人们经常检验不同的理论所包含的观点在理解犯罪中的这个重要部分的能力。研究者们经常会遇到不愉快的事实:他们发现的"犯罪"的相关因素,往往可以很好地作为无知的犯罪学家们不能思考白领犯罪对于传统著作的意义的荒谬例子。在学术界之外,白领犯罪的观念甚至已经产生了更大的影响。例如,它已经推动检察官起诉白领犯罪人,创造了管制机构,甚至重新调整了联邦调查局(FBI)[①]的工作方向(Geis and Meier 1977:2)。

既然白领犯罪稳固地成为犯罪学探讨的一个重要领域,既然对它进行了很多研究和思考,那么,就可以更加清楚地评估这个概念的利弊。在本章中,我们将把自己的一般理论应用于白领犯罪。本章的主题就是,应当用区分某类犯罪与一般犯罪那样的方式区分白领犯罪与一般犯罪。也就是说,可以为了某些目的而进行这样的区分,但是,不能不恰当地在所有领域进行这种区分。正如我们已经指出的,为了政策目的而分析特定犯罪的做法(例如,Cornish and Clarke 1986),并不能证明就适合于为了原因或者研究的目的而进行的分析。例如,通过禁止销售在气雾剂铁罐中盛的油漆就可以减少恶意破坏行为的事实,并不能解读为这些恶意破坏者是由不同的原因造成的。同样,不能把控制白领犯罪人

① 联邦调查局(Federal Bureau of Investigation,FBI)是隶属于美国司法部的负责调查违反联邦法律的犯罪案件的机构,也负责对涉及国家机密的工作人员的安全审查。它成立于1908年,总部设在美国首都华盛顿。——译注

的愿望与这样的结论相混淆,即白领犯罪人是独特的原因过程的产物。事实上,我们的一般理论可以解释白领犯罪的发生频率和分布,其解释方法与对所有其他形式的犯罪,包括强奸、恶意破坏、简单伤害等的解释方式相同。假如大量的文献是以那种认为白领犯罪具有独特的理论问题的相反假设为基础的,那么,在我们接着证明我们的观点之前,就必须解决几个概念问题。

第一节 白领犯罪概念的起源①

在古典理论中,人们假设,借助暴力或者欺骗手段是人类永远可能发生的事情。无论是暴力,还是欺骗,都会被看成是追求个人利益的手段,对这两者进行区分并不是理论研究中所感兴趣的事情。当古典学派被实证学派所代替,而实证学派假设犯罪是生物病态、心理病态或者社会病态的表现时,就不再认为暴力和欺骗是正常的现象,就需要用一些特别的动机或者强迫性冲动(compulsion)来解释人们为什么使用暴力和欺骗。在开始的时候,这类强迫性冲动的主要来源是下层社会阶级、贫穷或者不平等。这种观点可以解释穷人中的高犯罪率(并且暗示,高犯罪率是富人和有权势者的过错)。不幸的是,为了一些政治目的,人们也假设,穷人的犯罪率确实比富人和有权势者高,而富人和有权势者相对来讲是较少犯罪的。

在这种语境下,创造出白领犯罪的概念就会产生两种符合需要的后果:它证明贫穷—病态理论(poverty-pathology theory)是错误的;它揭露了特权阶级(privileged class)的犯罪和他们不受法律处罚的事实。

那些继续接受阶级—贫穷—不平等模式(class-poverty-inequality model)的社会学理论(例如,Merton 1938;Cloward and Ohlin 1960;Blau and Blau 1982),只能通过闭口不谈白领犯罪的方式接受这种模式。那些接受白领犯罪观点的社会学理论,则不得不朝两个方向移动:一个方向是否定"病态"原因的一般理论(例如,不同交往理论),另一个方向是仅仅适合特定犯罪或者特定类型犯罪的一些理论(例如,Bloch and Geis 1970;Clinard and Quinney 1973;Gibbons 1973)。

目前流行的白领犯罪概念证明,它的科学价值与它的政治吸引力一样大(Geis and Goff 1983;Braithwaite 1985:1)。实际上,引入白领犯罪观点的主要后果,一直

① 原文是"The Origins of the Concept of White Collar Crime"。——译注

就是将它的因变量的实证概念复杂化,就是否定一些实证研究的结果,这些证实研究不关注这样的观点:犯罪及其原因在某种程度上是与特定阶级有关的。

第二节　白领犯罪的现有理论①

一、概述②

在那些研究白领犯罪的人中,一个重要的但是被忽略的问题,就是确定这个概念中包含的主张或者论断。从表面上看,这个术语认为,白领犯罪的确是犯罪,具有较高社会地位的人们确实在实施真正的犯罪,他们实施的犯罪不同于普通犯罪,他们违法的原因不同于那些影响其他人违法的原因,官方对白领犯罪的反应不同于对普通犯罪的反应。③

最初一看,这些论断似乎是特别有问题的,或者是特别不符合理性的。不过,经过再三考虑之后就会发现,"教会犯罪"(church crime)这个概念可能会得出同样的结论。毫无疑问,由教会领导人实施的犯罪就是真正的犯罪,但是,它们不同于非教会犯罪(nonchurch crime,如盗窃那些不纳税的捐助的行为,仅仅在非营利组织中才有可能发生),他们犯罪的理由可能是他们的文化或者经济状况所特有的。当然,法律制度对于教会犯罪的反应可能会比其他制度更加宽松,也可能更加严厉。

所以,看起来明确的或者有用的概念,实际上却可能会引起十分复杂的问题。如果我们不知道"白领犯罪"概念的产生原因,就是不赞同那种认为犯罪集中在下层阶级的观点,那么,就无法将这种观点与其他那些提醒我们认识到可以在所有群体,甚至在较少存在犯罪原因的群体中发现犯罪的观点区别开来,后一类群体中犯罪的例子包括完整家庭犯罪(intact-home crime)、好学生犯罪(valedictorian crime)、女性犯罪、老年犯罪、小城镇犯罪(small-town crime)。问题在于,白领犯罪的概念在区分这种观点与无数根据犯罪人的特征划分犯罪的其他方式方面,具有优势或者用处吗?通过思考人们曾经提出的有关白领犯罪的一些假设,可以促进对白领犯罪的这类优势或者用处的探索。

---

① 原文是"The Existing Theory of White-Collar Crime"。——译注

② 这个标题是译者根据原文的论述内容并考虑译文的结构平衡而增加的。——译注

③ 从这个术语本身来看不明显,但是这个术语往往会遇到这样的观点:白领犯罪实际上比普通犯罪更严重、更危险,对于社会价值或者公民价值的损害也更大(参见 Sutherland 1983;Will 1987)。——原注

二、白领犯罪是真正的犯罪吗[①]

白领犯罪是否属于犯罪学研究领域的组成部分的问题,不可能是在古典理论中产生的,古典理论并不关注犯罪人的特征,它关注犯罪的形式,或者说关注犯罪受到法律制裁的可能性。由于犯罪是试图通过暴力或者欺骗获取个人利益的行为,因此,很显然,富人和有权势者都有可能实施犯罪,而且他们实施犯罪显然不会受到国家的惩罚。

实证主义犯罪学从各个方面对这种犯罪概念提出了质疑。从根本上讲,犯罪人是不可能学会文明的行为方式的,或者说,人们是在那些他们几乎无法控制的力量的驱使下进行不良行为的。因此,法律或者法律惩罚本身就是一些与有关人类行为的科学知识相矛盾的概念或者制度。从这种意义上讲,白领犯罪的概念是反对实证主义的。白领犯罪的概念认为,那种否定很明显的可能性的世界观(worldview)肯定是错误的:事实表明,那些有才智、有权势的人们确实在利用暴力和欺骗达到自己的目的。

在我们看来,证据似乎清楚地支持对白领犯罪进行的这种理论研究。没有理由将犯罪的概念仅仅局限于下层阶级(参见 Merton 1938;Cloward and Ohlin 1960;Blau and Blau 1982)。相反,证据表明,当使用暴力和欺骗进行犯罪的时候,犯罪就可能在各个社会阶层发生,而白领犯罪显然就是犯罪。实际上,我们会认为,任何声称具有一般性的犯罪理论,都应当毫无困难地适用于富人和有权势者的犯罪,在从事某种职业的过程中进行的犯罪,利用权力、影响力或者信任获取个人或者组织利益的犯罪(Reiss and Biderman 1980:4)。

三、地位高的人们实施犯罪吗[②]

根据那些赞同白领犯罪概念的人们的观点,白领犯罪概念的主要价值之一,就是提醒我们,实际发生的犯罪并不局限于下层阶级:“这种研究已经……提供的证据表明,上层社会经济阶级的成员实施了很多犯罪……人们已经认识到,一些大公司经常违反法律”(Sutherland 1983:264)。

因此,白领犯罪的确是犯罪,白领犯罪的确发生。一些医生进行谋杀活动,一些医生经常对医疗保健部门说谎(Geis,Pontell,and Jesilow 1987)。人们已经知道,一些律师滥用当事人委托给他们的资金;公司经理往往进行投标操纵(bid-rigging)活动;工会领导人往往侵占养老金计划的资金;厂商往往非法处理

① 原文是“Is White-Collar Truly Crime?”——译注

② 原文是“Do People of High Standing Commit Crimes?”——译注

有毒化学物质。

显然,那些不想区分个人和组织的人认为,白领犯罪既是一种经验事实,也是一种可以进行理论研究的现象。那些不想关注动机成分的人,区分白领犯罪与其他犯罪。就像普通犯罪那样,白领犯罪人显然也追求个人利益,这种利益通过犯罪人所属的群体或者组织直接到达犯罪人的手中,也可能通过犯罪人所属的群体或者组织间接到达犯罪人的手中。就像其他犯罪那样,对利益的错误估计并不能成为不追求利益的证据。此外,不需要通过引入分析单位问题(例如,组织是否实施犯罪?)来证明具有较高社会地位的人实施的犯罪行为。

四、白领犯罪不同于普通犯罪吗①

为了探讨人们认为在白领犯罪与普通犯罪之间存在的差异,有必要考察一些白领犯罪的定义以及派生的或者类似的概念:

> 白领违法行为(white-collar violation)就是那些会受到刑罚处罚的违法行为,这些违法行为涉及违法者利用具有重要权力、影响力的位置,或者利用在合法的经济或者政治制度秩序中的信任,获取非法利益,或者为了个人或者组织的利益而进行违法行为。(Reiss and Biderman 1980:4)

> (白领犯罪是)受人尊敬并有很高社会地位的人在其职业过程中进行的犯罪。(Sutherland 1983:7)

> 利用非体力手段、通过隐藏或者计谋进行的,获取金钱或者财产,避免付款或者避免财产或者金钱损失,或者获取商业或者个人利益的某种或者一系列非法行为。(Edelhertz 1970,转引自 Braithwaite 1985:18)

> 职务犯罪(occupational crime)②包括个人在从事业务过程中为了自己的利益而实施的犯罪以及雇员针对雇主的犯罪……公司犯罪(corporate crime)是公司领导人为了公司的利益而实施的犯罪以及公司本身进行的犯罪。(Clinard and Quinney 1973:188)

① 原文是"Do White-Collar Crimes Differ from Common Crimes?"——译注

② "occupational crime"一词也译为"职业犯罪",但是,这样的译名容易与"professional crime"的译名(职业犯罪)相混淆,因此,将"occupational crime"译为"职务犯罪"。——译注

显然,赞同白领犯罪的人们相信,他们已经发现了不同类型犯罪之间以及不同类型犯罪人之间的重要区别。这些区别的价值,肯定是由它们在解释、预测或者控制犯罪人、被害人或者刑事司法系统官员们的行为方面的有用性决定的。如果没有这些标准,要对这些概念进行分析和评价都是很困难的,或者是不可能进行的。所以,我们探讨白领犯罪和白领犯罪人与其他犯罪和其他犯罪人在解释、预测和控制方面有什么不同,首先探讨"犯罪人"的问题。

五、白领犯罪人与其他犯罪人有什么不同①

探讨白领犯罪问题的第一种方法,就是在关注白领犯罪在犯罪与职业的关系方面采取一种新的观点。实际上,白领犯罪的观点对那种传统的假设提出了挑战,这种传统假设认为,"没有"职业(失业)是有利于犯罪产生的,而某种职业(就业)则是有利于非犯罪行为产生的。这种传统假设(失业理论)强调动机的作用,认为犯罪是相对贫穷(relative poverty)导致的剥夺的一种结果。相反,就业理论或者"职业理论"(Clinard and Quinney 1973)则强调犯罪的机会,认为犯罪是从事能够接触金钱和物品的工作的一种结果。不过,这两种理论都没有十分关注犯罪人的社会地位或者其他特征。实际上,这两种观点都认为,不同的个人会对失业的压力和就业的机会作出类似的反应。

探讨白领犯罪问题的第二种方法,并不需要区分普通犯罪人和白领犯罪人。这两种观点似乎都把同样的犯罪行为作为探讨的焦点。它们的差别仅仅在于某种具体自变量可能发生效果的方向上。这种差异与我们早先提出的"白领犯罪理论"是一致的,我们在早先认为,"白领犯罪理论"是作为对"实证主义"理论(力量或者压力理论)的反应而提出的。尽管那种赞同就业理论而不赞同失业理论的研究会论述这种自变量的地位,但是,这种研究不可能证明需要一种特殊类型的犯罪人(白领犯罪人)。就业理论可能是与证据相一致的,它不探讨这样的观点:伴随职业活动的犯罪是由独特的原因引起的。

简言之,那种认为就业者之所以更有可能盗窃是因为他们有职业的研究结论,并不能证明某种关于盗窃(白领犯罪)的理论是正当的,而那种认为失业者更有可能盗窃的研究结论,则可以证明某种(认为犯罪)完全集中于下层阶级的理论(剥夺理论或者紧张理论)是正当的。

或许是因为对"职务犯罪"的集中关注模糊了白领犯罪与其他犯罪的区别,

① 原文是"How Do White-Collar Criminals Differ from Other Criminals?"——译注

因此,白领犯罪概念的支持者往往赞同把白领犯罪局限于由富人、高地位的人或者受人尊敬的人利用有权力的职位或者信任进行的犯罪(Sutherland 1983;也参见 Reiss and Biderman 1980)。由于对白领犯罪进行了这样的限定,因此,所研究的问题就变得更加复杂:在哪里可以找到白领犯罪人的适当对照组(comparison group)呢?

采用这种限制型白领犯罪人定义的研究者,在传统上继续将白领犯罪人与普通犯罪人进行比较,而忽略了那些社会地位低的人们实施的白领犯罪。这种做法使他们能够使用同样的术语来描述普通犯罪人和地位较高的犯罪人。例如,萨瑟兰尽量表明,白领犯罪人的行为是"故意进行的",犯罪人往往是"多次犯罪的",犯罪人往往很难"改造"。这种比较也允许人们相信对于高地位者的白领犯罪的统计资料,而在传统上人们仅相信普通犯罪的统计资料。所以,根据萨瑟兰的观点,官方统计资料大大低估了高地位白领犯罪人(high-status white-collar offender)的犯罪活动的程度,就像它们低估了普通犯罪人的犯罪活动的程度那样(1983:227-228)。根据当代学者们的看法,在白领犯罪的统计资料中,继续存在着低估和混乱的现象(Reiss and Biderman 1980)。

尽管把高地位白领犯罪人与低地位普通犯罪人(low-status ordinary offender)相比较会失去很大一部分犯罪人,但是,这种比较允许用那些通常用来描述社会底层者的术语来描述具有较高地位的人们,如"白领犯罪人具有一种皮条客的心态"(Bequai 1987)。这种比较也允许他们提出这样的观点,即在上层社会中发现的腐败仅仅是冰山一角。但是,这种比较几乎没有别的积极价值(Toby 1979b)。实际上,这种比较强行推出了一种单独的犯罪行为理论,这种理论认为但是并没有证明,富人和有权势者中的这种行为的原因,不同于穷人和无权势者中的这种行为的原因。似乎需要进行其他一些比较。

一种可能性是比较高地位犯罪人(high-status offender)与处于同样地位的非犯罪人。在进行这样的比较之前,让我们简要考察进行这种比较的逻辑。首先,根据犯罪人的社会地位识别出犯罪人,然后,将犯罪人与具有同样地位的非犯罪人进行比较。这种比较类似于将实施了犯罪的下层阶级成员与没有犯罪的下层阶级成员进行比较,或者更准确地说,将进行了少年犯罪的好学生与没有进行少年犯罪的好学生进行比较(因为就像白领犯罪人那样,好学生的犯罪率可能是较低的)。假定进行比较的两组人具有相同的社会地位,那么,社会地位就不可能解释他们在行为方面的差异。所以,这种比较将注意力从社会地位方面转移开来,而将注意力引向微观层次的或者个人层次的特征,如紧张、机会或者病态现象。由于同样的微观特征既可以解释好学生中的犯罪人与非犯罪人之间的差异,也可以解释下层阶级成员中的犯罪人与非犯罪人之间的差异,所以,就会再次引导我们怀疑白领犯罪概念的独特性(具有讽刺意味的是,白领犯罪的概念本来是想把宏观层次的区别引入犯罪理论,但是在实际上,却不得不进行较低层次的或者心理学层次的解释)。

探讨白领犯罪问题的第三种方法,可以在那些赞同集中关注公司犯罪的人们的著作中发现(Ermann and Lundman 1982;Braithwaite 1985)。根据约翰·布雷思韦特(John B. Braithwaite)①的论述,“作为关注的核心领域,公司犯罪是……一种广泛的但是又比较同质的理论研究领域。尽管有关白领犯罪的一些有用的理论被证明是令人困惑的,但是,有可能提出有影响的公司犯罪或者组织犯罪的理论”(1985:19)。

不管公司(corporate)犯罪的概念有什么样的潜在价值,这种概念都不可能产生解释这种概念所需要的经验型数据,也不可能证实这种概念有助于发现在其他地方被忽略的重要的犯罪类型。那些认为研究单位(unit of study)可以或者应当是组织、而不是个人的研究者,在收集或者解释他们得到的数据时,不可能长期坚持这样的观点。所以,尽管萨瑟兰把他的公司犯罪数据制成表格(用来表明有多少公司是“习惯犯罪人”),并且嘲笑那些根据个人病态现象对这类犯罪行为进行的解释,但是,萨瑟兰仍然用不同交往理论解释公司犯罪,并且一直把公司的行为等同于在公司中掌权的人们的行为(Cohen, Lindesmith, and Schuesser 1956;Geis and Meier 1977:84)。约翰·布雷思韦特在评论那些对违法的公司经理进行的研究时,得出了这样的结论:“决定公司受罚程度的,是高层管理者的态度,特别是总经理的态度……而且,中层管理者经常报告说,他们在不实现高层管理者确定的目标与实现合法目标之间左右为难”(1985:17)。

不管这些论断的效度如何,它们似乎都把公司看成是一种可能发生犯罪、也可能不发生犯罪的环境,但是,它们并没有把公司看成是犯罪者(criminal ac-

① 约翰·布雷思韦特(John B. Braithwaite,1951 -)是澳大利当代业犯罪学家,1991 年获美国犯罪学协会(ASC)颁发的迈克尔·欣德朗奖(Michael J. Hindelang Award),1992 年获该协会塞林—格卢克奖(Sellin-Glueck Award),2004 年获该协会埃德温·萨瑟兰奖(Edwin Sutherland Award),2006 年与德国犯罪学家弗雷德里希·洛塞尔(Frederich Lösel)一起获第一届斯德哥尔摩犯罪学奖(Stockholm Prize in Criminology)。——译注

tor)。从这种意义上讲，白领犯罪仍然不同于那些在群体或者组织环境中发生的其他犯罪，在这种群体或者组织环境中，掌权者对于所发生的行动的决定权，要大于下属，如在政府部门、军事单位、大学院系和少年犯罪帮伙中就是如此。

可以说，发现白领犯罪人的重要性仅仅在于，证实了被理论或者政策拒绝承认的白领犯罪的存在。在萨瑟兰所处的时代，理论往往含蓄地否认在有权势者中存在的犯罪，社会政策也不像今天这样集中关注这个领域。今天，这两种情况都不可能正当地存在。因此，需要进行一些其他的研究比较。或许，可以在对犯罪，而不是对犯罪人的比较中，能够发现白领犯罪概念的理论价值。

六、白领犯罪与其他犯罪有什么不同[①]

白领犯罪往往被定义为仅仅由占据有权力和有影响力的位置的人们实施的犯罪。这种观点排除了那些(主要)由地位较高的人们实施，但是地位较低的人们也可以实施的犯罪。根据这种定义，配偶进行的谋杀以及强奸犯罪不会被看成是白领犯罪，除非它们是犯罪人利用职权和影响力的结果。所以，银行侵占只能由银行职员实施；内幕交易只能由股票经纪人实施；医疗补助诈骗(Medicaid fraud)只能由那些向这类计划提供有偿服务的人实施；只有汽车制造商才有可能制造不符合法律标准的汽车；只有那些纳税人才有可能逃避缴纳所得税。

这种观点似乎区分出了一种独特的犯罪类型，这种犯罪类型需要人们对其进行独特的解释。那么，将盗窃药品的药剂师与盗窃木材的木匠区分开来有什么理论价值呢？将医生的医疗补助诈骗与病人的医疗补助诈骗区分开来有什么理论价值呢？将银行经理的侵占与银行柜台人员的侵占区分开来有什么理论价值呢？白领犯罪的概念往往表明，药剂师的盗窃比木匠的盗窃更重大或者更严重，或者它们产生的原因有所不同。这表明，医生的诈骗比病人的诈骗更重大(有更大的社会损害吗?)或者更严重；医生诈骗的原因不同于病人诈骗的原因。如此等等。这促使我们认识到，这些观点是有问题的，它们实际上涉及两个往往无关的但是却经常混淆的问题：不同犯罪的原因是相同的吗？不同的犯罪本身是同样严重的吗？白领犯罪的理论家和研究者(与许多犯罪学家一样)往往认为，对第二个问题的回答与对第一个问题的回答有关。这就是说，比较严重的犯罪的原因，不同于比较轻微的犯罪的原因(比较严重的犯罪的原因比那些比较轻微的犯罪的原因更加有力吗)。如果认为犯罪的原因与犯罪的严重性相对

① 原文是“How Do White-Collar Crimes Differ from Other Crimes?”——译注

应,那在逻辑上肯定是讲不通的。正如我们将要指出的,大量的经验性证据表明,无论是在实际上,还是从理论上来看,都不可能是这样的。

如果区分白领犯罪与类似的蓝领犯罪(blue-collar crime)没有明显的理论价值,那么,一般性地区分像医疗补助诈骗、逃避所得税、内幕交易、违反垄断法、操纵投标和消费者诈骗这样的白领犯罪有价值吗?从一些目的来看,区分一些犯罪显然是有用的。例如,揭露和起诉违反垄断法的专门技术,不同于揭露和起诉医疗补助诈骗或者内幕交易的专门技术。立法或者其他犯罪控制活动可能要求密切关注具体的犯罪特征(参见 Cornish and Clarke 1986)。但是,这些方面的目的并不需要了解进行这些犯罪的犯罪人之间的差异,也不需要独特的犯罪理论。进行少年犯罪的学生不会专门学习进行恶意破坏、纵火、强奸或者入室盗窃犯罪(不过,一些特别的理论指出,这些犯罪往往受到恶意破坏犯罪人、纵火犯、强奸犯或者入室盗窃犯罪人所特有的某些因素的推动)。从扩展范围来看,几乎没有理由认为,关于白领犯罪专门化的观点,将会是有结果的。相反,很有理由认为,某种单一的理论可以适用于所有类型的白领犯罪(正如我们将要指出的,也适用于所有其他的犯罪)。如果是这样,那么,对于特定犯罪(例如,侵占、共谋、污染空气)的犯罪人动机的专门化研究,就会是多余的,因为这样的研究会相互重叠;就会是错误的,因为这样的研究不会相互重叠。

第三节　犯罪类型与犯罪人类型之间的联系[①]

对于犯罪与犯罪性之间的区别的探讨,很容易导致人们得出这样的结论:这种探讨更有利于理解犯罪的类型,而不是有利于理解犯罪人的类型。一些事件具有独特的原因,如汽车是汽车盗窃的必要因素,能够接触到别人的钱是进行侵占的必要因素,存在其他人是进行伤害、操纵投标和进行强奸的必要因素。同时,证据似乎清晰地显示,犯罪人似乎进行他们能够进行的任何事情;他们并不专门从事任何特别的犯罪或者特别的犯罪类型。因此,如果根据犯罪来识别犯罪人,就会误入歧途。抢劫犯罪人可能会实施抢劫犯罪,但是,在未来的犯罪活动中,他们实际上更有可能进行盗窃犯罪,而不可能进行抢劫犯罪,他们再次从事抢劫犯罪的可能性仅仅比其他犯罪人稍微大一点。如果抢劫犯罪和强奸犯罪

① 原文是"The Connection Between Crime Types and Types of Criminals"。——译注

是这样的话(实际上就是如此),那么,侵占、诈骗和伪造犯罪也可能会如此。尽管侵占、诈骗和伪造是一些极为不同的事件,因而也可能有极为不同的原因,但是,没有理由认为,实施这些犯罪的犯罪人会有不同于其他犯罪人的犯罪原因。所以,从逻辑上讲,犯罪性的一般理论既不会排除强奸犯罪或者任何其他类型的犯罪,也不会排除白领犯罪。白领犯罪人不同于其他犯罪人的假设仅仅意味着这样的假设,即犯罪人专门从事特定的犯罪。这种假设是没有根据的。

白领犯罪符合犯罪的定义(参见第二章)。白领犯罪能够较快地带来收益,也能够带来较为肯定的收益,而且容易进行。白领犯罪不要求有在任何其他的人类行为中都没有的特殊动机或者压力。

由于犯罪涉及物品、服务或者被害人,因此,它们也会有其他的构成特征:它们需要有机会;如果被发现的话,它们会使犯罪人受到惩罚。然而,这样的特征不可能解释特定个人进行犯罪的一般倾向,因此,这样的特征也不是犯罪性的理论需要关注的核心。

不过,我们的犯罪性理论的核心成分很容易在白领犯罪人中识别出来。白领犯罪人也是自我控制低的人,也是很容易在当时的冲动之下采取行动而不考虑这类行为的长远后果的人。

第四节　犯罪的一般理论对白领犯罪的适用①

自我控制低意味着有可能进行犯罪行为,也意味着职业结构(occupational structure)的选择。普通的职业要求人们在特定的时间中要处在特定的地方,普通的职业也要求人们持续接受教育、愿意并且有能力考虑别人的利益,要求人们关注常规外表(conventional appearance)。这些职业要求往往与构成犯罪性的成分不一致。因此,白领职业往往要求具备与高度的犯罪性不一致的特征。换言之,高端职业固有的选择过程往往挑选那些犯罪倾向较弱的人。

因此,我们的理论预测白领工人中的犯罪率较低,这与目前文献中的标准观点是相反的(例如,Reiman 1979;Sutherland 1983)。这类标准的观点,是以有关白领犯罪发生程度的错误统计资料为基础的。第一,白领犯罪研究者在与蓝领"个人"(blue-collar individual)进行比较时,往往把"组织"(organization)作为分

① 原文是"Application of the General Theory to White-Collar Crime"。——译注

析的单位,并且不考虑组织的规模和复杂性。第二,组织的参照时间(reference period)往往要比个人长(Sutherland 1983)。结果,白领犯罪研究文献往往把一个拥有成千上万雇员的组织在许多年间实施的犯罪与单个人在某一年实施的犯罪进行比较。

当使用可比较的单位(例如,具有相同的年龄、性别和种族等犯罪特征的个人)、可比较的参照时间(例如,一年)以及可比较的测量方法(例如,自我报告或者逮捕)的时候,所雇用的白领工人中的犯罪率应当低于那些在缺乏组织性的职业中工作,但是机会却类似的人们的犯罪率;所雇用的白领工人中的犯罪率也应当低于那些在这种职业结构之外工作,但是机会却类似的人们的犯罪率。

关于这种假设的充足的数据现在无法获得。不过,我们认为,有关雇员的盗窃率的研究是与这种情况相一致的。与那种认为雇员中的盗窃活动十分猖獗的观点相反,约翰·克拉克和理查德·霍林格(John Clark and Richard Hollinger 1983)发现,90%甚至更多的零售业雇员报告说,他们从不拿走任何价值的商店商品,而且在所调查的商业领域(例如,医院和电器商店)中没有发现大量的严重犯罪。

应当注意的是,我们在区分人与事件的时候,是把白领犯罪作为在职业环境中发生的事件看待的,而不是作为在那些环境中雇用的人们的特征看待的。结果,这使得人与事件之间的联系发生了问题,这样的联系可能不如在其他环境中的人们与那些环境中特有的犯罪事件之间的联系强烈。很显然,只有白领工人才能实施白领犯罪,但是,这种事实并不能成为白领工人犯罪性的证据,除非其他具有这种机会的人在同样的环境中会实施同样的犯罪,或者为了比较的目的而分析的其他环境和犯罪与白领犯罪相当。后一种解决方法就是在刑法中采用的方法,也是在大多数犯罪统计汇编中采用的方法。

在法律和犯罪统计中,对侵占、诈骗和伪造的界定,并不考虑这些犯罪发生的职业环境。结果,人们有可能研究通常与劳动力中的白领工人有联系的那些犯罪的人口统计学分布,并把这些犯罪的分布与其他犯罪的人口统计学分布进行比较。当然,我们的一般理论预测,在机会结构类似的情况下,不同犯罪的人口统计学相关因素之间的差异应当是不存在的。

图10显示了《统一犯罪报告》中按照年龄划分的诈骗和侵占的逮捕率(U. S. Department of Justice 1981,1985)。很明显,这些白领犯罪的逮捕率在青少年后期和20岁出头时达到高峰,然后随着年龄的增加而急剧下降。到大约37岁

时,侵占的发生率只有高峰年龄时候的一半。到大约 41 岁时,诈骗的发生率也下降到高峰年龄时候的一半。

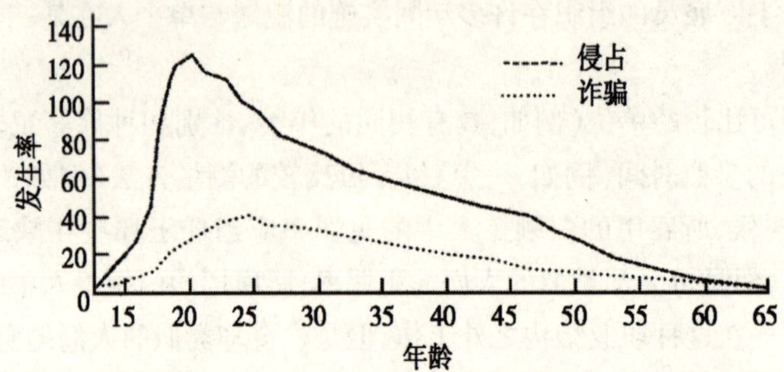

图 10 (1980 年每万人中的)诈骗和(1984 年每百万人中的)侵占

【资料来源】转引自赫希和戈特弗雷德森(Hirschi and Gottfredson 1987:962)的论著;数据来源于《统一犯罪报告》(U. S. Department of Justice 1981,1985)

图 11 比较了男性与女性的侵占发生率,也比较了白人与黑人和其他人的侵占发生率。从这个图中可以明显地看出,1981 年的男性和女性的侵占发生率比其他犯罪更加近似,特别是比暴力犯罪更加近似(实际上,文献中普遍报告说,男性和女性的白领犯罪发生率是趋同的)。图 11 也表明,白领犯罪的种族差异小于普通犯罪的种族差异。尽管黑人和其他人的诈骗和侵占发生率要高于白人,但是,这些方面的差异并不像通常遇到的那样大。

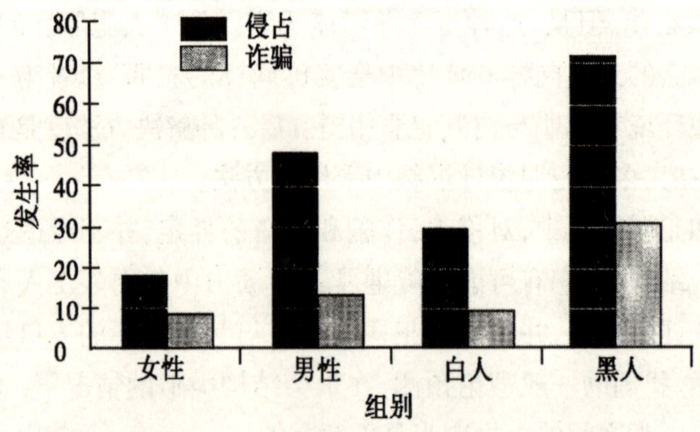

图 11 按照性别和种族划分的侵占的逮捕率(1981 年每百万人中的)和诈骗的逮捕率(1981 年每万人中的)

【资料来源】转引自赫希和戈特弗雷德森(Hirschi and Gottfredson 1987:963)的论著

图 12 和图 13 重现了图 10 和图 11 中呈现的数据,并提供了一种往往被忽略的、与普通犯罪之间的比较。图 12 表明,谋杀的年龄分布与侵占和诈骗的年龄分布是并行的,而且,这些年龄分布的相似性是很明显的。该图显示了侵占、诈骗和谋杀的发生率,进行显示的标准是这些犯罪的分布曲线,而没有考虑这些犯罪之间的差异。实际上,因诈骗发生的逮捕要比因谋杀发生的逮捕多得多(大约是 13:1),而因侵占发生的逮捕要比因谋杀发生的逮捕少得多(大约是 1:2)。但是,十分明显的是,普通犯罪的一种重要相关因素同样也与"白领犯罪"相关。

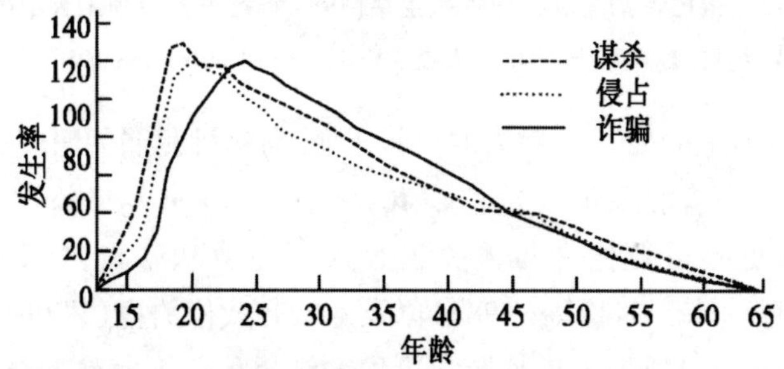

图 12　根据年龄呈现的谋杀逮捕率(1983 年每 50 万人中的)、诈骗逮捕率(1980 年每 3 万人中的)和侵占逮捕率(1984 年每百万人中的)

【资料来源】转引自赫希和戈特弗雷德森(Hirschi and Gottfredson 1987:964)的论著

在图 13 中,我们比较了不同性别和不同年龄的人们在实施白领犯罪的机会方面的差异。为了进行比较,我们将不同类型人们的白领劳动力(white - collar labor force)标准化。这种差异通常被看成是将白领犯罪区别对待的重要理由。实际上,在实施白领犯罪的机会方面的年龄、性别、种族差异,并不能揭示白领犯罪与普通犯罪在相关因素方面的差异。相反,它们往往掩盖了这样的事实:它们的相关因素在重要性和方向、方面是相同的。当考虑(犯罪的)机会时,白领犯罪的人口统计学差异就与普通犯罪的人口统计学差异相同。

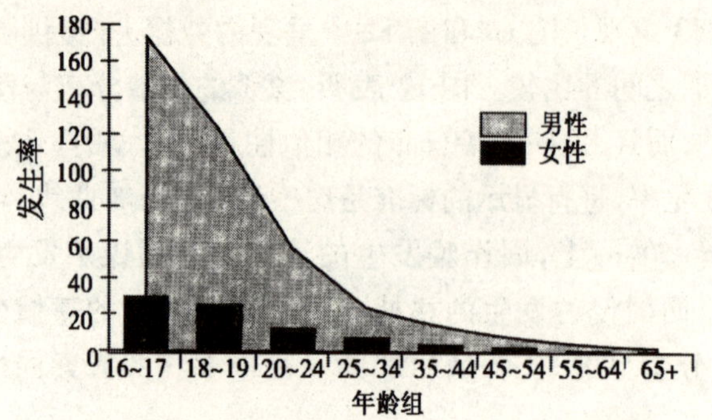

图 13　根据性别呈现的侵占发生率(1984 年每十万白领工人中的)

【资料来源】转引自赫希和戈特弗雷德森(Hirschi and Gottfredson 1987:965)的论著

逃税(tax evasion)是一种常见的白领犯罪,对这种犯罪的研究也支持我们的假设。罗伯特·梅森和莱尔·卡尔文(Robert Mason and Lyle Calvin 1978:84)报告说:“年轻人更有可能比老年人少报收入。”在罗和蒂特尔(Rowe and Tittle 1977)、克罗特费尔特(Clotfelter 1983)以及威特和武德伯里(Witte and Woodbury 1985)的研究中,也可以发现年龄影响逃税的结果。关于雇员的财产盗窃,克拉克和霍林格(Clark and Hollinger 1983:摘要)写道:“年轻的(16~20 多岁)、未婚的和男性的雇员报告的财产盗窃最多。”

第五节　个别差异和白领犯罪[①]

人们往往嘲笑与犯罪人的特征有关的研究和理论,理由是,白领犯罪人具有一些与据说引起犯罪的那些特质“相反的”(opposite)特质。实际上,白领犯罪的文献从某种意义上是严格按照这样的逻辑探讨白领犯罪的根源的:

> 很明显,那种认为犯罪是由个人的和社会的病态现象引起的假设,并不适用于白领犯罪,并且如果这种假设不能解释这些犯罪,那么,这类病态现象就不是一般犯罪的基本因素。与这类解释形成对照的是,关于不同交往和社会解组的假设可以适用于白领犯罪,也可以适用于下层阶级犯罪。(Sutherland 1983:264)

① 原文是“Individual Differences and White-Collar Crime”。——译注

特质理论家们特别容易受到这样的批评，因为他们认为有助于犯罪的大多数特质，如攻击性、冒险性、活动水平、中胚层体型（mesomorphy）和社交性（sociability），也可能会被说成是有益于获得商业成功的因素（如果攻击性引起犯罪的话，那么，它也引起商业成功。因此，它不可能引起犯罪。或者说，按照逻辑就是如此。正如我们在第三章指出的，由于研究者将攻击行为和犯罪同等看待，因此，攻击倾向使所有这些讨论都变得没有任何意义了）。反对特质理论的这种观点有三个问题：第一，它假设的事实并不是显而易见的。没有经验型理由可以使人们相信，与普通犯罪具有正相关的"特质"会与白领犯罪具有负相关。相反，正如我们已经指出的，完全有理由产生别的想法。第二，它否定这类很明显的事实：某种（或者某些）原因可能会有不同的结果表现。在一切条件相同的情况下，一个积极主动的人很有可能获得商业成功，也很有可能从事犯罪行为。在一切条件相同的情况下，一个冲动的人很有可能进行商店偷窃，也很有可能侵占公司财物。第三，这种观点混淆了在商业界的位置（location）与商业中的成功。它假设，白领犯罪人在白领职业中是很成功的，研究者根据逸闻趣事和个别臭名昭著的案例推断的白领犯罪的趋势，强化了这种假设。尽管根据定义，白领犯罪人肯定是从事白领工作的人，但是，并非所有的白领工人都具有这个领域的上层人员才具有的权力、收入和声望。实际上，大多数白领工人几乎没有权力，收入也不是那样多，并且只具有一定的声望。不过，这种错误的假设导致人们产生这样的预期：白领犯罪的相关因素与普通犯罪的相关因素相反。毕竟，在商业界获得成功需要花费一定的时间。尽管白领犯罪现象是在个人年纪较大的时候发生的，但是，这是一种与通常的年龄与犯罪之间的负相关相反的事实：显然，在白领社会中，白人比黑人有优势，因此，至少在这方面，白人应当有更高的犯罪率；也很明显的是，智力与白领职业成正相关关系，所以，智力也应当与白领犯罪成正相关关系。不过，在所有可以得到资料的案例中，有关的资料都表明，与这些假设相反的观点是更加正确的。

对于我们的假设的实验检验，可以通过给初中学生分发信用卡或者在监狱的工作释放计划中利用银行来实现。如果没有这样的检验，就很难用资料证实白领工人中的犯罪性较弱。如果缺乏这样的检验，学者们就会继续认为，刑事司法制度偏袒白领工人，就会认为商业机构为了维持其声誉而保护自己，就会认为白领犯罪很容易被隐瞒。事实证明，这些观点本身就是过去时代的遗物。司法统计局（Bureau of Justice Statistics 1986）报告说，在 1983 年，监禁白领犯罪人的概率与监禁暴力犯罪人的概率同样高。大量的研究显示,刑事司法系统惩罚白领犯罪的标准与惩罚其他犯罪的标准是相同的(Wheeler, Weisburd and Bode 1982)。

第六节 白领犯罪对犯罪理论的价值[①]

通常认为,白领犯罪的概念与大多数的犯罪理论不协调,特别是与那些集中关注犯罪人和非犯罪人的生物学、心理学特征或者社会地位的理论不协调。其他理论由于与白领犯罪的概念相协调而从中获得了很多好处。人们普遍认为,某种理论越具有一般性就越好;可以涵盖白领犯罪和普通犯罪的理论,肯定就是很具有一般性的理论,从而也会优于那些只能涵盖普通犯罪,或者更为狭窄地只能涵盖"少年犯罪"的理论。的确,在犯罪学中,最经常对解释活动提出的异议,通常是这样的:"是的,但是适合于白领犯罪吗?"

从白领犯罪概念中获益最多的理论,是那些集中关注学习的理论,尤其是那些集中关注对文化价值观的学习的理论。例如,萨瑟兰自己的不同交往理论。在萨瑟兰早期的著作中,他声称,只能把白领犯罪看成是普通商业价值观的一种结果或者自然扩展(1983:260-264;也参见 Cressey 1986)。在商业社会中受到社会化的人们,可能会把自己的犯罪活动看成是谋利需要所要求的活动,并且会通过"中立化言语活动"(neutralizing verbalization)把自己的犯罪活动看成是受到商业社会支持的活动(Cressey 1986:200)。此外,他们也会在商业社会中受到可以用来进行复杂的犯罪活动的技术训练。[②] 这种观点的现代版本,试图回答类似的问题:"以什么方式组织起来的社会可能会鼓励它希望控制的那些现象呢?"(Vaughan 1983:19)。

这些犯罪理论的继续生存,直接得益于它们具有的显著的一般性、它们具有的显著的解释那些集中关注个别差异的理论所不能解释的现象的能力。具有讽刺意味的是,尽管这些理论将自己的流行甚至生存归因于它们与白领犯罪或者

① 原文是"The Value of White-Collar Crime for Crime Theory"。——译注

② 克雷西(Cressey)通过论述侵占犯罪人(embezzler)的例子,证明萨瑟兰的白领犯罪理论是错误的。这些侵占犯罪人报告说,他们并没有从"商业文化"中学会进行侵占活动,实际上,他们的犯罪行为是在掩盖自己以前的不良行为引起的问题的过程中发生的(Cressey 1953)。克雷西的研究结果在白领犯罪研究文献中往往被忽略,就像克雷西在监狱中找到的其研究对象的事实具有讽刺意味那样,监狱不可能是寻找其犯罪"被刑事司法系统忽视"的犯罪人的地方。——原注

组织犯罪的联系,但是,白领犯罪带给它们的东西要多于它们为理解白领犯罪而做的努力。

应当思考根据文化理论的传统去理解犯罪时所使用的因果机制(causal mechanism)。根据这种理论传统,(进行犯罪的)个人明白,犯罪会受到组织的价值观的宽恕,或者犯罪是组织追求利润的一种正常副产品。在一些理论中,组织确立了对绩效的预期,而这种绩效只能通过违法活动才能获得(Vaughan 1983;Braithwaite 1985:17)。在其他理论中,白领犯罪所需要的技能和合理化,仅仅是日常商业活动的扩展。在这两种情况下,都把犯罪活动看成是与他们从事的活动的价值观相一致的,而不是与他们从事的活动的价值观相矛盾的。

这些理论遇到的第一种困难是白领犯罪比较稀少。与这些理论的预期相反,白领犯罪肯定是较少的。如果说白领从业人员在实际上受到的教育是去认识侵占、操纵投标和诈骗的优点,那么,用什么来解释白领工人中特别高的守法行为率呢? 显然,合伙人或者雇员的犯罪可能会增加商业活动的成本,以至于商业活动不再有利可图。白领犯罪的研究者们很少认识到利润和生存的要求对白领犯罪确立的限度。不过,从事"有组织犯罪"的学者们注意到了这些限度(参见 Reuter 1983)。

这些理论遇到的第二种困难,是由这样的常见研究结果提出的,即白领犯罪人的犯罪活动往往很少受到组织或者其他白领工人的支持。的确,证据显示,白领犯罪人特别关注对同事和管理层隐瞒其犯罪(Cressey 1953;Vaughan 1983;Lasley 1987)。这样做的理由是很清楚的:白领犯罪的被害人往往是组织本身,而不会直接是一般公众。由于白领犯罪人具有犯罪人追求个人利益的一般特征,他们自然就会利用最容易获得的机会。文化理论通过指出白领犯罪人具有很多的目的,往往错误预测白领犯罪被害现象的性质。

白领犯罪的文化理论遇到的第三种困难,就是错误预测这种现象的相关因素,认为接触商业文化的时间越长,从事犯罪活动的水平就越高(这与白领犯罪的年龄分布相反)。这种理论也认为,机会本身就足以克服在从事犯罪活动的可能性方面的普通差异(与前文中报告的性别差异、种族差异和年龄差异相反);白领犯罪极为复杂,以至于实施这类犯罪需要接受特别训练或者有特殊技能,而这与证据表明的情况恰恰相反,证据表明,大多数白领犯罪涉及的活动包括在不同账户之间转移资金、在偏远地区倾倒桶装化学物质、日常的变更账单的活动(Vaughan 1983)。要说这些活动与犯罪人的牟利动机相一致,显然是正确的,但是,要说这些活动与商业界公认的价值观相一致,则是错误的。

这些理论的第四种困难往往受到研究普通犯罪的学者们的关注,那就是它们都不能解释普通刑事犯罪和普通少年犯罪(Kornhauser 1978)。因此,白领犯罪领域受到了有关白领犯罪的犯罪学理论本身的批评。普遍承认的白领犯罪理论不能解释普通犯罪,因此,按照它们自己的逻辑(参见 Sutherland 1983),这些白领犯罪理论就不能解释犯罪,不管是白领犯罪还是普通犯罪都是如此。

对于白领犯罪的研究传统而言,其遇到的困难的来源之一,就是它从根本上错误地分析了犯罪的性质。它一开始就把犯罪看成是一种复杂的、特别需要经验的、高收益的活动,认为这类活动受到在暧昧含糊的道德规则环境中可以获得的高利润的驱使;它几乎不知道白领犯罪传统产生了不同于普通犯罪人的白领犯罪人的情况。对于这种传统而言,有关白领犯罪的现代研究描述了一种与本书中使用的犯罪概念密切相关的(甚至是完全相同的)活动。斯坦顿·惠勒(Stanton Wheeler et al. 1988)及其同事们直接调查了这个问题。他们"选择了 8 种法定犯罪……并且相信在几乎所有主要的白领行为概念中,都包括了这些犯罪"(第 332 页),"提出了一种广泛的和同质的白领犯罪活动的观点,这些白领犯罪活动是在联邦司法领域中被起诉的犯罪"(第 334 页)。斯坦顿·惠勒等人接着说:

> 在阅读了大量的描述这些犯罪的量刑前调查报告之后,我们强烈地感觉到,绝大多数白领犯罪都具有平庸的、平凡的性质……可以思考一些人认为是最高级的白领犯罪形式,也就是反垄断犯罪(antitrust offense)……我们所研究的绝大多数这类犯罪,都具有低层次的、地方性的或者地域狭窄的犯罪的特点,这些犯罪几乎没有什么重要性……我们不认为……这些犯罪是复杂的犯罪,而是仅仅认为,它们是普通的犯罪,大部分都几乎不需要复杂的经验。如果反垄断犯罪果真如此,那么,我们研究的许多犯罪肯定也是如此。(1988:348 - 349)

我们的理论避免了这些问题,我们的理论对犯罪的看法一开始就与大量的研究相一致。完美的理论预测了在不同社会环境中犯罪率的变化,预测白领犯罪的犯罪率是较低的,这是由进入白领职业的选择过程决定的。我们的理论直接反对传统的"白领犯罪"理论关于犯罪率问题的论述,所以,我们的理论导致了一种可以直接进行经验型验证的问题。我们的理论与这样的事实是一致的:

人们可以在没有社会支持的情况下进行犯罪活动。相反,我们的理论明确预测,大多数白领犯罪缺乏社会支持,因为白领犯罪不仅违反了一般社会规范,而且也侵害了组织本身的利益。因此,我们有了直接有理论相关性的第二个经验型问题。

我们早就断言,我们的一般理论预期那些实施犯罪的人们的特征是类似的,不管他们实施的犯罪类型如何,都是如此。所以,我们的一般理论主张,街头犯罪和宾馆犯罪(crime in the suite)之间的区别在于“犯罪”(offense)方面,而不在于“犯罪人”(offender)方面;这两类犯罪中的犯罪人可能有类似的特征。因此,我们有了第三种可以直接检验的、我们的一般理论与普遍接受的白领犯罪观点之间的区别。

文化理论在适用于普通犯罪时遇到的困难性,对这些相互对抗的观点的相对价值提供了另一种验证。我们的理论是针对普通犯罪和普通犯罪人而建立的,这意味着,它可以预测和解释普通犯罪、少年犯罪、吸毒、严重犯罪、“有组织”犯罪、身份犯罪以及白领犯罪。由于我们的理论不允许区分犯罪的类型,因此,我们的理论是真正的一般性理论,它与文化理论完全相反,文化理论认为犯罪有独特的、具体的文化动机。

第七节　概要

我们已经指出,白领犯罪的概念所固有的类型学观点是一种错误的观点。这种错误发生的原因之一,就是那些研究犯罪的人们长期以来让这方面的研究从属于母学科的利益的倾向。这种倾向在社会学家们中尤其明显,他们在白领犯罪中看到了一种机会,使他们可以省去事实证明对普通犯罪无用的概念体系(conceptual schemes)。这种倾向也存在于经济学家中,他们在白领犯罪中看到了一种机会,使他们可以重新详细解释他们的学科的庞大体系(grand scheme)。心理学家接纳类型学的观点,他们无休止地将犯罪人划分为不同的类型,认为不同类型犯罪人的犯罪意义是“相对同质的”。对各种学科的观点进行定量分析的人们,把白领犯罪看成是一种详细说明一种正式模型(formal model)的良好机会。接受公认的“白领犯罪”的观点,可以满足所有这些学科的利益。本章对这种公认的观点提出质疑,并且再次认为犯罪是一种可以用某种单一理论解释的单一现象,这种单一理论首先寻找所有犯罪共有的特征,然后从这些特征中推论个人的犯罪性倾向。

因此,这样一种理论能够概括这类倾向的产生原因,能够思考这类倾向的不同表现。这样的不同表现当然是人们可以得到的不同机会的一种功能,也是他们发现自己所处的不同情境的一种功能。其他的看法都会混淆社会位置(social location)与社会原因。

第十章 组织与犯罪[①]

第一节 概述[②]

一般公众、执法官员和许多学院中的犯罪学家都把有组织犯罪(organized crime)看成是与本书提出的理论相矛盾的证据,这些有组织犯罪的例子如"我们的事业"(La cosa nostra)[③]、黑手党(Mafia)、辛迪加(syndicate)和地狱天使(Hell's Angels)[④]。"有组织犯罪"的概念至少在四个方面不赞同我们的观点:(1)它对自我控制是一种具有多种表现的一般特征的观点提出了挑战(也就是说,它同那种认为犯罪人从事多种犯罪的和类似的活动的结论相抵触);(2)它不赞同这样的观点:犯罪人的自我控制低肯定伴随的那些特征,使得犯罪人不可能长期参与需要合作的活动;(3)它不赞同这样的观点:犯罪是舒适地追求直接快乐而不考虑长远价值的活动;(4)它认为,有关青少年中的少年犯罪和成年人中的刑事犯罪的完整理论,必须考虑群体或者组织的原因性影响(causal influence)。

实际上,这些异议中没有一种是恰当的。我们提出的理论可以解释那些为了说明犯罪活动的"组织性质"而建立的一些理论所提出的事实。在这里,就像在任何别的地方那样,有必要将来源于学科利益的事实与来源于对现象的观察中发现的事实区分开来。如果一些犯罪的确是正式组织(formal organization)的产物,或者如果暴民(mob)的确具有像合法的公司那样的组织结构,那么,援引组织行为的一些原理去解释某些犯罪行为就可能是有益的。但是,首要任务是要确定,犯罪和犯罪性的媒体形象、执法形象、政治形象和社会科学形象与证据

① 原文是"Organization and Crime"。——译注

② 这个标题是译者根据原文的论述内容并考虑译文的结构平衡而增加的。——译注

③ "La cosa nostra"是意大利语,是黑手党在美国的各派联合组织的名称。——译注

④ "Hell's Angels"是一个由美国白人男性组成的非法摩托车帮伙。——译注

吻合的程度。在这里,我们也必须仔细区分观察(observation)与对实证理论的要求(demand)。

犯罪和犯罪性的观点在有组织犯罪中的适用表明,在犯罪人中可以发现的任何组织,都可能是从外面强加并维持的,也就是说,犯罪人明显追求长远目标的做法,是学者或者执法官员们为了说明一系列本来没有结构或者目的的事件而在事后作出的解释。被抓获的犯罪集团的成员和帮伙成员们逼真地把他们的活动描绘成一个很大的、很有力量的辛迪加的组成部分的事实,或许是可以理解的,而社会科学家们轻易地接受这类描述,则是很令人不解的,不过,这种现象可以追溯到那种认为组织存在于所有的人类活动中的观点自然具有的吸引力。

社会学的实证主义最初反对有关选择和自由意志的古典学说,这种实证主义提出了在社会中自然地生活着一种社会动物(social animal)的假设。社会学理论的任务,就是解释什么因素可能会导致社会动物进行反社会行为。在上文中(第四章),我们已经提到了"紧张"理论和"文化"理论解决这个问题的标准方法,提出这些理论本来是要从社会学方面解释个人的行为的。例如,紧张理论认为,下层阶级男性比中产阶级男性更有可能进行犯罪行为,因为下层阶级男性无法获得实现传统的成功的合法手段。这种理论可以解释不同群体在犯罪率方面的差异。当用来解释群体内部的差异时(例如,为什么大多数下层阶级男性是守法的),紧张理论就不得不接受一种"低层次"的解释,不得不承认家庭、心理学甚至生物学因素在犯罪原因中的某种作用。

正如最初所论述的那样,文化理论在某些时候也不得不进行另一种层次的解释。例如,这些理论认为,下层阶级男性之所以比中产阶级男性更有可能进行犯罪行为,是因为他们受到了一种文化的熏陶,这种文化赞同使用暴力和欺骗。当用来解释群体内的犯罪差异时(例如,为什么大多数下层阶级男性是守法的),文化理论就不得不接受一种更低层次的解释,不得不承认家庭、心理学甚至生物学因素在犯罪原因中的某种作用。

这种状况并不能很好地适合社会学的实证主义(可以回想不同学科的实证主义者声称拥有某一领域中的所有重要变量——不管是自变量还是因变量——的倾向)。因此,从厚脸皮的学科扩张主义的角度来看,这种状况追求一种对犯罪原因的"全社会的"(fully social)解释。在目前的情况下,这意味着要把作为一种群体现象的自变量(以及它们产生的力量)进行概念化。这种渴望用符合社会学学科利益的方式对犯罪进行概念化的力量,或许可以从下列的将其与其他“层次”的解释相区别的努力中获得：

> 宏观社会层次涉及一些很不相同的问题。宏观社会层次涉及有关社会制度、文化和亚文化方面的问题，这些社会制度、文化和亚文化可以解释在那些制度和文化中发现的行为类型和发生率方面的差异性。这种层次的解释包括了功能主义的、冲突的和马克思主义的犯罪理论。这些类型的理论重视解释这样一些问题：为什么不同的社会制度与结构、文化与亚文化会产生犯罪的不同类型和不同发生率？为什么在特定社会制度、文化或者亚文化、社会结构中的特定位置中发生的犯罪，具有特殊的模式？（Short 1987:2）

用“全社会的”观点取代有关个人犯罪的标准社会学理论，并不涉及个人的特征，这些“全社会的”观点仅仅关注环境的特征。通常来讲，社会学家们感兴趣的环境的主要方面，就是“他人”（other people）或者“群体”。所有这些都会或多或少地直接导致社会学家们集中关注“组织”（也就是“群体”），因为“组织”或者“群体”体现了他们的学科的利益。

由于社会学家们区分正式群体（formal group）和非正式群体（informal group）、简单群体（simple group）和复杂群体（complex group）、自生群体（crescive group）和创建群体（enacted group），因此，他们会认为，区分有组织群体（organized group）和无组织群体（disorganized group），实际上就是重新对行为进行个人层次的解释的一种策略（在“无组织”群体中，个人不得不重新依靠自己的策略并根据自己的愿望作出反应）。所以，为了学科的纯洁，他们不把“组织”作为一种解释性的概念。由此可见，无组织（disorganization）[①]的观点在早期的社会学（Thrasher 1927；Shaw and McKay 1931）中具有十分突出的地位，但是最终不再受欢迎；相反，组织（organization）的观点在社会学思想中逐渐占据了一种十分关键的地位。

一种全社会的犯罪理论，很容易通过将两种观点加以结合的方式建立起来，其中的一种观点认为，社会行为是在群体或者组织中发生的；另一种观点认为，犯罪本身就是社会行为。这种结合产生了当代社会学型犯罪学的标准概念，如“犯罪组织”（criminal organization）、“有组织犯罪”（organized crime）、“组织犯

① “disorganization”又译为“解组”。——译注

罪”(organizational crime)、“公司犯罪”(corporate crime)、“犯罪亚文化”(criminal subculture)和“帮伙少年犯罪”(gang delinquency)。①

社会学型犯罪学最初继承了集中关注少年犯罪的研究传统。结果,社会学家们最初也集中关注儿童的行为。前社会学的实证主义(pre-sociological positivism)仅仅在很少的情况下才间接提到“少年犯罪伙伴”(delinquent companions),把帮伙成员作为少年犯罪原因的一种间接后果。相反,社会学的实证主义很快就把群体参与(group involvement)看成是少年犯罪的必要条件,并且产生了大量的有关帮伙(gang)、群体型少年犯罪(group delinquency)、交往因素的研究文献,这种趋势一直持续到今天(Erickson and Jensen 1977;Zimring 1981;Elliot,Huizinga and Ageton 1985;Reiss 1988)。

根据这种观点进行的第一项大规模的研究,是弗雷德里克·思雷舍(Frederick M. Thrasher)②的《帮伙:对1313个帮伙的研究》(The gangs:A study of 1313 gangs,1927)。弗雷德里克·思雷舍相信,少年帮伙是对城市贫民区的青少年生活中缺乏组织的一种组织性反应(organizational response,这是一种标准的社会学假设)。他相信,帮伙具有“初级群体”的特征,在这种群体中,个人会感到舒适,也可以受到社会化。根据弗雷德里克·思雷舍的观点,帮伙最终会变得具有高度的组织性和复杂化,以至于帮伙能够在面临外部威胁的情况下持久存在。

弗雷德里克·思雷舍的帮伙定义,是直接从这样的假设中产生的:“帮伙……最初是自发产生的,然后,通过冲突而得到整合。帮伙的特征是……面对面地聚会、进行斗殴活动(milling)、作为一个单位而在不同地区流动、发生冲突、有计划地行动。这类集体行为的结果,就是发展了传统、粗糙的内部结构,集体精神,团结,士气,群体意识和对某个地方的依恋”(1927:57)。③

弗雷德里克·思雷舍过去以为他在少年犯罪帮伙中识别出来的那些特征,现在当然就是正式组织的特征:理性的目的或者有目的的活动;内部的分层;排

① 社会学理论承认的大多数犯罪类型,似乎都是由相似的逻辑产生的。所以,人们假设,“下层阶级犯罪”(lower-class crime)、“英国人犯罪”(British crime)和“农村犯罪”(rural crime)都具有它们发生的群体所具有的特点。——原注

② 弗雷德里克·思雷舍(Frederick M. Thrasher,1892-1962)是美国社会学家、犯罪学家。——译注

③ 弗雷德里克·思雷舍的定义的现代版本,就是由肖特(James F. Short)提出的:“(1)在家庭之外周期性地聚会;(2)自己决定的接纳和排斥标准,长时间的隶属关系;(3)具有地域基础,经常性地在某些地区活动,包括自行决定使用和占据某些地区;(4)进行多种多样的活动;(5)组织划分(organizational differentiation),如根据权威、角色、声望、友谊或者特殊利益派系进行的组织划分”(1987:16)。——原注

外性;对群体作出奉献;不依赖特定个人在组织中占据的角色的稳定性。的确,根据弗雷德里克·思雷舍的观点,帮伙就是能够采取行动、施加影响和有其文化的一种实体,它不同于现代的公司、教育机构或者犯罪辛迪加。

如果可以把青少年帮伙描述为一种复杂组织,那么,将同样的"正式群体"假设适用于成人犯罪,对白领犯罪、有组织犯罪和公司犯罪进行全社会的解释,就毫不奇怪了。① 本章考察能否将这类假设适用于犯罪和犯罪性的问题。可以通过追溯对帮伙结构进行研究的历史、追溯对有组织犯罪进行研究的历史、系统地将我们的犯罪和自我控制的观点适用于有关复杂组织的理论假设和有组织犯罪的数据来探讨这样的问题。

第二节　帮伙

媒体通常对帮伙进行很多的报道。尽管许多报道主要关注帮伙杀人(gang killing)、监狱中的帮伙和警察机构中反帮伙单位(gang unit)的运作,但是,犯罪组织与毒品市场之间的"自然"联系却是帮伙活动的一个重要的利益刺激因素。关于有组织的对手(organized adversary)的观点,总是对执法部门有吸引力,从而对媒体也有吸引力;不管这种组织是20世纪30年代的贩私酒者(bootleggers),20世纪50~60年代的摩托车帮伙(motorcycle gangs),还是20世纪70~80年代的贩毒者(drug dealers),都是如此。有组织犯罪帮伙(organized criminal gang)的观点很有可能来源于政治和逸闻趣事,而不是来源于研究的结果,对于真正的原因和正确的公共政策而言,这是很不幸的。实际上,在日常研究中,除了逸闻趣事之外,没有发现更多的支持这种观点的证据。

我们首先分析那种认为少年帮伙(juvenile gang)是有组织的观点,这种观点在社会学理论、大众媒体和执法部门中都存在。我们也将研究由此推论出的那种结论:这种组织对犯罪和少年犯罪有直接的影响。

一、内部分层②

这种社会学理论的基础,就是弗雷德里克·思雷舍的这样一种观点:帮伙具

---

① 我们在第九章中对于白领犯罪的讨论,集中于社会学不用个人病态现象来解释犯罪的观点,而不是集中于这种社会学观点与组织假设的联系。提出这种观点的理由就是,白领犯罪的社会学理论的发展一直是很不够的,以至于人们很容易看到这种社会学理论不承认个人病态现象的做法,而不容易看到这种社会学理论的实证贡献。——原注

② 原文是"Internal Stratification"。——译注

有“权威、角色、声望、友谊或者特殊利益派系”(Short 1987:17)。根据这种观点,领导者就是具有特殊技能或者特殊品质的人,就是确立该组织的倾向和长期方向的人,他们确定目标,决定日常活动,安排个人的角色,控制成员数量,普遍从帮伙活动中获得很大的收益。而且,根据这种观点,领导者的角色受到一种等级角色结构(hierachical role structure)的支持,这种等级角色结构涉及一种内部分层制度和一种特别的劳动分工(要描述特定少年犯罪帮伙中的角色结构是很难的,甚至在经典文献中也很少有这样的描述。显然,假设存在结构要比用事实证明结构容易得多)。

对于帮伙领导与角色结构的一些严肃的研究,并没有证实有关帮伙的经典形象。实际上,这些研究发现,青少年男性的帮伙更具有无组织性的特征,而很少有组织性的特征。这类帮伙往往不能识别出自己的“领导者”,他们也抵制别人要他们识别领导人的活动,那些通过某种过程被识别为领导者的人,往往也拒绝接受这样的位置。有人报告说,当社会工作者试图组织帮伙,要求他们选择领导者时,社会工作者们往往难以获得成功(Suttles 1968;Klein 1971)。刘易斯·雅布隆斯基(Lewis Yablonsky 1962)[①]在研究了一个不典型的帮伙之后报告说,这个帮伙是它的“领导者”在“精神病状态”(psychotic states)中虚构出来的,这表明,“帮伙”符合少年们的需要,也符合执法者的需要。这也提醒我们,有关少年的报告本身就是值得怀疑的,不能(把这种报告)作为帮伙结构的一种信息来源。简言之,帮伙是没有经典文献中提到的那些结构的,充其量存在着某种非正式的友谊形式(Suttles 1968),但是,并不存在正式组织方面的线索。

二、对群体的排斥和参与[②]

一般的描述和执法者的看法都认为,帮伙是一种有严密组织的群体,它十分强调成员资格和忠诚。据说,这种观点的证据可以在这样一些现象中发现,包括统一的衣着(例如,黑色皮夹克)、统一的讲话方式、统一的修饰方法(例如,有尖顶的发型)。这些描述进一步表明,帮伙成员花很多时间与其他的帮伙成员在一起(“频繁地和经常性地相互交往”),相互有很大的吸引力(“凝聚力”)。那些强调帮伙的原因性影响的学院理论家们提出了相似的假设。如果一个人几乎感受不到群体的亲和力,群体的成员没有吸引力,很难有时间与群体成员在一起的话,那么,人们终究很难看到,群体会对个人的行为发挥很大的影响作用(或

① 刘易斯·雅布隆斯基(Lewis Yablonsky,1924 -　)是美国社会学家和犯罪学家。——译注

② 原文是“Exclusivity and Commitment to the Group”。——译注

者个人因其行为而受到群体的谴责)。

现在的研究并不支持经典的描述或者组织方面的描述,帮伙成员不必过分地相互关注。他们并不相互信任,也不太承认存在着某种内部分层制度。杰拉尔德·萨特勒斯(Gerald D. Suttles 1968)报告说,帮伙成员并不会为共同的事情捐献金钱,除非帮伙工作者(gang worker)同意掌管这些金钱。马尔科姆·克莱恩(Malcolm W. Klein 1971)[①]报告说,帮伙成员往往知道别人的教名(first-name)[②]或者绰号,这表明他们对于别人的过去或者未来几乎不了解或者几乎没有兴趣。

这些事实是与帮伙研究中经常报告的事实相一致的。帮伙的成员数量是随时变化着的,并不要求帮伙成员必须参加帮伙活动(大多数帮伙成员终究取决于提供食宿的成年人;大多数帮伙成员住在学校里;许多帮伙成员有一定工作,至少是间歇性的工作)。但是,帮伙成员之间之所以缺乏频繁的互动,可能是因为普遍缺乏友谊、感情或者信任的缘故。正如马尔科姆·克莱恩(1971)指出的,帮伙成员聚集到一起并不是因为他们都有肯定的利益或者价值观,而是因为他们都很贫穷、都有不幸福的家庭、都具有社会不稳定性(也可以参见 Short and Strodtbeck 1965)。由于持续的社会互动需要有共同的利益、利益交换的能力、可靠性和对别人的一定关怀,因此,很容易预测,帮伙依恋(gang attachment)是暂时性的。

三、组织目标[③]

经典理论认为,帮伙对其成员有两种功能:促使帮伙成员进行少年犯罪行为;在进行少年犯罪行为的过程中,给其成员提供地位或者增强其成员的自尊。不过,在实际上,帮伙并不特别有利于进行少年犯罪行为。在第二章中描述的典型的犯罪行为,如果由很多少年参与实施的话,在很多情况下,就会变得更加困难,而不是变得更加容易。入室盗窃如果由两三个人实施的话可能比较容易,但是人数更多的话,肯定会变成一种不利条件。抢劫、盗窃汽车和获取毒品的行动也是如此。我们在第二章中已经指出,如果有同伙存在的话,一些事件会变得更

① 马尔科姆·克莱恩(Malcolm W. Klein,1930－　)又译为"克雷恩",是美国现代社会学家、犯罪学家,1990 年获美国犯罪学协会(ASC)颁发的埃德温·萨瑟兰奖(Edwin Sutherland Award)。——译注

② 教名(first-name)就是出生后别人给起的名字,它不包括"姓氏"。这里强调帮伙成员之间并不知道包括姓氏在内的"全名",意味着帮伙成员之间的了解是有限的。——译注

③ 原文是"Organizational Goals"。——译注

加容易和更加具有确定性,但是,这些事件通常都不具有事先计划或者由某种组织实施的特点。毫无疑问,许多犯罪事件实际上预示着,在同一时间和同一地点存在着一些青少年。不过,社会学理论把存在多名青少年与实施犯罪行为之间的联系,错误地当作了群体活动与犯罪行为之间的联系。如果一名少年在其他少年的陪同下拔出了一辆汽车的天线,那么,社会学理论就会说,是组织(同伴群体)通过引发动机而引起了这种行为(也就是说,群体要求其成员必须作出一定行动,或者说群体通过提高地位来奖赏其成员的行为表现)。

与事实和我们的犯罪理论相一致的另一种解释,集中关注那些使得事件更有可能发生的事件特征。那些似乎降低制裁的肯定性或者快速性的特征,会增加事件发生的可能性,不管个人是否准确认识到这些特征,都会如此。从这方面来看,群体意味着免除制裁;群体可以混淆和扩散行为的责任,保护其成员在当时不会被迅速辨认出来,从而保护其成员免受以后遭受报复的危险性。在一些情况下,群体通过以报复进行威胁而使个人免受制裁。因此,群体起到一种假面具与防护物的作用,它可以掩盖在其他情况下不会进行的活动。

有时候,媒体会报道说,在美国的一些城市中,很多警察对帮伙成员进行了“扫荡”(sweep)。这些扫荡是在预先假定存在着帮伙活动的情况下进行的,而报道这样的扫荡活动似乎就是为了证实这种预先假定。然后,就会有大规模的逮捕,而读者就会感到,确实存在着很多帮伙成员。不幸的是,对这些逮捕细节的报道都是很简略的。实际上,在通常情况下,这些人是因为机动车违章、酒后驾驶或者持有少量毒品而被逮捕的,这些犯罪都与帮伙没有联系。在这些扫荡中被逮捕的那些人,通常不是青少年,而是成年人,他们的年龄很大了,以至于根本不适合参加帮伙。

如果很多的自我控制较低的青少年生活在近邻(close proximity)中,如果对他们的监督比较缺乏,那么,他们不可避免地会随时在美国城市的街头上聚集起来。如果事实是这样的,那么,这些“帮伙”也会不可避免地偶尔从事少年犯罪活动和刑事犯罪活动,具体的犯罪活动多种多样,可能既有从商店偷窃香烟、羞辱老年人,也有大量吸毒和在飞车过程中漫无目标地射击。把这些个人的聚集称为“帮伙”,认为他们之间的联盟超越了国家的界限的做法,对于各种派别的政治家来讲,都具有无可争辩的吸引力。在左派人士中,可能会把这些大规模的犯罪人组织与资本主义社会的组织联系起来。在右派人士和左派人士中,都可以把这些大规模的犯罪人组织作为同样需要大规模的刑事司法系统开支的正当理由。

即使可以用犯罪和犯罪性的观点来解释少年帮伙,我们仍然不能解释黑手党、“我们的事业”、辛迪加和其他高度组织化的成人犯罪活动。美国犯罪学已经用很多精力描述有组织犯罪的结构和影响。实际上,在任何特定的时间,有组织犯罪都有可能支配媒体和国会在犯罪问题上的兴趣。

第三节 有组织犯罪

一、概述①

在传统的社会学观点中,帮伙就是成年人在有组织犯罪中的生涯的一个训练场所(Cloward and Ohlin 1960)。有关学徒期的观点,使得那种认为成人犯罪的组织类似于合法公司的组织的观点好像是有道理的。在联邦调查局建立的初期,执法部门就已经反复推行有组织犯罪的观点。② 这种观点得到了一些有声望的、政府资助的委员会和调查机构的报告的支持。总统执法和司法管理委员会(President's Commission on Law Enforcement and Administration of Justice)的论述就是证明:

> 有组织犯罪是一种试图不受美国人民和美国政府的控制而运行的社会。它包括了成千上万的犯罪人,在和大公司一样的结构中运行,其规则的执行要比合法政府的法律还要严格。它的活动并不是冲动性的,而是进行了复杂密谋的结果,并且会持续进行许多年,其活动目的是试图控制整个活动领域以便获得巨额利润。(1967:1)

在这份总统委员会的报告中,关于有组织犯罪的部分,主要是由社会学家唐纳德·克雷西(Donald Cressey)③撰写的,他认为:

> 在犯罪人中,有各种正式组织和非正式组织,就像在商人、执法官

① 这个标题是译者根据原文的论述内容并考虑译文的结构平衡而增加的。——译注

② 有组织犯罪的观点的利(弊)也扩展到了政治家中间。1988 年对亚利桑那州州长埃文·米查姆(Evan Mecham)的弹劾审判,就使公众高度关注该州长对于有组织犯罪的姿态。米查姆的支持者认为,对他的定罪判刑会消除有组织犯罪支配这个州的最后一个障碍。他的反对者显然也感到忧虑,他们提出,他们同样反对威胁这个州的严重犯罪的力量。——原注

③ 唐纳德·克雷西(Donald Cressey,1919 - 1987)是美国社会学家、犯罪学家,1966 年获美国犯罪学协会颁发的埃德温·萨瑟兰奖(Edwin Sutherland Award)。——译注

> 员和其他市民中存在的各种正式组织和非正式组织那样。有一种组织仅仅是一种稳定的互动模式,这种稳定的互动模式是以利益和态度的相似性以及相互帮助为基础的……在其他情况下,组织意味着一系列独特的角色,这些角色是为扮演它们的那些人的目的服务的。这类单位(enterprise)之所以具有某种组织的特征,是因为它们给个人分配了特定的任务、参加这种组织是有限制的、这类组织具有生存和维持的规则。特别是,这样的单位有三种重要特征:第一,存在着劳动分工……第二,每个人在组织中的活动都要与其他参加者的活动相协调,这种协调是通过一些支持劳动分工的规则、协议和理解进行的。第三,整个单位的目的就是要实现所宣布的一些目标。(Sutherland and Cressey 1878:282-283;也参见 Cressey 1996)

显然,执法部门、政治家和媒体对于犯罪的观点,受到了这样的假设的支持,即在这里,就像在其他地方那样,组织社会学的一些基本前提也适用于犯罪。在犯罪学中,用正式组织的原理解释犯罪以及非犯罪行为的观点,受到了把犯罪人看成是追求他们所选择的职业生涯的职业人员(professional)。如果犯罪人是职业人员,他们当然会以日常的、可预测的方式行动。实际上,在萨瑟兰的《职业盗窃犯》(The professional thief,1937)一书中,人们会发现这样的观点,即职业犯罪人的行动是相互协作的,他们影响执法活动,贿赂法官,发展严密的销赃网络,建立内部的声望等级,所有这些都是为了追求最大利润和将风险降到最低限度。因此,不管是从有关组织的观点开始,还是从有关某种职业的观点开始,人们都会得出这样的结论,即犯罪与其他具有合理结构形式的人类活动类似。也可以用同样的方式进行解释:人们之所以组织起来就是为了增加安全和利润,不管是进行入室盗窃,还是处理有毒废物,都是如此(唐纳德·克雷西对犯罪组织的功能的描述,与人们对于传统的公司组织的功能的标准描述是相同的;萨瑟兰对于盗窃职业的描述,实际上也是与人们对于传统职业,如医学、社会工作等的标准描述是相同的)。

对有组织犯罪和职业犯罪的研究,描绘了一种与标准的社会科学、媒体和执法部门的观点相矛盾的形象。有关销赃者(fences)、盗窃犯罪中的关键人物的杰出人物录(competent ethnography),揭示了一些与有关职业人员的观点不一致的事实。第一,盗窃活动大部分是小规模的、无计划的或者自发性的活动,主要是进行商店偷窃或者拿走无人照管的财物。第二,盗窃犯通常并不知道所盗财物的价值。实际上,他们往往以极低廉的价格出让所盗财物。第三,盗窃犯中几乎没有荣誉观念。销赃者最害怕那些在与当局进行辩诉交易时供出自己的盗窃犯。销赃者害怕盗窃犯可能是有原因的,因为他们平时欺骗与他们打交道的那些盗窃犯。第四,几乎没有证据表明,执法能力需要贿赂①(Klockars 1974)。

盗窃犯的特征,也可以从所购买材料的性质、在警察设置的圈套(sting)中被逮捕的犯罪人的性质中推论出来,"为了引诱盗窃犯将被盗财物拿给他们,警察会伪装成盗窃犯和销赃者"(Klockars 1988:85)。由于这些圈套是由警察报告的,似乎在所有大都市地区都存在着巨大而兴旺的处理各类赃物的市场。不过,在实际上,这种市场似乎主要是由警察创造的,因为它涉及在普通的市场上不存在的物品,其中既有非法物品,也有合法物品。结果,通过警察圈套抓获的"盗窃犯"往往是那些天真的、没有技能的盗窃犯,这些盗窃犯对于任何财物都没有价值概念,更不用说对于劳动力的价值了。卡尔·克洛卡斯(Carl B. Klockars 1988)对于在这样的行动中"被抓获的"人们的描述表明:

> 其他的人盗窃在进行盗窃时能够得到的任何物品,结果获得了一些难得的物品,对于这样的物品而言,寻找买主并不是一个小问题。可以思考一下盗窃了3个1977年出产的福特汽车汽化器的情形。这个盗窃犯不可能知道这3辆车的车主,更不知道3个有汽化器问题或者以后会遇到汽化器问题的人。虽然如此,即使这个盗窃犯"运气很好",有机会找到他们,向他们出示这些物品,以说得过去的价格向他们出售这些物品,也不值得这样做了……假设这个盗窃犯偷盗了一辆卡车、轿车或者面包车……很少有人愿意购买一辆被盗的汽车……因此,尽管在街上有很多价值8000~10000美元的汽车,许多汽车的价格更高,其中的很多汽车很容易盗窃,但是,人们发现,绝大多数被盗的汽车,都被丢弃了。不过,一个年轻的偷车贼如果能够找到一个销赃者(也就是警察设置的圈套中的人),而这个销赃者又愚蠢到用7%,甚至3%的价格很快地购买这些被盗的卡车、轿车或者面包车的话,那么,这个偷车贼也是很幸运的。(1988:109)

① 这句话的原文是"the competency of law enforcement requires bribery"。——译注

二、从犯罪和犯罪性的一般理论看待有组织犯罪①

我们的理论可以解释按照克雷西(Cressey 1966)和许多其他人描述的样子组织起来的犯罪辛迪加吗?克雷西的观点中包括了很多严密的组织,包括了按照等级结构组织起来的人们在一个组织中很长时间地协作活动,而这种组织又限制其成员的数量。这种组织有严格的行为规范,其中就包括“对组织忠诚”、“做一个有义气的人”、“不向警察交代”、“尊重妇女和长辈”等。

显然,我们的理论不认为很多犯罪活动都具备这样的特征。我们对于是否存在有组织犯罪的观点,与诺瓦尔·莫里斯和戈登·霍金斯(Norval Morris and Gordon Hawkins 1970)②的观点相同。不过,我们是从不同的路径提出这种观点的。尽管在诺瓦尔·莫里斯和戈登·霍金斯的印象中,赞同存在有组织犯罪的证据是脆弱的(这是恰当的,可以将其与有关存在上帝的证据相比较),但是,在我们的印象中,有组织犯罪的观点是与犯罪和自我控制的观点不协调的。

第四节 结论

人们往往聚集在一起进行犯罪行为,人们有时候也会雇佣别人为他们进行犯罪行为。“毒品市场”(drug market)就是这两种情况的很好例子。有关犯罪的观点,仍然与那种追求长期的合作关系的观点是不一致的,有可能犯罪的人可能是不可靠的、不值得信任的、无法合作的。这并不是说一些人不能从那些要求在一定时间中进行合作的犯罪中获得巨大利益,而是说这些“组织”是短暂的。一种较好的猜测就是,在每一个生存了足够长的时间并得到关注的组织后面,有很多不能实现其直接目标的组织。假设有一些人有可能犯罪,假设他们愿意进行多种犯罪活动,那么,在有机会时,这些人就有可能在一定时间内聚集起来活动。这样,就产生了有关组织及其延续性的一种幻想。

有组织犯罪者的“生涯”(通常是由他们自己讲述的),是与犯罪和犯罪性的一般理论相一致的。尽管这些人编制了一个组织网络,通过他们参与的犯罪事

① 原文是“Organized Crime from the Perspective of a General Theory of Crime and Criminality”。——译注

② 诺瓦尔·莫里斯(Norval Morris,1923-2004)是新西兰出生的美国犯罪学家、刑罚学家,1997年获美国犯罪学协会奥古斯特·沃尔默奖(August Vollmer Award),2000年获该协会颁发的埃德温·萨瑟兰奖(Edwin Sutherland Award)。戈登·霍金斯(Gordon Hawkins,1919-2004)是英国出生的澳大利亚犯罪学家,1991年获美国犯罪学协会颁发的塞林—格卢克奖(Sellin-Glueck Award)。——译注

件而建立起密切关系,他们通常描述说参加了多种犯罪活动,其中的一些犯罪活动是与其他人协同进行的(通常是通过偶然接触进行协同行动的),但是,许多人是独自进行犯罪活动的。即使那些参加了臭名昭著的诈骗活动的犯罪人(参见 Teresa 1973),也会报告说,他们进行过入室盗窃、盗窃汽车、抢劫一类的普通犯罪。他们通常也会报告说,他们参加过赌博,在赌博活动中,他们不能控制后果。所以,就像普通犯罪人那样,所谓的有组织犯罪人往往也会报告说,他们参加过高危险、低收益的犯罪;这类犯罪被发觉后,会有效地结束任何依赖他们生存的组织。换言之,根据有组织犯罪的成员们的说法,有组织犯罪不可能长久存在。

我们相信,我们的观点不会改变执法部门和媒体对于有组织犯罪的看法。在执法部门和媒体看来,有组织犯罪是一种组织严密的敌人,他们制造了大量的罪恶,是进行大规模的执法活动的正当理由,也是引起媒体持久关注的正当理由。不过,我们相信,必须要有专门的解释帮伙犯罪、有组织犯罪或者职业犯罪人的理论。只要除去"有组织"犯罪的社会—组织的荒诞说法,我们提出的犯罪的自我控制的理论就能够解释"有组织"犯罪的事实。

第十一章　研究设计与测量①

犯罪和犯罪性的概念揭示了研究设计与测量的途径。如果我们的概念确实是新的,那么这些概念应该会给设计与测量问题带来一些新的启发。这些概念应当会为以下这些问题带来新的见解:犯罪人的自我报告是否足以测量犯罪和少年犯罪(delinquency)、严重犯罪与非严重犯罪(nonserious crime)之间的关系、对不同计算规则(例如,发生率或者流行程度)的偏好、犯罪和少年犯罪的量度标准的使用、纵向研究(longitudinal research)②的愿望、对实验或者准实验研究设计的期望。就像在犯罪学中经常被遗忘的那样,实质性的观点和理论偏好应当指导研究设计与测量的进行,而不是相反。

第一节　理想的设计③

在所有其他条件都相同的情况下,科学研究中的理想设计就是真正的实验:所有的研究对象被随机分配在不同的处理条件(treatment conditions)中,然后比较不同处理的效果(参见 Campbell and Stanley1963:3,他们把实验看成是"证明的基本语言,就像法院就相互对立的理论之间的分歧作出的唯一决定那样")。这种设计不仅具有充分的可复制性,也是唯一能满足因果关系的三个标准的设计:原因和结果之间的联系;原因在时间上先于结果;非虚假性(nonspuriousness)(Hirschi and Selvin 1967;Cook and Campbell 1979)。所有其他设计都是低劣的,但是,其中的一些要优于另一些。例如,托马斯·库克和唐纳德·坎贝尔(Thomas Cook and Donald Campbell 1979:9)令人信服地提出,在科学适当性方面,仅次于真正实验的设计是准实验(quasi-experiment),即在不控制外部条件的

① 原文是"Research Design and Measurement"。——译注

② 纵向研究(longitudinal research),是指在较长时间内对研究对象进行系统的定期追踪研究,从而揭示研究对象的发展规律和特点的研究方法。纵向研究与横断研究相对。——校注

③ 原文是"Ideal Design"。——译注

情况下对真正的实验进行某些主动干预的设计(这种设计满足因果关系的前两项标准,有时幸运的话,也满足第三项标准)。沿着科学适当性的清单继续寻找,就可以发现被动观察设计(passive observational design),根据这种设计,调查人员了解在自然状态下的情况,尝试通过相关方法或者相似的统计方法去推断因果关系的要素。被动设计(passive design)能够确定变量之间的相关性,但是,难以从结果中区分原因;这种设计只能通过从统计方面控制可能产生重要相关性的其他变量的方法,勉强地近似于实验。尽管多变量统计(multivariate statistics)领域已经取得了一些进展,但是,这些困难可能仍然存在,因为此类统计仍然是操作(manipulation)和随机化(randomization)的模糊替代物。

在根据我们的概念框架进行的犯罪学研究中,研究者将会研究犯罪或者自我控制这两个因变量中的一个。理想的研究设计将取决于是否把犯罪或者自我控制作为关注的焦点,取决于这两者之间假定的交互作用,让我们从犯罪开始谈起。

第二节 犯罪和研究设计[①]

人们经常说,在犯罪学中不可能进行实验,因为我们“不可能让人们成为犯罪人”从而来验证我们的理论,这一结论混淆了犯罪与犯罪性。事实上,为了努力控制犯罪,我们每天都在进行实验。没有什么道德的或者是其他的理由,来拒绝以一种系统的、严格的或者科学的方式进行此类实验。

例如,人们可以购买或者不买花园的照明系统、门窗上的闩、锁贵重物品的锁;他们可能锁上、也可能忘记锁上汽车和家门;他们有时避免进入城市中被认为是危险的某些地方,有时又会冒险进入这样的地方;他们有时单独外出,有时又一起出行;他们可能会组成邻里守望组织,也可能不会组成这样的组织;他们有时居住在繁忙的通勤路线边上,有时又居住在隔绝的死胡同中;他们有时接受陌生人搭车,有时却不这样做;他们有时花费大量时间与朋友和家人共处,而有时又花费大量时间与陌生人相处。在所有这些情况下,人们都在从事着能够说明犯罪原因的自然实验。

与我们的术语相一致,此类实验并不要求辨认“犯罪人”(criminal),也不为

① 原文是“Crime and Research Design”。——译注

此而辨认具体的被害人。这样的实验不同程度地涉及普通的或者日常的生命危险,因此从道德上讲是中性的。除了最有效的样本规模和控制无关变量(extraneous variable)的效果的方法之外,它们不需要特殊的研究设计。

因此,犯罪相对而言是很容易研究的,研究发展不需要特殊的设计考虑。近期来自日常—活动观点(routine-activities perspective)或者犯罪—机会观点(criminal-opportunities perspective)的研究,表明了在集中调查犯罪时可以进行工作的范围(Newman 1972;Mayhew et al. 1976;Waller and Okihiro 1978;Cohen and Felson 1979;Clarke and Cornish 1983;Hope 1985;Felson 1987)。正如在第二章中所描述的,目标或者被害人的特征是犯罪的重要决定因素,这些特征包括哪座建筑物容易进入、对潜在犯罪人而言目标的易接近性或者便捷性、可获得物品的便携性和可处置性以及存在明显的威慑等。

在上面引用的研究中,因变量只是一些特定类型的犯罪事件、入室盗窃、抢劫或者强奸,不需要把这些事件加起来,也不需要把它们同特定的个人,包括犯罪人或者被害人联系起来。

当然,机会方面的明显差异,实际上往往可能是犯罪人在能够利用机会方面的差异。在电视机可能开着的时候,人们更有可能想偷它;在人们离开房屋的时候,其他人可能会对房屋中的东西更感兴趣。因此,为了研究机会对犯罪的效果,我们应当努力“控制”个人的倾向。

第三节　自我控制与研究设计[①]

在传统犯罪学中,使用犯罪数量对犯罪人的某些特征进行测量。在早期研究中,将那些实施了一种或者多种犯罪的人,划分为犯罪人(criminal)或者少年犯罪人(delinquent),而将那些没有犯罪的人划分为非犯罪人(noncriminal)或者非犯罪少年(nondelinquent),这种传统一致持续到最近(参见 Glueck and Glueck 1968)。在最近的研究中,有一种试图将犯罪行为作为一种连续变量(continuous variable)的趋势,将某种分数(score),通常是犯罪人实施的犯罪的数量,归因于该样本中的所有人(参见 Wolfgang,Figlio and Sellin 1972)。

在我们的理论中,这两种传统忽视了这样一个事实,即将犯罪行为与行为人

① 原文是“Self-Control and Research Design”。——译注

的自我控制联系起来是有问题的:在一些条件下,自我控制低的人可能很少有机会犯罪,而在另外一些条件下,自我控制强的人可能会有很多犯罪的机会。如果这样的人们混在同一个样本中,犯罪机会的差异将会与自我控制的差异相混淆,因此研究者可能会误把一种差异所带来的影响视为另一种差异的后果。

解决这个问题的方法之一,就是试图测量犯罪人的、与从事犯罪活动的机会无关的那些倾向。这可以通过多种途径进行。例如,可以在犯罪可能发生以前评估那些倾向,即对犯罪性的量度(measure of criminality),是根据青春期以前的那些年中获得的信息建立的(并且根据这种量度预测以后行为的能力而验证这种量度),也可以通过分配变化的机会条件,如通过自然变化,或者通过限制对人们共享同样的犯罪相关特征的注意力,保持机会的不变。在犯罪活动中的差异,也可以被归结为倾向的差异,因为在机会上是不存在差异的。

当然,区分犯罪与自我控制的最好方法,就是通过实验。在实验中,研究者控制个人对条件的分配,并且能够改变机会的水平,还能在不受机会影响的情况下测量自我控制。此类实验,甚至是准实验,通常是不可能伴随像犯罪一类的现象的,并且研究者不得不尽最大努力利用他们可以得到的不很理想的设计进行研究(应当注意的是,在理论中理想的设计,其自身在实践中通常是不那么理想的。因此,许多真正的实验并不能增进知识,而其他实验不仅非常麻烦,而且十分昂贵,超出了其自身的价值)。非实验设计(nonexperimental design)在满足因果关系标准方面,在满足其他有效的科学标准,如非实验设计结果的外部效度、非实验设计与所研究现象的兼容性方面,以及在满足某些非科学性的但重要的标准,如时间和金钱成本方面,也各不相同。目前流行的解决这些问题的方法,就是纵向设计(longitudinal design)。这种根据纵向方法进行的广泛研究和根据这种方法获得的有说服力的主张,为评估其方法论上的优点和实质上的优点提供了一个机会。此类评估将使得我们能够比较详细地调查犯罪学理论与研究设计之间的适当关系。

纵向研究(longitudinal research)是否与犯罪和自我控制的性质一致呢?纵向研究在方法论上的优点是否能够弥补其方法上的缺陷呢?其效益是否超过其成本呢?对这些问题的回答,应当会导致与进一步发展犯罪和自我控制的特点相一致或者相适宜的设计。

第四节　早期的纵向研究[①]

在美国,对犯罪进行的系统的经验型研究,或许可以追溯到谢尔登·格卢克(Sheldon Glueck)和埃利诺·格卢克(Eleanor Glueck)的开拓性工作。格卢克夫妇的早期工作(The Gluecks 1930,1940)主要是纵向研究,即对大量犯罪人进行长期的追踪。在格卢克夫妇的概念中,犯罪人实施犯罪,而非犯罪人(nonoffender)则不会实施犯罪。因此,犯罪性方面的差异几乎等同于犯罪方面的差异。一旦识别出非犯罪人,那么,出于各种实践目的,就可以忽略非犯罪少年(nondelinquent),因为他们将会保持非犯罪少年的状态。不过,少年犯罪人在不同时期是各不相同的。有些经历了成熟改造(maturational reform),而有些则会再犯,产生这些结果的因素值得进行持续调查。因此,格卢克夫妇通常从确定犯罪人样本开始。随后,在一段时期内追踪他们,记录下他们行为的变化,以便发现"不同形式的刑罚矫正处遇(peno-correctional treatment)的效果"(1950:ix)。

格卢克夫妇最终把他们的注意力转移到对因果关系的研究上。在探讨因果关系时,他们研究设计的一个主要问题是,研究设计不包含合理的对照组。为了进行比较,在其纵向研究之初,格卢克夫妇通常依赖来自一般人群的统计数据。之后,当开始获得数据时,当然就可以将犯罪人与其年轻的时候进行比较。但是,这些比较完全不能令格卢克夫妇或者其批评者满意,他们最终转向比较相匹配的犯罪人样本与非犯罪人样本(这两种样本在诸如年龄、智商和邻里等方面相匹配)。他们的主要横断研究(cross-sectional study)[②]成果是1950年发表的《揭开少年犯罪之谜》(Unraveling Juvenile Delinquency)。

格卢克夫妇继续对《揭开少年犯罪之谜》一书中第一次认定的500名少年犯罪人和500名非犯罪少年进行了多年的跟踪,并在1968年使用《少年犯罪人与非犯罪少年观察》(Delinquents and Nondelinquents in Perspective)这一标题发表了这些研究成果。就这样,格卢克夫妇为我们提供了一项大规模的横断研究,并将这项研究与一项同样是大规模的纵向研究进行了比较,这两项研究都是以

① 原文是"Early Longitudinal Research"。——译注

② 横断研究(cross-sectional study),是指在同一时间内对某个或者某几个年龄阶段的研究对象进行调查,从而了解他们所具有的普遍特征或者一般特征的研究方法。这种研究方法正好与纵向研究相对。——校注

同样的研究对象为基础进行的。

毫无疑问，格卢克夫妇对于经验性犯罪文献的主要贡献，可以在其1950年的横断研究中找到。马文·沃尔夫冈（Marvin Wolfgang）、罗伯特·费格利奥（Robert Figlio）和特伦斯·索恩伯里（Terence Thornberry）在1978的论著中报告说，截至1972年，《揭开少年犯罪之谜》是犯罪学领域中被引用最多的一本书。在1968年的纵向研究成果出版之后的16年间，这项横断研究成果被引用的次数，在那项纵向研究成果的4倍以上（Social Science Citation Index，1966－1984）。考虑到测量、概念化和分析上的大量重叠，横断研究的巨大影响与这样一种观点相矛盾，即在其他所有条件都相同时，纵向研究对犯罪学更重要、更有价值。尽管一些人支持纵向设计（Farrington，Ohlin and Wilson 1986），但是，对纵向研究与横断研究的比较，导致了同样的结论：证据并不支持那种认为纵向研究、为了研究而研究（study for study）的影响力要比横断研究更大的通常假设。

那么，怎样解释在犯罪学中偏爱纵向设计而不太喜欢横断设计的这一普遍观点呢（纵向研究的支持者的名单是很长的，参见 Elliott、Huizinga and Ageton 1985；Blumstein et al. 1986；Farrington、Ohlin and Wilson 1986；Reiss 1988）？我们认为，对这一问题有三种答案：（1）所谓的方法论优势（methodological superiority），这一主张认为，纵向研究在解决因果关系问题上要优于横断研究；（2）所谓的实体优势（substantive superiority），这一主张认为，犯罪和犯罪性的事实需要用纵向研究对其进行说明；（3）所谓的政策优势（policy superiority），这一主张认为，纵向研究是唯一能够评估刑事司法体系的运行的（研究方法）。

纵向设计包括对同一研究对象的反复测量。在这种研究设计中，"追踪"（follow-up）的频率和持续时间是所研究的现象的一种可变因素。在对犯罪的纵向研究中，研究者有时候每年都要收集数据（例如，Elliott、Huizinga and Ageton 1985），有时候是每两年收集一次数据（West and Farrington 1977），但是，在通常情况下，间隔的时间更长（例如，McCord and McCord 1959；Glueck and Glueck1968；Wolfgang，Figlio and Sellin 1972）。纵向设计并不包括任何特定的数据收集方法或者频率、抽样策略、分析方法或者项目继续性。

当所有研究对象都有某种相同的经历（例如，出生在同一家医院，或者在同一年出生）时，纵向研究就被称为"同生群"研究（cohort study）。当样本中包括的人并非只有一个同生群时（例如，包括了出生在不同年份的人），纵向研究就被称为"多生群"研究（multicohort study）。当这样的研究完成了第二波数据收集时,它就变成一个多波的(multiwave)多生群研究。人们设计多波的多生群研究的目的,就是要区分年龄、时期和同生群的效果。人们用这种研究来确定研究对象出生在特定的年份(或者医院)、处于特定的年龄以及在特定的时期进行研究是否重要。很明显,人们通常认为,多波的多生群研究要优于一波的、单一同生群的研究,当然也优于横断研究。如果对横断研究进行术语解释的话,那么,它就是一种数据收集频率最少的、回溯性的、一波的多生群研究。

回溯性纵向研究(retrospective longitudinal study)的所谓优势之一,就是不需要了解"结果"变量(outcome variable)。例如,纵向研究者不知道哪些研究对象将会成为少年犯而哪些研究对象将不会成为少年犯。这一优势附带的一个缺点是,它排除了有效的抽样程序。抽样程序可以根据与因变量密切相关的变量对人群进行分层,并对有可能变成少年犯罪人的研究对象进行过多抽样(oversample,这种抽样策略假定,犯罪的相关因素或者从事犯罪行为的倾向具有稳定性)。因为它们发现,那种关于稳定性或者长期可预测性的假定是有问题的,所以,犯罪和少年犯罪纵向研究者往往不采用这种常用程序(例如,Wolfgang、Figlio and Sellin 1972;Elliot、Huizinga and Ageton 1985;Tracy、Wolfgang and Figlio 1985)。

第五节 因果次序[①]

一、概述[②]

在犯罪学文献中,人们经常坚持的一个观点就是,当研究者的兴趣点在因果次序问题上时,纵向设计优于横断设计。德尔伯特·埃利奥特和哈文·沃斯(Delbert Elliott and Harwin Voss)指出:

> 因为在确定变量的时间顺序方面存在困难,很难从横断研究数据中得出因果关系的推论。在某一时间点上收集的数据,一般都会妨碍人们认识导致少年犯罪行为或者退学的发展顺序或者过程……使用在不同时间点上收集到的数据,可以容许评估在研究过程中这些记录(scores)在方向和数量方面的变化,并使得我们能够进行因果关系的推论。(1974:7-8)

① 原文是"Causal Order"。——译注

② 这个标题是译者根据原文的论述内容并考虑译文的结构平衡而增加的。——校注

戴维·法林顿(David Farrington)提出过同样的主张:“在确立因果关系方面,纵向研究具有的优于横断研究的另一优势是,它能表明一个因素是在另一个因素发生变化后发生的”(1986a:212)。琼·彼得西历亚(Joan Petersilia)主张,纵向研究是“优于横断研究的,如果研究者的兴趣在于进行因果关系推论的话”(1980:337)。同样,艾尔夫雷德·布卢姆斯坦(Alfred Blumstein)等人列出了“要求采用”纵向研究的主要领域的清单:

> 在横断研究中,不可能适当涉及关于犯罪人生涯的许多问题:各种生活事件对个人犯罪生涯的影响;干预对生涯发展的影响;以及在解释明显的生涯演变方面,区分不同个人的发展顺序与异质性(heterogeneity)。回答这些以及相关的问题,需要对处于不同年龄阶段的个人进行预期纵向研究。(prospective longitudinal study,1986:199)

上述表述揭示了人们对于用纵向设计方法解决因果次序问题的信任程度(不过,他们认为,对这一设计的信任并不仅仅局限于因果次序问题)。但是,他们并未提供证据证明,甚至也没有举例说明这种设计提供此类解决方法的实际能力。就此而言,这些纵向研究的支持者同样也没能表明,因果次序是犯罪学中一个特别困难的问题。

因果次序在犯罪和少年犯研究中特别有问题吗?可以回忆一下,在我们的定义中,犯罪是能够提供直接满足的事件。因此,它们在时间上并不是模糊不清的。事实上,在通常情况下,它们能够精确到分钟或者小时。什么时间卖酒的商店容易被抢劫?什么时间又容易发生袭击、入室盗窃、杀人或者纵火?这些并非是本质上困难或者模糊不清的问题。某些犯罪或者少年犯罪当然更难确定精确的时间。儿童什么时候开始吸烟或者吸毒?儿童什么时候变得无药可救?但是,至少就大多数不同寻常的原因变量而言,即使是对这些更加模糊不清的少年犯罪而言,也能够更加精确地确定时间,从而可以得出关于时间顺序的明确结论。

因此,如果因果次序是一个问题,那么,它必定源自于在确定犯罪和导致犯罪的潜在原因之间的顺序时所产生的困难。因为,在这些条件下,犯罪相对而言是没有问题的,我们能够据此推论:犯罪的潜在原因的发生时间是特别有问题的。

在这些条件下,有问题的犯罪原因是什么呢?从支持纵向研究的人们的讨论中,我们可以推论出四类与这一问题相关的自变量:(1)年龄、时期和同生群;(2)被认为暗含在犯罪和少年犯罪原因之中的标准的原因变量(causal variables);(3)处理方法和刑事司法干预;(4)普通生活事件的影响。让我们从因果次序问题出发对这四类变量逐个进行研究。

二、年龄、时期和同生群①

在标准的横断研究中,对年龄与犯罪相关这一观察结果有多种不同的解释。明显由于年龄产生的差异(例如,在年轻人中更高的犯罪率),可能是由于在犯罪因果关系中有重要作用的经济或者社会因素的近期变化造成的。这类差异也可能是由于高犯罪率人群出生或者从小学毕业时存在的条件造成的。那些认为明显的年龄效果可能就是时期效果(period effect)或者同生群效果的观点,就是那些热切关注纵向设计的研究者支持这种研究设计的一个主要理由(参见Greenberg 1985;Blumstein et al. 1986;Farrington 1986a)。如果追踪一个同生群(在限定时间内出生的一些人)从出生到死亡,那么,就不能把他们在从事犯罪活动方面的年龄差异归结于同生群差异。不幸的是,可能会把他们归结为时期效果。当所讨论的同生群处于高犯罪率年龄(high-rate age)时,高犯罪率年龄仅仅反映了社会中的高犯罪率。很明显,同生群研究设计必须是较为复杂的,以便能够解决这一问题(或者研究者必须查看并非作为同生群研究设计的一部分而收集到的数据)。

但是,值得注意的是,在这些推论困难中,没有一种是含糊的因果次序的后果,也没有一种是我们正在考虑的证明纵向设计合理的理由的结果。不过,复杂的年龄、时期和同生群问题,可能涉及确定它们之中的哪一个造成了所观察到的差异,而对于在它们在犯罪以前还是之后发生的问题,则是几乎没有争议的。犯罪不可能引起年龄、时期或者同生群。② 因此,纵向研究并不应当回答与它们有关的因果次序问题。

我们认为,过多吹捧复杂的纵向研究在区分年龄、时期和同生群效果方面的能力,可能缺乏理论或者实践价值。事实上,可以比较恰当地认识这样的观点,即对这种差异的关注,扰乱了对更有重要的犯罪数据的注意力,并使这个领域误解了长期以来获得的关于年龄的数据。例如,纵向研究者经常感到困惑的是,犯

① 原文是"Age, Period, and Cohort"。——校注

② 这句话的原文是"Crime cannot cause age, period, or cohort"。意思是,犯罪不可能引起年龄、时期或者同生群方面的问题(只能是年龄、时期或者同生群引起犯罪方面的问题)。——校注

罪的明显的年龄分布究竟是“同生群”或者“时期”效果的产物，还是年龄效果的产物（Blumstein and Cohen 1979；Greenberg 1985；Farrington 1986a；Cohen and Land 1987）。通过研究不同时期和不同同生群的犯罪年龄分布，可以对这一问题给出经验性的回答（Hirschi and Gottfredson 1983；Gottfredson and Hirschi 1986）。就此而言，纵向设计似乎没有一种有效的方法来发现时期效果。在纵向研究者报告第二次世界大战后的犯罪浪潮以前的很早时间中，这类数据就在普通的横断数据中有了很好的记录（Tracy，Wolfgang and Figlio 1985）。

对于同生群效果（cohort effects）的关注甚至更加令人感到困惑。假定人们已经发现，某个特定同生群的犯罪率要高于某个相邻同生群（adjacent cohort），年龄效果和时期效果就可以消除。那么，是什么造成了这种差异呢？也就是说，什么样的生活处境造成了同生群之间的差异呢？从实践目的看，答案就是，可能的解释变量（explanatory variable）的数量是无穷的。解释变量可能是不同的同生群的规模或者构成，有可能是当某种自然灾害发生时同生群们所处的不同年龄（关注“同生群效果”的一种更具讽刺意味的现象是，在同生群产生很长一段时间后才能识别出它们。因此，它们不会受到操纵，也缺乏政策重要性）。

三、标准的原因变量①

刑事司法体系和研究者都会定期收集关于某些变量的数据，无论他们的研究设计或者理论兴趣是什么，他们都有可能充满信心地谈及这些变量与犯罪的关系。非常有趣的是，纵向研究者继续采用这些变量证明纵向研究是有前途的。这一部分将关注这些标准变量中的一部分，也将关注那些证明纵向研究是有前途的观点。

（一）性别②

在一本称赞纵向设计优点的著作中，布卢姆斯坦（Blumstein）等人指出：“性别（gender）方面的最一致模式是不管数据来源、犯罪类型、参与程度或者对参与的量度如何，男性犯罪人参与严重犯罪的程度在任何年龄中都显著超过女性”（Blumstein et al. 1986：40；也参见 Hirschi and Gottfredson 1983；比较 Farrington 1986a；Blumstein、Cohen and Farrington 1988b）。如果性别差异相当明显，以至于它们存在的时间要比包括年龄在内的所有这些条件都长，那么，就没有必要通过纵向设计去发现它们。如果性别差异在每个年龄阶段都是相同的（参见第六

① 原文是“Standard Causal Variables”。——校注

② 原文是“Sex”。——校注

章)，那么，对任何年龄阶段这种差异的研究都将足以确定其重要性，并且犯罪中的性别差异不能用来证明纵向研究的正确性，不过，可以用来测量或者界定犯罪。

(二)种族[①]

当然，纵向研究者没有认为，种族—犯罪的相关性在因果次序方面是有问题的。那么，纵向设计在种族—犯罪的联系方面有什么价值呢？在某些年龄阶段，种族可能要比其他年龄阶段更重要。事实上，沃尔夫冈、费格利奥和塞林(Wolfgang, Figlio and Sellin 1972)的同生群研究表明，黑人要比白人“开始得更早”。我们对沃尔夫冈等人数据的分析(Hirschi and Gottfredson1983)表明，黑人和白人之间在(犯罪)“开始年龄(age-of-onset)”上的差异，事实上仅仅是犯罪的发生率差异(rate difference)，这些差异很容易通过在任何年龄进行的横断研究来确定。因为在所有年龄阶段黑人的犯罪率都高于其他非黑人，自然他们在非常年轻的时候会有更高的犯罪率。在同生群研究中，这造成了以同生群术语表达的、关于开始年龄差异的错觉。因为黑人在更大的年龄阶段也会有较高的犯罪率，因此，同样的设计术语将会表明黑人和非黑人之间的(犯罪)“停止年龄”差异(age-of-desistance difference)。事实上，黑人犯罪人开始犯罪的年龄并不比非黑人早，黑人犯罪人实施犯罪的年龄也不比非黑人持续更久，因此，这方面的同生群研究结果只是一个误解。产生这一概念混淆的设计语言，如“开始”(onset)、“持续”(persistence)和“停止”(desistance)这些职业术语，是与犯罪和自我控制模型无关的，犯罪和自我控制模型并不对犯罪人进行这些区分。

纵向研究的逻辑超出了开始和停止的范围，这种逻辑进一步表明了不同年龄的种族影响方面的紊乱现象。例如，布卢姆斯坦等人(Blumstein et al. 1986: 41)解释了全青少年调查(the National Youth Survey)，一个多生群纵向研究(Elliot、Huizinga and Ageton 1985)指出，黑人—白人抢劫犯罪的比率从同生群成员年龄段在11～17岁时的2.25:1，下降到4年后同生群成员年龄段在15～21岁时的1.5:1。这些事实可能重要，也可能不重要。弄清楚的途径之一，就是把它们放在一个概念框架背景中。一旦这样做了，就能够解释或者推测它们(的重要性)。从犯罪和自我控制的观点来看，这些特定的事实直接引导人们关注产生这些事实的研究的适当性。

① 原文是“Race”。——校注

通过观察，埃利奥特等人（Elliot et al.）关于年龄—种族影响的数据，能更好地说明纵向设计的弱点而不是它的优点。如果不考虑布卢姆斯坦等人所比较的年龄范围中的混乱重叠，那么，所引述的差异就没有达到通常公认的统计显著性。这些年龄、种族和特定犯罪估计方面的大量标准误差，来源于全国青少年调查的纵向设计造成的抽样局限性。事实上，这一调查在进行种族比较时，不可能同时依据性别进行分解。由于横断研究会定期报告种族—性别互动（例如，Hindelang 1981；Hindelang、Hirschi and Weis 1981），因此，有理由怀疑这种研究的结果，即使它们已经通过了统计显著性的检验时，也会如此。

（三）年龄

正如我们已经注意到的，在犯罪学中，纵向研究的特征之一是它对于将会发现什么（或者关于在寻找什么）是不知道的。每项纵向研究都是以新鲜的、认为所有事情都有可能的那种似乎科学的立场开始的。因此，在对大约150年间进行的有关年龄与犯罪之间的关系进行评价后，布卢姆斯坦等人仍然只能说："需要根据官方记录及自我报告获取关于特定犯罪的开始年龄分布和目前参与程度的数据"（1986：42）。

尽管许多犯罪学家都会同意这样的观点，即年龄—犯罪关系对犯罪学理论和犯罪控制政策都是极其重要的（Greenberg 1979，1985；Hirschi and Gottfredson 1983，1986；Gottfredson and Hirschi 1986；Cohen and Land 1987；Shavit and Rattner 1988）。但是，只有纵向研究的支持者才会认为，关于这种关系的基本事实是有问题的。在第六章中，我们描述了支持我们观点（年龄—犯罪关系出于实践和理论的目的都是始终如一的）的证据。那些采用纵向设计的研究认为，证据说明了犯罪原因在不同的年龄是不一样的。

让我们明确在这一争议中包含的内容。纵向设计的支持者认为，可能的年龄—原因变量的互动（interactions），在理论和政策上都是非常重要的。我们认为，年龄对犯罪有很大和直接的影响，与这类影响的理论和政策意义相比，此类互动是微不足道的，我们的观点是以研究为基础的。他们的观点是以尚未进行的研究为基础的。我们的观点的所谓弱点就是，它的基础是根据较差的设计进行的研究中产生的结果。他们的观点的所谓优点就是，他们的观点可能得到某种更强有力的研究设计的支持。这种情况并不是唯一的；事实上，这是过时的实证主义（vintage positivism）。实证主义的特征之一是，它往往把破坏目前已接受的事实作为进一步研究的借口。进行这样的破坏所需要的一切，就是强调，目前的事实可能并不具有它们似乎具有的意义。一旦确立了对目前的研究结果的怀疑,实证主义者就会适当地指出,将要获得的知识会比目前的知识更好,因此,需要严肃地对待。

证据表明,这种立场导致一事无成。它不会使我们得到比我们已有的知识更好的知识,并且容许我们奢侈地假装所有以前的研究都白做了。怀疑有关年龄效果的结论,因为这类研究结论大多数来自横断研究的数据,那么,就是误解了研究和事实之间存有疑问的关系。我们进行研究并不是为了发现事实,而是为了帮助我们发现事实。最后,我们根据我们通过其他途径了解到的情况去思考任何特定研究的结果,而不管这种研究的质量如何:

> 成熟的学生现在不认可横断数据(cross-sectional data),他们往往利用通过其他来源获得的信息对横断数据进行分析和补充,横断数据经常能够提供比其他任何一种数据更好的、关于年龄影响的、几乎是结论性的证据。而且,对于那些从横断数据中推论年龄影响的危险性的认识,时常伴随着对纵向研究数据的毫无理由的热情。(Glenn 1981:362)

(四)家庭变量①

我们把家庭变量作为自我控制中最重要的因素之一。纵向研究者同意"家庭因素对参与(少年犯罪行为)有着强烈的和一致的影响"(Blumstein et al. 1986:43)。由于纵向研究者没有犯罪性的概念,所以,他们很可能忽略了我们认为至关重要的生活期间,并且在自我控制程度方面的重要差异已经形成之后,才进行他们的纵向研究。例如,布卢姆斯坦等人引用了韦斯特和法林顿(West and Farrington 1977)的纵向研究作为例子,主张"纵向研究把儿童在小学时的父母管教活动和家庭结构与后来的关于该儿童参与严重犯罪行为或者成年犯罪行为的官方记录或者自我报告联系到一起,因而特别适合评估父母管教活动对犯罪参与的影响"(1986:43)。

我们认为,有兴趣考察家庭因素对自我控制的影响的研究,应当尝试确定在自我控制差异已经形成时的家庭状况。研究指出,关键时期是在上小学以前,因为在上小学时重要的差异通常已经存在。实际上,许多研究者对儿童很小时候的家庭状况感兴趣,他们已经尽其所能地研究了这段期间。结果,我们确实对此

① 原文是"Family variables"。——校注

有了一些了解。按照布卢姆斯坦等人的论述,关于家庭因素的文献表明,"一致的、严格的管教;严密的监督;包括交流、感情和对儿童活动的兴趣在内的牢固亲子关系",与较低的犯罪参与率是有关联的(1986:43)。

对于纵向研究"特别合适于"探讨此类问题的观点而言,不幸的是,(这些观点)所列举因素恰恰是那些在20世纪40年代的横断研究(Glueck and Glueck 1950)中所识别出的因素。很多后来进行的横断研究重复了这些因素(例如,Patterson 1980),这些因素并不依赖纵向设计对它们的承认。事实上,或许可以把纵向研究看成是证实横断研究结果、表明对横断型家庭研究(cross-sectional family research)的方法论批评是不正确的最好方法。那么,我们必须再次得出这样的结论:关于特定方法是得出有关犯罪或者犯罪性的一般结论的必要方法或者充分方法的观点,是得不到足够证据支持的。

(五)早期的反社会行为①

犯罪生涯的继续性(continuity)是纵向研究的一个主要关注点。因此,纵向研究现在应当能够告诉我们是否需要进行纵向研究。如果在犯罪人的生命过程(life course)中存在犯罪活动的继续性(或者不存在这种继续性),那么,就没有必要长时间追踪人们。如果在生命过程中犯罪活动很少或者没有继续性,那么,也没有必要长时间追踪人们。因此,纵向设计假定,生命过程中的变化或者发展是有模式的,也就是说,犯罪活动的变化或者发展是有模式的。纵向研究的结果对这一假定有什么见解呢?如由于近些年进行了大量的纵向研究,我们应当能够发现许多对于少年犯罪的稳定性的估计。

通过使用杰拉德·巴克曼(Jerald Bachman)②等人的数据(Bachman et al. 1967),罗斯·马卒达(Ross Matsueda 1986)报告说,从15~18岁的少年中收集到的4批数据中少年犯罪的稳定性系数(stability coefficient)分别为0.75、0.81和0.59。莱尔·香农(Lyle Shannon 1978)报告说,在18岁以前和之后(当时观察对象已经32岁)与警察接触的数量的相关系数为0.52。埃利奥特、休津加和艾吉顿(Elliott, Huizinga and Ageton 1985)报告说,在他们进行全国青少年调查的年份以前的少年犯罪和期间的少年犯罪之间的相关系数,分别为0.58和0.71。法林顿(Farrington 1973)报告的数据反映了不正确的相关性,在其伦敦的同生群中,14~15岁时自我报告的少年犯罪与16~17岁时自我报告的少年犯罪之间

① 原文是"Early antisocial behavior"。——校注

② 杰拉德·巴克曼(Jerald Bachman,1936－)是美国社会学家。——校注

有0.62(gamma)的衰减。正如欣德朗、赫希和韦斯(Hindelang,Hirschi,and Weis 1981:79)注意到的,此类稳定性是可以从某种行为量表中预期的,即使潜在的人格特征在所讨论的这段期间也不会改变。

事实上,当涉及潜在的人格特征时,稳定性的证据甚至变得更令人印象深刻。丹·奥尔伍斯(Dan Olweus)从对24项男性攻击性的纵向研究的评论中,得出了这样的结论:“在5年的期间内,估计的非衰减稳定性相关系数(estimated disattenuated stability correlation)是0.69,而在10年的期间内是0.60”(1979:866)。布卢姆斯坦(Blumstein)等人在总结了关于犯罪继续性的证据后,得出了这样的结论:“持续到成年犯罪生涯中的那部分(犯罪生涯),因为司法管辖区、犯罪的领域以及用于概括成年记录的标准(例如,被捕或者定罪)的不同而各不相同;有强有力的证据证明,少年犯罪生涯的存在预示着成年犯罪生涯”(1986:88)。

因此,根据布卢姆斯坦等人(以及对发展研究的几乎所有评论;例如,West and Farrington 1973;McCord 1979;Loeber and Dishion1983;Hirschi and Gottfredson 1986)的观点,自我控制的差异自它们第一次被识别出来之后,就保持着合理的稳定性。在纵向研究者的用语中,早期的自我控制预示着成年后的自我控制。由于有良好的长期可预测性,短期可预测性也应当是非常好的。这对那些拥护纵向研究的人们提出了一个问题:当事实上很少发生变化时,短期的变化如何能够成为研究的首要关注点?

纵向研究者使用两种方法来处理这个问题。一种方法是提出,在整个生命周期中不能确立所观察到的那种继续性。认真来看,这一理由将导致进一步的纵向研究,以便去集中研究8~10岁以前和50岁之后的期间。不过,纵向研究者并未对这些期间表现出浓厚的兴趣,这可能因为他们的研究所依据的那种理论观点假定,制度经历(institutional experience)导致犯罪倾向方面的差异(也因为他们偏好研究“严重”犯罪)。那些强调青少年帮伙、婚姻或者刑事司法制度的影响的理论,很少关注婴儿或者年幼儿童。同样明显的是,老年人犯罪也是非常少见的,以至于就此花费的努力很难被证明是正确的。

如果这种对短期内变化很小的问题的解决方法是有问题的,那么,第二种方法似乎更聪明些。尽管在生命过程中存在着继续性,但是,这种继续性是不完整的。我们的任务就是解释不一致的情况。可以引述布卢姆斯坦等人的观点:“我们不知道哪些因素能够可靠地认定那些并未进行包括严重犯罪在内的少年犯罪的未成年人的反社会性。而且,有证据证明,更难预测那些在刚成年时初次犯罪的人们最终的严重犯罪行为”(1986:47)。

把研究的注意力集中到那些尚未得到解释的情况上的想法,是成熟的和明显的。如果要提高解释的有效性,必须关注那些犯罪人的行为尚未得到解释的情况。例如,如果智商低下、父母监管不严预示着会成为少年犯罪人,那么,拥有高智商、家长监管严密的情况则会令人困惑。这个问题在早期的少年犯罪研究中就存在,只是表现形式各异。例如,“处在少年犯罪高发区的好少年”、“中产阶级少年犯罪人”、“迟发犯”(the latecomer to crime)以及“获得成功的辍学学生”(school dropout who makes good)。

通过深入研究这一问题,格卢克夫妇(Glueck and Glueck 1968)系统地将500名少年犯罪人追踪到成年期间,以便试图解释一类少年的少年犯罪,这类少年就是那些(根据母亲的监管、母亲的管教和家庭的凝聚力)被分类为进行少年犯罪的“风险低”的少年。格卢克夫妇对其纵向研究数据的深入分析(那些提倡对这个问题进行纵向研究的人们并未引述这一分析),未能发现可以预测少年犯罪人样本中的少年犯罪的变量。

换句话说,不可能根据目前的少年犯罪预测同类群体中以后的少年犯罪,这个观点在以前就报告过(Hirschi and Gottfredson 1983),并且不断得到那些试图预测犯罪人以后的犯罪的研究的证实。例如,漫长的假释预测历史证明,用来区分以后会成为犯罪人和不会成为犯罪人的首要因素,是他们以前的犯罪记录程度(例如,Gottfredson and Gottfredson 1988)。这些纵向研究结果对这样的观点,即纵向研究能够解释犯罪程度的变化,具有重要的意义,但是,那些号召进行更多的、直接关注同一个问题的此类研究的人们,并没有重视这些纵向研究结果。

犯罪肯定是犯罪的重要预测因素的事实,是我们理论的核心。这种事实告诉我们,犯罪性(自我控制低)是一种整体现象(unitary phenomenon),它包括了犯罪的原因,从各种意图和目的来看,这是指个人层次的原因。根据推论,这种事实告诉我们,寻找犯罪的而不是自我控制的人格相关因素,是不可能取得成果的;短期的制度经历,如参与矫治计划(treatment programs)、工作、看守所监禁是不可能对犯罪性产生有意义的变化的。当然,这种事实告诉我们,根据相反的假设提出的理论是错误的。

我们认为,只有犯罪可以预测犯罪,这种观点显然与一种研究结果相矛盾,这种研究结果认为,当以前的少年犯罪经常发生时,就可以用它来预测(以后的)少年犯罪。因此,埃利奥特、休津加和艾吉顿报告说,"对(以后的少年犯罪或者吸毒)有直接效果的最佳变量,就是与少年犯罪同伴交往和以前的少年犯或者吸毒"(1985:117)。不过,事实表明,埃利奥特等人并未使用他们的纵向设计中的纵向研究特征,去检验最初证明这种设计具有合理性的理论。相反,他们决定,就同伴的少年犯罪与少年犯罪的变化之间的相关性而言,"对同时量数度(concurrent measure)的使用并不必然是不适宜的……因为某些关系可能或多或少是同时产生作用的"(1985:107)。因此,埃利奥特等人的研究仅仅表明,当控制以前的少年犯罪时,朋友目前的少年犯罪与(本人)目前的少年犯罪是有联系的。这一研究结果可以被解释为,它表明,目前对少年犯罪的量度与目前对少年犯罪的量度是相关的。[①] 这种观点并不与纵向研究的结论相冲突,纵向研究的结论认为,只有以前的少年犯罪才能够预测以后的少年犯罪(人们有时候认为,我们识别出来的问题,是特定研究所独有的问题,因此,几乎不谈作为一个整体的纵向设计的优点。这样的观点忽视了这样一个事实,即我们所讨论的研究在很大程度上是为了展示纵向设计的优点而进行的。所以,不能因为这些研究未能达到这一目的拒绝考虑它们,不能因此而认为这些研究缺乏合理性)。

(六)物质滥用[②]

全国青少年调查表明,在自我报告的少年犯罪与自我报告的吸毒之间存在联系。在注意到这种联系之后,布卢姆斯坦等人得出了这样的结论:"需要进行一种涉及犯罪参与和吸毒的纵向研究,以便找出物质滥用与犯罪活动之间的因果关系"(1986:50-51)。关于未来的纵向研究的这种乐观主义想法,似乎没有得到以前的纵向研究的支持,也没有得到那些倡导此类研究的人们提出的有关毒品—犯罪关联性观点的支持。纵向研究已经涉及了物质滥用和犯罪活动之间的因果关系问题,但是,没有获得结论性的结果。根据布卢姆斯坦等人再次收集的调查数据,"在既进行少年犯罪又吸毒的人中占支配地位的模式,是首先进行少年犯罪然后再吸毒,或者吸毒与少年犯罪同时发生,而不是吸毒先于少年犯罪"(1986:51)。

表面来看,以前的纵向研究得出的结论是,犯罪导致吸毒(那么抢劫是否会上瘾呢)。以前的纵向研究也得出更为合理的结论:犯罪和吸毒有着共同的原

① 这句话的原文是"current measures of delinquency are related to current measures of delinquency"。可能有误。——校注

② 原文是"Substance abuse"。——校注

因。以前的纵向研究最终得出了我们的结论:犯罪和吸毒是同一件事情,即自我控制低的表现。如果我们是正确的,那么,设计用来确定犯罪和吸毒之间因果关系的纵向研究就是在浪费时间和金钱。

(七)同伴群体的影响①

在第七章中,我们考虑了自我控制与参与少年犯罪帮伙之间的联系。我们的理论与格卢克夫妇的假设是一致的,格卢克夫妇的假设认为(1950),少年犯罪引起了与其他少年犯罪人的交往,也就是“物以类聚,人以群分”。这一假设推翻了不同交往理论(differential association)所主张的因果次序,不同交往理论认为,与犯罪人的交往是少年犯罪的主要原因,在一些表述中,则认为与犯罪人的交往是少年犯罪的唯一原因。很明显,这似乎符合纵向研究的情况,因为纵向研究能够解决因果次序问题:究竟是少年犯罪在先,还是与少年犯罪人的交往在先?

目前的纵向研究重复了标准的横断研究的研究结果,它们都认为,在研究对象的少年犯罪与研究对象所报告的其朋友的少年犯罪之间,存在相关性(Elliott, Huizinga and Ageton 1985)。布卢姆斯坦等人似乎认为因果次序问题已经得以解决,他们指出,“几项纵向研究报告说,与少年犯罪朋友的交往,很明显与以后参与严重犯罪活动相关”(1986:53)。

这种说法揭示了在缺乏清楚的、对其他的假定给予适当关注的研究问题时,运用纵向设计所遇到的一些困难。定量研究(quantitative research)预示着一些指导收集、分析和解释数据的观点。除了这些观点,无论是进行横断研究,还是进行纵向研究,都不可能解决因果次序问题或者虚假问题(spuriousness issue)。例如,那种认为在“参与严重犯罪活动”以前就存在少年犯罪朋友的“研究结果”,很难成为反对“物以类聚,人以群分”假设的证据,因为这种现象也可以由这样的假设预测到,即认为,人们首先成为少年犯罪人,然后寻找少年犯罪朋友并从事少年犯罪活动,其中包括“严重犯罪”活动。除非在数据收集、分析和解释中承认这一替代性假设,否则,纵向研究不可能给现有的知识增添任何内容。

一项纵向研究意味着已经考虑了这些问题,已经收集了有关时间次序问题(temporal-order issue)的证据。埃利奥特、休津加和艾吉顿(1985)提出了对“整合理论”的一种检验,其主要特征是这样一个想法,即持久型少年犯罪(persistent

① 原文是“Peer group influences”。——校注

delinquency)的唯一原因是其朋友的少年犯罪。他们的研究在一项全国性概率自我报告调查(national probability self-report survey)中使用了纵向设计,从1983年起已经收集了6批数据。这项研究对少年犯罪与朋友的少年犯罪问题提出了新的见解吗?

根据全国青少年调查,究竟是朋友的少年犯罪首先出现,还是(自己的)少年犯罪首先出现呢?引人关注的是,埃利奥特、休津加和艾吉顿(1985:99)认为,他们的纵向设计抑制而不是促进了对因果次序问题的明确检验;他们注意到,他们的理论预测了比他们的纵向设计所考虑的变化更快的变化。那么,正如已经提到的(参见第七章),对这种理论的实际检验,是一种综合性的横断设计与纵向设计,在这种设计中,可以同时测量与少年犯罪同伴的交往和自我报告的少年犯罪。埃利奥特等人发现,在自我报告的少年犯罪与(个人)和少年犯罪朋友的交往之间,存在着强相关,这是毫不奇怪的。在相似的、至少在35年前进行的横断研究中,已经报告了这一强相关。埃利奥特等人对这种联系的解释,尽管带有时间和空间的滞后性,但是要比早期研究中提出的解释更加复杂。不过,这种联系的因果关系状态并不是很确定的。

对犯罪的一些社会和人口统计学相关因素的上述总结,使得我们得出这样的结论:因果次序问题是一种在一次只解决一个变量时往往会消失的错觉。我们没有找到证据证明,现有的纵向研究已经比已有的横断研究更加充分地解决了任何因果次序问题。恰恰相反,纵向研究数据所引入的分析的复杂性,已经趋向于妨碍对某些问题得出明确的结论,这些问题往往是概念问题。

四、处遇和刑事司法干预①

根据法林顿(Farrington)的观点,"纵向研究在调查特定事件或者生活经历对发展过程的影响方面,是有用的。犯罪学中的一个核心问题,就是关注不同的刑罚处遇(penal treatment)对于犯罪生涯的影响"(1979:310-311)。接着,法林顿描述了一种研究设计,它将真实实验的特征(随机分配到处遇组和对照组)与纵向设计所提供的事前和事后量度相结合。

我们并不想责备那种评价刑事司法系统中处遇效果的理想设计。我们仅仅指出,人们已经对评估一设计问题进行了仔细而充分的解释(例如,Logan 1972;Cook and Campell 1979);这些设计的公认优点对纵向研究而言是没有任何价值

① 原文是"Treatment and Criminal Justice Interventions"。——校注

的,除了重复测量外,纵向研究与其没有任何共同之处。

根据定义,在犯罪和少年犯罪方面的纵向研究是非实验性的。调查者的积极干预、调查者把研究对象随机分配到处遇组(treatment group)和对照组(control group),都不是这些设计的一部分,不应当用于证明它们的正确性。更重要的是,不应当把纵向研究的特征看成是强有力的实验或者准实验设计的组成部分和主要部分。

纵向研究经常报告说,它们发现处遇和司法系统的干预对行为有效果。例如,有几项研究报告说,干预(逮捕、定罪判刑、罚金或者送到矫正机构)在那些经历过这些干预的人中会产生更严重的少年犯罪(William and Gold 1972;Wolfgang,Figlio and Sellin 1972;Farrington,1979)。不过,有很好的理由去怀疑这些所谓的效果(参见 Gottfredson and Hirschi 1987b:598 -602)。最好的理由是,在使用更有力的实验设计时,往往不能发现这些效果。

五、日常生活事件的影响①

纵向设计吸引人的一个主要原因,是它通过日常的制度经历对个人进行追踪的能力,这些制度经历,如进入和离开学校、结婚和离婚、找到和丢掉一份工作以及成为父母。这种设计假定,这些事件可能对犯罪行为具有原因性效果(causal impact),其任务是探讨研究对象的特征(如社会阶级)与制度经历的特征[例如,婚姻对于少年犯罪夫妇和非少年犯罪夫妇的影响是不同的(Farrington 1986a)]之间的互动,探讨它们是否共同影响少年犯罪的可能性。

对我们而言,如果关注生活事件影响犯罪行为的"条件"(conditions),似乎就应当寻找此类事件事实上确实影响犯罪行为的证据。我们认为,关于此类事件重要性的证据,远非对犯罪和少年犯罪进行发展研究的支持者想让我们相信的那样强有力(参见第六章和第七章)。在逻辑上,确定这些日常生活经历的影响的问题,与我们在确定少年犯罪同伴对少年犯罪行为的影响时所遇到的问题相同。与少年犯罪人的交往并非是"偶然的"(accidental),或者用研究术语来讲,并非是随机的。也可以认为,非犯罪少年配偶(nondelinquent spouse)的婚姻、坚持做一份好的工作,或者某项教育或者职业计划,也不是随机的。这些事件发生的年龄也不是偶然或者随机的。事实上,许多理论都会认为,与这些事件有关的人们的特征,也与犯罪和少年犯罪有关。事实上,我们甚至会认为,人们

① 原文是"The Effects of Ordinary Life Events"。——校注

的犯罪相关特征引起了所有这些事件。

如果我们的理论是真实的,那么来自纵向研究的关于日常生活事件对犯罪的影响的报告就是错误的。日常事件与少年犯罪之间的相关关系,既没有明确地支持这些观点,也没有明确地否定这些观点。所需要的要么是对此类事件的随机分配(或者对它们的完全分配,正如在第二次世界大战中对几乎所有的青年男子都"分配了一项工作"那样,参见第七章),要么是仔细控制相关的个人特征(伴随着分配中的适当差别;即必须有足够的"好工人"失业,有足够的"坏工人"持续就业,以便容许进行相关的比较)。在发现这种必要的自然差别时遇到的明显困难,似乎证明了这样的观点,即认为这些事件很重要的纵向一发展假设,忽视了其自身关于个人特征稳定性的证据(West and Farrington,1977;Farrington,1979,1986a;Loeber 1982)。在后一种情况下,如果预算相同的话,那么,"横断"调查(可以回想,在横断调查中,要询问人们"什么时候"、"多长时间"的问题)可能比纵向研究更为恰当。用于在相当长的时期内追踪同一群人的资金,能够用来收集在一个时间点上更多人的更多信息,因此,应当促进在对这类问题上使用现代的、复杂的多变量统计方法。纵向研究的支持者承认这些技术的效用(Farrington,1979),但是,不幸的是,现有的纵向设计禁止使用多变量统计方法,这种现象部分是由于这样的错觉引起的,即纵向设计似乎不再需要多变量统计方法。考虑到关于犯罪原因的人格观点和制度观点之间的争论处于中心地位,因此,对于开展更多纵向研究的不恰当建议(Farrington,1979,1986a,1986b;Tracy,Wolfgang and Figlio 1985;Blumstein et al. 1986;Farrington,Ohlin and Wilson 1986),是很难被证明正确的。

可以通过思考婚姻对犯罪的影响,来阐明研究者面对的这些问题。正如大量文献证明的那样,犯罪率到青春期后期往往升高,随后下降。犯罪率的普遍下降与一系列似乎同犯罪行为不协调的生活事件是同时发生的,这些生活事件的,如得到一份工作、结婚、积累了物质财产。这种巧合向很多犯罪学家表明,这些事件促成了犯罪的下降(例如,Greenberg 1979、1985;Baldwin 1985;Farrington,1986a)。不过,现有的研究反对这样的假设,即犯罪率随着年龄增加而下降是由于此类事件作用的结果,因为无论这些事件是否发生,犯罪率都会下降(Hirschi and Gottfredson 1983)。生活事件不能解释年龄的犯罪分布的现象说明,这些事件自身并非犯罪的原因。这一结论与纵向设计的基本的实质性理由是相矛盾的。

纵向研究者用下列观点进行反驳:

> 某些因素只适用于特定的年龄。例如,婚姻与犯罪之间的联系不能在10岁的儿童中进行研究,他们还不能结婚;也不能在60岁的人群中研究逃学与犯罪之间的关系。其他因素在不同的年龄可能有着不同的含义……主张所有变量在所有年龄段都与犯罪有同样的联系,似乎是没有道理的。(Farrington,1986a:229)

同样,人们认为:

> 在不同年龄阶段,犯罪有着不同的相关因素。例如,法林顿(Farrington 1986b)报告说,如果一名儿童到10岁时有被定罪判刑的父母,那么,这种情况就是该儿童到14岁、16岁、17岁和20岁时会进行犯罪行为的最好预测因素之一,但是,并不能预测10~13岁时的犯罪行为。韦斯特(West 1982)报告说,如果一名少年犯罪人在18~21岁期间结婚,婚姻对于这个年龄期间的犯罪行为没有影响;如果在21~24岁期间(与一名守法妇女)结婚,那么,婚姻会导致这个年龄期间的犯罪行为的减少。认为像婚姻这样的变量在所有年龄段对犯罪都有同样的影响,似乎是没有道理的。(Farrington, Ohlin,and Wilson 1986:27)

逻辑推论和根据数据提出的观点的这种结合,初看起来是颇具说服力的,不应当认为婚姻和逃学对儿童和老人具有同样的影响或者同样的意义。不过,问题是它们与犯罪的经验性联系,这种联系在用来对年龄不变性论点(age-invariance thesis)进行逻辑反驳(logical refutation)以前,就需要加以确定。如果逃学、婚姻和稳定的工作是年轻时候的犯罪的原因,并且如果在以后的年龄阶段没有与这些变量相当的变量,那么,犯罪的原因就是因年龄的不同而各不相同的。因此,首先需要证明的,是这些变量在任何年龄阶段的原因性影响。人们还没有进行这样的证明工作,那些假定人们已经进行或者能够进行这样的证明工作的观点,仍然是推测性的观点,而不是符合逻辑的观点。

就此而言,确定在生命过程中某一时间具有明显意义的某种变量的原因性影响,并不能确定犯罪原因是与特定年龄有关的。任何变量都可能有其他的形式或者类似物(analog)。例如,逃学(school truancy)并非是逃避(truancy)的唯一形式。事实上,离家出走者(runaways)曾经被称为"逃避家庭者"(home truants);在一些情况下,没有工作(joblessness)可能是逃避的一种极端形式。很明显,在军队服役时的“擅离职守”(absent without leave,AWOL),就是逃学的逻辑同等物,不过,它发生在学校逃学不再可能发生的时候。如果我们的观点是正确的,那么,某些因素只在特定年龄发生作用的想法,就仅仅是对犯罪原因的不恰当的理论概括。在回应这一观点的时候,布卢姆斯坦、科恩和法林顿(Blumstein, Cohen and Farrington)“询问……在8岁的时候,婚姻的功能同等物是什么呢(1988b:65)”。对这一问题的回答当然取决于婚姻在任何年龄的功能。因为我们并不认为婚姻具有预防犯罪的功能,我们也不会去猜测婚姻的8岁同等物可能是什么。不过,我们猜想,可以以适当的方式明确说明这个问题,并不会像布卢姆斯坦等人认为的那样困难。对持久性现象(enduring phenomenon)的所有研究,都会遇到类似的问题。所有研究都通过对基本原因进行理论概括来解决这些问题。

不过,并不需要现在就引证此类概念同等物进行证明,因为关于犯罪原因随年龄不同而有不同的观点的经验性证据,并不具有说服力。关于年龄的差异性原因(differential causation)的主要研究结果,来自于韦斯特和法林顿的纵向研究(1977)。关于父母犯罪性的差异性效果(differential effect)取决于儿童年龄的观点,是不能令人信服的。所有差异都是同一个方向的,并且差异中的差异是无关紧要的[①](没有人报告对这种差异进行了统计显著性检验)。从提供的数据中得出的正确结论是,父母犯罪性的效果在所有年龄段都是相同的。如果这种效果是不同的,那么,我们就必须解释,为什么犯罪的一种主要原因与“早年开始”(犯罪)无关,但是却会在开始犯罪之后的4~10年发挥其影响作用。

关于婚姻的研究结果甚至更不具有说服力。伦敦研究中的研究对象并非随机分配婚姻状况的,更别说少年犯罪的妻子或者非犯罪少年的妻子。因此,我们没有理由认为,在伦敦纵向研究中已经发现了有意义的“年龄与婚姻和婚姻类型”(age by marriage by type of marriage)的互动。我们认为,当发现这种互动时,研究者有责任表明,这种互动是可以复制的,并且在理论上是重要的。

① 这句话的原文是“All differences are in the same direction, and the differences among the differences are insignificant”。——校注

第六节 流行率和发生率;参与和拉姆达[①]

一、概述[②]

在当代,号召使用纵向设计的一个主要吸引人之处是它提供了明确区分普通犯罪人和职业犯罪人的机会,换句话说,是研究"积极犯罪生涯的多个方面"的机会(Blumstein et al. 1986:55)。纵向设计的支持者强调一个事实,即"犯罪率"能够被"分解"(decomposed)成多个组成部分。犯罪率既是人口中犯罪人员数量的数字,即犯罪流行率(prevalence of crime),又是他们所实施的犯罪的数字。当犯罪率的分母由人口总数构成时,第一个比率通常被称为流行率(prevalence rate),第二个比率称为犯罪发生率(incidence rate)。现代犯罪生涯研究者改变了传统的发生量度标准,使用"积极犯罪人数量"(the number of active criminals)作为分母,从而产生了个人频率比率(individual frequency rates),或者他们称为"拉姆达"(lambda)。

所有这些统计数字能够从横断研究和纵向研究中计算出来。例如,《统一犯罪报告》(Uniform Crime Reports。例如,U. S. Department of Justice 1985)和全国犯罪调查(National Crime Survey)所报告的年度犯罪率(annual crime rate)是对犯罪发生率的横断评估。当研究者把研究对象分为少年犯罪和非少年犯罪时(不过,仅仅测量少年犯罪),可以计算出流行程度的统计数字。当已知至少有一次犯罪行为的人的数量和他们实施的行为的数量时,不管是哪种研究设计,都能计算出拉姆达。在研究者中的传统倾向认为,流行率和发生率是可以互换的,认为拉姆达是衍生出来的(Gottfredson and Hirschi 1986)。目前,在纵向研究者中,偏好流行率和拉姆达,而把传统的发生率量度标准看成是衍生出来的(Farrington, Wilson and Herrnstein 1985;Blumstein 等人 1986)。

纵向研究者群体对流行率和拉姆达的兴趣,并非源自可互换性的想法,而是源自认为这些量度标准可能有独特原因的观点。"将参与者与非参与者区分出来的因素,就参与者的犯罪行为的频率来讲,可能非常不同于区分不同参与者的因素"(Blumstein et al. 1986:54)。换言之,犯罪生涯研究者假定,第二次犯罪的原因可能不同于第一次犯罪和第三次犯罪,那些犯过 5 次罪的人可能不同于那

① 原文是"Prevalence and Incidence; Participation and Lambda"。——校注

② 这个标题是译者根据原文的论述内容并考虑译文的结构平衡而增加的。——校注

些犯过 2 次或者 12 次罪的人，犯罪人之间在犯罪原因方面的差异，同犯罪人与非犯罪人之间的差异一样显著。但是，这并不能穷尽由于重视犯罪人之间在不同时间的差异所引起的复杂性。那些从小偷小摸开始发展到强奸再到恶意破坏的犯罪人，可能在原因方面不同于那些从重伤害开始并转而偷自行车、在商店偷东西的犯罪人。因为这样的顺序对犯罪生涯研究是非常重要的，并且根据定义，这样的顺序是在不同时间中发生的，因此，它们有助于证明纵向研究的正确性。拉姆达也对那些对个别犯罪人的犯罪控制政策感兴趣的人具有吸引力。

生涯犯罪人的观点引出了一种差别，这种差别不同于在日常的医学研究中会发现的差别。例如，研究心脏病原因的医学研究者可能会关注曾经心脏病发作的人们，并且试图发现多次发作中具有指示性的因素，或者他们可能会关注一般人群，并且试图发现一些能够区分发作过心脏病和没有发作过心脏病发作的人们的因素。在第一种情况下，他们处理的是那些行为和治疗深受第一次心脏病发作影响的人群。在第二种情况下，他们处理的是那些“原因历史”(causal history)并未受到过补救重要的医疗问题方面的努力的消极影响的人群。关注于第一类群体的研究者将可能为心脏病病人制定个别化治疗策略，并且研究所有手术技术、药物和医疗器械(从而将更多的注意力和资源吸引到他们的活动中)。如果此类策略是成功的，那么，某些心脏病发作者的生命将得以延长。与此相反，研究心脏病流行程度的研究者试图界定心脏病的可控制原因，如吸烟、缺乏锻炼和胆固醇过高。如果此类研究是成功的，它将会尽所有可能性延长更多人的生命，包括心脏病发作者的生命。因此，流行程度要比拉姆达因素对人类长寿统计的推动更大。

认为同样的逻辑并不适用于犯罪的看法是毫无理由的，我们的理论将会预测，犯罪流行程度的相关因素也就是犯罪发生率的相关因素。也就是说，我们的理论假定，不管犯罪的数量如何，犯罪行为的原因都是同样的。我们的理论也假定，“导致”犯罪的个人的稳定特征并不因此产生“稳定的”或者“一致的”(consistent)犯罪行为。

我们以前已经调查过有关这一问题的数据(Gottfredson and Hirschi 1988a)。在此，我们简要总结研究结果，描述这些数据对犯罪—犯罪性观点的含义。

标准的研究通过计算人们在特定时期所犯罪行的数量来确定他们的犯罪性，其目的就是说明在测量犯罪性时的变化。通常，研究者假定，正如我们所做的那样，一种犯罪的原因是与其他犯罪的原因相同的，也就是说，“犯罪”或者

“犯罪性”是一种连续变量(continuous variable,当然,他们不需要假定20次和30次犯罪行为之间的差异是2次和3次犯罪行为之间差异的10倍)。他们通常也会假定,产生犯罪性的原因系统可能在一段时间内保持稳定,除非有外力作用。此类假定具有广为人知的统计学和理论方面的优点,并且能够进行直接的、有意义的检验。研究者之间在如何区分犯罪人与非犯罪人、在希望承认多少层次的犯罪人方面,是有差异的。关于这些问题的实际决定,通常受到对数据的审查和以前研究的指引。因为测量决定取决于所研究的问题、测量方法和所研究人群的犯罪频率,所以,在研究数据以前作出这些决定是有很大风险的。

正如我们已经注意到的,犯罪生涯研究者提出了相反的观点。他们认为,基础分割点(fundamental cutting point)是在那些至少实施过一次犯罪的人与那些没有实施过犯罪的人们之间。除了这个分割点(即在犯罪人之间)之外,计算程序也很类似于那些不根据犯罪生涯观点进行研究的人们所遵循的程序。

为了研究这些差异的重要性,我们使用了来自里奇蒙青少年研究计划(Richmond Youth Project)的数据(Hirschi 1969),其中收集了警察记录、2587名男性的自我报告数据和1488名女性的自我报告数据。警察的档案中记录着犯罪数字的官方数据,不管这些案件后来如何被处理。记录和报告的关于严重犯罪的大样本和大数字,足以允许人们考察流行程度—发生率之间的差异。

在表7中,第1栏代表该样本中男性所实施的犯罪的数字。这一栏通常被称为频率分布(frequency distribution),按照通常的术语,它就是犯罪的“发生率”(incidence,I)。犯罪生涯研究者以可能具有误导性的根据对这种分布进行分解。按照他们的逻辑,第2栏把样本分为两组:那些有过犯罪记录的人和那些没有犯罪记录的人。按照犯罪生涯研究者的术语,这种分布被称为“参与程度”(participation,P。回想这样的观点:人们认为“参与”在越轨行为或者轻微犯罪的预防或者理论中具有重要价值,但是,对关注刑事司法政策的效果的研究几乎没有什么价值)。

第3栏表明了已经实施过犯罪的那些人中犯罪的分布,按照犯罪生涯的术语,就是指“频率”(frequency)或者拉姆达(λ)。因此,犯罪生涯研究模型的关键特征可以用下面的公式代表:

$$\lambda = I,$$

$$当\ I \geqslant 1,或者\ P = 0。$$

这两种量度标准之间的差别是,一种量度标准包含数值0,或者“非犯罪人”,

而另一种量度标准不包含数值0,或者“非犯罪人”。当关注数值0(非犯罪人)与任何其他数字(犯罪人,但是被界定)之间的差异的原因时,拉姆达不再适用。①

表7 根据犯罪类型和数据来源显示的发生率(I)、参与程度(P)和频率(λ):13~18岁的男性

犯罪数量	所有犯罪的官方记录			严重犯罪的官方记录[a]		
	I	P	λ	I	P	λ
	(1)	(2)	(3)	(4)	(5)	(6)
0	1630	1630	–	2280	2280	–
1	396	957	396	214	307	214
2	211	–	211	41	–	41
3	111	–	111	33	–	33
4	66	–	66	5	–	5
5	49	–	49	6	–	6
6+	124	–	124	8	–	8
所有样本	2587	2587	957	2587	2587	307
犯罪/犯罪人总数	3067	957	3067	509	307	509
平均数	1.19	0.37	3.20	0.20	0.12	1.66
犯罪数量	盗窃犯罪的官方记录			自我报告[b]		
	I	P	λ	I	P	λ
	(7)	(8)	(9)	(10)	(11)	(12)
0	2220	2220	–	724	724	–
1	232	367	232	643	1757	643
2	73	–	73	482	–	482
3	23	–	23	343	–	343
4	18	–	18	171	–	171
5	6	–	6	79	–	79
6+	15	–	15	39	–	39
所有样本	2587	2587	367	2481	2481	1757
犯罪/犯罪人总数	660	367	660	3949	1757	3949
平均数	0.26	0.14	1.80	1.59	0.71	2.25

① 布卢姆斯坦、科恩和法林顿(Blumstein, Cohen and Farrington 1988b:58)解释说:“我们误解了他们所称的‘个人犯罪率’(individual crime rate)、‘频率’(frequency)或者‘拉姆达’(lambda)。他们接着把频率和拉姆达界定为:‘一个活跃的犯罪人在一个单位时间内所犯罪行的数量’——这似乎不是难以理解的所有问题,也不是与我们所使用的定义的所有差别。不过,很明显,关键是要准确地测量拉姆达,就像发明者拉姆达的人们所设想的那样。否则,就不能用所观察到的结果去论述真实的拉姆达的行为”(参见Blumstein, Cohen and Farrington 1988b:58-64)。为什么在此对一个量度标准很小的修改就会产生这样的差异,而在社会科学中通常对量度标准进行很大的修改却几乎不会产生差异呢?布卢姆斯坦等人并未对此作出解释。当然,他们也没有表明,这些很小的修改之所以会产生差异,是因为他们正如我们中的其他人一样,只是在猜测当我们最终能正确地测量拉姆达时,我们将会发现什么。——原注

注:a 包括抢劫、入室盗窃和伤害。b 使用了六项目量表,时间不限,回答为“是”、“否”。

【资料来源】里奇蒙青少年研究计划(Richmond Youth Project)的数据(Hirschi 1969:54 - 62,298 - 299)

在表 7 中数据所涉及的另一个测量问题是,在不考虑严重性(seriousness)的情况下对严重犯罪,而不是轻微犯罪或者所有犯罪的处理。因为抢劫、入室盗窃和伤害普遍被看成是严重犯罪,第 4 栏列出了整个样本中这些犯罪的数字。严重犯罪的数字也能够毫不费力地转化为参与程度和拉姆达的等值物(第 5、6 栏)。

最普通的犯罪分类当然是划分人身犯罪和盗窃犯罪。因此,第 7 栏列出了盗窃犯罪的分布,第 8、9 栏则展示了盗窃的参与程度和拉姆达量度。

最后,表 7 显示了对同一样本进行的标准的 6 项自我报告测量的 3 种同样的分布(第 10 ~ 12 栏)。参与程度测量就自我报告数据而言有着特别的问题,因为样本中的大部分至少在存在某些少年犯罪时才会报告,因此都属于犯罪人的范围。

现在,我们要研究“犯罪”的相关因素的这些差异的后果。熟悉限制相关系数的因变量范围的统计学意义的研究者们,能够预测这种做法的结果。他们会关注的是,这些差异是否非常强,以至于会表现出相反的统计趋势。他们也会关注,如果没有理论上的理由的话,流行程度—发生率的差异是否会产生与已经确立的统计趋势相反的结果。

表 8 描述了 7 种常见的相关因素和它们同 12 种犯罪量度标准之间的联系。犯罪首先用官方记录来测量(第 1 ~ 9 栏),其次用自我报告来测量(第 10 ~ 12 栏)。相关性所依据的案件数量各不相同,样本规模的范围显示在每一栏的底部(性别只在自我报告数据中显示)。统计关联(statistical association)的两种标准量度,即皮尔逊相关系数 r(Pearson's r)和 γ 相关系数(gamma),在每种比较中都有报告(除非另有提及,在表格中皮尔逊相关在 0.05 的水平上是显著的。样本在表格 7 中有描述)。

表 8　外部变量与犯罪的发生率(I)、参与程度(P)和频率(F)之间的相关性

外部变量 (outside variable)	相关系数	所有犯罪的官方记录[a]			严重犯罪的官方记录[a]		
		I	P	γ	I	P	γ
		(1)	(2)	(3)	(4)	(5)	(6)
种族(race)	r	0.21	0.25	0.16	0.17	0.20	0.10
	γ	0.46	0.51	0.24	0.57	0.58	0.16
吸烟(smoke)	r	0.21	0.25	0.15	0.14	0.16	0.06*
	γ	0.47	0.52	0.28	0.47	0.48	0.21
饮酒(drink)	r	0.20	0.23	0.16	0.14	0.16	0.09*
	γ	0.44	0.48	0.16	0.46	0.47	0.26
约会(date)	r	0.14	0.21	0.07	0.10	0.11	0.10*
	γ	0.38	0.42	0.10	0.34	0.34	0.32
GPA①	r	-0.21	-0.28	-0.13	-0.15	-0.18	-0.07*
	γ	-0.35	-0.38	-0.17	-0.36	-0.37	-0.10
朋友搭载 (friends picked up)	r	0.21	0.26	0.14	0.15	0.16	0.15
	γ	0.37	0.41	0.21	0.37	0.38	0.30
案件数量		1858 - 2587	1858 - 2587	699 - 957	1858 - 2587	1858 - 2587	206 - 307
外部变量	相关系数	盗窃犯罪的官方记录[a]			自我报告[a]		
		I	P	γ	I	P	γ
		(7)	(8)	(9)	(10)	(11)	(12)
种族	r	0.24	0.27	0.19	0.04	0.02*	0.04
	γ	0.67	0.67	0.42	0.06	0.03	0.08
吸烟	r	0.16	0.15	0.17	0.35	0.23	0.30
	γ	0.42	0.42	0.27	0.51	0.58	0.44
饮酒	r	0.16	0.15	0.15	0.41	0.26	0.36
	γ	0.42	0.43	0.15	0.60	0.59	0.51
约会	r	0.11	0.11	0.12	0.29	0.22	0.22
	γ	0.31	0.31	0.22	0.40	0.46	0.34
GPA	r	-0.13	-0.14	-0.11	-0.15	-0.10	-0.13
	γ	-0.27	-0.28	-0.18	-0.14	-0.15	-0.12
朋友搭载	r	0.16	0.18	0.10	0.43	0.29	0.36
	γ	0.38	0.39	0.13	0.46	0.53	0.39
案件数量		1858 - 2587	1858 - 2587	250 - 367	1748 - 2481	1748 - 2481	1274 - 1757
性别(sex)	r				0.28	0.25	0.21
	γ				0.48	0.51	0.43
案件数量					2201	2201	1370

① GPA是“grade point average”(年级平均学分)的缩写。——校者

注：a 这三个变量的定义及其分布，见表 7。* 0.05 水平的相关性不显著。

【资料来源】里奇蒙青少年研究计划（Richmond Youth Project）的数据（Hirschi 1969）

对表 8 中相关性的研究得出两个结论。首先，从一种生涯量度（career measure）到另一种生涯量度，相关性实质上都是相同的。与犯罪生涯模型的预测相反，研究者在这里可以关注发生率、参与程度，甚至是不考虑各种不同定义的拉姆达。尽管表 8 中的相关系数中有些变化，但是所有量度在方向、模式和相对重要性方面都是相同的。总体而言，并且与犯罪和犯罪性观点相一致，关于表 8 中犯罪的原因和相关因素的实质性结论，并不取决于生涯差异（career distinction）。其次，对于这一结论而言，有一种重要的、很容易预测的限制：在通常情况下，当从参与程度转变到拉姆达再到严重犯罪的拉姆达时，相关性就变得更小；在样本规模缩小时，最终会趋向于不显著。因此，生涯范式（career paradigm）是根据更小的样本规模来追寻更小的相关性，统计检验除了会告诉我们结果是否有意义之外，不会告诉我们任何别的内容。

如果我们问："研究参与程度量度标准的研究者是否会在拉姆达的相关系数上被误导？"答案是"不会"。换句话说，这种研究在一定程度上是可以推广的（表 8 中的研究结果属于这个领域中重复最多的研究结果），以标准量度为基础的研究结果，完全适用于"积极犯罪人"（active offender）、"严重犯罪人"、"职业犯罪人"，并且事实上适用于这一生涯模型的倡导者们认为值得特别研究的所有种类和类型的犯罪人。因此，这一模型的倡导者没有理由质疑以前的研究与关于他们自己的"范式"的有用性和效度问题之间的相关性。

有趣的是，布卢姆斯坦、科恩与法林顿（1988a）把我们的观点概括为一种可验证的、被证明是与表 8 中的数据相一致的假设："如果他们（Gottfredson and Hirschi）是正确的，所有犯罪生涯的特征将是互相关联的，并且参与程度的相关因素和预测因素会不得不与频率和生涯长度的相关因素和预测因素相同"（第 5 页）。同时，他们把自己的观点为一种可验证的、被证明是与表 8 中的数据不一致的假设："相反，在犯罪生涯观点中，不同的犯罪生涯特征中的每一种特征都可以有不同的相关因素和预测因素，并且它们并不必然是相互关联的"（出处同上）。

以前的研究同意表 8 中的结果，即犯罪的相关因素在测量方法、犯罪类型、犯罪严重性，甚至范围限制方面，都是很强的（robust）。事实上，在有关犯罪的基本相关因素的理论意义的严重争议面前，已经达成了实质性的共识。

二、作为犯罪性的量度标准的犯罪事件[①]

不过，我们并不认为，犯罪和犯罪性的一些量度标准不如其他的好。相反，我们的立场表明，犯罪行为或者事件可能不是犯罪性的最好量度标准，从它们自身来讲更是如此。

第一，此类事件在生命过程的所有阶段都不是很多，以至于不允许成为不同年龄阶段的可以比较的量度标准。例如，年龄很小的儿童不能从事许多长大后可以大量从事的犯罪行为。因此，为了研究此类群体中的犯罪倾向，就有必要采取替代性的量度标准。第二，此类事件在一些群体中不够多，以至于不允许研究这些群体中的犯罪性，即使在这些群体处于高犯罪率时期，也是如此。妇女和某些种族群体在这方面提出了特别的问题（例如，里奇蒙青少年研究计划没有收集关于女性的警察数据，因为她们很少有犯罪记录）。第三，此类事件的数量往往很少（在用官方数据或者处理数据进行测量时如此），甚至在高犯罪率人群中也是如此，以至于不容许把犯罪性作为一种连续变量对待。第四，此类事件通常依赖在某种程度上与行为人的犯罪性无关的机会因素。当它们涉及官员和犯罪人的行为时，甚至可以进一步从行为人的犯罪性中消除此类事件。

三、作为犯罪性的量度标准的自我报告犯罪行为[②]

如果我们问：“表 8 中的比较会误导那些偏爱自我报告量度标准的研究者吗？”答案将是“不会”。结果并不依赖于测量方法。不过，这仍然不能得出这样一种结论，即从犯罪和自我控制的观点来看，所有的测量方法都是同样合适的。

如果官方记录的事件有复杂的因素，因为它们反映了环境机会、官员的行为以及行为人的倾向，那么，自我报告的事件也有复杂的因素，只是复杂的情况有所不同。自我报告对事件以及犯罪性的反映，受到复杂因素的影响。自我报告也反映了犯罪性对行为的概念化任务的影响，还反映了对如何揭露行为的任务的影响[由于调查对象的犯罪性的不同，问卷和访谈似乎有不同的效度。因此，犯罪性的程度越高，犯罪的量度标准的效度就越低（Hindelang，Hirschi，and Weis 1981），正如我们的观点所预测的那样]。总的来看，官方的和自我报告的犯罪行为数字在作为犯罪性量度标准方面，是有局限性的，这种局限性足以表明，应当发展一种新的或者替代性的方法。

---

① 原文是“Criminal Events as Measures of Criminality”。——校注

② 原文是“Self-Reported Acts as Measures of Criminality”。——校注

第七节　研究设计和犯罪理论[①]

纵向研究是关于犯罪原因的某些特定理论或者取向的产物。一些理论把犯罪看成是发展过程或者发展阶段的一种结果，一些理论把犯罪看成是一种可以进进出出的职业或者状态，还有一些理论把犯罪看成是具有可塑性的个人进行积极学习的结果，所有这些理论都表明：对不同时间的个人进行追踪研究，是符合需要的，也是有必要的。

我们的理论把犯罪看成是人们相对稳定的一些特征以及人们经历的一些可预测的情境和机会的结果。我们的理论并不认为，犯罪行为中的主要变化与进入或者离开一些角色、机构或者组织有关联。因此，我们的理论可以在生命过程中的任何时间点进行检验。研究对象的最适宜年龄（preferred age）将取决于重要变量的期望分布。

因此，很清楚的是，有待验证的理论要点（theoretical point）在很大程度上决定了研究设计的适宜性。反之亦然：根据定义，对某种特定研究设计的支持，几乎总是包含着对某种犯罪理论的接受。因此，赞同纵向设计的研究者肯定认为，从一种状态到另一种状态的转变（例如，从单身到结婚）也引起犯罪的变化。他们肯定认为，制度性安排（institutional arrangement）或者社会关系的具体特征会对犯罪有一定影响（例如，与非犯罪少年的妻子结婚将会有好的结果，而与少年犯罪的妻子结婚将会有坏的结果，这些结果与丈夫的最初倾向无关）。此类理论当然可能是正确的，也可能是错误的。但是，它们的真实性是有问题的，需要理解的是，这些理论和非方法论的优点，可能隐藏在对纵向设计的偏好背后。

尽管理论观念暗含在支持纵向设计的决定之中，但是，在纵向研究者中，极少有明确的犯罪理论。有人发现，纵向研究者可能会提出研究失业、退学或者结婚的影响，但是，通常似乎没有对这些兴趣的理论说明，有的仅仅是这些因素“应当很重要”之类的常识性观点。当受到压力时，纵向研究者往往采取折中的立场，求助于那些通常用于解释横断研究结果的理论。因此，在尝试解释生命过程中犯罪的变化时，戴维·格林伯格（David Greenberg 1979）提出了一种将传统的紧张观点与社会—控制观点相结合的模型。埃利奥特、休津加和艾吉顿（El-

① 原文是“Research Design and the Theory of Crime”。——校注

liott, Huizinga, and Ageton 1985)将三种标准的社会学理论(紧张理论、控制理论和不同交往理论)加以结合,为全国青少年调查提供一种框架结构。法林顿(1986b)将亚文化理论、机会理论、社会学习理论、社会控制理论和不同交往理论相结合,提出了一种少年犯罪的四阶段过程模型。

纵向设计的"理论"吸引力显然在于,它包含着这样的希望:将我们带到犯罪现场,允许我们研究犯罪前、犯罪中和犯罪后的行为人。把频率测量(frequent measurement)看成是直接与涉及犯罪的因果关系链条相关的测量,也把频率测量看成是足以容许我们理解事件对事件参与者的含义的测量。

在实践中,"频率"测量变成了每年一次或者每6个月一次的测量。更频繁的测量因为费用昂贵而受到限制,即使未通过增加研究样本的规模而提供进行研究所必需的案例,以便研究这种频率测量所产生的生活事件的难得结合。例如,在任何假定的一周内,只有很少的青少年样本有可能退学、第一次吸食大麻或者结交新的少年犯罪朋友。即使假定此类活动和以后的犯罪完全相关,样本的规模也可能太小,以至于不容许反驳所有的虚无假设(null hypothesis)。因此,即使指导这类频率测量研究的理论是正确的,所收集的用来验证理论的数据也不可能证伪或者证实这一理论。

不过,频率测量仍然是纵向设计的一种诱人的理由。因为我们往往把行为顺序和因果顺序看成是相同的,所以,我们想象,对行为顺序的观察会自动揭示因果顺序。换言之,我们假定,"完整的"观察是理解原因过程所必需的。不幸的是,不可能从事实中得出任何进一步的结果。我们可以每天、每个小时观察犯罪人,但是,我们仍然不知道他们行为的原因。事实需要一种解释他们行为的背景,即使纵向研究事实也不能进行自我说明。正如查尔斯·达尔文(Charles Darwin)①提醒我们的,观察如果是有用的,就必须支持或者反对某些观点。目前,对我们而言,纵向设计的传统似乎没有产生有关犯罪原因的独特的研究结果或者有引人注意的理论,以至于可以用这种传统证明需要进行更详尽的或者更频繁的观察。

在犯罪的横断研究观点中,人们之间的差异和他们的社会处境方面的差异在一段时间内是非常稳定的,以至于日常的差别不会令人感兴趣,也不可能导致测量错误。这个观点认为,社会处境中明显而巨大的变化本身就能够准确从对

① 查尔斯·达尔文(Charles Darwin,1809-1882)是英国博物学家、进化论的创始人。——校注

犯罪本身的解释中预测出来。在学校、工作或者人际关系中缺乏稳定性,只是假定最初引起犯罪的个人因素的不同表现。结交少年犯罪朋友是没有因果关系重要性的事件的另一个例证。由于此类“事件”是犯罪原因的可预测的结果,因此,监督它们是没有意义的。

犯罪倾向的差异也在一段事件内保持稳定,以至于不需要继续对其进行反复评估。考虑到原因系统中的基本稳定性,要考察其中的特定部分,可以通过思考下列方面来确定:(1)抽样效率(sampling efficiency),这对于把研究集中在生命中犯罪率变化最大的阶段是有意义的;(2)测量适当性(measurement adequacy),一些对象比其他研究对象更适合进行问卷调查、记录搜索(record searches)或者实验性干预(experimental intervention);(3)政策相关性(policy relevance),如理解老年人中的犯罪对于实践而言其重要性是有限的;(4)抽样成本(sampling costs),如更愿意从年轻人中抽样,因为他们更容易找到,也更容易合作。

在一种横断研究观点中,不同年龄的犯罪率差异是由年龄自身造成的(参见第六章)。这一观点引发了对这样的犯罪原因的兴趣,即对以前提到的那种犯罪倾向不起作用,但是对具有同样犯罪倾向的人们在犯罪行为可能性方面的差异起作用的犯罪原因。例如,如果认为倾向具有稳定性,那么,对青少年实行宵禁令的地区的犯罪率,应当比没有实行宵禁令的地区低。如果认为倾向具有稳定性,那么,在学校实行点名规则的环境中,犯罪率应当比在忽略了这种规则的环境中低。对此类明显的政策相关性的问题的兴趣,只能通过特别的研究才能满足,这类研究的样本要足够大,变化足够多,以至于容许控制犯罪倾向的差异,同时,样本是切实可行的纵向设计所远远达不到的(而且,因为此类研究结果能够毫不迟延地产生,它们的政策相关性可能要比那些标准的纵向研究的研究结果更大)。

初看之下,支持用两种方法进行研究、制定政策的观点,似乎是合理的。如果时间和金钱不受限制,如果从关注拉姆达的某种政策而言没有机会成本,那么,我们将会同意这一立场。但是,这并不是事实,我们认为,目前强调纵向研究会使我们忽视对于刑事司法政策更有希望的途径。犯罪生涯研究者主张,应当把刑事司法政策限于刑事犯罪人(criminal offender),并且可以不关注一般人群。沿着这个推理思路,针对家庭、学校和环境设计的政策,就不是“刑事司法”政策,因此,对于负责犯罪控制的联邦机构而言,这样的政策就是无关的研究课题。显然,我们不能同意这样的观点。

第八节　结论

本章的论点是认为,在关于某个问题的概念与关注该问题的研究设计之间,肯定存在紧密的联系。犯罪学中研究设计的流行和时尚变化很快,因此,目前对预期纵向设计(prospective longitudinal design)的强调也会变化很快。这种状态是某种为了自己的目的而不断追寻“事实”的实证主义形式的一种结果。我们认为,存在一种更高形式的实证主义,它明确承认需要根据现有的知识,而不是至今没有什么东西不能被发现的假定来构建其研究日程。

犯罪和自我控制观点事实上是以三种任何研究设计都必须考虑的一般事实为基础的。为了讨论的目的,我们可以用抽象的方法论术语表述这些事实:

(1)在犯罪和越轨行为的指标之间,一致地存在着正相关。因此,有可能确立相当可靠的关于犯罪的一般量度标准,即“多面性”(versatility)或者“信度”(reliability)。

(2)犯罪的这些综合性量度标准在不同时期是高度稳定的。在一个时期有着高度犯罪性的人们,在以后的生活中也往往会具有高度犯罪性,即“稳定性”(stability)。

(3)犯罪的综合性量度标准在生命过程中遵循可预测的路径:在青少年后期达到顶峰,在之后的人生中急剧下降,即“年龄效果”(age effects)。

简言之,犯罪学具有一种广泛的或者普遍的因变量,它在人生的早年是稳定的,并且在不同时间是可预测的。根据这些事实,可以从事很多有关研究设计与测量的工作。例如,为了有用些,纵向研究必须在能够可靠地测量犯罪的年龄以前进行,否则,此类研究不能在其因变量表现出来之前测量其自变量,也不能考察其自身没有受到犯罪性中的个别差异影响的环境。例如,在大多数纵向研究所涉及的人生时期中,学校经历和交友模式不可避免地与少年犯罪中的个别差异相联系。考虑到这种情况,显然不能假定纵向设计肯定优于(或者甚至不同于)更廉价和更有效率的横断研究设计。

如果犯罪中引人注目的变异性(variability,即不能用像年龄、性别和种族那样的不可操纵变量解释的变异性)在比较年轻的年龄阶段表现出来,那么,就很难把这种变异性归结为生命的后期发生的制度经历。而且,如果“犯罪性”现象在纵向研究进行时就已经存在,那么,对这一现象的表现情况进行的相关性研究,就不能揭示它与其他现象相比的因果关系优先性(causal priority)。

可以把多面性或者测量信度方面的研究结果看成是存在某种深层构造(underlying construct)的经验性证据,我们将其称为自我控制。如果我们是正确的,或者如果任何一般性的深层构造与数据相一致,所有对犯罪和相关行为进行分类的努力,都不能经受聚合效度(convergent validity)和区分效度(discriminant validity)的标准检验。根据目前对发生率和流行程度的讨论,一些犯罪学家主张,犯罪的概念本身就可以分为两个概念,其中的每个概念都具有区分效度的性质,这种主张完全与事实相反。同样,像犯罪加剧(offense escalation)、犯罪转换(crime switching)和生涯专门化(career specialization)一类的纵向研究概念,都被多面性的事实否定了(就像一些设计意味着促进了对这些"现象"的研究那样)。

正如本书(特别是第六章)所讨论的那样,年龄效果对研究的设计和解释有着相似的重要后果。既然犯罪原因不因年龄的不同而不同,那么,就可以在任何年龄阶段研究犯罪的原因。因此,所选择的年龄应当取决于研究性质和研究效率问题,也取决于公共政策问题。

本章中所讨论的研究和关于研究的建议,阐明了某种缺乏实质性概念(substantive concept)指导的科学的危险性。它们也阐明了忽视犯罪学中的实体知识(substantive knowledge)的代价。我们认为,我们所描述的理论,与以前研究的主要实质性贡献是相互协调的,那些贡献经受了最严格的重复(replication)、信度、效度和概括能力(generalizability)方面的科学检验。

第十二章　对公共政策的意义[①]

在整本书中,我们的观点是,犯罪和犯罪性的概念对于评估犯罪控制政策是至关重要的。在第二章中,我们描述了典型犯罪的基本要素,并且展示了它们与刑事司法系统的运作是多么遥远。在第五章中,我们阐明了我们的犯罪和犯罪性概念对于家庭和学校结构的意义。在第十章中,我们描述了警察工作与有组织犯罪的活动普遍缺乏相关性。很明显,我们的理论对于公共政策的一般意义,是与流行观点相反的,流行观点认为,只要改革刑事司法系统,就有希望大幅减少犯罪活动。在本章中,我们特别关注主要的当代刑事司法政策,并根据犯罪和自我控制观点评估它们的可能效果。

犯罪和自我控制观点的几个特征,与评估当前的或者所提议的刑事司法政策相关,因为它们与指导这些政策的观点分歧很大。

(1)我们的观点强调生命周期中自我控制的差异的稳定性,也就是那些在生命中很早时期形成的差异的稳定性。因为自我控制低源于在童年早期缺乏强有力的约束力量(inhibiting forces),这使得(人们)对以后的生命阶段中不太有力的约束力量具有很强的抵抗力,特别是比较薄弱的刑事司法系统的力量具有很强的抵抗力。人们普遍预期,在惩罚的可能性(如逮捕的可能性)或者惩罚的严厉性(如刑罚的长度)方面的短期变化,会对犯罪行为的可能性产生显著的效果,这种预期误解了自我控制的性质。

(2)我们的观点强调,自我控制低会产生多种多样的行为和行动,因此,就此而言,此类行为和行动有着共同的原因。因为逃学的个人原因(within-person cause)与吸毒、重伤害和交通事故的个人原因是相同的,因此可以认为,刑事司法系统充其量是这些事件的一个比较弱的原因。再进一步认为,将这些行为之一视为其他行为(例如,把吸毒作为犯罪的一种原因;把逃学作为少年犯罪的一种原因)的重要决定性因素的努力,是不可能成功的。

① 原文是"Implications for Public Policy"。——校注

(3)我们的理论认为,犯罪动机是行为自身所提供的直接收益(immediate gains)中固有的,或者是仅仅限于这样的收益。在强奸、抢劫、谋杀、偷窃、侵占或者内幕交易背后,没有更大的目的。因此,通过满足理论上派生的需求(例如,平等、充足的住房、良好的职业、自尊心)来寻求减少犯罪的政策,可能是无法成功的(下面讨论关于犯罪人改造的证据与我们的观点相当一致)。因为犯罪人并没有不可抗拒的犯罪冲动,我们的理论认为,某些有限的利益能够产生一些计划,这些计划集中关注实施特定犯罪或者越轨行为所必需的变量。也就是说,入室盗窃、电脑盗窃或者汽车盗窃的减少,并不会产生其他犯罪的补偿型增加(compensatory increase)。我们的理论并不预测一种犯罪类型会取代另一类犯罪、简单犯罪会取代复杂犯罪或者一个地区的犯罪会取代另一个地区的犯罪。

(4)我们的理论承认,在生命周期中自然发生的大的变化,可能导致人们实施犯罪行为。并不关注这种具有高度可预测性的情况的政策,可能会将自然变化误以为是计划效果,或者浪费大量资源去处理对自己或者社会无益处的人们,或者剥夺这些人的行为能力。

大多数刑事司法政策缺乏严密的理论根据,当根据犯罪和自我控制理论的预期进行评估时,这些刑事司法政策会如何呢?

在最近几十年中,美国刑事司法政策经历了多个阶段(von Hirsh 1985)。在20世纪的大多数时间,实证主义的观点盛行,刑事司法系统一直将改造(rehabilitation)作为其主要目标。实证主义的观点假定,能够通过各种治疗技术将犯罪人转变成为守法公民。实证主义的观点还假定,如果不治疗犯罪人,他们将会继续进行犯罪活动。这些假设给对那些判处犯罪人刑罚的人们提供了大量的自由裁量权,允许法官根据犯罪人所需要的治疗的数量、犯罪的严重性和犯罪人对社会的危险性来确定刑罚的期限。实证主义的观点为缓刑和假释、为创立一种单独的少年司法体系、为扩展刑事司法系统中专家(心理学家、精神病学家和社会工作者)的作用,提供了部分正当理由。

但是,在20世纪70年代中期,人们认为,研究中得出了这样的结论,即治疗很少或者没有效果;人们假设的专家们的诊断能力没有得到证明。通过观察发现,少年司法系统和成人司法系统的相似性多于差异性(并且除了年龄之外,很难区分这两种司法系统中的犯罪人)。因此,至少在学术界内部,改造模式(rehabilitation model)受到了冷遇。证明改造模式正确的实证主义观点,也能够用于证明无论犯罪人是否能够得到治疗,对其加以“约束”(restraining)都是正确的

(因为它表明可以预测未来的不良行为),但是,实证主义和改造之间的联系是很强的,以至于"改造"的失败导致人们寻找新的量刑决定的正当理由。

因此,在20世纪70年代晚期,威慑学派(deterrence school)开始凸显。尽管实证主义发现,威慑观点与其关于人性的假设是相反的(也与其关于刑罚效果的研究是相反的),但是,美国政策制定部门的领导人已经不再是传统的犯罪学实证主义者。一些是经济学家,他们提出一个经典假设:"(只有)通过更为有效的旨在恐吓潜在犯罪人的量刑政策……才能有效减少犯罪"(von Hirsh 1985:7)。其他人是实务研究者(operations researcher)或者律师,他们并不认同实证主义关于人类行为原因的假设。他们的影响力非常大,以至于促使国家科学院资助了一个专家组调查威慑政策的事实基础。专家组的调查结论是谨慎乐观的,他们报告说,支持威慑政策的证据通常多于威慑无效的证据(Blumstein, Cohen and Nagin 1978)。可能因为这个专家组仅仅研究了刑事司法系统制裁的效果,忽略了在更广的威慑传统范围内的大量研究,它的报告没能提高人们把威慑作为可行的公共政策的兴趣。相反,专家组关于剥夺犯罪能力(incapacitation)的研究引起了政策制定者们的注意。

自20世纪80年代早期以来,剥夺犯罪能力已经成为关注的一个主要焦点。剥夺犯罪能力政策是以这样一个明显的结论为基础的,即监狱中的犯罪人不会在社会上再次犯罪。剥夺犯罪能力并不寻求改变犯罪人或者改变他们再次犯罪的可能性。相反,它只是简单地限制他们犯罪的机会。因此,剥夺犯罪能力(的观点)假设犯罪行为具有继续性,至少在那些最应当对犯罪问题负责的人们中是如此。因为我们的理论明确接受人们的行为具有长期持续性的观点,因此,我们的观点是与剥夺犯罪能力的观点相一致的。因为我们的理论也明确接受犯罪能够从青春期或者更早时的行为中加以预测的观点,因此,我们的观点事实上是对剥夺犯罪能力的有效性十分乐观的基础。就此而言,因为改造和治疗以及剥夺犯罪能力的观点都赞同对具有高犯罪倾向者进行干预的观点(剥夺犯罪能力消除了犯罪的机会,而治疗降低了犯罪的倾向),所以,可以认为,我们的理论也支持治疗。不过,在事实上,我们的理论预测,这些犯罪控制政策都将会失败。我们从讨论选择型剥夺犯罪能力(selective incapacitation)开始。

第一节　对剥夺犯罪能力的现代关注[①]

一、概述[②]

当代对于剥夺犯罪能力想法的关注,可以追溯到对一种适用于犯罪学的古老实证主义观点的再发现[可以回忆起龙勃罗梭(Lombroso)[③]]:该观点认为,能够根据犯罪人进行犯罪行为的频率而对他们分类,这种分类是有用的。这一观点促使人们试图识别出慢性犯罪人(chronic criminal)、习惯犯罪人(habitual criminal)或者生涯犯罪人(career criminal)。如果犯罪问题在很大程度上是一些高度活跃的犯罪人的产物,那么,通过认定这类犯罪人和剥夺他们的犯罪能力,就可以控制这个问题。因此,需要通过研究来回答的问题是,对犯罪行为的参与程度到底有多普遍或者广泛?

1972 年,沃尔夫冈(Wolfgang)、费格利奥(Figlio)与塞林(Sellin)公布了对费城的大约 1 万名少年的犯罪记录的研究。该研究对这些少年进行了从出生到 18 岁的跟踪,并且计算出了他们曾经被捕或者判罪的次数的数字。这 1 万名少年在截至 18 岁时,进行了 10214 次犯罪行为,每个少年平均一次多一点。但是,这些犯罪并非在样本少年中是平均分配的。事实上,只有 1/3 的少年从事了犯罪,这说明平均每名少年犯罪人有过 3 次左右的犯罪。但是,这些犯罪在样本少年犯中也不是平均分布的。事实上,在所有少年犯罪人实施的犯罪总数中,1/2 以上的犯罪是由其中 1/6 的少年犯罪人实施的。沃尔夫冈把这些占整个样本的 6% 的少年,称为"慢性犯罪人"(chronic offender)。

犯罪行为在一小部分人群中的集中现象向许多政策制定者表明:只要将这些慢性犯罪人隔离并且预防他们从事犯罪行为,那么,犯罪率就能够减少一半。换句话说,对慢性犯罪人的重新发现,把注意力从预防一般人的犯罪转移到预防被认为对大多数犯罪负责的小群体的犯罪上。

犯罪控制政策中的这一新方向,显然有一些吸引人的特征。它表明,用最少的金钱和努力,就可以显著降低犯罪率。因为所关注的是慢性犯罪人、习惯犯罪

---

① 原文是"Modern Interest in Incapacitation"。——译注

② 这个标题是译者根据原文的论述内容并考虑译文的结构平衡而增加的。——校注

③ "Lombroso"是指意大利精神病学家、犯罪学家,实证犯罪学学派的创始人和主要代表人物切萨雷・龙勃罗梭(Cesare Lombroso, 1835 - 1909),他也被称为"现代犯罪学之父"。——校注

人或者生涯犯罪人,因此,将他们与社会隔离的政策,就不会有什么法律或者道德问题。因为生涯犯罪人数量少,在各种层次上,从警察到监狱,减少刑事司法系统的规模是有可能的。不再需要一个庞大的、笨拙的系统去被动地笼统接受偶然犯罪人、轻微犯罪人和严重犯罪人,这种新的政策会创造一个高效的系统,在这种系统中,能够把资源用于最危险的那部分犯罪人。最后,这一新的系统将把刑事司法系统从处理社会问题的事务中解脱出来,使之做其单独能够完成的工作:识别和隔离那些重获自由将会损害社会安全的人。

二、对选择型剥夺犯罪能力政策的评价①

实施选择型剥夺犯罪能力政策,需要在慢性犯罪人进行那些使他们成为慢性犯罪人的犯罪以前,就能够识别出他们。在慢性犯罪人实施了他们的犯罪以后才剥夺这些犯罪人的能力,是没有什么价值的。因此,实施选择型剥夺犯罪能力政策的基本要求,就是需要一种方案(scheme)或者机制,从而能够充分准确地预测犯罪行为的习惯模式或者持续模式。

这种方案将会是什么样的?第一,它将必须满足相当高的准确性标准。毕竟,那些具有表明他们对社会是一种威胁的情况的人,将会被剥夺自由。第二,它将必须使用有关危险性的证据,而这类证据应当是公开的、易获得的、能够一致地进行测量的、在社会上和法律上都是可以接受的。第三,它必须使用在可以识别出来进行预防的犯罪行为实施以前可以获得的证据。第四,测量方法不能被潜在的危险对象所操纵。

发展能够满足这些要求的预测性程序的前景是什么呢?非常有趣的是,在选择型剥夺犯罪能力观点出现以前,研究者已经探究了预测少年犯罪的可能性。这些努力证明,人们能够非常准确地预测少年犯罪,从而证明良性的或者最低限度的干预是正确的。例如,剑桥-萨默维尔青少年研究(Cambridge-Somerville Youth Study,McCord and McCord 1959)表明,被预测在11岁时将成为少年犯罪人的少年,在实际上比那些被预测在这个年龄不会成为少年犯罪人的人更有可能成为少年犯罪人。根据科学的标准,这些预测是一个了不起的成就。不过,那些被预测将成为少年犯罪人的人们中的大多数人,在10年后被证明不是严重的少年犯罪人;对被预测会成为少年犯罪人的整个群体给予严厉的或者限制性的处理,绝不是正确的。这些预测一些人会成为少年犯罪人但是实际上并没有成

① 原文是"Evaluating Selective Incapacitation Policy"。——校注

为少年犯罪人的预测,就是“虚假肯定预测”(false positives)。在缺乏完美的预测时,总是会有这样的虚假肯定预测,这种事实导致一些学者主张,预测性惩罚(predictive punishment)必然是不公正的(von Hirsh 1985)。无论如何,在剑桥-萨默维尔青少年研究中“虚假肯定预测”的存在就充分证明,可以获得的最好预测方法在犯罪行为发生以前使用时,并不能满足“准确性”的标准。

人们对那些被用于在很小的时候预测少年犯罪的因素进行了研究,这种研究很快发现,这些预测性方案也不能满足社会—法律的可接受标准。因此,尽管社会科学家已经能够建立对犯罪和少年犯罪的可靠而有效的预测因子,但是这些预测因子往往自身不能证明严厉的干预是正确的。例如,对以后的犯罪性的一个主要预测因子是推挤其他儿童的倾向。其他预测因子包括令人不满意的与儿童的父母或者权威人物的关系、饮酒吸烟、甚至个人的年龄(因为年轻人会比老人更有可能从事犯罪行为)。很明显,在这些特质或者行为倾向中,没有一种其自身能够证明进行监禁是正确的。因此,剥夺犯罪能力的传统关注那些更容易受到刑事司法系统干预的行为,这是毫不奇怪的。

根据定义,与刑事司法系统的剥夺犯罪能力相一致的行为,就是非法行为。因此,根据某一标准寻找可接受的预测因子,往往会产生其他标准不能接受的预测因子。通过剥夺犯罪能力预防非法行为的努力,必须在等待实施非法行为后才能够开始。那么,需要多少非法行为以及什么种类的非法行为才能够有效预测以后的非法行为呢?

正如我们已经看到的,很容易确定,过去犯罪活动的频率越高,未来犯罪活动的频率也会越高。例如,香农(Shannon 1981)表明,在过去的少年犯罪行为与未来的少年犯罪行为之间,存在着强相关,在文献中已经多次报告了这种相关(参见第六章)。为了说明这种相关性的强度,香农指出,在那些 18 岁以前有过多达 5 次犯罪的人中,几乎 2/3 的人会在以后 12 年左右的时间中有 5 次或者更多次的刑事犯罪。很明显,选择型剥夺犯罪能力的政策将会利用这种联系。但是,随之而来的问题是,刑事司法系统总是把最严厉的制裁留给那些有前科(prior record)的犯罪人。事实上,除了当前犯罪的严重性外,前科是刑事司法系统采取行动的最好的预测因子。也就是说,在所有其他因素都相同时,有前科的犯罪人比没有前科的犯罪人更有可能被逮捕、被起诉或者被判处严厉的刑罚。

尽管这样一种结果符合所有的刑罚哲学,并且其出现不会令人惊奇,但是,这种结果为选择型剥夺犯罪能力的观点提出了一个特殊的问题:如何改进一种已经具有高度选择性并且使用剥夺犯罪能力的目标所建议的选择标准的制度。

考虑到这一问题,选择型剥夺犯罪能力的支持者关注两类犯罪人:第一类是根据目前的制度并不(完全根据预测)必然剥夺犯罪能力的那些人;第二类是其行为证明需要给予比目前的制度规定的剥夺犯罪能力更大程度的剥夺的那些人。对这两类人中的第一类人的关注,揭示出一个显而易见的问题。正如已经提及的,刑罚严厉性或者监禁可能性的最好预测因子是当前犯罪的严重性。因此,在目前的制度下,如果不考虑前科的话,那些犯有谋杀或者强奸的犯罪人最有可能被监禁。尽管大多数这样的犯罪人都有前科,但是有一些这样的犯罪人却没有前科。某种严格的剥夺犯罪能力政策会建议,不应监禁这些初次谋杀犯或者初次强奸犯,这一政策很明显与刑事制裁的其他目标,如报应(retribution),是不一致的。

该问题的结果之一是,在实践中,选择型剥夺犯罪能力关注第二类人,并且试图识别那些现在没有受到刑事司法系统注意的高犯罪率犯罪人(high - rate offender)或者慢性犯罪人。表面上看,这样的举措似乎注定要失败。因此,调查那些致力于发现秘密生涯犯罪人(secret career criminal)的研究是有益的。

此类研究的最著名例子,是彼得·格林伍德(Peter Greenwood 1983)的研究。格林伍德在发展识别高犯罪率犯罪人的一个量表时,识别出了7个变量:

(1)在最近逮捕的以前被判处2年监禁而实际监禁时间超过1年以上;

(2)以前因为所预测的犯罪类型而被定罪;

(3)在16岁以前被判决实施了少年犯罪;

(4)在州或者联邦少年矫正机构中被监禁过;

(5)在本次逮捕以前的2年期间内使用过海洛因或者巴比妥类药物;

(6)在少年期间使用过海洛因或者巴比妥类药物;

(7)在本次逮捕以前的2年期间中,有工作的时间不到一半(1983:260)。

这一量表想用来预测对高犯罪率犯罪人进行选择型剥夺犯罪能力的情况,这一量表是根据对被监禁犯罪人的样本的访谈建立的。这一量表受到大量批评(参见von Hirsh 1985的全面的讨论)。例如,本量表的预测能力的效度,正如读者将会注意到的,这个量表是通过与已经被剥夺犯罪能力的人进行访谈建立的,那么,它就不能提供关于最受关注的那些人的信息,也就是目前没有被监禁的人们的信息。正如逐渐表现出来的那样,这个量表也违反了我们的规则,即预测方法不能被需要预测其行为的人所操控(受访谈者可能往往否认那些将会延长其刑期的行为)。

不过,引人关注的是,根据彼得·格林伍德的量表,能够得知那些似乎可以把高犯罪率犯罪人与低犯罪率犯罪人区分开来的因素。不可忽视的是,这些因素往往是相互重叠的,以至于可以把它们看成是对同样的事情(即以前的非法行为记录)的量度标准。正如上面所指出的,刑事司法系统中的决策者在作出他们的监禁决定时,非常关注前科。很明显,对前科的过分关注(mandatory attention)将会使决策活动系统化,并且会增加决策活动的透明度和公平性(Gottfredson and Gottfredson 1988),但是,对于它能否增加刑事司法系统隔离所谓的生涯犯罪人的能力,不能抱很大的期望。

不过,这种方法在识别到目前为止没有受到刑事司法系统关注的那些选择型剥夺犯罪能力的目标(target)方面,存在着更多的基础性难题。到了通过彼得·格林伍德的程序识别出这些“目标”时,他们已经成为被监禁的成年人了;换句话说,他们早就超出最有可能犯罪的年龄了。因此,那种认为提供犯罪人监禁的边际增长(marginal increase)而大幅度降低犯罪率(选择型剥夺犯罪能力的目标)的说法,是令人怀疑的。因此,格林伍德的标准也不能满足预测方法容许对高犯罪性进行预测的要求。

犯罪率随着年龄的增长而下降,这一事实表明,为了使剥夺犯罪能力的效果最大化,应当在犯罪迅速开始并达到高峰的年龄之前的阶段中就剥夺犯罪能力。图 14 展示了联邦调查局(FBI) 1970 年、1974 年和 1983 年的逮捕统计数据所表明的抢劫犯罪人的年龄分布。很明显,这些数据表明,要想根据潜在的剥夺犯罪能力的效果进行干预,就必须在早年,可能是十三四岁左右,进行此类干预。对年轻人剥夺犯罪能力的明显好处所引发的道德问题,经常阻碍了对此类政策的实际构成的进一步调查。这造成了这样一种印象,即选择型剥夺犯罪能力是一种应急的法宝(ace in the hole),是一张当不因道德原因而受到阻止时就能打出的王牌。

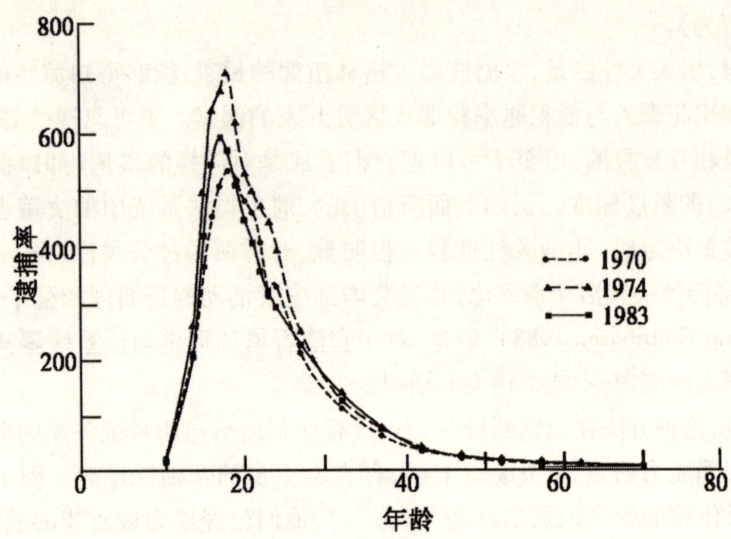

图 14　根据男性进行抢劫的年龄呈现的逮捕率(每 10 万人中的),美国,1970 年、1974 年和 1983 年

【资料来源】戈特弗雷德森和赫希(Gottfredson and Hirschi 1986:223)的论著

选择型剥夺犯罪能力是否有这样一张王牌呢？弄明白这个问题的途径之一,是要求那些支持这一政策的研究者设计出一种不考虑道德因素而效率最大的制度。当人们想剥夺犯罪能力时,就可以告诉他们。他们将会把 13～14 岁的青少年监禁起来吗？如果这样,那会是哪些人？

显而易见的是,像格林伍德的预测方法那样的预测方法,将是不可用的。能够用什么来替代呢？正如我们以前展示的,剑桥－萨默维尔类型的量表也不能达到所要求的效率,因为它存在着监禁太多非少年犯罪的风险。很明显,剩下的唯一选择是根据以前的犯罪行为作出决定。因此,把这些事实放在一起,"应急的法宝"变成了监禁在 13～14 岁时初次犯罪的青少年的政策。然而,正如沃尔夫冈、费格利奥和塞林(Wolfgang,Figlio and Sellin 1972)已经表明的,几乎半数的犯罪人是一次型犯罪人(one-time-only offender);对那些即使不加干预也不会再犯罪的人进行监禁,似乎又一次表明是无效的。考虑到大量的一次型犯罪人(在沃尔夫冈等人的样本中,到 18 岁时有 1/3 的人是一次型犯罪人),这样的策略无论如何都是难以置信的。因此,我们不得不将选择点变为二次犯罪,而不只是一次犯罪,并且考虑这一选择政策的后果。

可以回想起一种最有效的剥夺犯罪能力政策也不能监禁那些几乎没有危险

的人。这表明,不应当监禁一次型犯罪人,而所有的二次型犯罪人(two-time offender)都应当被监禁。不过,所建议的政策仍然是难以置信的。不论他们具有的危险性有多小,根据正义或者威慑的理由,某些一次型犯罪人必须受到监禁的惩罚。并且,因为二次型犯罪人中有1/3多的人在18岁时没有第三次犯罪(Wolfgang,Figlio and Sellin 1972),我们又一次会把许多低犯罪率犯罪人(low-rate offender)当作高犯罪率犯罪人处理。随着犯罪数量的增加,这样的情况会继续出现。

当然,几乎任何政策都会在某种程度上提出这样的建议:多次型累犯(multiple recidivist)应当监禁。也要注意到,足以证明监禁正确性的犯罪记录的增加,通常会花费时间,具有这种记录的犯罪人将不会是13岁或者14岁,而是可能已经度过了犯罪高峰年龄。因此,选择型剥夺犯罪能力的逻辑就失去了价值。在犯罪活动的可能性下降到某个临界点,以至于我们的预测几乎没有实际价值时,我们就不可能预测相对的犯罪活动。

第二节　生涯犯罪人[①]

我们发现,关于选择型剥夺犯罪能力的结论是必然发生的,因此,既也不值得庆祝,也不值得悲伤。但是,其他人发现,这种结论是不能接受的,他们寻找识别生涯犯罪人的方法:那些犯罪活动模式不同于一般犯罪人的犯罪人,那些在他们的同伙已经收手以后仍然长期犯罪的犯罪人(Blumstein et al. 1986)。尽管已经有大量研究努力寻找此类犯罪人,但是,我们相信,这种努力收效甚微(Gottfredson and Hirschi 1986,1988a)。当然公共政策并不必须依赖这些研究成果,并且检察官办公室和警察局中的许多特殊的研究生涯犯罪人的机构,在学术界研究生涯犯罪人以前就已经建立了。这些机构努力优先逮捕和起诉那些有很长的前科记录的犯罪人。这类活动对于媒体、政客和普通公众有很大的吸引力。这说明,犯罪人中的一部分是值得集中精力进行复杂的努力的。尽管有理由怀疑这些机构在犯罪问题上的成效,但是,有影响力的政策制定者并不同意我们的观点。例如,全国司法研究所(National Institute of Justice)所长詹姆斯·斯图尔特(James Stewart)赞同把打击生涯犯罪人作为减少犯罪的关键:

---

① 原文是"The Career Criminal"。——校注

> 例如,20世纪70年代的研究确认了生涯犯罪人的存在。接下来根据这一重要的见解,全国司法研究所支持那些测量高犯罪率犯罪人对犯罪和刑事司法运作影响的调查。从这一基本知识出发,产生了把刑事司法资源选择性地重点放在生涯犯罪人身上的想法。今天,生涯犯罪人的概念在刑事司法中已经确立,这是对政策和实践的一种重大反思。现在,研究者正在寻找更准确地认定这些犯罪人的途径,赞同一项近期研究提出的建议,该研究得出的结论是:公共安全很明显受益于长时间地监禁大量高危险的缓刑犯和犯人。(1987:iii)

考虑到它对于控制犯罪至关重要,生涯犯罪人的观点似乎将值得认真仔细地研究。那些支持关注生涯犯罪人的人们,对于犯罪的性质并没有什么见解。因此,他们必须从生涯观点中找到一些特殊的价值(回忆在第四章中关于经济学实证主义的讨论)。生涯这一观点的含义是什么呢? 这一观点是否适用于牙科、大学教育或者犯罪? 生涯的概念包含着一些内容。它表明了开始,如“你什么时候变成了一名教师?”,也表明了结束,如“你什么时候结束教书?”,考虑到开始和结束,生涯概念也包含着不确定的持续时间或者时间长度,如“你教书有多久了?(或者你打算教多长时间的书?)”一旦确定,就可以从多个方面描述生涯的特征,包括专门化领域(例如,逻辑和科学方法论)、投入到生涯中的时间和精力(例如,兼职工作)、取得的成就水平(例如,教授)、生产率(例如,一年0.19篇文章)、目前的方向(例如,下降)、整体的形态(例如,很早到达高峰)和用于其他活动的时间(例如,安息日、行政事务)。一旦作出适用生涯术语的决定,就可以比较直接地确立生涯模型并概括出评估生涯参数所必需的研究(Blumstein et al. 1986:图1-1)。

的确,已经证实,几乎从实证主义之初,生涯观点就已经用于犯罪。生物学实证主义者有他们的“习惯”犯罪人;心理学实证主义者有他们的精神病态者;社会学实证主义者有职业犯罪人。格卢克方法(Glueck and Glueck)通过一系列长期的研究项目关注犯罪人的生涯。并且,在可能是现代犯罪学中主要的实证主义研究中,沃尔夫冈、费格利奥与塞林(Wolfgang, Figlio and Sellin 1972)把大量注意力放在此类生涯的问题上,如开始(onset)、加剧(escalation)和结束(termination)。

但是,格卢克方法引入清晰的生涯术语时,这一想法似乎就具有潜在的价值。在50年前进行这样的猜测是合理的,即个别犯罪人长大后可能会参与较严重犯罪或者至少是某些更专业化的犯罪。50年前提出这样的假设也是合理的,即开始、持续时间(duration)和停止(desistance)的概念可能会引致对犯罪问题的一种更好的理解。不过,在今天,怀疑个人犯罪人在长大后会参与更加严重的犯罪就是不合理的;关于这个问题的研究表明,他们没有在长大后参与更加严重的犯罪(例如,Glueck and Glueck 1940,1968)。今天,假定犯罪人往往专门参与特定类型的犯罪,也是不合理的;研究表明他们没有专门参与特定类型的犯罪(例如,Wolfgang,Figlio and Sellin 1972:163;Blumstein and Cohen 1979:585;Hindelang,Hirschi and Weis 1981)。

随着时间的流逝,如果犯罪人并未专门从事特定类型的犯罪,如果他们没有变得更加容易犯罪或者更加熟练地进行犯罪,如果他们没有从犯罪中得到足够的用以谋生的钱,那么,我们如何说明对生涯犯罪人的持续不断的兴趣,或者根据存在生涯犯罪人的假设而建立起来的犯罪控制计划呢?目前,致力于生涯犯罪人的研究集中在发现那种特定类型的犯罪人方面,即发现那些在一个很长期间内,也就是直到成年,其犯罪活动的发生率仍然保持着高水平的犯罪人。

因此,年龄与犯罪之间的联系(参见第六章)是评估生涯范式(career paradigm)及其对犯罪控制政策的意义的基础。事实上,犯罪随着年龄增长而急剧下降的现象,直接对生涯范式的效度提出了挑战。据说对于生涯范式十分重要的严重的掠夺型犯罪,事实上往往是由青年人实施的,他们中的一些在以后继续犯罪,但是,他们中的大多数人度过了(犯罪率)下降的年龄(20多岁后期),只是在这些年间因为饮酒、吸毒和家庭琐事而与权威部门发生了很多的冲突。格卢克夫妇在对这个问题进行了一生的研究后,在他们对这个问题所讲的可能是最后的话中,他们指出,在**少年犯罪人**(delinquent)中,在25~31岁的年龄阶段,"犯罪行为(criminalism),特别是非常严重的那些犯罪,显著下降";他们注意到,那些在这一期间没有"变得……成熟的犯罪人,往往实施那些通常与机体(organism)或者士气(morale)的**瓦解**(disintegration)相关的轻微犯罪"(1968:151-152,黑体字是原文就有的)。

监狱中的犯罪人(可能是对刑事司法系统有着特殊兴趣的人们)随着年龄的增加很少触犯规则(参见第六章;也参见Glueck and Glueck 1940:319)。对社区中的犯罪人的研究不断表明,他们随着年龄的增加而降低了犯罪活动的水平。假释追踪文献很容易被解释为对严重犯罪人的研究,这类文献总是能发现,随着假释犯年龄的增加，他们的犯罪率直线下降（例如，Glaser 1964:474），以至于通常把年龄作为假释成功的一个主要预测因子。当对加利福尼亚州一个大样本中的假释犯在释放后追踪了8年时，当考虑那些仍然自由生活在社区中的人们时，（研究者发现）在释放以后的年代中，这些假释犯实施“严重新罪”的比率急剧下降（Gottfredson and Gottfredson 1980:265）。

一些研究专门探讨了犯罪是否随着年龄的增长而具有稳定性的问题，或许，这方面的最详尽的研究，是鲁迪·哈帕南（Rudy Haapanen 1987）的报告。鲁迪·哈帕南收集了对加利福尼亚州一个大的严重犯罪人样本进行15~20年追踪的数据。他的结论恰恰与生涯犯罪人的概念相反：

> 我们的纵向数据使得我们不仅关注参与犯罪的简单指数，而且也关注“生涯”特征。例如，参与犯罪的广度、反复从事特定类型犯罪的程度。这些分析表明，对于这个大的严重犯罪人样本而言，造成他们被捕的犯罪的种类以及被捕的频率，在种族方面是明显不同的，并且是随着年龄的增加而下降的。（1987:iii）

> 生涯犯罪人的观点，即在活跃型犯罪人（active offender）中犯罪不随着年龄增加而减少，或者在活跃型犯罪人中犯罪不可能随着年龄增加而减少的观点（正如Blumstein，Cohen and Farrington提出的，1988a，1988b），与大量的证据是相反的。

第三节　改造[①]

如果目前人们热衷于把剥夺犯罪能力（incapacitation）作为一项犯罪控制政策，那么，就不能说对于改造也有同样的热情。在学者中，那种认为改造计划已经过了广泛的试验并被证明是不能令人满意的（wanting）结论，已经得到普遍接受。尽管人们继续报告一些特定计划取得了成功的主张（例如，Murray and Cox 1979），并且关于这些改造计划效果的研究的质量有许多问题（参见Gottfredson1979；Sechrest、White and Brown 1979），但是，对这种伴随着实证主义发展而来的治疗的热情，已经被科学界大多数人的深刻的悲观主义所取代。

① 原文是“Rehabilitation”。这个词的本来含义是医学中的“康复”，也有人把它翻译为“回归”等。——校注

成功的矫治(treatment)所必需的种种假设,在很多方面与那些成功的剥夺犯罪能力中所必需的假设是相同的。为了避免不得不对所有的人进行“矫治”(treat),必须在那些最有可能实施犯罪的人的犯罪性达到最高水平之前,识别出他们。为了避免与正义观念发生严重冲突,必须等到明确地实施了非法行为之后,才能开始矫治。为了避免无用之举,必须在犯罪人自动停止犯罪以前开始和完成矫治。因此,无论矫治计划(treatment program)的潜在效果如何,对于成功的矫治计划而言,“需要立即抓住的好机会”都是非常有限的。这种机会极其有限,以至于大多数矫治计划事实上似乎都是有作用的:犯罪人通常在青少年后期都改变他们的行为,不管对他们采取了什么措施,都会如此。

我们认为,矫治不需要来源于某种犯罪原因理论,也不需要与某种犯罪原因理论一致。大多数实证主义的理论都对矫治保持沉默。但是,从调查来看,大多数实证主义的理论都暗示,标准的矫治计划是不会奏效的。因此,说实证主义理论引起或者以某种方式支持无效的矫治活动,是对实证主义理论和这些理论引起的犯罪原因研究的不合理批评。即使这样,因为实证主义本身主张应当寻找犯罪人无法控制的那些导致犯罪的因素,也就是那些经犯罪人同意或者不经犯罪人同意就可以改变的因素,所以,它将招致很多对其自身的批评。我们的理论会与那些教犯罪人自我控制的努力相一致的,但是,所有迹象表明,这种努力很可能是不奏效的,除非在发展的早期开始这样的努力(参见第五章)。考虑到教人们自我控制的努力在自然的学习环境中是无效的,因此,我们不会期望在刑事司法系统内建立的人工环境中这种努力会有非常大的效果。

我们所希望的干预,通常会被看成是预防,而不会被看成是矫治。这类干预假定,除非进行一些工作去训练儿童为了长远利益而放弃直接满足,否则,肯定会产生麻烦。此类训练必须来自成年人,但是,这些成年人并不需要接受不同学科的矫治训练。相反,他们只需要学习早期儿童社会化的要求,即观察和识别自我控制低的表现并且加以惩戒。因此,能够产生持续效果的有效的犯罪预防,会将注意力集中到负有养育儿童责任的父母或者成年人上。这样的干预进行得早或者晚,都与犯罪的实施没有关系,也不可能产生不合法的问题,不可能遭到根据正义方面的理由而提出的反对。

值得注意的是,我们的理论并不要求对特定的犯罪人进行特定的干预。就我们所能看到的而言,没有证据表明,日常的儿童养育活动(参见第五章)是不适宜或者不适用于任何人群的。

可能会占用被监禁人员的时间和精力的其他矫治活动,改善了犯人的生活条件,甚至促进了矫正系统中工作人员的招募,但是,刑事司法系统的改造计划自身不可能大量减少犯罪行为,以至于证明这个系统的耗费是正当的。

第四节 警察

我们的这本书都在强调普通犯罪的一般特征:没有计划、没有技巧、没有组织、没有资源、不会成功。所需要的全部,就是与缺乏自我控制相结合的一个明显的机会。犯罪人看到了一个瞬间的不用付出就能得到的机会,并且抓住了这个机会。这些事实描绘出执法活动的自然局限性。

那种认为调查的天才(investigative talent)或者花费是有价值的想法,是与我们的期望相反的,并且就此而言,也与经验性研究相反(Sherman 1983)。那种认为单纯增加警察数量从而也限制了(犯罪的)机会,就能显著影响犯罪率的想法,也是与我们的理论以及经验性研究相悖的。在大量的抢劫、入室盗窃、伤害、杀人、盗窃或者贩毒中,警察并不是一个因素(参见 Sherman 概括介绍的文献,1983)。在大量的这类犯罪中,犯罪人不知道或者不关心被警察发现的可能性。

为了应对(respond)犯罪活动,充足的警察力量是必需的;为了指挥交通和控制人群,充足的警察力量也是必需的;为了处理紧急医疗事件、丢失的儿童、噪音和蛮横的邻居,也需要充足的警察力量。这些就是警察依其职能进行的重要工作,我们不会要求废除它们。但是,这些职能不是警察理念或者警察要求支持的主要关注点。相反,当问题涉及公共财力的分配时,警察就关注他们的犯罪控制职能。

正如我们的观点所表明的,没有证据证明,增加警察力量或者装备、不同的巡逻策略、不同强度的监视,会对犯罪率有影响。与我们的观点同样一致的是,没有证据表明,警察进行的发现职业盗窃犯和销赃者的活动,即所谓的"圈套"(sting)行动,是有效的。正如在第十章中指出的,此类计划关于犯罪人的假定(技能水平、组织、可能使用犯罪方式)都是不真实的。此类昂贵而费时的行动的通常结果,就是抓到大量一般的"失败者"(loser),他们中的许多人可能都有非常低的自我控制力,但是,他们中的很少人(如果警察在媒体发布会上的表述是准确的)值得公众为此类计划提供支持。

我们的观点强调犯罪人的年轻性(youthfulness)。相反,警察的观点强调顽固的(并且因此是成熟而成年的)犯罪人。我们的观点强调犯罪人的多面性。警察的观点引致建立起反入室盗窃单位(burglary units)、反抢劫小组(robbery squads)、风化巡逻队(vice patrols)和纵火调查员(arson investigators)。警察内部的这些专业化部门会产生相反的结果。例如,当警察把他们的注意力集中到一名"强奸犯"时,他们往往忘记,所关注的这名犯罪人也可能是入室盗窃者、吸毒者、小偷、醉酒驾驶者、学校的逃学生。当实施特定犯罪导致警察就寻找这类犯罪人时,就有可能犯错误。[1]

第五节 枪支控制[2]

拥有一把枪是要花钱的。拥有一把好枪要花更多的钱。在合法市场上购买枪支需要费些劲、填写表格并且有时会耽搁一些时间,枪支不便携带,并且要求麻烦而永久地收藏。而且,如果没有子弹,枪支是没有用处的,子弹也需要花钱买并且需要保管。同时,枪支又是相对重量轻的、易于短距离携带的,并且与立体声音响和录像机(VCR)一起,可能是住处里最值钱的小物品(同时像立体声音响和录像机一样,一把枪足以用于很多目的)。

根据这些事实,以及根据我们的犯罪理论,可以很正常地发现这样的事实:与那些报告用枪实施了犯罪的犯罪人的访谈表明,大多数人是从像他们自己那样的人手中(而不是通过合法渠道)获得武器的,他们往往拥有昂贵的、做工精良的枪支,而不是"星期六夜晚特用品"(Saturday Night Specials)[3]那样的枪支,这些昂贵而做工精良的枪支,通常是从公寓偷盗得来的,持有武器的目的是让被害人不怎么抵抗,还有一个重要理由就是让其他人害怕(Wright 1986)。

---

① 这种类型错误的一个例子,发生在亚利桑那州的图森(Tucson)。1986 年夏天,当时的警察正在寻找"高峰时间强奸犯 "(prime-time rapist),一个被认为在傍晚犯有多起入室强奸(break-in rape)的人。这些入室犯罪涉及入室盗窃、抢劫、吸毒、绑架、伤害和盗窃汽车,以及强奸。但是,警察调查的关注点是想发现一名聪明的"强奸犯"。最终,事实证明,犯有这些强奸罪行的人是一名有大量少年犯罪记录的长期犯罪人(long-term offender)。他曾因从汽车代理商店偷窃而被监禁过一段时间。大多数被害人都是他住所附近的人。他的一次涉毒行为给警察一种启示,(使警察)最终认定了他犯有上述罪行。当被包围时,据传闻,他说"我从未伤害过任何人"并且试图自杀。在这一系列强奸犯罪以前,他没有任何性犯罪的记录。——原注

② 原文是"Gun Control"。——校注

③ "星期六夜晚特用品"(Saturday Night Specials)又称为"垃圾枪"(junk gun),是一种廉价小口径手枪,因为常用于周末酒吧和街头的枪战而得名。——校注

综合起来,这些事实表明,只重视调整合法枪支的销售和拥有的枪支控制政策是有局限性的。犯罪人并不使用这些渠道来获得枪支或者转让所持有的枪支。在这个意义上讲,即使他们往往那样做,似乎目前对于合法市场的自然控制(如价格和不便性)足以阻止大多数普通犯罪人为犯罪目的而从这个市场获得枪支(大多数日常犯罪的回报难以支付购买一把质量良好的枪支的开销)。合法市场管制失效的部分原因,是枪支在地下黑市中易于获得,在那里犯罪人愿意以非常低的价格处置偷来的枪支。

回忆我们对“普通”杀人案件的描述,这些描述说明,在一个普通案件中,犯罪人使用手枪以摆脱被激怒的同伙。在其他案件中,当未能用枪支对被害人造成极大的恐吓时,才实际地使用枪支。我们认为,在这两类案件中,如果没有枪的话,就不可能发生杀人案件。但是,如前所述,这并不意味着普通的枪支控制立法应当影响这两类杀人案件的发生率。在这两类案件中,枪支最初都不是为了犯罪目的而购买的。在前一类案件中,枪支可能是为了自卫而购买的(并且可能是在地下黑市购买的),或者甚至可能是为了运动的目的而购买的。在后一类案件中,枪支几乎也是通过地下黑市而获得的,适合这一目的的枪支的范围非常大,以至于很难对枪支零售进行有效地调整(考虑到我们的观点,完全禁止枪支或者弹药,将会对涉及恐吓与人身伤害的犯罪的数量产生重要影响)。

第六节　减少自由社会中的犯罪[①]

古典理论和实证主义理论都将控制犯罪的重担交给了国家(state)。尽管古典理论者会通过刑事司法系统来进行此类控制,而实证主义者却会通过旨在消除犯罪的个人和社会动机的计划来进行此类控制。在这两种情况下,国家仍然是犯罪控制计划的核心(在这两种情况下,国家既是犯罪的实质原因,也是犯罪的形式原因)。

我们提供了另外一种观点,这种观点认为,国家既不是犯罪的原因,也不是解决犯罪的途径。我们认为,自我控制低的犯罪性的根源,能够在6~8岁时被发现,在这个时候,儿童仍然处于家庭或者家庭式机构(familial institution)的控制和监督之下。除了使犯罪行为变得更加困难的做法而得到有限的益处之外,

---

① 原文是“The Reduction of Crime in a Free Society”。——校注

那些旨在增强家庭式机构在教化儿童方面的能力的政策，是唯一现实的、长远的国家政策，这类政策可能会大量减少犯罪。[①]

第七节　结论

当我们在本书开始的时候，我们希望解决古典学派与科学学派（scientific school）或者实证学派之间的历史性分歧。起初，我们以为，只需要强调古典理论与实证主义所提出的理论一样"科学"，实证主义理论中包含的犯罪性观点可以适用于古典学说对犯罪的构想（image），就可以实现这一目的。因此，我们希望把一种传统的犯罪观念与另一种传统的犯罪人观念结合起来，就可以毫不费力地产生一种真正的一般性理论。事实证明，这并不是那么简单的。

从古典思想出发，我们得出了关于犯罪的一种理论构想，事实证明，这种构想与实际的犯罪行为的数据是非常一致的。这种构想强调普遍愿望的简单性和直接满足，而不怎么关注长远的后果。这种构想有一些额外的优点：它准确描述了许多我们长期以来已经知道的伴随犯罪的行为，如事故和合法使用毒品。即使对犯罪事件的经典构想与这些观察相一致，它仍然有着自身的问题，并且似乎不可能与实证主义关于犯罪人的构想相互协调。因此，我们不能简单地、不加修改地采用古典学说在目前的支持者们所提出的那种古典主义构想；在描述犯罪选择时，他们过分强调政治制裁，过分信任犯罪与劳动力参与（labor-force participation）之间的相似性。对于犯罪的研究有时候表明，家庭制裁约束着（govern）犯罪活动，"犯罪中的生涯"（careers in crime）这一短语是矛盾的（oxymoronic）。

当我们转向一些实证主义学科关于犯罪性的构想时，我们发现，它们所构建的犯罪人与其研究文献并不一致。例如，我们知道犯罪倾向产生于生命的早期，它们在整个生命过程中都保持着合理的稳定性，并且越轨行为的多样性是能够识别出来的唯一"模式"（pattern）。然而，我们发现，这些学科在促进自身利益方面所做的工作，要远胜于在识别关于犯罪人的一种可靠构想方面的工作。因此，他们把犯罪选择描述为追求长远问题，如就业、社会地位、群体团结和心理冲突的结果。结果，这些学科所进行的大量研究超出了他们自己对犯罪的解释

① 我们并未将"家庭式机构"含义局限于传统的、由生父母组成的家庭单位。我们认为，社会化的功能并不要求这样一种机构。不过，社会化的功能确实需要负责任的成年人愿意训练和照料儿童。——原注

范围。

最后,我们采纳了一种自我控制理论。这一理论将犯罪行为的重要抑制因素追溯到儿童养育实践,承认犯罪活动的多面性,预测犯罪活动具有长期稳定性,并且与犯罪获益的简单性和直接性相适应。自我控制理论似乎能够使我们用一种有条理的方式将那些与犯罪有关的事实组织起来,包括人口统计学事实、社会事实或者制度事实,并且告诉我们,哪些是重要的事实,哪些是不值得进一步关注的事实。自我控制理论也告诉我们一些关于研究的设计和实施的信息,指示了有可能产生重要结果的研究领域,也指示了根本不可能产生重要结果的研究领域。我们的理论也为犯罪学解决了长期存在的类型学、犯罪和犯罪人的特定类型、不同时空的特别犯罪学的问题。最后,我们的理论为判断和设计有关犯罪的公共政策提供了一致的基础。当代的犯罪政策,从生涯犯罪人计划到警察工作的改革、从选择型剥夺犯罪能力到吸毒与犯罪的联系,所有这些都植根于实证主义关于犯罪人的概念中。根据自我控制理论,在这些计划中,没有一种计划可以对犯罪问题产生大的影响。有效的政策必须解决犯罪事件对潜在犯罪人的吸引力问题,解决产生自我控制的儿童养育实践问题。

每本书都必须在某个地方结束。如果我们有无限的时间、空间和想象力,我们认为我们能够沿着我们的犯罪一般理论的意义(implication)走得更远。例如,在此没有探讨的一般理论对于价值观的性质和起源的意义、对于区分刑法和民法的意义、对于群体间冲突的意义,以及对于(教育的、法律的、经济的)复杂组织的结构和功能的意义。毕竟,犯罪一般理论必须是一种关于社会秩序的一般理论。

尽管在书中我们不时提出关于犯罪的相互竞争的理论,但是,对于我们的观点与其他观点之间的差异的系统探讨,也有待以后进行了。我们不认为我们的理论"只是另一种改头换面的理性选择理论",不认为我们的理论不符合任何学科的合理假定,不认为我们的理论很容易被我们没有在此讨论的事实证明是虚假的,但是,我们承认,我们一直更关注提出一种观点,而不太关注如何保护这个理论不受到批评性攻击。这项关于犯罪的研究太重要了,以至于不可能被关于理论所有权(theory ownership)或者学科界限的争论转移注意力。最后,如果我们的理论有助于唤醒犯罪学界某些知识分子的兴趣,我们将会很高兴,因为这是一个曾经吸引了最杰出的思想家的领域。

文献索引

Adler, Freda. 1981. *The Incidence of Female Criminality in the Contemporary World.* New York: New York University Press.

Akers, Ronald L. 1973. *Deviant Behavior: A Social Learning Approach.* Belmont , Calif. : Wadsworth. 2d ed. , 1977.

——. 1984. "Delinquent Behavior, Drugs, and Alcohol: What Is the Rela – tionship?" *Today's Delinquent*, 3:19 – 47.

——. 1987. "A Social Behaviorist's Perspective on Integration of Theories of Crime and Deviance. " Paper presented at the Albany Conference on Theoretical Integration in the Study of Deviance and Crime. State University of New York at Albany, Department of Sociology.

Archer, Dane, and Rosemary Gartner. 1984. *Violence and Crime in Cross-National Perspective.* New Haven: Yale University Press.

Aschaffenburg, Gustav. 1913. *Crime and Its Repression.* Boston: Little, Brown.

Bachman, Jerald G. , Robert L. Kahn, Martha T. Mednick, Terrence N.

Davidson, and Lloyd D. Johnston. 1967. *Youth in Transition.* Vol. 1. Ann Arbor: University of Michigan, Institute for Social Research.

Baldwin, John. 1985. "Thrill and Adventure Seeking and the Age Distribu-tion of Crime: Comment on Hirschi and Gottfredson. " *American Journal of Sociology*, 90: 1326 – 30.

Bandura, Albert. 1973. *Aggression: A Social Learning Analysis.* Englewood Cliffs, N. J. : Prentice Hall.

——. 1986. *Social Foundations of Thought and Action.* New York: Prentice Hall.

Beccaria, Cesare. 1963 [1764]. *On Crimes and Punishments.* Indianapolis: Bobbs-Merrill.

Becker, Gary. 1974. "Crime and Punishment: An Economic Approach. " In *Essays in the Economics of Crime and Punishment*, edited by G. Becker and W. Landes (pp. 1 – 54). New York: Columbia University Press.

Becker, Howard S. 1963. *Outsiders.* New York: Macmillan.

Beeley, Arthur L. 1954. "A Social-Psychological Theory of Crime and Delinquency: A Contribution to Etiology. " *Journal of Criminal Law, Criminology, and Police Science*, 45:391 – 99.

Beirne, Piers. 1983. "Generalization and Its Discontents. " In *Comparative Criminology*, edited by I. Barak – Glantz and E. Johnson (pp. 19 – 38). Beverly Hills, Calif. : Sage.

Bentham, Jeremy. 1970 [1789]. *An Introduction to the Principles of Morals and Legislation.* London: The Athlone Press.

Bequai, August, 1987. "Justice Department Sends Warning to White-Collar Criminals." *Arizona Daily Star*, March 15, p. F3.

Berk, Richard A., Kenneth J. Lenihan, and Peter H. Rossi. 1980. "Crime and Poverty: Some Experimental Evidence from Ex-Offenders." *American Sociological Review*, 45:766 – 86.

Blau, Judith R., and Peter M. Blau. 1982. "The Cost of Inequality: Metro – politan Structure and Violent Crime." *American Sociological Review*, 47: 114 – 29.

Bloch, Herbert, and Gilbert Geis. 1970. *Man, Crime, and Society.* New York: Random House.

Block, Richard. 1984. *Victimization and Fear of Crime: World Perspectives.* Washington, D. C. : USGPO.

Blumstein, Alfred, and Jacqueline Cohen. 1979. "Estimation of Individual Crime Rates from Arrest Records." *Journal of Criminal Law and Criminology*, 70:561 – 85.

——. 1987. "Characterizing Criminal Careers." *Science*, 237:985 – 91.

Blumstein, Alfred, Jacqueline Cohen, and David P. Farrington. 1988a. "Criminal Career Research: Its Value for Criminology." *Criminology*, 26:1 – 36.

——. 1988b. "Longitudinal and Criminal Career Research: Further Clarifi-cations." *Criminology*, 26: 57 – 74.

Blumstein, Alfred, Jacqueline Cohen, and Daniel Nagin. 1978. *Deterrence and Incapacitation: Estimating the Effects of Sanctions on the Crime Rate.* Washington, D. C. : National Academy Press.

Blumstein, Alfred, Jacqueline Cohen, Jeffery Roth, and Christy Visher. 1986. "*Criminal Careers and Career Criminals.*" Washington, D. C. : National Academy Press.

Bohman, M. 1972. "A Study of Adopted Children, Their Background, Environment, and Adjustment." *Acta Pediatrica Scandinavia*, 61:90 – 97.

Braithwaite, John. 1981. "The Myth of Social Class and Criminality Recon-sidered." *American Sociological Review*, 46: 36 – 57.

——. 1985. "White Collar Crime." *Annual Review of Sociology*, 11:1 – 25.

Brantingham, Paul, and Patricia Brantingham. 1984. *Patterns in Crime.* New York: Macmillan.

Bureau of Justice Statistics. 1986. *Tracking Offenders: White Collar Crime.* Washington, D. C. : U. S. Department of Justice.

Burgess, Robert L. 1980. "Family Violence: Implications from Evolutionary Biology." In *Understanding Crime*, edited by T. Hirschi and M. Gottfredson (pp. 91 - 101). Beverly Hills, Calif.: Sage.

Burgess, Robert L., and Ronald K. Akers. 1966. "A Differential Association-Reinforcement Theory of Criminal Behavior." *Social Problems*, 14: 128 - 47.

Campbell, Donald, and Julian Stanley. 1963. *Experimental and Quasi-Experi-mental Designs for Research.* Chicago: Rand-McNally.

Chambliss, William. 1969. *Crime and Legal Process.* New York: McGraw-Hill.

Christiansen, Karl O., and S. G. Jensen. 1972. "Crime in Denmark—A Statistical History." *Journal of Criminal Law, Criminology, and Police Science*, 63: 82 - 92.

Clark, John P., and Richard C. Hollinger. 1983. *Theft by Employees in Work Organizations.* Washington, D. C.: U. S. Department of Justice.

Clarke, Ronald V. 1983. "Situational Crime Prevention: Its Theoretical Basis and Practical Scope." In *Crime and Justice: An Annual Review of Research*, vol. 4, edited by M. Tonry and N. Morris (pp, 225 - 56). Chicago: University of Chicago Press.

Clarke, Ronald V., and Derek B. Cornish. 1983. *Crime Control in Britain: A Review of Policy Research.* Albany: State University of New York Press.

Clinard, Marshall, and Richard Quinney. 1973. *Criminal Behavior Systems: A Typology.* New York: Holt, Rinehart and Winston.

Cline, Hugh. 1980. "Criminal Behavior over the Life Span." In Constancy and *Change in Human Dcvclopment*, edited by O. G. Brim and J. Kagan (pp. 641 - 74). Cambridge, Mass.: Harvard University Press.

Cloninger, Robert, and Irving Gottesman. 1987. "Genetic and Environmental Factors in Antisocial Behavior Disorders." In *The Causes of Crime: New Biological Approaches*, edited by S. Mednick, T. Moffitt, and S. Stack (pp. 92 - 109). Cambridge, Engl.: Cambridge University Press.

Clotfelter, Charles T. 1983. "Tax Evasion and Tax Rates: An Analysis of Individual Returns." *The Review of Economics and Statistics*, 65: 363 - 73.

Cloward, Richard, and Lloyd Ohlin. 1960. *Delinquency and Opportunity.* New York: The Free Press.

Cohen, Albert K. 1955. *Delinquent Boys: The Culture of the Gang.* New York: The Free Press.

Cohen, Albert K., Alfred Lindesmith, and Karl Schuessler. 1956. *The Suther - land Papers.* Bloomington: Indiana University Press.

Cohen, Lawrence E., and David Cantor. 1981. "Residential Burglary in the United States:

Lifestyle and Demographic Factors Associated with the Probability of Victimization." *Journal of Research in Crime and Delinquency*,18:113 – 27.

Cohen, Lawrence E., and Marcus Felson. 1979. "Social Change and Crime Rate Trends: A Routine Activity Approach." *American Sociological Review*,44: 588 – 608.

Cohen, Lawrence E., and Kenneth Land. 1987. "Age and Crime: Symmetry vs. Asymmetry, and the Projection of Crime Rates Through the 1990's." *American Sociological Review*, 52:170 – 83.

Colvin, Mark, and John Pauly. 1983. "A Critique of Criminology: Toward an Integrated Structural-Marxist Theory of Delinquency Production." *American Journal of Sociology*, 89: 513 – 51.

Conklin, John E. 1972. *Robbery and the Criminal Justice System.* Philadelphia: Lippincott.

——. 1986. *Criminology.* 2d ed. New York: Macmillan.

Cook, Philip J. 1986. "The Demand and Supply of Criminal Opportunities." In *Crime and Justice: An Annual Review of Research*, edited by M. Tonry and N. Morris (pp. 1 – 27). Chicago: University of Chicago Press.

Cook, Thomas, and Donald Campbell. 1979. *Quasi-Experimentation.* Boston: Houghton Mifflin.

Cornish, Derek B., and Ronald V. Clarke. 1986. *The Reasoning Criminal.* New York: Springer-Verlag.

Cressey, Donald R. 1953. *Other People's Money.* New York: The Free Press.

——. 1969. *Theft of the Nation.* New York: Harper and Row.

——. 1986. "Why Managers Commit Fraud." *Australian and New Zealand Journal of Criminology*, 19: 195 – 209.

Crowe, Raymond. 1975. "An Adoptive Study of Psychopathy: Preliminary Results from Arrest Records and Psychiatric Hospital Records." In Genetic *Research in Psychiatry*, edited by R. Fieve, D. Rosenthal, and H. Brill (pp. 95 – 105). Baltimore: Johns Hopkins University Press.

Currie, Elliott. 1985. *Confronting Crime: An American Challenge.* New York: Pantheon Books.

Curtis, Lynn A. 1974. *Criminal Violence: National Patterns and Behavior.* Lexington, Mass.: D. C. Heath.

Darwin, Charles. 1859. *The Origins of Species.* New York: D. Appleton and Company.

——. 1874 [1871]. *The Descent of Man.* New York: Merrill and Baker.

DeFleur, Lois B. 1970. *Delinquency in Argentina.* Pullman: Washington University Press.

Douglas, J. W. B., J. M. Ross, W. A. Hammond, and D. G. Mulligan. 1966. *British Journal of Criminology*, 6: 294 – 302.

Edelhertz, Herbert. 1970. *The Nature, Impact and Prosecution of White Collar Crime.* Washington, D. C.: National Institute of Law Enforcement and Criminal Justice.

Ehrlich, Isaac. 1974. "Participation in Illegitimate Activities: An Economic Analysis." In

Essays in the Economics of Crime and Punishment, edited by G. Becker and W. Landes (pp. 68 – 134). New York: Columbia University Press.

Elliott, Delbert, Suzanne S. Ageton, and David Huizinga. 1978. "1977 Self – Reported Delinquency Estimates by Sex, Race, Class, and Age." Mimeographed. Boulder, Colo.: Behavioral Research Institute.

Elliott, Delbert, and David Huizinga. 1983. "Social Class and Delinquent Behavior in a National Youth Panel." *Criminology*, 21: 149 – 77.

Elliott, Delbert, David Huizinga, and Suzanne Ageton. 1985. *Explaining Delinquency and Drug Use*. Beverly Hills, Calif.: Sage.

Elliott, Delbert, and Harwin Voss. 1974. *Delinquency and Dropout*. Lexington, Mass.: D. C. Heath.

Ellis, Desmond, Harold G. Grasmick, and Bernard Gilman. 1974. "Violence in Prisons: A Sociological Analysis." *American Journal of Sociology*, 80:16 – 43.

Ellis, Lee. 1982. "Genetics and Criminal Behavior." *Criminology*, 20: 43 – 66.

Empey, LaMar T. 1982. *American Delinquency*. Homewood, Ill.: Dorsey.

Erickson, Maynard, and Gary F. Jensen. 1977. "'Delinquency Is Still Group Behavior!': Toward Revitalizing the Group Premise in the Sociology of Deviance." *Journal of Criminal Law and Criminology*, 68: 262 – 73.

Ermann, M. David, and Richard Lundman. 1982. *Corporate and Governmental Deviance: Problems of Organizational Behavior in Contemporary Society*. 2d ed. New York: Oxford University Press.

Eron, Leonard. 1987. "The Development of Aggressive Behavior from the Perspective of a Developing Behaviorism." *American Psychologist*, 42:435 – 42.

Eysenck, Hans. 1964. *Crime and Personality*. London: Routledge and Kegan Paul.

——. 1977. *Crime and Personality*. Rev. ed. London: Paladin.

——. 1989. "Personality and Criminality: A Dispositional Analysis." In *Advances in Criminological Theory*, edited by W. S. Laufer and F. Adler (pp. 89 – 110). New Brunswick, N. J.: Transaction.

Farrington, David. 1973. "Self Reports of Deviant Behavior: Predictive and Stable?" *Journal of Criminal Law and Criminology*, 64: 99 – 110.

——. 1978. "The Family Backgrounds of Aggressive Youths." As cited in D. Olweus, "Stability of Aggressive Reaction Patterns in Males: A Review." *Psychological Bulletin*, 86 (1979): 852 – 75.

——. 1979. "Longitudinal Research on Crime and Delinquency." In *Crime and Justice: An*

Annual Review of Research, vol. 1, edited by N. Morris and M. Tonry (pp. 289 – 348). Chicago: University of Chicago Press.

——. 1986a. “Age and Crime.” In *Crime and Justice: An Annual Review of Research*, vol. 7, edited by M. Tonry and N. Morris (pp. 189 – 250). Chicago: University of Chicago Press.

——. 1986b. “Stepping Stones to Adult Criminal Careers.” In *Development of Antisocial and Prosocial Behavior*, edited by D. Olweus, J. Block, and M. Radke-Yarrow (pp. 359 – 84). New York: Academic Press.

Farrington, David, Lloyd Ohlin, and James Q. Wilson. 1986. *Understanding and Controlling Crime.* New York: Springer – Verlag.

Feeney, Floyd. 1986. “Robbers as Decision-Makers.” In *The Reasoning Criminal*, edited by D. B. Cornish and R. V. Clarke (pp. 53 – 71). New York: Springer – Verlag.

Felson, Marcus. 1987. “Routine Activities and Crime Prevention in the Developing Metropolis.” *Criminology*, 25:911 – 31.

Felson, Marcus, and Michael Gottfredson. 1984. “Social Indicators of Ado – lescent Activities Near Peers and Parents.” *Journal of Marriage and the Family*, 46:709 – 14.

Ferraro, Gina Lombroso. 1972 [1911]. *Criminal Man.* Montclair, N. J.: Patterson Smith.

Ferri, Enrico. 1897. *Criminal Sociology.* New York: D. Appleton and Company.

Flanagan, Timothy. 1979. “Long – Term Prisoners.” Ph. D. diss., State University of New York at Albany.

——. 1981. “Correlates of Institutional Misconduct Among State Prisoners.” Mimeographed. Albany, N. Y.: Criminal Justice Research Center.

Freeman, Richard B. 1983. “Crime and Unemployment.” In *Crime and Public Policy*, edited by J. Q. Wilson (pp. 89 – 106). San Francisco: Institute for Contemporary Studies.

Friday, Paul. 1973. “Problems in Comparative Criminology.” *International Journal of Criminology and Penology*, 1: 151 – 60.

Geis, Gilbert, and Colin Goff. 1983. “Introduction.” In *White Collar Crime: The Uncut Version*, by E. H. Sutherland (pp. ix – xxxiii). New Haven: Yale University Press.

Geis, Gilbert, and Robert Meier, eds. 1977. *White Collar Crime.* New York: The Free Press.

Geis, Gilbert, Henry Pontell, and Paul Jesilow. 1987. “Medicaid Fraud.” In *Controversial Issues in Crime and Justice*, edited by J. E. Scott and T. Hirschi (pp. 17 – 39). Newbury Park, Calif.: Sage.

Gibbons, Donald. 1973. *Society, Crime and Criminal Careers.* Englewood Cliffs, N. J.: Prentice Hall.

Glaser, Daniel. 1964. *The Effectiveness of a Prison and Parole System.* New York: Bobbs –

Merrill.

——. 1978. *Crime in Our Changing Society*. New York: Holt, Rinehart and Winston.

Glenn, Norval. 1981. "Age, Birth Cohorts, and Drinking: An Illustration of the Hazards of Inferring Effects from Cohort Data." *Journal of Gerontology*, 36: 362 – 69.

Glueck, Sheldon, and Eleanor Glueck. 1930. 500 *Criminal Careers*. New York: Knopf.

——. 1934. 500 *Delinquent Women*. New York: Knopf.

——. 1940. *Juvenile Delinquents Grown Up*. New York: Commonwealth Fund.

——. 1950. *Unraveling Juvenile Delinquency*. Cambridge, Mass.: Harvard University Press.

——. 1968. *Delinquents and Nondelinquents in Perspective*. Cambridge, Mass.: Harvard University Press.

Goddard, Henry H. 1914. *Feeble-Mindedness: Its Causes and Consequences*. New York: Macmillan.

Gold, Martin. 1970. *Delinquent Behavior in an American City*. Belmont, Calif.: Brooks/Cole.

Golden, Reid M., and Steven F. Messner. 1987. "Dimensions of Racial Inequality and Rates of Violent Crime." *Criminology*, 25: 525 – 41.

Goring, Charles. 1913. *The English Convict*. Montclair, N. J.: Patterson Smith.

——. 1919. *The English Convict*. Rev. ed. London: His Majesty's Stationery Office.

Gottfredson, Michael. 1979. "Treatment Destruction Techniques." *Journal of Research in Crime and Delinquency*, 16: 39 – 54.

——. 1984. *Victims of Crime: The Dimensions of Risk*. London: HMSO.

——. 1986. "Substantive Contributions of Victimization Surveys." In *Crime and Justice: An Annual Review of Research*, edited by M. Tonry and N. Morris (pp. 251 – 87). Chicago: University of Chicago Press.

Gottfredson, Michael, and Don Gottfredson. 1980. *Decisionmaking in Criminal Justice*. Cambridge, Mass.: Ballinger.

——. 1988. *Decisionmaking in Criminal Justice*. 2d ed. New York: Plenum.

Gottfredson, Michael, and Travis Hirschi. 1986. "The True Value of Lambda Would Appear to Be Zero." *Criminology*, 24: 213 – 34.

——. 1987a. *Positive Criminology*. Newbury Park, Calif.: Sage.

——. 1987b. "The Methodological Adequacy of Longitudinal Research on Crime." *Criminology*, 25: 581 – 614.

——. 1988a. "Science, Public Policy, and the Career Paradigm." *Criminology*, 26: 37 – 55.

——. 1988b. "Career Criminals and Selective Incapacitation." In *Controver-sial Issues in Crime and Justice*, edited by J. E. Scott and T. Hirschi (pp. 199 – 209). Newbury Park, Calif.: Sage.

——. 1988c. "A Propensity – Event Theory of Crime." In *Advances in Criminological Theory*, vol. 1, edited by F. Adler and W. Laufer (pp. 57 – 67). New Brunswick, N. J.: Transaction.

Gough, Harrison G. 1948. "A Sociological Theory of Psychopathy." *American Journal of Sociology*, 53:359 – 66.

Gove, Walter R. 1980. *The Labelling of Deviance: Evaluation of a Perspective.* 2d ed. Beverly Hills, Calif.: Sage.

Greenberg, David F. 1979. "Delinquency and the Age Structure of Society." In *Criminology Review Yearbook*, edited by S. L. Messinger and E. Bittner (pp. 586 – 610). Beverly Hills, Calif.: Sage.

——. 1981. *Crime and Capitalism: Readings in Marxist Criminology.* Palo Alto, Calif.: Mayfield.

——. 1985. "Age, Crime, and Social Explanation." *American Journal of Sociology*, 91: 1 – 21.

Greenwood, Peter. 1983. "Controlling the Crime Rate Through Imprison – ment." In *Crime and Public Policy*, edited by J. Q. Wilson (pp. 251 – 69). San Francisco: Institute for Contemporary Studies.

Guttman, Louis. 1977. "What Is Not What in Statistics." *The Statistician*, 26:81 – 107.

Haapanen, Rudy A. 1987. *Selective Incapacitation and the Serious Offender: A Longitudinal Study of Criminal Career Patterns.* Sacramento: California Department of the Youth Authority.

Harris, Anthony. 1977. "Sex and Theories of Deviance: Toward a Functional Theory of Deviant Type-Scripts." *American Sociological Review*, 42: 3 – 16.

Hartshorne, Hugh, and Mark May. 1928. *Studies in the Nature of Character.* New York: Macmillan.

Herrnstein, Richard. 1983. "Some Criminogenic Traits of Offenders." In *Crime and Public Policy*, edited by J. Q. Wilson (pp. 31 – 52). San Francisco: Institute for Contemporary Studies.

Hindelang, Michael J. 1971. "Age, Sex, and the Versatility of Delinquent Involvements." *Social Problems*, 18: 522 – 35.

——. 1973. "Causes of Delinquency: A Partial Replication and Extension." *Social Problems*, 20: 471 – 87.

——. 1976. *Criminal Victimization in Eight American Cities.* Cambridge, Mass.: Ballinger.

——. 1978. "Race and Involvement in Common Law Personal Crimes." *American Sociological Review*, 43:93 – 109.

——. 1981. "Variations in Sex-Race-Age Specific Incidence Rates of Offending." *American Sociological Review*, 46: 461 – 74.

Hindelang, Michael, Michael R. Gottfredson, and James Garofalo. 1978. *Victims of Personal*

Crime. Cambridge, Mass. : Ballinger.

Hindelang, Michael, Travis Hirschi, and Joseph Weis. 1981. *Measuring Delinquency*. Beverly Hills, Calif. : Sage.

Hirschi, Travis. 1969. *Causes of Delinquency*. Berkeley: University of California Press.

——. 1979. "Separate and Unequal Is Better." *Journal of Research in Crime and Delinquency*, 16: 34 – 38.

——. 1983. "Crime and the Family." In *Crime and Public Policy*, edited by J. Q. Wilson (pp. 53 – 68). San Francisco: Institute for Contemporary Studies.

Hirschi, Travis, and Michael Gottfredson. 1983. "Age and the Explanation of Crime." *American Journal of Sociology*, 89: 552 – 84.

——. 1986. "The Distinction Between Crime and Criminality." In *Critique and Explanation: Essays in Honor of Gwynne Nettler*, edited by T. F. Hartnagel and R. Silverman (pp. 55 – 69). New Brunswick, N. J. : Transaction.

——. 1987. "Causes of White Collar Crime." *Criminology*, 25: 949 – 74.

——. 1988a. "Toward a General Theory of Crime." In *Explaining Criminal Behaviour*, edited by W. Buikhuisen and S. A. Mednick (pp. 8 – 26). Leiden: E. J. Brill.

——. 1988b. "A General Theory of Crime for Cross-National Criminology." In *Proceedings of the Fifth Asian-Pacific Conference on Juvenile Delinquency* (pp. 44 – 53). Taipei, Taiwan.

Hirschi, Travis, and Hanan Selvin. 1967. *Delinquency Research*. New York: The Free Press.

Hirschi, Travis, and Rodney Stark. 1969. "Hellfire and Delinquency." *Social Problems*, 17: 202 – 13.

Hobbes, Thomas. 1957 [1651]. *Leviathan*. Oxford: Basil Blackwell.

Hope, Timothy. 1985. *Implementing Crime Prevention Measures*. Home Office Research Study no. 86. London: HMSO.

Hough, Michael. 1987. "Offenders' Choice of Target: Findings from Victim Surveys." *Journal of Quantitative Criminology*, 3: 355 – 69.

Hough, Michael, and Pat Mayhew. 1985. *Taking Account of Crime: Key Findings from the* 1984 *British Crime Survey*. Home Office Research Study no. 85. London: HMSO.

Huesmann, L. Rowell, Leonard Eron, Monroe Lefkowitz, and Leopold Walder. 1984. "Stability of Aggression over Time and Generations." *Developmental Psychology*, 20: 1120 – 34.

Hutchings, Barry, and Sarnoff Mednick. 1977. "Criminality in Adoptees and Their Adoptive and Biological Parents: A Pilot Study." In *Biosocial Bases of Criminal Behavior*, edited by S. Mednick and K. O. Christiansen (pp. 127 – 43). New York: Gardner.

Jensen, Gary F., and Raymond Eve. 1976. "Sex Differences in Delinquency: An Examination of Popular Sociological Explanations." *Criminology*, 13:427 -48.

Johnson, Elmer, and Israel Barak-Glantz. 1983. *Comparative Criminology*. Beverly Hills, Calif.: Sage.

Johnson, Richard E. 1979. *Juvenile Delinquency and Its Origins*. Cambridge, Engl.: Cambridge University Press.

Johnston, Lloyd D., Jerald Bachman, and Patrick M. O'Malley. 1978. *Moni-toring the Future*. Ann Arbor: Institute for Social Research, University of Michigan.

Johnston, Lloyd D., Patrick M. O'Malley, and Jerald Bachman. 1984. *High-lights from Drugs and American High School Students* 1975 - 1983. Washington, D. C.: U. S. Department of Health and Human Services.

Jonsson, G. 1967. *Delinquent Boys, Their Parents and Grandparents*. Copen-hagen: Munksgaard.

Kandel, Denise B. 1978. *Longitudinal Research on Drug Use*. Washington, D. C.: Hemisphere.

Kelly, DeLos. 1982. *Creating School Failure, Youth Crime, and Deviance*. Los Angeles: Trident Shop.

Klein, Malcolm. 1971. *Street Gangs and Street Workers*. Englewood Cliffs, N. J.: Prentice Hall.

——. 1984. "Offense Specialization and Versatility Among Juveniles." *British Journal of Criminology*, 24: 185 -94.

Klockars, Carl B. 1974. *The Professional Fence*. New York: The Free Press.

——. 1988. "Police and the Modern Sting Operation." In *Controversial Issues in Crime and Justice*, edited by J. E. Scott and T. Hirschi (pp. 95 - 112). Newbury Park, Calif.: Sage.

Kornhauser, Ruth. 1978. *Social Sources of Delinquency*. Chicago: University of Chicago Press.

Lasley, James R. 1987. "Toward a Control Theory of White Collar Offend - ing." Unpublished manuscript. Claremont, Calif.: Department of Criminal Justice, Claremont Graduate School.

Laub, John H. 1983. "Urbanism, Race, and Crime." *Journal of Research in Crime and Delinquency*, 20: 183 -98.

Lemert, Edwin. 1951. *Social Pathology*. New York: McGraw - Hill.

Loeber, Rolf. 1982. "The Stability of Antisocial and Delinquent Child Behav - ior: A Review." *Child Development*, 53: 1431 -46.

Loeber, Rolf, and Thomas Dishion. 1983. "Early Predictors of Male Delin-quency: A Review." *Psychological Bulletin*, 94: 68 -99.

Loeber, Rolf, and Magda Stouthamer-Loeber. 1986. "Family Factors as Correlates and Predictors of Juvenile Conduct Problems and Delinquency." In *Crime and Justice: An Annual Review of Research*, vol. 7, edited by M. Tonry and N. Morris (pp. 29 – 149). Chicago: University of Chicago Press.

Logan, Charles. 1972. "Evaluation Research in Crime and Delinquency: A Reappraisal." *Journal of Criminal Law, Criminology, and Police Science*, 63:378 – 98.

Lombroso, Cesare. 1918 [1899]. *Crime: Its Causes and Remedies.* Rev. ed. Boston: Little, Brown.

Mabli, Jerome, Charles Holley, Judy Patrick, and Justina Walls. 1979. "Age and Prison Violence." *Criminal Justice and Behavior*, 6: 175 – 86.

Mason, Robert, and Lyle D. Calvin. 1978. "A Study of Admitted Income Tax Evasion." *Law and Society Review*, 13 (Fall): 73 – 89.

Matsueda, Ross. 1986. "The Dynamics of Belief and Delinquency." Paper presented at the annual meetings of the American Sociological Associa – tion.

Matza, David. 1964. *Delinquency and Drift.* New York: Wiley.

Mayhew, Pat. 1984. "Target-Hardening: How Much of an Answer?" In *Coping with Burglary*, edited by R. V. G. Clarke and T. Hope (pp. 29 – 44). Boston: Kluwer – Nijhoff.

Mayhew, Pat. 1987. *Residential Burglary: A Comparison of the United States, Canada, and England and Wales*, Washington, D. C.: National Institute of Justice.

Mayhew, Pat M., Ronald V. Clarke, A. Sturman, and J. M. Hough. 1976. *Crime as Opportunity.* Home Office Research Study no. 34. London: HMSO.

McClintock, Frederick H., and H. Howard Avison. 1968. *Crime in England and Wales.* London: Heinemann.

McCord, Joan. 1979. "Some Child-Rearing Antecedents of Criminal Behavior in Adult Men." *Journal of Personality and Social Psychology*, 37:1477 – 86.

McCord, William, and Joan McCord. 1959. *Origins of Crime: A New Evaluation of the Cambridge-Somerville Study.* New York: Columbia University Press.

McGarrell, Edmund F., and Timothy J. Flanagan, eds. 1985. *Sourcebook of Criminal Justice Statistics*—1984. Washington, D. C.: USGPO.

Mednick, Sarnoff. 1977. "A Biosocial Theory of the Learning of Law-Abiding Behavior." In *Biosocial Bases of Criminal Behavior*, edited by S. Mednick and K. O. Christiansen (pp. 1 – 8). New York: Gardner.

——. 1987. "Introduction." In *The Causes of Crime: New Biological Approaches*, edited by S. A. Mednick, T. E. Moffitt, and S. A. Stack (pp. 1 – 6). Cambridge, Engl.: Cambridge University Press.

Mednick, Sarnoff, and Karl O. Christiansen, eds. 1977. *Biosocial Bases of Criminal Behavior.* New York: Gardner.

Mednick, Sarnoff, William Gabrielli, and Barry Hutchings. 1983. "Genetic Influences in Criminal Behavior: Some Evidence from an Adoption Cohort." Paper presented at the annual meetings of the American Society of Criminology, Denver, Colorado.

——. 1984. "Genetic Influences in Criminal Convictions: Evidence from an Adoption Cohort." *Science*, 224: 891 – 94.

——. 1987. "Genetic Factors in the Etiology of Criminal Behavior." In *The Causes of Crime: New Biological Approaches*, edited by S. A. Mednick, T. E. Moffitt, and S. A. Stack (pp. 74 – 91). Cambridge, Engl.: Cambridge University Press.

Megargee, Edwin, and M. Bohn. 1979. *Classifying Criminals.* Beverly Hills, Calif.: Sage.

Merton, Robert. 1938. "Social Structure and 'Anomie.'" *American Sociological Review*, 3: 672 – 82.

Miller, Judith. 1982. *National Survey on Drug Abuse: Main Findings* 1982. Washington, D. C.: U. S. Department of Health and Human Services, National Institute of Drug Abuse.

Morris, Norval, and Gordon Hawkins. 1970. *The Honest Politician's Guide to Crime Control.* Chicago: University of Chicago Press.

Murray, Charles A., and Louis A. Cox, Jr. 1979. *Beyond Probation: Juvenile Corrections and the Chronic Delinquent.* Beverly Hills, Calif.: Sage.

Nagel, Ilene H., and John Hagan. 1983. "Gender and Crime: Offense Patterns and Criminal Court Sanctions." In *Crime and Justice: An Annual Review of Research*, vol. 4, edited by M. Tonry and N. Morris (pp. 91 – 144). Chicago: University of Chicago Press.

National Institute of Mental Health. 1982. *Research Highlights* 1982. Vol. 1. Washington, D. C.: U. S. Department of Health and Human Services.

Neison, Francis G. P. 1857. *Contributions to Vital Statistics.* London: Simpkin, Marshall.

Nettler, Gwynne. 1984. *Explaining Crime.* 3d ed. New York: McGraw – Hill.

——. 1982. *Killing One Another.* Cincinnati, Ohio: Anderson.

Newman, Graeme. 1976. *Comparative Deviance: Perception of Law in Six Cultures.* New York: Elsevier.

Newman, Oscar. 1972. *Defensible Space: Crime Prevention Through Urban Design.* New York: Macmillan.

New York State. 1976. *Characteristics of Inmates Under Custody.* Albany, N. Y.: Department of Correctional Services, Division of Programming Planning, Evaluation, and Research.

——. *New York State Statistical Yearbook.* 1979 – 80 edition. Albany, N. Y. : Division of the Budget.

Normandeau, Andre. 1968. *Trends and Patterns in Crimes of Robbery.* Ph. D. diss. , University of Pennsylvania.

Olweus, Dan. 1979. "Stability of Aggressive Reaction Patterns in Males: A Review." *Psychological Bulletin*, 86: 852 – 75.

Ong, Jin Hui. 1986. "Drug Abuse Among Juveniles." In *Proceedings of the Fourth Asian-Pacific Conference on Juvenile Delinquency* (pp. 122 – 36). Seoul, Korea.

Orsagh, Thomas, and Ann D. Witte. 1981. "Economic Status and Crime: Implications for Offender Rehabilitation." *Journal of Criminal law and Criminology*, 72: 1055 – 71.

Parmelee, Maurice. 1918. *Criminology.* New York: Macmillan.

Parsons, Talcott. 1957. *The Social System.* New York: Macmillan.

Patterson, Gerald R. 1980. "Children Who Steal." In *Understanding Crime*, edited by T. Hirschi and M. Gottfredson (pp. 73 – 90). Beverly Hills, Calif. : Sage.

Petersilia, Joan. 1980. "Criminal Career Research: A Review of Recent Evidence." In *Crime and Justice: An Annual Review of Research*, vol. 2, edited by M. Tonry and N. Morris (pp. 321 – 79). Chicago: University of Chicago Press.

Posner, Richard. 1977. *Economic Analysis of Law.* 2d ed. Boston: Little, Brown.

President's Commission on Law Enforcement and Administration of Justice. 1967. *The Challenge of Crime in a Free Society.* Washington, D. C. : USGPO.

Rand, Michael, Patsy Klaus, and Bruce Taylor. 1983. "The Criminal Event." In *Report to the Nation on Crime and Justice* (pp. 1 – 16). Washington, D. C. : U. S. Department of Justice.

Reiman, Jeffrey. 1979. *The Rich Get Richer and the Poor Get Prison.* New York: Wiley.

Reiss, Albert J. , Jr. 1967. *Studies in Crime and Law Enforcement in Major Metropolitan Areas.* Vol. 1. Field Surveys III. Washington, D. C. : President's Commission on Law Enforcement and Administration of Justice.

——. 1976. "Settling the Frontiers of a Pioneer in American Criminology: Henry McKay." In *Delinquency, Crime, and Society*, edited by J. F. Short (pp. 64 – 88). Chicago: University of Chicago Press.

——. 1988. "Co-offending and Criminal Careers." In *Crime and Justice: An Annual Review of Research*, vol. 10, edited by M. Tonry and N. Morris (pp. 117 – 70). Chicago: University of Chicago Press.

Reiss, Albert J. , Jr. , and Albert Biderman. 1980. *Data Sources on White-Collar Law-Breaking.* Washington, D. C. : U. S. Department of Justice.

Reppetto, Thomas A. 1974. *Residential Crime.* Cambridge, Mass. : BaUinger.

Reuter, Peter. 1983. *Disorganized Crime: The Economics of the Visible Hand.* Cambridge, Mass. : MIT Press.

Riley, David, and Margaret Shaw. 1985. *Parental Supervision and Juvenile Delinquency.* Home Office Research Study no. 83. London: HMSO.

Robins, Lee. 1966. *Deviant Children Grown Up.* Baltimore: Williams and Wilkins.

Robins, Lee. 1978. "Aetiological Implications in Studies of Childhood Histo – ries Relating to Antisocial Personality." In *Psychopathic Behavior*, edited by R. Hare and D. Schalling (pp. 255 – 71). New York: Wiley.

Rojek, Dean, and Maynard Erickson. 1982. "Delinquent Careers." *Criminology*, 20: 5 – 28.

Rosenquist, Carl, and Edwin Megargee. 1969. *Delinquency in Three Cultures.* Austin: University of Texas Press.

Rosenthal, Robert, and L. Jacobson. 1968. *Pygmalion in the Classroom.* New York: Holt, Rinehart and Winston.

Rossi, Peter, E. Waite, C. Bose, and Richard Berk. 1974. "The Seriousness of Crimes, Normative Structure and Individual Differences." *American Sociological Review*, 39: 224 – 37.

Rowe, Alan R., and Charles R. Tittle. 1977. "Life-Cycle Changes and Criminal Propensity." *Sociological Quarterly*, 18: 223 – 36.

Rowe, David, and D. Wayne Osgood. 1984. "Heredity and Sociological Theories of Delinquency: A Reconsideration." *American Sociological Review*, 49: 526 – 40.

Rutter, Michael, and Henri Giller. 1984. *Juvenile Delinquency: Trends and Perspectives.* New York: Guilford.

Sampson, Robert J. 1985. "Race and Criminal Violence: A Demographically Disaggregated Analysis of Urban Homicide." *Crime and Delinquency*, 31: 47 – 82.

——. 1987. "Urban Black Violence: The Effect of Male Joblessness and Family Disruption." *American Journal of Sociology*, 93: 348 – 82.

Schoff, Hannah Kent. 1915. *The Wayward Child.* Indianapolis: Bobbs – Merrill.

Sechrest, Lee, Susan O. White, and Elizabeth D. Brown, eds. 1979. *The Rehabilitation of Criminal Offenders: Problems and Prospects.* Washington, D. C. : National Academy of Sciences.

Sellin, Thorsten. 1938. *Culture Conflict and Crime.* New York: Social Science Research Council.

Shannon, Lyle. 1978. "Predicting Adult Criminal Careers from Juvenile Careers." Paper presented at the 30th meeting of the American Society of Criminology, Dallas.

——. 1981. *Assessing the Relationship of Adult Criminal Careers to Juvenile Careers. Final Re-*

port. Washington, D. C. : National Institute of Juvenile Justice and Delinquency Prevention.

Shavit, Yossi, and Ayre Rattner. 1988. "Age, Crime, and the Early Life Course." *American Journal of Sociology*, 93: 1457 – 70.

Shaw, Clifford, and Henry McKay. 1931. *Social Factors in Juvenile Delinquency.* Washington, D. C. : USGPO.

——. 1942. *Juvenile Delinquency and Urban Areas.* Chicago: University of Chicago Press.

Sherman, Lawrence W. 1983. "Patrol Strategies for Police." In *Crime and Public Policy*, edited by J. Q. Wilson (pp. 145 – 63). San Francisco: Institute for Contemporary Studies.

Sherman, Lawrence W. , and Richard A. Berk. 1984. "The Specific Deterrent Effects of Arrest for Domestic Assault." *American Sociological Review*, 49:261 – 72.

Short, James F. 1987. "Exploring Integration of the Theoretical Levels of Explanation: Notes on Juvenile Delinquency." Paper presented at the Albany Conference on Theoretical Integration in the Study of Deviance and Crime, State University of New York at Albany, Department of Sociology.

Short, James F. , and Fred L. Strodtbeck. 1965. *Group Process and Gang Delinquency.* Chicago: University of Chicago Press.

Siegel, Larry J. , and Joseph J. Senna. 1981. *Juvenile Delinquency.* St. Paul, Minn. : West.

Silberman, Charles E. 1978. *Criminal Violence, Criminal Justice.* New York: Random House.

Simon, Rita J. 1975. *Women and Crime.* Lexington, Mass. : Lexington Books.

Skinner, Burrhus F. 1953. *Science and Human Behavior.* New York: Macmillan.

Skogan, Wesley. 1979. "Crime in Contemporary America." In *Violence in America*, edited by H. Graham and T. Gurr (pp. 375 – 91). Beverly Hills, Calif. : Sage.

Social Science Citation Index, 1966 – 1984 editions. Philadelphia, Pa. : Institute for Scientific Information.

Sparks, Richard F. , Hazel G. Genn, and David J. Dodd. 1977. *Surveying Victims: A Study of the Measurement of Criminal Victimization.* New York: Wiley.

Steffensmeier, Darrell, Emilie Allan, Miles Harer, and Cathy Streifel. 1989. "Age and the Distribution of Crime." *American Journal of Sociology*, 94:803 – 31.

Stewart, James K. 1987. "Foreword." In *Research Program Fiscal Year* 1988. Washington, D. C. : National Institute of Justice.

Stinchcombe, Arthur. 1964. *Rebellion in a High School.* Chicago: Quadrangle.

Sutherland, Edwin. 1924. *Criminology.* Philadelphia: Lippincott.

——. 1937. *The Professional Thief.* Chicago: University of Chicago Press.

——. 1939. *Principles of Criminology.* Philadelphia: Lippincott.

——. 1940. *White Collar Crime.* New Haven: Yale University Press.

——. 1983. *White Collar Crime: The Uncut Version.* New Haven: Yale University Press.

Sutherland, Edwin, and Donald Cressey. 1978. *Principles of Criminology.* 10th ed. Philadelphia: Lippincott.

Suttles, Gerald D. 1968. *The Social Order of the Slum.* Chicago: University of Chicago Press.

Tannenbaum, Frank. 1938. *Crime and the Community.* Boston: Ginn.

Teresa, Vincent. 1973. *My Life in the Mafia.* New York: Doubleday.

Thomas, William I. 1923. *The Unadjusted Girl.* New York: Harper.

Thrasher, Frederic. 1927. *The Gang: A Study of* 1313 *Gangs.* Chicago: University of Chicago Press.

Tittle, Charles R. 1980. *Sanctions and Social Deviance.* New York: Praeger.

——. 1988. "Two Empirical Regularities (Maybe) in Search of an Explana-tion: Commentary on the Age/Crime Debate." *Criminology*, 26: 75 – 85.

Tittle, Charles, Wayne Villemez, and Douglas Smith. 1978. "The Myth of Social Class and Criminality." *American Sociological Review*, 43:643 – 56.

Toby, Jackson. 1979a. "Delinquency in Cross – Cultural Perspective." In *Juvenile Justice: The Progressive Legacy and Current Reforms*, edited by L. T. Empey (pp. 105 – 49). Charlottesville: University Press of Virginia.

——. 1979b. "The New Criminology Is the Old Sentimentality." *Criminol-ogy*, 16: 516 – 26.

Tracy, Paul, Marvin Wolfgang, and Robert Figlio. 1985. *Delinquency in Two Birth Cohorts.* Washington, D. C.: U. S. Department of Justice.

Trasler, Gordon. 1980. "Aspects of Causality, Culture and Crime." Paper presented at the Fourth International Seminar at the International Center of Sociological, Penal and Penitentiary Research and Studies, Messina, Italy.

——. 1987. "Some Cautions for the Biological Approach to Crime Causa-tion." In *The Causes of Crime: New Biological Approaches*, edited by S. A. Mednick, T. E. Moffitt, and S. A. Stack (pp. 7 – 24). Cambridge, Engl.: Cambridge University Press.

Turk, Austin T. 1969. *Criminality and the Legal Order.* Chicago: Rand – McNally.

Turner, Stanley. 1969. "Delinquency and Distance." In *Delinquency: Selected Studies*, edited by T. Selling and M. Wolfgang (pp. 11 – 27). New York: Wiley.

U. S. Department of Justice. 1979. *Uniform Crime Reports for the United States.* Washington, D. C.: USGPO.

——. 1981. *Uniform Crime Reports for the United States.* Washington, D. C.: USGPO.

——. 1985. *Uniform Crime Reports for the United States.* Washington, D. C.: USGPO.

Vaughan, Diane. 1983. *Controlling Unlawful Organizational Behavior.* Chicago: University of

Chicago Press.

Vold, George. 1979. *Theoretical Criminology*. 2d ed., prepared by Thomas Bernard. New York: Oxford University Press.

von Hirsch, Andrew. 1985. *Past or Future Crimes*. New Brunswick, N. J.: Rutgers University Press.

Wadsworth, Michael F. J. 1979. *Roots of Delinquency: Infancy, Adolescence and Crime*. Oxford: Martin Robertson.

Waller, Irvin, and Norman Okihiro. 1978. *Burglary: The Victim and the Public*. Toronto: University of Toronto Press.

Warren, Marguerite. 1981. *Comparing Male and Female Offenders*. Beverly Hills, Calif.: Sage.

West, Donald. 1982. *Delinquency: Its Roots, Careers, and Prospects*. London: Heinemann.

West, Donald, and David Farrington. 1973. *Who Becomes Delinquent?* London: Heinemann.

——. 1977. *The Delinquent Way of Life*. London: Heinemann.

Wheeler, Stanton, David Weisburd, and Nancy Bode. 1982. "Sentencing the White Collar Offender." *American Sociological Review*, 47: 641 – 59.

Wheeler, Stanton, David Weisburd, Elin Waring, and Nancy Bode. 1988.

"White Collar Crime and Criminals." *American Criminal Law Review*, 25:331 – 56.

Wiatrowski, Michael D., David B. Griswold, and Mary K. Roberts. 1981. "Social Control Theory and Delinquency." *American Sociological Review*, 46:525 – 41.

Wilbanks, William. 1986. *The Myth of a Racist Criminal Justice System*. Belmont, Calif.: Brooks/Cole.

Will, George. 1987. "Keep Your Eye on Giuliani." *Newsweek*, March 2, p. 84.

Williams, Jay, and Martin Gold. 1972. "From Delinquent Behavior to Official Delinquency." *Social Problems*, 20:209 – 29.

Wilson, James Q. 1975. *Thinking About Crime*. New York: Basic Books.

Wilson, James Q., and Richard Herrnstein. 1985. *Crime and Human Nature*. New York: Simon and Schuster.

Winchester, Stuart, and Hilary Jackson. 1982. *Residential Burglary: The Limits of Prevention*. London: HMSO.

Witkin, Herman, Sarnoff Mednick, Fini Schulsinger, Eskild Bakkestrom, Karl Christiansen, Donald Goodenough, Kurt Hirschhorn, Claes Lundsteen, David Owen, John Philip, Donald Rubin, and Martha Stocking. 1977. "Criminality, Aggression, and Intelligence among XYY and XXY Men." In *Biosocial Bases of Criminal Behavior*, edited by S. Mednick and K. O. Christiansen (pp. 165 –87). New York: Gardner.

Witte, Ann D., and Diane F. Woodbury. 1985. "The Effect of Tax Laws and Tax Administration on Tax Compliance: The Case of the U.S. Invidividual Income Tax." *National Tax Journal*, 38: 1 –13.

Wolfgang, Marvin. 1961. "Quantitative Analysis of Adjustment to the Prison Community." *Journal of Criminal Law, Criminology, and Police Science*, 51:608 –18.

Wolfgang, Marvin, and Franco Ferracuti. 1967. *The Subculture of Violence: Towards an Integrated Theory in Criminology.* Beverly Hills, Calif.: Sage.

Wolfgang, Marvin, Robert Figlio, and Thorsten Sellin. 1972. *Delinquency in a Birth Cohort.* Chicago: University of Chicago Press.

Wolfgang, Marvin, Robert Figlio, and Terence Thornberry. 1978. *Evaluating Criminology.* New York: Elsevier.

Wright, James D. 1986. "The Armed Criminal in America." Research in Brief. U.S. Department of Justice, National Institute of Justice. November.

Yablonsky, Lewis. 1962. *The Violent Gang.* New York: Macmillan.

Zeisel, Hans. 1982. "Disagreement over the Evaluation of a Controlled Experiment." *American Journal of Sociology*, 88:378 –96.

Zimring, Franklin. 1981. "Kids, Groups and Crime: Some Implications of a Well-Known Secret." *Journal of Criminal Law and Criminology*, 72:867 –85.

Zink, Theodore. 1958. "Are Prison Troublemakers Different?" *Journal of Criminal Law, Criminology, and Police Science*, 48: 433 –34.

人名译名对照表

Adler, Freda 弗雷达·艾德勒
Ageton, Suzanne S. 苏珊娜·艾吉顿
Akers, Ronald L. 罗纳德·艾克斯
Archer, Dane 戴恩·阿切尔
Aschaffenburg, Gustav 古斯塔夫·阿沙芬堡
Avison, H. Howard 霍华德·阿维森
Bachman, Jerald 杰拉德·巴克曼
Bandura, Albert 艾伯特·班都拉
Beccaria, Cesare 切萨雷·贝卡里亚
Becker, Gary S. 加里·贝克尔
Becker, Howard S. 霍华德·贝克尔
Beirne, Piers 皮尔斯·贝尔尼
Bentham, Jeremy 杰里米·边沁
Berk, Richard A. 理查德·伯克
Blau, Judith 朱迪斯·布劳
Blau, Peter 彼得·布劳
Block, Richard 理查德·布洛克
Blumstein, Alfred 艾尔夫雷德·布卢姆斯坦
Bohman, Michael 迈克尔·博曼
Bordua, David 戴维·鲍杜阿
Braithwaite, John B. 约翰·布雷思韦特
Brantingham, Patricia 帕特里夏·布兰廷汉姆
Brantingham, Paul 保罗·布兰廷汉姆
Britt, Chester 切斯特·布里特
Burgess, Robert L. 罗伯特·伯吉斯
Calvin, Lyle 莱尔·卡尔文
Campbell, Donald 唐纳德·坎贝尔
Chambliss, William J. 威廉·钱布利斯
Christiansen, Karl O. 卡尔·克里斯琴森
Clark, John 约翰·克拉克
Clarke, Ronald V. G. 罗纳德·克拉克
Clinard, Mashall B. 马歇尔·克林纳德
Cloninger, Robert 罗伯特·克洛宁格
Clotfelter, Charles T. 查尔斯·克罗特费尔特
Cloward, Richard A. 理查德·克洛沃德
Cohen, Albert K. 艾伯特·科恩
Cohen, Lawrence E. 劳伦斯·科恩

Conklin, John E.　约翰·康克林
Cook, Philip J.　菲利普·库克
Cook, Thomas　托马斯·库克
Cornish, Derek B.　德里克·科尼什
Costello, Barbara　巴巴拉·科斯特洛
Cressey, Donald R.　唐纳德·克雷西
Crowe, Raymond R.　雷蒙·克劳
Currie, Elliott　埃利奥特·柯里
Curtis, Lynn A.　林恩·柯蒂斯
Darwin, Charles　查尔斯·达尔文
DeFleur, Lois　洛伊斯·德弗洛
Ehrlich, Isaac　艾萨克·埃利希
Elliott, Delbert S.　德尔伯特·埃利奥特
Ellis, Lee　李·埃利斯
Empey, LaMar T.　拉马尔·埃姆佩
Erickson, Maynard　梅纳德·埃里克森
Eron, Leonard　伦纳德·厄罗恩
Eve, Raymond　雷蒙德·伊夫
Eysenck, Hans J.　汉斯·艾森克
Farrington, David P.　戴维·法林顿
Feeney, Floyd　弗洛伊德·菲尼
Felson, Marcus　马库斯·费尔森
Ferri, Enrico　恩里科·菲利
Figlio, Robert　罗伯特·费格利奥
Flanagan, Timothy J.　蒂莫西·弗拉纳根
Freeman, Richard B.　理查德·弗里曼
Friday, Paul C.　保罗·弗里戴
Gabrielli, William F., Jr.　小威廉·加布里埃利
Garofalo, James　詹姆斯·加罗法洛
Gartner, Rosemary　罗斯玛丽·加特纳
Geis, Gilbert L.　吉尔伯特·盖斯
Giller, Henri　亨利·吉勒
Given, J. B.　吉温
Glaser, Daniel　丹尼尔·格拉泽
Glueck, Eleanor T.　埃利诺·格卢克
Glueck, Sheldon　谢尔登·格卢克
Gold, Martin　马丁·戈尔德
Golden, Reid　里德·戈尔登
Goring, Charles　查尔斯·格林
Gottesman, Irving　欧文·戈茨曼
Gottfredson, Michael R.　迈克尔·戈特弗雷德森
Gough, Harrison G.　哈里森·高夫
Gove, Walter　沃尔特·戈夫
Greenberg, David F.　戴维·格林伯格
Greenwood, Peter　彼得·格林伍德
Guttman, Louis　刘易斯·古特曼
Haapanen, Rudy A.　鲁迪·哈帕南
Hagan, John　约翰·哈根
Harris, Anthony　安东尼·哈里斯
Hartnagel, Timothy F.　蒂莫西·哈特纳格尔
Hartshorne, Hugh　休·哈茨霍恩
Hawkins, Gordon　戈登·霍金斯
Herrnstein, Richard J.　理查德·赫

恩斯坦
Hindelang, Michael J. 迈克尔·欣德朗
Hirschi, Travis 特拉维斯·赫希
Hobbes, Thomas 托马斯·霍布斯
Hollinger, Richard 理查德·霍林格
Hope, Tim 蒂姆·霍普
Hough, J. Michael 迈克尔·霍夫
Huesmann, L. Rowell 罗厄尔·休斯曼
Huizinga, David 戴维·休津加
Hutchings, Barry 巴里·哈钦斯
Jackson, Hilary 希拉里·杰克逊
Jacobson, L. 雅各布森
Jensen, Gary F. 加里·詹森
Johnston, Lloyd D. 劳埃德·约翰斯通
Jonsson, D. 琼森
Kandel, Denise B. 丹尼斯·坎德尔
Kaplan, John 约翰·卡普兰
Kelly, Denise B. 丹尼斯·凯利
Killias, Martin 马丁·基利阿斯
Klein, Malcolm W. 马尔科姆·克莱恩
Klockars, Carl 卡尔·克洛卡斯
Klotz, Jeffrey 杰弗里·克洛茨
Kornhauser, Ruth R. 鲁斯·科恩豪泽
Land, Kenneth C. 肯尼斯·兰德
Lasley, James R. 詹姆斯·拉斯利
Laub, John H. 约翰·劳布
Laufer, William 威廉·劳弗
Lemert, Edwin M. 埃德温·利默特
Lenihan, Kenneth J. 肯尼思·勒尼汉
Loeber, Magda Stouthamer – Loeber 玛格达·斯托萨摩–洛伯
Loeber, Rolf 罗尔夫·洛伯
Lofland, John 约翰·洛夫兰
Logan, Charles H. 查尔斯·洛根
Lombroso, Cesare 切萨雷·龙勃罗梭
Markowitz, Linda 琳达·马科维茨
Mason, Robert 罗伯特·梅森
Matsueda, Ross 罗斯·马卒达
Matza, David 戴维·马茨阿
May, Mark 马克·梅
Mayhew, Patricia M. 帕特里夏·梅休
McClintock, Frederick H. 弗雷德里克·麦克林托克
McCord, Joan 琼·麦科德
McCord, William 威廉·麦科德
McKay, Henry D. 亨利·麦凯
Mecham, Evan 埃文·米查姆
Mednick, Sarnoff A. 萨诺夫·梅德尼克
Megargee, Edwin I. 埃德温·梅加吉
Meier, Robert F. 罗伯特·迈尔
Merton, Robert K. 罗伯特·默顿
Messner, Steven F. 史蒂文·梅斯纳

Miller, Judith 朱迪思·米勒
Morita, Yohji 洋代次·森田
Morris, Norval 诺瓦尔·莫里斯
Murray, Charles A. 查尔斯·默里
Nagel, Ilene H. 艾伦·内格尔
Nagin, Daniel S. 丹尼尔·纳金
Neison, Francis G. P. 弗朗西斯·内森
Nettler, Gwynn 格温·内特勒
Newman, Graeme 格雷姆·纽曼
Newman, Oscar 奥斯卡·纽曼
Normandeau, André 安德烈·诺曼杜
Ohlin, Lloyd E. 劳埃德·奥林
Olweus, Dan 丹·奥尔伍斯
Ong, Jin Hui 翁金辉[①]
Orsagh, Thomas 托马斯·奥萨夫
Osgood, D. Wayne 韦恩·奥斯古德
Parmelee, Maurice 莫里斯·帕米利
Parsons, Talcott 塔尔科特·帕森斯
Patterson, Gerald R. 杰拉德·帕特森
Pearson, Karl 卡尔·皮尔逊
Petersilia, Joan 琼·彼得西历亚
Piliavin, Irving 欧文·皮利温
Pontell, Henry N. 亨利·庞泰尔
Posner, Richard 理查德·波斯纳
Quetelet, Adolphe 阿道夫·凯特勒
Quist, Theron 西伦·奎斯特
Reiss, Albert J., Jr. 小艾伯特·赖斯
Reppetto, Thomas A. 托马斯·雷珀特
Riley, David 戴维·赖利
Robins, Lee 李·罗宾斯
Rojek, Dean 迪安·罗杰克
Rosenquist, Carl 卡尔·罗森奎斯特
Rosenthal, Robert 罗伯特·罗森塔尔
Rossi, Peter H. 彼得·罗西
Rowe, David C. 戴维·罗
Rutter, Michael 迈克尔·拉特
Sampson, Robert J. 罗伯特·桑普森
Schoff, Hannah Kent 汉纳·肯特·肖夫
Sechrest, Lee 李·希克莱斯特
Sellin, Thorsten J. 索尔斯坦·塞林
Shannon, Lyle 莱尔·香农
Shaw, Clifford R. 克利福德·肖
Shaw, Margaret 玛格丽特·肖
Sherman, Lawrence W. 劳伦斯·谢尔曼
Sheu, Chuen-Jim 许春金
Short, James F., Jr. 小詹姆斯·肖特
Siegel, Larry J. 拉里·西格尔
Silverman, Robert A. 罗伯特·西尔弗曼

① 这是根据发音并参照网上资料翻译的。这个人名的翻译很费周折，最终也未能弄清楚这个人是哪国人，只好根据发音暂时做这样的翻译。——译注

Simon, Lenore 勒诺雷·西蒙
Simon, Rita 丽塔·西蒙
Skogan, Wesley G. 韦斯利·斯科甘
Sorenson, David 戴维·索伦森
Stark, Rodney 罗德尼·斯塔克
Steffensmeier, Darrell J. 达雷尔·斯蒂芬斯迈尔
Stewart, James 詹姆斯·斯图尔特
Stinchcombe, Arthur 阿瑟·斯廷奇库姆
Strodtbeck, Fred 弗雷德·斯特罗德贝克
Sutherland, Edwin H. 埃德温·萨瑟兰
Suttles, Gerald D. 杰拉尔德·萨特勒斯
Tannenbaum, Frank 弗兰克·坦南鲍姆
Thompson, William I. 威廉·汤普森
Thrasher, Frederick 弗雷德里克·思雷舍
Tittle, Charles R. 查尔斯·蒂特尔
Toby, Jackson 杰克逊·托比
Tracy, Paul 保罗·特蕾西
Trasler, Gordon 戈登·特拉斯勒
Turk, Austin T. 奥斯丁·特克
Turner, Stanley 斯坦利·特纳
Uihlein, Carolyn 卡罗林·尤尔莱恩
van den Haag, Ernest 欧内斯特·范登哈格
Vaughan, Diane 黛安·沃恩
Vold, George B. 乔治·沃尔德
von Hirsch, Andrew 安德鲁·冯·赫希
Voss, Harwin 哈文·沃斯
Wadsworth, Michael F. J. 迈克尔·沃兹沃思
Waller, Irvin 欧文·沃勒
Warren, Marguerite Q. 玛格丽特·沃伦
Weis, Joseph G. 约瑟夫·韦斯
West, Donald J. 唐纳德·韦斯特
Wheeler, Stanton 斯坦顿·惠勒
Wickman, E. K. 威克曼
Wilson, James Q. 詹姆斯·威尔逊
Winchester, Stuart 斯图尔特·温切斯特
Witkin, Herman A. 赫尔曼·威特金
Witte, Ann D. 安·威特
Wolfgang, Marvin E. 马文·沃尔夫冈
Woodbury, Diane F. 黛安·武德伯里
Wright, James D. 詹姆斯·怀特
Yablonsky, Lewis 刘易斯·雅布隆斯基
Zager, Mary Ann 玛丽·安·扎格
Zeisel, Hans 汉斯·蔡塞尔
Zimring, Franklin E. 富兰克林·齐姆林

译后记

经过紧张而艰苦的努力,终于将《犯罪的一般理论》一书译完。作为这项翻译工作的主持者,笔者感受到了繁重劳动之后的欣慰。希望译者的劳动能够有助于我国读者了解西方犯罪学,有助于促进我国犯罪学研究的发展。

回想本书的翻译,经历了一个漫长的过程。笔者与本书的第二作者特拉维斯·赫希(Travis Hirschi)教授交往已久。笔者1983年进入中国政法大学研究生院攻读硕士学位期间,自己复印的作为学习资料的第一本专业书籍,就是目前翻译的这本书的两位作者特拉维斯·赫希和迈克尔·戈特弗里德森合编的《理解犯罪》(Understanding crime,1980),这是一本不到150页的书,由此对他们两人的背景及研究工作有了一些了解,并和赫希教授取得联系,开始了长期的学术交往。以后,赫希教授陆续寄来了迈克尔·戈特弗里德森和他合编的《实证犯罪学》(Positive criminology, 1987)、他自己的《少年犯罪的原因》(Causes of delinquency,1969)①和他撰写发表的一些论文。这些书籍和资料,对笔者当时正在进行的西方犯罪学史研究有很大的帮助。而且,通过仔细阅读这些书籍和资料,也对赫希教授的犯罪学研究有了更多的了解和更深的理解。

1990年,当《犯罪的一般理论》一书出版后,笔者马上感觉到这是一本很重要的犯罪学著作。首先促使自己产生这种感觉的是这本书的书名,因为在以往的阅读和了解中感觉,美国犯罪学的研究似乎更重视实证研究,而缺乏深入系统的理论。本书取名为"一般理论",肯定会有很强的理论性(在此次翻译中深深感到确实如此),因此,立即产生了阅读和了解的兴趣。经过书信联系,赫希教授于当年11月从供职的亚利桑那大学将本书邮寄给笔者,他在第一页亲自书写了这样一段话:"如果我们的理论真正是一般性的,它就应当适用于中国和美国,我请您判断这一点。良好的祝愿。"

在收到这本书之后,笔者仔细阅读了本书的一部分内容,特别是书中的第一

① 这本书由笔者主持翻译成中文,于1997年9月由中国国际广播出版社出版,书名是《少年犯罪原因探讨》。

部分和第二部分,因为这两部分集中论述了犯罪的一般理论。同时,也阅读了别的犯罪学家们对这种理论的评价。这些方面的努力反映在笔者写的《西方犯罪学史》一书中。[①] 此外,在笔者撰写的两本高等学校法学教材《西方犯罪学》中,反映了这一理论及其对它的评价。[②] 通过这些书籍,可能促进中国读者对于犯罪的一般理论的了解。现在,本书的翻译出版,会进一步帮助中国读者深入了解犯罪的一般理论。也许,在更加深入地了解本理论的基础上,我们有可能对这一理论是否或者在多大程度上适合中国情况的问题,作出比较恰当的判断。笔者希望在我国的犯罪学研究者中,能够有人从事这样的工作,能够通过真正的犯罪学研究来判断犯罪的一般理论是否适合中国的情况,能否用来解释和解决中国的犯罪问题。

本书的翻译工作秉承笔者一贯的翻译风格,保留了很多术语、名称、人名等的原文以及原文的引用文献,以便读者了解更多信息,判断我们的译名是否恰当,从而为提高翻译质量和统一名词术语等尽一点力量。

笔者的同事苏明月博士分担了一部分翻译任务(第六、十一、十二章)。就像本书的撰写那样,本书的翻译也是学术合作的产物。

在本书的翻译过程中,笔者与本书的第一作者迈克尔·戈特弗里德森取得了联系,承蒙他寄来简历以及一些较新的犯罪学出版物,这为笔者撰写"中文版序"的工作提供了便利,减轻了写作这篇文章过程中的劳动强度。同时,也得到了老朋友赫希教授的支持,他以极快的速度用电子邮件发来了他的新简历,使笔者撰写的"中文版序"反映了他职业生涯中的最新情况。

在本书的翻译过程中,还得到了我国港台地区犯罪学家的帮助。在笔者编制《人名译名对照表》的过程中,遇到一个人名——Jin Hui Ong,从发音和拼写来看,肯定不是中国内地的人,最初推测是不是韩国人,后来感到不像韩国人的姓名,于是推测会不会是台湾人,因此,发电子邮件向台湾犯罪学家周愫娴(Susyan Jou)求助,请她提供这个人的汉语姓名,但是,周教授肯定地说,这个人不是台湾人,她推测有可能是香港人。所以,笔者就给香港犯罪学会(Hong Kong Society of Criminology)的秘书 Yiu Kong CHU 博士发电子邮件,希望获得该人的汉语姓名。但是,对方回答说香港没有这个人,但是提供了这样一条线索,说这个人有

---

① 吴宗宪:《西方犯罪学史》,警官教育出版社 1997 年版,第 798~804 页。

② 吴宗宪:《西方犯罪学》,法律出版社 1979 年版,第 617~628 页;吴宗宪:《西方犯罪学》(第二版),法律出版社 2006 年版,第 469~477 页。

可能是新加坡大学社会学系的副教授。为此,笔者又在新加坡大学的网站上搜索,但是,始终未能找到这个人的详细资料。无奈,只好根据网上显示的有关信息,暂时翻译为"翁金辉"。费了这么多的精力试图解决这样一个小问题,但是最终未能获得满意的结果。

笔者的研究生郭晓红、蔡敏、陈虹、杨险峰、毕颖茜、蔡秀、邱刚、彭玉伟、李琳、朱涛、温建辉,我院的研究生马曼、吕莉、王磊、吴伶俐和袁忠欢,以及朋友房绪兴、李安、赵书鸿、张爱莲、张小虎、刘激扬、马俊驹、王家顿、王雪松等人,也提供了一定的帮助。

在本书的翻译过程中,我的家人和朋友吴汉振、何林桂、盛桂英、吴晓周、李长禧、吴宗芳、李成业、李玲玲、吴宗良、钱迎存、吴晓燕、吴文周、吴宗法、鲁慧莲、付国庆、吴宗香、赵德义、盛桂秀、史顺义、盛桂兰、史秀婵等;苏明月博士的家人郭淑华、芦超、芦永生和陈淑云等,也对我们的翻译工作给予了帮助。

应当承认,翻译本书是一项十分艰巨的工作。以往翻译的很多书籍都具有教科书的性质,或者文字表达比较通俗。但是,本书是一部典型的理论书籍,很多表达曲折而复杂,甚至深奥而晦涩,给本书的翻译带来了很大的困难。同时,由于教学和研究工作繁忙,用于翻译和校对本书的时间有限,对于很多语句缺乏反复的推敲和仔细的斟酌,这有可能造成一些翻译不准确或者不恰当,对此深感遗憾。期望在以后的日子里继续学习钻研,也渴望读者朋友们批评指正,以便使本书的译文质量在再版时能够有所改善和提高。

同时,在翻译本书的过程中,尽管手边有一些多种学科的英汉对照译名工具书,特别是心理学、教育学、社会学、精神病学、生理学、经济学、法学、医学、哲学等学科的英汉对照译名工具书,但是,仍然遇到很多在现有专业工具书中没有汉语译名的英语专业术语。而且,译者在这些年中收集了较多的英语专业工具书,其中有对很多专业术语详略不等的解释。但是,在翻译中遇到了很多在上述两类工具书中都查不到的专业术语,既无汉语的译名,也无英语的背景资料,因此,对于这些专业术语的翻译是一项极其困难的工作。在很多时候,对于某个专业术语如何翻译往往要花费很多时间进行思考和斟酌。有时候,在初译的过程中经过反复思考确定的译名,在校对过程中又可能感到不确切、不恰当,因而再次开始反复思考和斟酌的过程。尽管有这些过程,但是,在本书中初次翻译为汉语的很多专业术语的汉语译名是否合适,仍然需要继续接受检验。译者保留了这些专业术语的原文的重要理由,就是在帮助读者准确理解其含义的同时,也征求业内人士对于译名的意见和看法,以便得到更好的汉语译名。

学术翻译绝不仅仅是一种把一种语言转换为另一种语言的简单劳动,而是一项充满了挑战性和创造性的复杂智力劳动。理想的译者,不仅应当是有良好的外语理解能力和汉语表达技巧的人,还应当是与原作者的学术研究的背景相似、学术积累的功底相近的人,只有在这样的情况下,才有可能准确地甚至是创造性地把原作的内容转化为另一种语言。尽管本书的两位译者都尽了自己的努力翻译本书,但是,很显然,本书的两位译者的学术功底很难与本书的两位原作者相比,因此,译文中存在问题似乎也是正常的。

笔者深切地感到,很好地翻译一本名著对于学术的贡献,往往要大于撰写一本较差的"著作"。在当今社会中,从一定程度上讲,出版一本"著作"似乎变得更加容易……在这种情况下,学术书籍良莠不齐的现象更加明显,而翻译一本真正优秀的书籍对于学术研究和实践应用的意义似乎更大。因此,那种不重视翻译工作的学术地位,不重视真正的名著对于学术发展的贡献的做法,是很不恰当的。如果不改变这种状况,就不可能促进高质量的学术翻译事业的发展,从而也会阻碍学术研究和实践应用的发展。

在本书出版之际,向所有关心和帮助过本书翻译和出版工作的朋友们表示深切的感谢。当然,由于翻译水平和时间都有限,译文中有错误在所难免,这些方面的责任应由译者承担,特别是应由作为主要译者和校者的本人承担。读者和专家们的指教和建议可通过电子邮件发给本人,以便再印时加以改正:zongxianwu@ yahoo. cn。

吴宗宪

2008 年 12 月 18 日